古史人镜辑录
二

中国社会科学出版社

目 录

（第二卷·晋至五代）

晋

（公元265年至419年）

一　晋武帝与羊祜谋伐吴 ……………………………（545）

二　武帝禁止祝寿 ……………………………………（546）

三　贾充以女为太子妃 ………………………………（546）

四　羊祜修德信服吴人 ………………………………（547）

五　辛宪英教羊琇 ……………………………………（548）

六　孙皓之暴行 ………………………………………（548）

七　诸葛靓之思 ………………………………………（549）

八　山涛二三事 ………………………………………（549）

九　山涛甄拔人物之法 ………………………………（550）

一〇　王戎性至孝而贪吝 ……………………………（550）

一一　阮咸耽酒浮虚 …………………………………（551）

一二	阮瞻恬澹	(552)
一三	阮修性简任持无鬼论	(552)
一四	嵇绍如鹤立鸡群	(553)
一五	王衍口不言钱	(554)
一六	王澄纵酒不亲庶事	(554)
一七	乐广善清言不长于笔	(555)
一八	胡毋辅之不拘礼教	(556)
一九	皇甫谧号书淫不求名	(557)
二〇	王裒隐居教授	(557)
二一	庾衮勤俭以孝称	(558)
二二	周处除三害	(559)
二三	范粲三十六年不言	(560)
二四	羊祜上疏请伐吴	(560)
二五	傅玄峻急崔洪骨鲠	(562)
二六	平定东吴	(562)
二七	杜预立功立言	(563)
二八	王濬治益州	(564)
二九	唐彬不争功	(565)
三〇	武帝乘羊车游宴	(565)
三一	卫瓘明文艺善草书	(566)
三二	翟庄不复渔猎	(566)
三三	何曾父子之异同	(567)
三四	裴楷损有馀补不足	(567)
三五	魏舒质朴先行而言	(568)
三六	刘兆潜心著述	(569)
三七	郤诜自力更生	(570)

· 2 ·

目 录

三八　左思以十年著《三都赋》 …………………（570）
三九　陆机文章冠世 ………………………………（571）
四〇　陆云能属文理政 ……………………………（572）
四一　贾模称是非终不可掩 ………………………（573）
四二　荀勖博学佞媚 ………………………………（573）
四三　武帝忌司马攸 ………………………………（574）
四四　王湛有识度少言语 …………………………（575）
四五　王济不屈于武帝 ……………………………（576）
四六　王育孤贫苦学 ………………………………（577）
四七　卫玠风神秀异好言玄理 ……………………（577）
四八　李密上《陈情表》 …………………………（578）
四九　刘寔处荣宠崇俭素 …………………………（578）
五〇　陈寿著《三国志》 …………………………（579）
五一　罗尚贪如豺狼 ………………………………（580）
五二　王璋称天下将乱 ……………………………（580）
五三　范乔足不出邑里 ……………………………（581）
五四　氾腾贵而能贫 ………………………………（581）
五五　司马泰谦虚简率不似王公 …………………（582）
五六　王戎为司徒无所匡救 ………………………（582）
五七　裴頠斥虚浮著《崇有论》 …………………（582）
五八　孙楚作诗悼妻览之凄然 ……………………（583）
五九　孙楚驴鸣吊王济 ……………………………（583）
六〇　贾后荒淫放恣 ………………………………（584）
六一　惠帝时货赂公行 ……………………………（584）
六二　太子遹使谏者坐针毡 ………………………（585）
六三　索靖才艺绝人善草书 ………………………（585）

· 3 ·

古史人镜辑录·第二卷·晋至五代

六四	刘弘治荆州	（586）
六五	张辅抑豪强赞司马迁	（587）
六六	八王之乱	（587）
六七	张华博学弘旷守大节	（588）
六八	石崇王恺比富	（589）
六九	绿珠石崇之死	（590）
七〇	潘岳趋世利美姿容	（591）
七一	庾敳纵心事外	（591）
七二	华谭论人之相差何啻九牛毛	（592）
七三	刘渊称汉王	（592）
七四	王导佐司马睿治江东	（593）
七五	王承为渡江名臣之首	（594）
七六	苟晞不以王法贷人	（594）
七七	王衍三窟	（595）
七八	何绥奢侈矜豪	（595）
七九	张季鹰思吴中菰菜鲈鱼	（596）
八〇	王濬荼毒庶民	（596）
八一	刘渊石勒始图灭晋	（597）
八二	裴宪为石勒所重	（598）
八三	石勒驳王衍之辩词	（598）
八四	南渡名士泣新亭	（599）
八五	司马炽答刘聪问	（599）
八六	辛勉宁死不亏高节	（600）
八七	刘殷务于几谏	（600）
八八	祖逖中流击楫而誓	（601）
八九	祖逖不拘小节	（601）

· 4 ·

目 录

九〇　刘聪辱杀愍帝 …………………………………（602）
九一　羊氏答刘曜问 …………………………………（602）
九二　石勒禁胡人凌侮华族 …………………………（603）
九三　鞠彭息兵躬耕于野 ……………………………（603）
九四　祖逖收复河南之地 ……………………………（604）
九五　周𫖮性宽裕而好酒 ……………………………（604）
九六　周𫖮谈瘦之故 …………………………………（605）
九七　周嵩称唯碌碌能奉阿母 ………………………（606）
九八　戴若思陆机因劫定交 …………………………（606）
九九　王允之装醉脱险 ………………………………（607）
一〇〇　王敦心怀刚忍 ………………………………（607）
一〇一　王敦专政 ……………………………………（608）
一〇二　邓攸弃子为官清廉 …………………………（608）
一〇三　周访善战能谦让 ……………………………（609）
一〇四　明帝谈长安与日之远近 ……………………（610）
一〇五　郭璞精于卜筮 ………………………………（610）
一〇六　石勒不计布衣之恨 …………………………（611）
一〇七　陶侃运甓自劳珍惜分阴 ……………………（611）
一〇八　陶侃母责侃 …………………………………（613）
一〇九　卞壶不苟同时好 ……………………………（613）
一一〇　葛洪精炼丹术著《抱朴子》 ………………（614）
一一一　石勒之自我鉴定 ……………………………（614）
一一二　褚裒有皮里《春秋》 ………………………（615）
一一三　石虎诏许百姓事佛 …………………………（615）
一一四　石邃之暴行 …………………………………（616）
一一五　郗鉴吐食存小儿 ……………………………（616）

· 5 ·

古史人镜辑录·第二卷·晋至五代

一一六　庾亮王导之间 …………………………（617）
一一七　王导启用周镇 ……………………………（618）
一一八　顾和见王导 ………………………………（618）
一一九　蔡谟固辞司徒被免 ………………………（618）
一二○　王导父子情 ………………………………（619）
一二一　王珣王珉善行书 …………………………（620）
一二二　桓彝赏识徐宁 ……………………………（620）
一二三　江惇高节养志 ……………………………（621）
一二四　阮裕焚车 …………………………………（621）
一二五　孙绰善属文 ………………………………（621）
一二六　廉者不求贪者不与佳物得在 ……………（622）
一二七　郭文自给山林 ……………………………（622）
一二八　庾亮好老庄性坦率 …………………………（624）
一二九　庾怿献羽扇 …………………………………（625）
一三○　庾冰为相清慎俭约 …………………………（625）
一三一　阮玩为司空能自谦 …………………………（625）
一三二　何充性正直佞于佛 …………………………（626）
一三三　何琦博学不仕不营产业 ……………………（627）
一三四　孔愉修旧陂成良田 …………………………（628）
一三五　郭翻不取值不受惠 …………………………（628）
一三六　刘驎之高尚仁爱 ……………………………（629）
一三七　邓粲谈为隐之道 ……………………………（630）
一三八　索袭不与当世交通 …………………………（630）
一三九　谢尚辨悟绝伦 ………………………………（631）
一四○　孙晷事亲孝赡饥寒 …………………………（631）
一四一　颜含自有性命无劳蓍龟 ……………………（632）

·6·

一四二	崔约戏言胡目丧生	(632)
一四三	石虎胡作非为	(633)
一四四	杨轲食粗饮水授徒数百	(633)
一四五	殷浩辈宜束之高阁	(634)
一四六	慕容廆兴于燕	(635)
一四七	慕容皝治燕	(635)
一四八	刘翔痛斥江南士大夫	(637)
一四九	高诩不避死于战事	(637)
一五〇	慕容儁雅好文籍	(638)
一五一	郗超一日散钱数千万	(638)
一五二	王述沉静直率	(638)
一五三	王坦之主罪疑从轻	(639)
一五四	殷浩清谈	(640)
一五五	桓温耻以威刑肃物	(640)
一五六	刘惔知桓温	(641)
一五七	桓温与殷浩	(641)
一五八	殷浩终日书空	(642)
一五九	王羲之生平	(643)
一六〇	王凝之借鬼兵御敌	(645)
一六一	王徽之卓荦不羁	(645)
一六二	王献之生平	(646)
一六三	许迈修道寻仙	(647)
一六四	王猛扪虱谈当世之务	(648)
一六五	桓温北伐收复洛阳	(648)
一六六	苻生嗜酒残虐	(649)
一六七	苻坚留心儒学关陇清晏	(650)

古史人镜辑录・第二卷・晋至五代

一六八　苻坚信用王猛治关中 …………………（651）
一六九　桓石虔威震敌人 ………………………（651）
一七〇　谢安为老翁求情 ………………………（652）
一七一　谢安出山 ………………………………（652）
一七二　范宁谓迷众之罪大 ……………………（654）
一七三　桓温器重郗超王珣谢玄 ………………（654）
一七四　桓石秀放旷不重荣爵 …………………（654）
一七五　苻坚查办辟召非人 ……………………（655）
一七六　桓温行废立之事 ………………………（655）
一七七　孔严善于宰牧 …………………………（656）
一七八　苏蕙作回文旋图诗 ……………………（657）
一七九　苻坚劝王猛之辞 ………………………（657）
一八〇　简文帝不识稻 …………………………（657）
一八一　简文帝无大略能清谈 …………………（658）
一八二　孟陋以文籍自娱 ………………………（659）
一八三　竺法深游朱门 …………………………（659）
一八四　谢安从容迎桓温 ………………………（659）
一八五　谢安借改稿缓桓温之求 ………………（660）
一八六　习凿齿善尺牍论议 ……………………（660）
一八七　袁山松善音乐 …………………………（661）
一八八　袁耽倜傥不羁 …………………………（661）
一八九　孝武时道子势倾天下 …………………（662）
一九〇　王国宝阿谀道子弄权 …………………（663）
一九一　戴逵善鼓琴 ……………………………（663）
一九二　王猛临终遗言 …………………………（664）
一九三　武帝好以手书赐侍臣 …………………（665）

· 8 ·

目　录

一九四　谢安荐谢玄 ……………………………………（665）
一九五　王彪之称岂可以修宫室为能 …………………（666）
一九六　谢安镇定自若对强敌 …………………………（666）
一九七　淝水之战 ………………………………………（667）
一九八　谢万善属文傲视诸将 …………………………（667）
一九九　桓伊善音乐性谦素 ……………………………（668）
二〇〇　慕容垂拒杀苻坚 ………………………………（668）
二〇一　苻融文武双全谏毋平吴 ………………………（669）
二〇二　才女谢道韫 ……………………………………（670）
二〇三　明镜不疲屡照 …………………………………（671）
二〇四　孙盛刚正咸称良史 ……………………………（671）
二〇五　车胤以萤火夜读 …………………………………（672）
二〇六　干宝著《搜神记》 ………………………………（672）
二〇七　王濛善隶书克己励行 …………………………（673）
二〇八　王雅评王恭殷仲堪 ……………………………（673）
二〇九　王恭作人无长物 ………………………………（674）
二一〇　王恭抗直信佛 …………………………………（674）
二一一　殷仲堪云贫者士之常 …………………………（675）
二一二　殷仲堪敬惮桓玄 ………………………………（676）
二一三　魏咏之求医 ……………………………………（676）
二一四　姚苌临终嘱太子 ………………………………（677）
二一五　姚兴留心政事托意佛教 ………………………（677）
二一六　鸠摩罗什译佛经三百卷 ………………………（679）
二一七　张贵人闷杀武帝 ………………………………（680）
二一八　拓跋珪建魏国 …………………………………（680）
二一九　荀灌突围求救兵 ………………………………（681）

· 9 ·

古史人镜辑录·第二卷·晋至五代

二二〇　刘裕作战勇猛 …………………………（681）
二二一　桓玄专朝政 ……………………………（682）
二二二　顾恺之丹青妙绝于时 …………………（682）
二二三　桓玄称帝之种种 ………………………（683）
二二四　刘裕起事讨桓玄 ………………………（684）
二二五　吴隐之居高官勤苦如贫庶 ……………（685）
二二六　刘裕不好音乐故不习 …………………（686）
二二七　李暠论为政之戒 ………………………（686）
二二八　拓跋珪滥杀无辜 ………………………（687）
二二九　刘裕北伐燕 ……………………………（687）
二三〇　刘穆之为相与为人 ……………………（688）
二三一　刘裕北伐秦 ……………………………（688）
二三二　崔浩论刘裕 ……………………………（689）
二三三　王买德定谋取关中 ……………………（690）
二三四　勃勃性骄虐杀隐士 ……………………（691）
二三五　司马楚之感动刺客 ……………………（691）
二三六　陶潜不为五斗米折腰 …………………（692）

南北朝

（公元420年至588年）

一　恭帝甘心让位于刘裕 ………………………（693）
二　谢瞻以篱隔门庭 ……………………………（694）
三　徐羡之沉密寡言 ……………………………（694）
四　刘裕节俭寡欲 ………………………………（695）
五　王昙首不爱财 ………………………………（695）

目 录

六　刘邕嗜食疮痂 …………………………………（696）
七　徐羡之等立宋文帝 ……………………………（696）
八　谢灵运不朝直而游行 …………………………（697）
九　宋文帝诫义恭书 ………………………………（698）
一〇　谢弘微纪理生业一无所取 …………………（699）
一一　谢灵运好山泽之游招祸 ……………………（699）
一二　司马义康诛杀檀道济 ………………………（700）
一三　王弘奏官长偷五疋即诛 ……………………（700）
一四　宋文帝设儒玄史文四学馆 …………………（701）
一五　刘义康能强记不识大体 ……………………（701）
一六　宋文帝使诸王识饥苦 ………………………（702）
一七　老农教刘义季 ………………………………（702）
一八　宋文帝慰勉死囚孔熙先 ……………………（702）
一九　刘义庆编撰《世说新语》 …………………（703）
二〇　蔡廓不署纸尾 ………………………………（704）
二一　刘瑜事母至孝 ………………………………（704）
二二　郭世道瘝子养母 ……………………………（705）
二三　郭原平之孝义行 ……………………………（705）
二四　宋文帝之北伐 ………………………………（707）
二五　羊欣善书撰《药方》 ………………………（708）
二六　音乐家戴颙 …………………………………（708）
二七　宗炳澄怀观道卧游名山 ……………………（710）
二八　周续之布衣蔬食终身不娶 …………………（710）
二九　王弘之隐于钓 ………………………………（711）
三〇　孔淳之好人外之游 …………………………（711）
三一　刘凝之非其力不食 …………………………（712）

· 11 ·

古史人镜辑录·第二卷·晋至五代

三二	翟法赐遁迹幽深	(713)
三三	沈道虔贫而好施	(713)
三四	严世期吴逵之义行	(714)
三五	颜延之作《五君咏》	(714)
三六	颜延之不喜见要人	(715)
三七	崔宏势倾朝廷家徒四壁	(716)
三八	夏主筑高城招亡	(716)
三九	魏太武帝拓跋焘其人	(717)
四〇	魏太武帝赞崔浩	(718)
四一	魏太武帝议伐西凉	(718)
四二	长孙道生廉约	(719)
四三	古弼无礼极谏	(720)
四四	魏帝焘灭佛	(720)
四五	古弼不听诏命	(721)
四六	高允预言崔浩将不免	(722)
四七	崔浩直笔撰国史获罪	(722)
四八	崔浩评诸葛亮	(724)
四九	眭夸与崔浩	(725)
五〇	李孝伯献替补阙其迹不见	(726)
五一	魏太子晃首倡换工	(726)
五二	魏文成帝复兴佛教	(727)
五三	高允数十年不徙官	(727)
五四	陆馛为政清平	(728)
五五	王僧达五年七下徙	(729)
五六	宋孝武帝信用腹心	(729)
五七	周朗言事切直招祸	(730)

· 12 ·

目 录

五八　张敷至孝 …………………………………（730）
五九　沈庆之之退休生活 ……………………………（730）
六〇　孔颛尚俭素 ……………………………………（731）
六一　沈怀文直谏忤旨 …………………………………（732）
六二　宋孝武帝好狎侮群臣 ……………………………（733）
六三　宋孝武帝重赏哭贵妃 ……………………………（733）
六四　颜师伯输钱得高官 ………………………………（734）
六五　山阴公主有面首三十 ……………………………（734）
六六　袁颛唯愿生出虎口 ………………………………（735）
六七　废帝之死 …………………………………………（735）
六八　宋明帝之始末 ……………………………………（736）
六九　王皇后刚正说明帝 ………………………………（736）
七〇　宋明帝翦除诸弟 …………………………………（737）
七一　褚彦回为官清廉 …………………………………（737）
七二　虞愿谏明帝 ………………………………………（738）
七三　王景文饮药而卒 …………………………………（739）
七四　袁粲闲默寡言门无杂客 …………………………（739）
七五　傅琰任山阴令有能名 ……………………………（740）
七六　宋顺帝禅位于萧道成 ……………………………（740）
七七　朝代改换之际种种 ………………………………（741）
七八　齐高帝欲使黄金与土同价 ………………………（742）
七九　王僧虔善书不营财产 ……………………………（742）
八〇　刘瓛不以高名自居 ………………………………（743）
八一　张融恨二王无臣法 ………………………………（744）
八二　韩麒麟不以刑罚立威 ……………………………（745）
八三　萧子良八友 ………………………………………（745）

· 13 ·

古史人镜辑录·第二卷·晋至五代

八四	谢朓善五言诗	(746)
八五	范缜著《神灭论》	(746)
八六	萧嶷务从减省	(747)
八七	王俭崇儒自比谢安	(747)
八八	陆澄博学胜过王俭	(748)
八九	王僧祐不趋势	(749)
九〇	王敬则不知书不失理	(749)
九一	范云动辄规谏	(750)
九二	丘灵鞠愿终身为祭酒	(750)
九三	士大夫非天子所命	(750)
九四	刘怀慰著《廉吏论》	(751)
九五	裴昭明无宅甚贫罄	(751)
九六	明僧绍不见高帝	(752)
九七	宗测不仕不受赠	(753)
九八	陈显达诫子勿豪侈	(754)
九九	王融欲三十为公辅	(754)
一〇〇	皇太孙以祖病大喜	(754)
一〇一	祖冲之多才艺善算学	(755)
一〇二	贾渊及父祖三世传谱学	(756)
一〇三	沈颙士隐居教授著书千卷	(756)
一〇四	魏孝文帝班俸禄治贪赃	(757)
一〇五	高允仁恕简静无疾而终	(757)
一〇六	高佑称王者不私人以官	(758)
一〇七	薛聪答孝文帝问	(758)
一〇八	痴姨有无忧之乐	(760)
一〇九	魏孝文帝迁都之深意	(760)

· 14 ·

目录

一一〇　魏孝文帝以文治 …………………………（761）
一一一　裴宣求埋战死者 …………………………（762）
一一二　裴安祖闲居养志 …………………………（762）
一一三　魏孝文帝称君患不纳谏 …………………（763）
一一四　魏孝文帝谓时事须直书 …………………（763）
一一五　拓跋飔不愿为司徒 ……………………（764）
一一六　李冲谦以自牧竭忠执事 …………………（764）
一一七　李彪溢李冲满 …………………………（765）
一一八　杨大眼勇冠三军 …………………………（766）
一一九　冯熙信佛法行贪纵 ……………………（767）
一二〇　苍头教甄琛 ……………………………（767）
一二一　源贺诫子书 ……………………………（768）
一二二　韩显宗聪悟刚直 …………………………（769）
一二三　于洛侯贪酷残忍 …………………………（769）
一二四　宦者张佑任高官许以不死 …………（770）
一二五　郦道元注《水经》 ……………………（770）
一二六　李亮李修父子咸为良医 …………………（770）
一二七　建筑师蒋少游 …………………………（771）
一二八　高遵贪酷 ………………………………（772）
一二九　王叡得宠幸 ……………………………（772）
一三〇　癞儿刺史崔暹 …………………………（773）
一三一　房氏养育训导其子 ……………………（774）
一三二　司马悦平反冤狱 ………………………（774）
一三三　源怀云高官当举纲维 …………………（775）
一三四　韩祚任吏部慎选拔 ……………………（775）
一三五　魏胡太后作永宁寺 ……………………（776）

· 15 ·

一三六	魏胡太后遣使取经	(776)
一三七	王公负绢过重致伤	(777)
一三八	魏权贵竞为豪侈	(777)
一三九	茹皓贵宠诸王惮之	(778)
一四〇	刘腾操生杀之权唯财是图	(779)
一四一	裴植意满见于言色	(779)
一四二	崔挺有学行不自炫求进	(780)
一四三	赵修暴至富贵终于惨死	(781)
一四四	崔光崇信佛法不计进退	(782)
一四五	裴延儁修水利办学校	(782)
一四六	夏侯夬纵酒而亡	(783)
一四七	高谦之破案	(783)
一四八	祖莹称文章须自出机杼	(784)
一四九	常景清俭自守耽好经史	(784)
一五〇	平恒忿其子好酒自弃	(785)
一五一	刘献之贬杨墨笑屈原	(786)
一五二	李业兴爱好坟籍	(786)
一五三	冯伟闭门不出不受举荐	(787)
一五四	宋翻由威振京师至灭损	(787)
一五五	杨椿告老还乡诫子孙	(788)
一五六	杨逸为政以人为本	(789)
一五七	李琰之好读书非为名	(790)
一五八	崔氏树榜样以教	(790)
一五九	尔朱荣令人空手搏虎	(791)
一六〇	裴粲迂腐	(791)
一六一	宝卷昏庸萧衍称帝	(792)

· 16 ·

目 录

一六二　范云愿皇帝日慎一日 ……………………（792）
一六三　曹景宗忆年少逐猎 ………………………（793）
一六四　徐勉周舍俱称贤相 ………………………（794）
一六五　梁武帝优礼谢朏 …………………………（794）
一六六　郑绍叔忠于事上 …………………………（795）
一六七　沈约好坟籍撰《四声谱》 ………………（795）
一六八　吕僧珍不私亲戚 …………………………（796）
一六九　韦叡不与俗俯仰 …………………………（797）
一七〇　马仙琕勇冠三军口不言功 ………………（797）
一七一　沈𪩘之以清廉获罪 ………………………（798）
一七二　孙谦不受赠无私宅 ………………………（798）
一七三　冯道根事母孝性谨厚 ……………………（799）
一七四　严植之好行阴德 …………………………（800）
一七五　江淹才尽归身草莱 ………………………（800）
一七六　王志止足惇厚 ……………………………（801）
一七七　王筠好抄书 ………………………………（801）
一七八　傅昭笃慎不负暗室 ………………………（802）
一七九　陆杲性直无所顾望 ………………………（802）
一八〇　明山宾笃实 ………………………………（803）
一八一　鱼弘使郡四尽 ……………………………（803）
一八二　裴子野文成于心 …………………………（804）
一八三　吉翂求代父命 ……………………………（805）
一八四　梁武帝好儒术 ……………………………（805）
一八五　梁武帝为法缓于权贵 ……………………（805）
一八六　萧宏殖货无厌 ……………………………（806）
一八七　沈瑀绳治豪族 ……………………………（806）

· 17 ·

古史人镜辑录·第二卷·晋至五代

一八八　何远疾强富受谤免归 …………………（807）
一八九　昭明太子编辑《文选》 …………………（808）
一九〇　钟嵘著《诗品》 ……………………………（809）
一九一　刘勰著《文心雕龙》 ………………………（809）
一九二　王籍若邪溪赋诗 ……………………………（810）
一九三　沈颙樵采自资 ………………………………（810）
一九四　徐摛才高招排挤 ……………………………（811）
一九五　山中宰相陶弘景 ……………………………（811）
一九六　梁武帝称上有过失知之在下 ……………（812）
一九七　梁武帝勤政节俭不能治国 ………………（812）
一九八　梁武帝舍身同泰寺 …………………………（813）
一九九　侯景困死梁武帝于台城 …………………（813）
二〇〇　侯景治下之江南 ……………………………（814）
二〇一　梁简文帝之死 ………………………………（814）
二〇二　梁太子居困厄而怡然 ………………………（815）
二〇三　萧方等愿与鱼鸟同游 ………………………（815）
二〇四　梁元帝焚书 …………………………………（816）
二〇五　殷不害寻母 …………………………………（816）
二〇六　高欢幸得陈元康 ……………………………（817）
二〇七　段韶善计略好财色 …………………………（817）
二〇八　段孝言骄奢贪黩 ……………………………（818）
二〇九　孙腾求纳财贿不知纪极 …………………（819）
二一〇　李元忠称作仆射不如饮酒 ………………（819）
二一一　卢宗道粗率酷滥 ……………………………（820）
二一二　卢义僖不苟求富贵 …………………………（821）
二一三　南北通好以俊义相夸 ………………………（821）

· 18 ·

目　录

二一四　高欢称不能急正纲纪 …………………（821）
二一五　高欢宣旨区别鲜卑与华人 ……………（822）
二一六　崔暹勤政直言 ……………………………（822）
二一七　魏静帝逊位 ………………………………（823）
二一八　阳俊之自认才士 …………………………（824）
二一九　高洋深自晦匿 ……………………………（824）
二二〇　北齐帝高洋图治 …………………………（825）
二二一　魏收撰《魏书》号秽史 …………………（826）
二二二　苏琼之德政 ………………………………（826）
二二三　高洋令道士剃发为沙门 …………………（827）
二二四　高洋肆行狂暴 ……………………………（827）
二二五　高洋斩高德政 ……………………………（828）
二二六　李集比高洋为桀纣 ………………………（829）
二二七　魏恺不受长史而任刺史 …………………（829）
二二八　杨愔绝私交轻货财 ………………………（830）
二二九　辛术取士循名责实 ………………………（830）
二三〇　卢斐残忍非人情 …………………………（831）
二三一　赵彦深母子情深 …………………………（831）
二三二　王晞称殿庭非行戮之所 …………………（832）
二三三　和士开劝帝极意为乐 ……………………（832）
二三四　为和士开尝黄龙汤 ………………………（833）
二三五　平鉴送爱妾而任刺史 ……………………（833）
二三六　崔劼不为子求京官 ………………………（833）
二三七　卢叔武为官清贫 …………………………（834）
二三八　袁聿修得民欢心 …………………………（834）
二三九　北齐后主号无愁天子 ……………………（835）

· 19 ·

古史人镜辑录·第二卷·晋至五代

二四〇　崔瞻简傲 …………………………（835）
二四一　李士谦务为赈施 ……………………（836）
二四二　宇文泰识拔苏绰 ……………………（837）
二四三　王罴性俭率 …………………………（837）
二四四　王思政不私受黄金 ……………………（838）
二四五　蔡佑身先士卒不争功 …………………（838）
二四六　耿豪骁勇不怕死 ………………………（839）
二四七　宇文测以客礼待俘虏 …………………（839）
二四八　宇文泰苏绰图治 ………………………（840）
二四九　宇文泰痛悼苏绰 ………………………（840）
二五〇　贺兰祥禁掘古墓 ………………………（841）
二五一　韩褒使贫富渐均 ………………………（842）
二五二　柳庆冒死直谏 …………………………（842）
二五三　长孙俭治荆州 …………………………（843）
二五四　庾季才谓克国当礼贤 …………………（843）
二五五　周闵帝行敬老乞言礼 …………………（844）
二五六　唐瑾不取财物 …………………………（845）
二五七　达奚武不持威仪 ………………………（845）
二五八　赫连达不战而获城 ……………………（846）
二五九　裴侠清慎奉公号独立君 ………………（846）
二六〇　周武帝行善政 …………………………（847）
二六一　库士文孤直清苦 ………………………（848）
二六二　王褒由梁入周忘其羁旅 ………………（848）
二六三　庾信作《哀江南赋》 …………………（849）
二六四　赵文深善碑榜 …………………………（850）
二六五　韦敻号逍遥公 …………………………（850）

· 20 ·

二六六　薛慎任刺史易风俗 ……………………（851）

二六七　周宣帝逞欲胡作非为 …………………（852）

二六八　沈众吝啬狷急 ……………………………（853）

二六九　褚玠治山阴 ………………………………（853）

二七〇　萧引善言辞性抗直 ……………………（854）

二七一　孙玚性奢豪 ………………………………（855）

二七二　顾野王精舆地学 …………………………（855）

二七三　陈叔宝与狎客游宴酬歌 ………………（856）

二七四　陈叔宝宠遇张丽华 ……………………（856）

二七五　蔡凝不奉后主诏 …………………………（857）

二七六　姚察清廉博学撰梁陈史 ………………（857）

隋
（公元 581 年至 617 年）

一　隋文帝信用苏威 ……………………………（859）

二　郑译与母别居被罢 …………………………（860）

三　刘行本称岂能轻臣不顾 …………………（860）

四　独孤皇后谦恭俭约好读书 ………………（861）

五　李雄兼习文武 ………………………………（861）

六　隋购求遗书 …………………………………（862）

七　文帝定新律简要而不失 …………………（862）

八　善果母教子 …………………………………（863）

九　赵煚制铜斗铁尺于市 ……………………（864）

一〇　柳彧称不宜以武将任刺史 ……………（864）

一一　长孙平建议置义仓 ………………………（865）

· 21 ·

古史人镜辑录·第二卷·晋至五代

一二　李文博不妄受赏 …………………………（865）
一三　杨尚希称人主宜举大纲 …………………（866）
一四　高颎谈取陈之策 …………………………（866）
一五　杨广欲留张丽华 …………………………（867）
一六　文帝善待陈叔宝 …………………………（867）
一七　文帝不求虚名 ………………………………（868）
一八　梁彦光以教育化人 …………………………（868）
一九　赵轨为官清如水 ……………………………（869）
二〇　公孙景茂耄耋治州有德政 …………………（869）
二一　辛公义治病息讼 ……………………………（870）
二二　文帝性猜忌严以临下 ………………………（871）
二三　杨素能用兵性残忍 …………………………（871）
二四　刘旷有异政 …………………………………（872）
二五　建仁寿宫死者万数 …………………………（872）
二六　文帝因民饥不食酒肉 ………………………（873）
二七　韦世康有止足之志 …………………………（873）
二八　文帝用法益峻不依科律 ……………………（873）
二九　独孤后性妒忌 ………………………………（874）
三〇　贺若弼心有三太猛 …………………………（874）
三一　太子勇率意任性见疏 ………………………（875）
三二　杨广弥自矫饰成为太子 ……………………（876）
三三　房玄龄预言隋亡可翘足待 …………………（876）
三四　王伽令流囚自至京师 ………………………（877）
三五　柳彧以得罪杨素被除名 ……………………（877）
三六　梁毗不纳赠金感悟酋长 ……………………（878）
三七　燕荣暴虐鞭笞无辜 …………………………（878）

· 22 ·

三八　崔弘度诫僚属无得欺诳 …………………………（879）

三九　何妥难苏威元善 ………………………………（879）

四〇　翟普林事亲以孝 …………………………………（880）

四一　文中子王通不愿出仕 ……………………………（880）

四二　文帝勤政节俭 ……………………………………（881）

四三　炀帝开通济渠 ……………………………………（881）

四四　炀帝筑西苑 ………………………………………（882）

四五　裴矩撰《西域图记》拓地千里 ……………………（882）

四六　炀帝下扬州 ………………………………………（883）

四七　高颎等以诽谤朝政坐诛 …………………………（884）

四八　炀帝唯恐杨素不死 ………………………………（884）

四九　炀帝令造观风行殿 ………………………………（885）

五〇　薛道衡赞美先朝被杀 ……………………………（885）

五一　邀胡客酒食例不取值 ……………………………（886）

五二　炀帝宴游酒酣靡所不至 …………………………（886）

五三　炀帝命刻能动木偶以像柳䛒 ……………………（887）

五四　裴矩为将士娶妻 …………………………………（888）

五五　牛弘宽厚恭俭 ……………………………………（888）

五六　虞世基唯诺取容 …………………………………（889）

五七　裴蕴增乐人至三万 ………………………………（890）

五八　炀帝攻高丽天下骚动 ……………………………（890）

五九　李密乘黄牛读《汉书》 ……………………………（891）

六〇　炀帝谓天下人不欲多 ……………………………（891）

六一　苏威据实而言 ……………………………………（892）

六二　李密李渊起兵 ……………………………………（892）

六三　隋炀帝之死 ………………………………………（893）

古史人镜辑录·第二卷·晋至五代

唐（上）
（公元618年至756年）

| 一 萧瑀绳违举过不盲从 …………………………（894） |
| 二 高祖与贵臣同榻而坐 …………………………（895） |
| 三 李密开洛口仓散米 ……………………………（895） |
| 四 徐世勣不背德不邀功 …………………………（896） |
| 五 李素立守法不奉诏 ……………………………（897） |
| 六 王世充求人才而不能用 ………………………（897） |
| 七 李元吉骄佚横行 ………………………………（897） |
| 八 王世充门不设禁不清道 ………………………（898） |
| 九 裴寂陷刘文静死 ………………………………（899） |
| 一〇 李纲屡谏不听乃乞骸骨 ……………………（899） |
| 一一 李世民义释尉迟敬德 ………………………（900） |
| 一二 李世勣割肉啖单雄信 ………………………（900） |
| 一三 李世民谴责苏威 ……………………………（901） |
| 一四 苏世长智讽高祖 ……………………………（901） |
| 一五 李世民开文学馆 ……………………………（902） |
| 一六 房玄龄收采人才 ……………………………（902） |
| 一七 皇甫无逸过于审慎 …………………………（903） |
| 一八 高祖待世民渐疏 ……………………………（903） |
| 一九 李世民谏止迁都 ……………………………（904） |
| 二〇 李袭誉修水利不喜财 ………………………（905） |
| 二一 张镇周治舒州境内肃然 ……………………（905） |
| 二二 玄武门之变 …………………………………（906） |

· 24 ·

目 录

二三	张公谨云不疑何卜	（906）
二四	李世民重用魏徵	（906）
二五	太宗用兵之方	（908）
二六	太宗称设官为民	（909）
二七	太宗评隋文帝	（909）
二八	太宗与学士讲论	（910）
二九	颜师古精于训诂学	（911）
三〇	欧阳询父子皆善书	（912）
三一	太宗治国理政之道	（912）
三二	裴矩不面从而力争	（914）
三三	长孙顺德受辱改过	（914）
三四	太宗自知不能尽识天下务	（915）
三五	唐俭谏猎	（915）
三六	长孙无忌固辞宰相	（915）
三七	杜淹答太宗诘问	（916）
三八	魏徵愿为良臣勿为忠臣	（916）
三九	太宗止建宫殿裁减官员	（917）
四〇	刘子翼常面责人过	（918）
四一	太宗称悲喜非由乐	（918）
四二	太宗称瑞在得贤	（918）
四三	玄龄善谋如晦能断	（919）
四四	太宗识拔马周	（920）
四五	王珪品藻诸宰相	（921）
四六	魏徵称中国安四夷服	（921）
四七	太宗不求虚名居安思危	（922）
四八	长孙皇后赞主明臣直	（922）

· 25 ·

四九	太宗诫尉迟敬德	(923)
五〇	太宗之政与贞观初有异	(923)
五一	李靖大破突厥	(924)
五二	魏徵谈臣见帝失次之故	(925)
五三	长孙皇后临终遗言	(925)
五四	魏徵称善始多克终寡	(926)
五五	太宗不准为己出文集	(927)
五六	虞世南有五绝	(927)
五七	刘玄平称无短何以称长	(928)
五八	尉迟敬德富不易妻	(928)
五九	太宗崇儒学者云集	(929)
六〇	傅奕编辑《高识传》	(929)
六一	侯君集平高昌	(930)
六二	文成公主进藏	(931)
六三	魏徵称臣爱身故不言	(931)
六四	褚遂良拒太宗观起居注	(931)
六五	魏徵谏太宗毋欲盖弥彰	(932)
六六	杨师道性行纯善情实怯懦	(933)
六七	李大亮忠勤俭约不忘旧恩	(934)
六八	高士廉治蜀	(935)
六九	戴胄守法不从太宗言	(936)
七〇	王珪规谏太宗	(936)
七一	杜正伦愿君慎言	(937)
七二	张玄素论隋之危亡	(938)
七三	阎立本工于写真	(938)
七四	柳范逆折太宗	(939)

七五	张行成谏太宗毋自矜	(939)
七六	太宗剪须疗世勣病	(940)
七七	太宗称民可载舟可覆舟	(940)
七八	太宗评群臣	(941)
七九	程名振举止自若	(942)
八〇	太子承乾宠称心	(942)
八一	太宗论曹操	(943)
八二	岑文本忧任中书令	(943)
八三	太宗至生日而伤感	(944)
八四	太宗故黜李世勣	(944)
八五	玄奘取经撰《西域记》	(945)
八六	高宗永徽之政	(945)
八七	唐临性宽恕	(946)
八八	张文瓘执法允当	(947)
八九	赵弘智称天子需诤臣	(947)
九〇	贾敦颐兄弟皆有惠政	(947)
九一	田仁会强力执法	(948)
九二	高宗立武氏为后	(949)
九三	李义府笑中有刀	(950)
九四	来济借老翁言养民之道	(951)
九五	员半千论天地人三阵	(951)
九六	李晦听民意毁私楼	(952)
九七	刘审礼甚孝悌	(952)
九八	韦思谦见王公不屈礼	(953)
九九	武后垂帘听政	(953)
一〇〇	李弘李贤之死	(954)

古史人镜辑录·第二卷·晋至五代

一〇一	安金藏剖腹安睿宗	（955）
一〇二	李勣称高宗所为尽善	（955）
一〇三	张公艺因忍得九世同居	（956）
一〇四	李安期称至诚方能得贤	（956）
一〇五	李勣临终遗言	（956）
一〇六	卢承庆屡改考评	（957）
一〇七	刘晓称取士应德行为先	（958）
一〇八	则天太后与北门学士	（958）
一〇九	李嗣真觅得黄钟	（959）
一一〇	刘仁轨为解事仆射	（959）
一一一	狄仁杰谏应执法取信	（960）
一一二	狄仁杰秉公奏劾朝廷肃然	（961）
一一三	裴行俭文武兼资明于知人	（961）
一一四	李敬玄能于典选	（962）
一一五	李义琰不营美宅	（963）
一一六	李善感凤鸣朝阳	（963）
一一七	秦鸣鹤天子头刺血	（964）
一一八	中宗昏庸被废	（964）
一一九	平定徐敬业之乱	（965）
一二〇	初唐四杰王杨卢骆	（966）
一二一	裴炎被诛	（967）
一二二	则天太后赐刘祎之死	（968）
一二三	则天后宠幸僧怀义	（969）
一二四	则天后命铸铜匦	（969）
一二五	则天后重用酷吏	（970）
一二六	陈子昂谏止冤狱	（971）

· 28 ·

目录

一二七　苏良嗣怒殴僧怀义 …………………… (971)
一二八　魏玄同不作告密人 …………………… (972)
一二九　侯思止不识字为大夫 ………………… (972)
一三〇　徐有功平恕正直 ……………………… (972)
一三一　傅游艺等上表请则天称皇帝 ………… (973)
一三二　来俊臣审周兴 ………………………… (974)
一三三　狄仁杰不愿知谮者名 ………………… (974)
一三四　来俊臣诬告狄仁杰 …………………… (974)
一三五　杜肃与宴后又告密 …………………… (975)
一三六　李德昭揭祥瑞之假 …………………… (976)
一三七　娄师德称唾面当不拭自干 …………… (976)
一三八　万国俊滥杀流人 ……………………… (977)
一三九　火烧明堂杀怀义 ……………………… (977)
一四〇　武攸绪隐于嵩山 ……………………… (978)
一四一　拒收大食之狮 ………………………… (979)
一四二　陆元方直道而行 ……………………… (979)
一四三　徐有功所行甚难 ……………………… (980)
一四四　张易之张昌宗受宠 …………………… (980)
一四五　来俊臣被诛 …………………………… (981)
一四六　王及善清正自律 ……………………… (982)
一四七　狄仁杰谏立子而不立侄 ……………… (982)
一四八　苏味道摸棱持两端 …………………… (983)
一四九　狄仁杰抚慰百姓 ……………………… (983)
一五〇　置控鹤监丞等官 ……………………… (984)
一五一　狄仁杰为娄师德所荐 ………………… (984)
一五二　吉顼被贬建言 ………………………… (985)

· 29 ·

古史人镜辑录・第二卷・晋至五代

一五三　张易之为奉宸令 …………………………（986）
一五四　朱敬则高洁守正 …………………………（987）
一五五　王方庆献祖传法书 ………………………（987）
一五六　狄仁杰谏止造大佛像 ……………………（988）
一五七　则天后信任狄仁杰 ………………………（989）
一五八　狄仁杰荐张柬之 …………………………（989）
一五九　崔玄晖之复职 ……………………………（990）
一六〇　张循宪荐贤 ………………………………（990）
一六一　魏元忠秉公抑诸张 ………………………（991）
一六二　张说不受赂不诬证 ………………………（991）
一六三　韦方质不折节事权贵 ……………………（992）
一六四　宋璟不事易之兄弟 ………………………（992）
一六五　李怀远不假荫求官 ………………………（993）
一六六　杨再思称两脚狐 …………………………（994）
一六七　阎朝隐愿以身代则天疾病 ………………（994）
一六八　张易之张昌宗被诛 ………………………（995）
一六九　韦后干预朝政 ……………………………（995）
一七〇　张柬之除草不去根 ………………………（996）
一七一　上官婉儿党于武氏 ………………………（996）
一七二　杨元琰称功成不退将危 …………………（997）
一七三　中宗欲斩告武三思者 ……………………（997）
一七四　武三思流杀五大臣 ………………………（998）
一七五　太子重俊杀武三思 ………………………（999）
一七六　安乐公主骄横侈丽 ………………………（999）
一七七　中宗为窦从一娶妇 ………………………（1000）
一七八　中宗置学士二十四员 ……………………（1000）

・30・

目 录

一七九　宋之问之丑行 ………………………………（1001）
一八〇　山恽讽群臣乱舞 ……………………………（1002）
一八一　唐休璟依托求进 ……………………………（1002）
一八二　随驾隐士卢藏用 ……………………………（1003）
一八三　太平公主权倾人主 …………………………（1003）
一八四　司马承祯谈无为 ……………………………（1004）
一八五　宋璟姚元之选举以公 ………………………（1004）
一八六　尹知章性和厚不问产业 ……………………（1005）
一八七　李峤附势饰非 ………………………………（1005）
一八八　玄宗诛太平公主 ……………………………（1006）
一八九　崔日用适时而变取富贵 ……………………（1007）
一九〇　李元纮不改所判 ……………………………（1007）
一九一　李日知用法宽平 ……………………………（1008）
一九二　神秀慧能传禅宗 ……………………………（1009）
一九三　玄宗以姚元之为相 …………………………（1010）
一九四　魏知古告姚崇之子 …………………………（1011）
一九五　玄宗教曲于梨园 ……………………………（1012）
一九六　玄宗为长枕大被与兄弟同寝 ………………（1012）
一九七　伴食宰相卢怀慎清谨俭素 …………………（1013）
一九八　玄宗师事侍读之士 …………………………（1014）
一九九　班生为京官何异登仙 ………………………（1014）
二〇〇　姚崇请避相位 ………………………………（1015）
二〇一　宋璟为相 ……………………………………（1015）
二〇二　宋璟称君子耻言浮于行 ……………………（1016）
二〇三　源乾曜出二子于京外 ………………………（1017）
二〇四　陆象先政尚宽简 ……………………………（1017）

· 31 ·

二〇五	韦景骏所治有政绩	(1017)
二〇六	孔若思知足止足	(1018)
二〇七	僧一行之言行著述	(1019)
二〇八	刘知几著《史通》	(1020)
二〇九	韦述著《开元谱》	(1021)
二一〇	孙思邈精医药	(1021)
二一一	张说裁兵二十余万	(1022)
二一二	杜暹清慎	(1023)
二一三	吕向能为连锦书	(1023)
二一四	制成水运浑天	(1023)
二一五	宋璟刚直老而弥笃	(1024)
二一六	李元恺不受无妄之财	(1024)
二一七	张说遭弹劾	(1025)
二一八	张嘉贞不营家产	(1026)
二一九	席豫性谨慎	(1026)
二二〇	宇文融善聚敛	(1027)
二二一	宦官杨思勖性残忍	(1027)
二二二	高力士权倾朝野	(1028)
二二三	韩休守正不阿	(1029)
二二四	萧嵩从容引退	(1030)
二二五	元德秀不以縻费求赏	(1030)
二二六	李林甫深结宦官妃嫔	(1031)
二二七	安禄山史思明皆骁勇	(1031)
二二八	张九龄力谏招怒与忌	(1032)
二二九	张九龄罢政事	(1033)
二三〇	李守礼因伤能测气候	(1034)

二三一	李林甫口蜜腹剑	（1034）
二三二	李邕才高气方直	（1035）
二三三	玄宗登望春楼观新潭	（1036）
二三四	吴筠不谈神仙冶炼法	（1037）
二三五	贺知章性旷达	（1037）
二三六	玄宗纳寿王妃杨太真	（1038）
二三七	杨钊以贿进	（1039）
二三八	安禄山称腹中只有赤心	（1039）
二三九	王忠嗣不以万人易一官	（1041）
二四〇	李林甫养成天下之乱	（1042）
二四一	封杨贵妃三姊为韩虢秦夫人	（1043）
二四二	杨国忠言禄山必反	（1044）
二四三	高力士直言谏玄宗	（1044）
二四四	颜真卿抗击禄山兵	（1045）
二四五	颜杲卿被擒就义	（1046）
二四六	玄宗仓皇出长安	（1046）
二四七	杨贵妃死于马嵬驿	（1047）
二四八	谪仙李白	（1048）
二四九	张旭大醉乃下笔	（1049）
二五〇	王维善诗书画	（1049）
二五一	孟浩然失出仕良机	（1050）
二五二	郑虔长于地理	（1051）

· 33 ·

唐（下）

（公元756年至906年）

一	张巡守雍丘	（1052）
二	安禄山杀雷海清	（1053）
三	肃宗重用李泌	（1053）
四	张兴斥史思明	（1055）
五	安禄山被刺杀	（1055）
六	张巡守睢阳	（1056）
七	张镐称未闻饭僧可致太平	（1057）
八	李俶拜求回纥军毋俘掠	（1058）
九	李泌草表奏请玄宗还京	（1058）
一〇	李沁有五不可留请归山	（1059）
一一	张巡死节睢阳	（1060）
一二	玄宗定回京李泌得归山	（1061）
一三	甄济有操行	（1061）
一四	玄宗得保养馀年	（1062）
一五	李辅国掌禁兵决天下事	（1062）
一六	韦陟长于鉴裁号为公平	（1063）
一七	王思礼报授马之恩	（1064）
一八	白孝德智取刘龙仙	（1065）
一九	李光弼智胜史思明	（1066）
二〇	穆宁克尽职守	（1066）
二一	李皋开仓赈灾	（1067）
二二	张志和隐而有名	（1068）

二三	李辅国被诛杀	（1068）
二四	裴谞谓当先问人之疾苦	（1069）
二五	严武骄暴然吐蕃畏之	（1069）
二六	郭子仪单骑说回纥结盟	（1070）
二七	颜真卿谏不得塞谏诤之路	（1071）
二八	杜甫为诗律切情深	（1072）
二九	常衮言敛怨求媚不可长	（1073）
三〇	代宗不听儿女闺房之争	（1073）
三一	代宗君臣奉佛政刑日紊	（1074）
三二	柳子华修华清宫	（1074）
三三	萧复不狎流俗	（1075）
三四	于休烈称有德之君不忘规过	（1075）
三五	徐浩工楷隶	（1076）
三六	郭子仪一语安朝廷	（1076）
三七	鱼朝恩骄横被缢杀	（1077）
三八	元载弄权政以贿成	（1078）
三九	代宗赐元载自尽	（1079）
四〇	陈少游以行贿得美官	（1080）
四一	张延赏治河南扬州有政绩	（1081）
四二	杨绾性清简俭素	（1082）
四三	大历十才子宴集赋诗	（1082）
四四	崔佑甫称物反常为妖	（1083）
四五	段秀实努力护农夫	（1083）
四六	崔倰废贸易不出境之禁	（1085）
四七	德宗禁献祥瑞	（1085）
四八	德宗禁宦官求贿	（1086）

四九　杨炎建言财赋归左藏 …………………（1086）
五〇　杨炎解救令狐峘 ………………………（1087）
五一　刘晏善于理财……………………………（1087）
五二　德宗寻母心切……………………………（1089）
五三　郭子仪福禄寿俱全 ………………………（1089）
五四　卢杞貌陋心险排斥忠良 …………………（1091）
五五　李希烈杀颜真卿 …………………………（1092）
五六　陆贽献策……………………………………（1093）
五七　德宗出走奉天乃自责 ……………………（1094）
五八　卢杞阻德宗见李怀光 ……………………（1094）
五九　李晟功成被罢兵柄 ………………………（1095）
六〇　陆贽论应与天下同欲恶 …………………（1095）
六一　萧复朴直德宗拒谏 ………………………（1096）
六二　德宗貌从陆贽心不悦 ……………………（1097）
六三　韩滉强力严毅所用得人 …………………（1098）
六四　韩滉居重位性节俭 ………………………（1098）
六五　李勉为宗臣表率 …………………………（1099）
六六　李实为政暴虐聚敛进奉 …………………（1099）
六七　柳浑称头可断舌不可禁 …………………（1100）
六八　赵光奇称诏令不信百姓愁苦 ……………（1101）
六九　李泌与德宗论宰相 ………………………（1101）
七〇　贾耽好地理学………………………………（1102）
七一　于頔有政绩而横暴 ………………………（1103）
七二　裴延龄奸诈媚上 …………………………（1103）
七三　阳城谦恭简素伏阙直谏 …………………（1104）
七四　归登不进趋远权势 ………………………（1105）

七五	李益李贺长于歌诗	（1106）
七六	德宗专意聚敛	（1106）
七七	宦者以宫市夺百姓货	（1107）
七八	齐映掊敛贡奉以求进	（1108）
七九	阳城治民如治家	（1108）
八〇	袁滋治州慈惠为本	（1109）
八一	陆羽著《茶经》	（1109）
八二	太子诵与王叔文	（1110）
八三	王叔文等之兴衰	（1111）
八四	顺宗禁宫市	（1111）
八五	李吉甫竭力进贤	（1112）
八六	卢坦不抑米价以引商	（1112）
八七	李藩批敕知无不言	（1113）
八八	白居易生平	（1113）
八九	唐衢善哭	（1114）
九〇	李绛谏毋立圣德碑	（1115）
九一	徐晦不负杨凭	（1115）
九二	许孟容不奉诏抑豪强	（1116）
九三	宪宗容纳直言	（1116）
九四	权德舆谏止王锷为相	（1117）
九五	李绛不以库藏进奉	（1118）
九六	李惟简治边之方	（1118）
九七	李吉甫李绛为相之不同	（1119）
九八	李绛论任贤及朋党	（1120）
九九	刘禹锡改任连州刺史	（1121）
一〇〇	柳宗元在柳州	（1122）

一〇一	李愬取蔡州擒吴元济	(1122)
一〇二	皇甫镈进羡馀成宰相	(1124)
一〇三	外戚吴凑谨慎得寿终	(1125)
一〇四	崔戎理政得民拥护	(1126)
一〇五	方士柳泌任台州刺史	(1126)
一〇六	韩愈谏迎佛骨被贬	(1127)
一〇七	孟郊为诗有理致	(1128)
一〇八	地方进奉之名目	(1129)
一〇九	王源中以直谏知名	(1129)
一一〇	韦贯之曰礼部侍郎重于宰相	(1130)
一一一	韦丹有善政	(1130)
一一二	元稹工诗求为宰相	(1131)
一一三	穆宗不听忠谏	(1132)
一一四	刘总削发为僧	(1132)
一一五	牛僧孺不受贿赂	(1132)
一一六	郑注发迹之径路	(1133)
一一七	柳公绰诛舞文坏法之吏	(1134)
一一八	柳公权称心正则笔正	(1135)
一一九	李逢吉排斥李绅韩愈	(1136)
一二〇	薛放盛称《论语》《孝经》	(1137)
一二一	王仲舒治州有政绩	(1138)
一二二	孔戣治岭南	(1138)
一二三	裴度有识量德业	(1139)
一二四	不羁之士皇甫湜	(1141)
一二五	穆宗死于宦官之手	(1142)
一二六	李德裕锐于施政	(1142)

一二七	胡证蓄财破家	（1143）
一二八	王播长于吏事奸贿求进	（1143）
一二九	萧俛免相啸咏穷年	（1144）
一三〇	文宗去奢从俭	（1145）
一三一	宋申锡约身谨洁	（1146）
一三二	刘蕡对策切实却落第	（1146）
一三三	殷侑政绩卓著	（1147）
一三四	崔郾宽严皆宜	（1148）
一三五	郑注李训阴狡	（1148）
一三六	李石拒多募兵卫	（1149）
一三七	郑覃论诗之工拙	（1150）
一三八	文宗自比周赧汉献	（1150）
一三九	李德裕论须辨群臣邪正	（1151）
一四〇	仇士良谈善事天子之法	（1151）
一四一	杜悰不为武宗选美女	（1152）
一四二	李商隐恃才诡激	（1152）
一四三	李德裕禁宦者干预军政	（1153）
一四四	李景让母郑氏之教	（1154）
一四五	韦澳愿宰相无权	（1155）
一四六	宣宗命公主毋轻夫族	（1155）
一四七	李君奭得民望	（1156）
一四八	宣宗乐闻规谏	（1156）
一四九	郑颢求为宰相遭父谴斥	（1157）
一五〇	宣宗畜养艺人	（1158）
一五一	宣宗任命刺史必面察	（1158）
一五二	裴休治理漕运	（1159）

一五三　韦宙治永州有善政 …………………………（1160）

一五四　宣宗时威严时怡然 …………………………（1160）

一五五　懿宗奉佛怠于政事 …………………………（1161）

一五六　懿宗称敕命不可复改 …………………………（1161）

一五七　伶官李可及任将军 …………………………（1162）

一五八　温庭筠善艳词 ………………………………（1162）

一五九　陕民逐崔荛以溺饮之 …………………………（1163）

一六〇　路人以瓦砾送路岩 …………………………（1163）

一六一　王仙芝黄巢起义 ……………………………（1163）

一六二　僖宗称可得击球状元 …………………………（1164）

一六三　陆龟蒙多论撰嗜品茶 …………………………（1164）

一六四　孔纬不辞危难 ………………………………（1165）

一六五　张全义治理河南 ……………………………（1166）

一六六　黄巢克洛阳长安 ……………………………（1167）

一六七　奇女子驳斥僖宗 ……………………………（1167）

一六八　昭宗无奈宦官专政 …………………………（1168）

一六九　柳玭称门第高可畏不可恃 ……………………（1168）

一七〇　歇后郑五作宰相 ……………………………（1169）

一七一　孙偓性通简 …………………………………（1169）

一七二　司空图著《二十四诗品》 ……………………（1170）

一七三　朱全忠杀昭帝 ………………………………（1170）

五　代
（公元907年至959年）

一　朱全忠投清流于浊流 ……………………………（1172）

· 40 ·

二	罗隐说钱镠讨梁	（1173）
三	王建称帝于蜀	（1173）
四	王宗弁称廉者知足不忧	（1173）
五	杨涉拜相以为祸至	（1174）
六	温韬发掘唐陵	（1174）
七	王师范镇定就戮	（1175）
八	崔沂弹劾功臣	（1175）
九	述律后勇决多权变	（1176）
一〇	契丹主重用韩延徽	（1176）
一一	述律后谓幽州如无皮之树	（1177）
一二	钱镠二三事	（1177）
一三	李存勖称帝	（1178）
一四	庄宗与伶人	（1179）
一五	高季兴曰唐何能久长	（1180）
一六	庄宗敛财	（1181）
一七	李严论蜀主王衍	（1182）
一八	李存审诫子当知起家之艰	（1183）
一九	王宗弼泄废立之谋	（1183）
二〇	庄宗采民间女子	（1183）
二一	庄宗枉杀罗贯	（1184）
二二	郭崇韬率军灭蜀	（1185）
二三	宋彦筠好货殖修浮屠	（1185）
二四	唐世将吏罕有廉白者	（1186）
二五	豆卢革韦说无作为	（1186）
二六	卢程作威福	（1187）
二七	赵光逢致仕不言政事	（1188）

二八	马郁老死他乡	（1188）
二九	明宗之新政	（1189）
三〇	述律后智斩难制之将	（1189）
三一	安重诲恃功矜宠威福自出	（1190）
三二	孟知祥讥安重诲	（1191）
三三	赵凤称不宜重用术士	（1191）
三四	明宗与冯道	（1191）
三五	徐知诰图鸩其弟	（1192）
三六	钱镠嘱子孙善事中国	（1193）
三七	康澄言不足惧者五深可畏者六	（1193）
三八	高汉筠可称良吏	（1194）
三九	明帝称多养军马无益	（1194）
四〇	明宗有意于治	（1195）
四一	唐末帝选辅相之法	（1195）
四二	后蜀主孟昶母子	（1196）
四三	马胤孙号三不开	（1197）
四四	石敬瑭割十六州于契丹	（1197）
四五	石敬瑭事契丹甚谨	（1198）
四六	冯道受宠群臣无比	（1199）
四七	唐主李昇不忍言兵	（1199）
四八	安重荣耻臣契丹	（1200）
四九	赵在礼收拔钉钱	（1201）
五〇	苌从简好食人肉	（1201）
五一	王傅拯去弊政民便之	（1202）
五二	和凝好声誉著《香奁集》	（1202）
五三	郑遨隐乱世	（1203）

五四	石重贵称孙不称臣	（1203）
五五	道士王栖霞不受赏赐	（1204）
五六	杨昭俭曰刻石纪功不如颁罪己之文	（1204）
五七	述律太后主胡汉相	（1205）
五八	石重贵骄侈赏赐无度	（1205）
五九	桑维翰被杀	（1206）
六〇	契丹主处分晋君臣	（1206）
六一	契丹骑兵打草谷	（1207）
六二	翟光邺虽贵仍粗衣粝食	（1208）
六三	白再荣贪而无谋	（1208）
六四	刘知远称帝	（1209）
六五	苏逢吉贪诈残暴	（1210）
六六	史弘肇称毛锥子无用	（1211）
六七	王章征利剥下	（1212）
六八	刘铢施行随年合欢杖	（1212）
六九	述律太后不哭德光死	（1213）
七〇	赵延义请汉主读《贞观政要》	（1213）
七一	郭威碎宝玉求利民	（1214）
七二	周初三相	（1214）
七三	李璟好文学	（1215）
七四	李煜欲以韩熙载为相	（1215）
七五	徐铉说宋太祖	（1216）
七六	李建勋死不立碑	（1216）
七七	郭威蠲免民贷	（1217）
七八	郭威临终嘱薄葬	（1217）
七九	周世宗事皆亲决	（1218）

八〇　王朴明敏多才智 …………………………（1218）

八一　冯道著《长乐老叙》 ………………………（1219）

八二　扈载有才无命………………………………（1220）

八三　李知损轻薄荒诞 ……………………………（1220）

八四　王晏肃清群盗之法 …………………………（1221）

八五　杨凝式善书…………………………………（1221）

八六　周世宗精兵强军 ……………………………（1222）

八七　周世宗励精图治 ……………………………（1223）

八八　邓夫人诫周行逢 ……………………………（1224）

八九　魏仁浦不由科第为相 ………………………（1225）

九〇　周世宗卒幼子即位 …………………………（1225）

附　晋至五代纪年表……………………………（1227）

晋
（公元265年至419年）

一　晋武帝与羊祜谋伐吴

司马昭之子炎，即皇帝位，是谓晋武帝。帝惩魏孤立之蔽，大封宗室，诸王皆得自选国中长吏。

帝有灭吴之志，以羊祜都督荆州诸军事。祜绥怀远近，甚得江汉之心，吴降者欲去皆听之，减戍逻之卒以屯田八百馀顷。其始至也，军无百日之粮，及其季年，乃有十年之积。祜在军，常轻裘缓带，身不被甲，铃阁之下侍卫不过十数人。

祜以为伐吴宜藉上流之势，密表以王濬为益州刺史，使治水军。于是作大船，长百二十步，受二千馀人，以木为城，开四出门，其上皆得驰马往来。

时作船之木柿，蔽江而下，吴建平太守吾彦取流柿以白吴主曰："晋必有攻吴之计，宜增兵以塞其冲要。"吴主不从。彦乃为铁锁横断江路。

《通鉴》卷七九

二　晋武帝禁祝寿

武帝炎与右将军皇甫陶论事，陶与帝争言，散骑常侍郑徽表请罪之。帝曰："谠言謇谔，所望于左右也。人主常以阿媚为患，岂以诤臣为损哉！徽越职妄奏，岂朕之意。"遂免徽官。

帝不豫，及瘳，群臣上寿。诏曰："每念顷遇疫气死亡，为之怆然。岂以一身之休息，忘百姓之艰邪？诸上礼者皆绝之。"

《晋书》卷三

三　贾充以女为太子妃

侍中、尚书令、车骑将军贾充，司马昭时即宠任用事；司马炎之为太子，充颇有力，故益受宠。及炎称帝，以充都督秦凉二州诸军事。充将之镇，私问计于荀勖，勖曰："公为宰相，乃为一夫所制，不亦鄙乎！然是行也，辞之实难，独有结婚太子，可不辞而自留矣。"因赂皇后左右，使后说帝纳充女为太子妃，帝遂从之。留充复居旧任。贾妃妒忌多权诈，太子嬖而畏之。

《通鉴》卷七九

四　羊祜修德信服吴人

羊祜，字叔子，泰山南城人。武帝时，祜都督荆州诸军事。祜率营兵出镇南夏，开设庠序，绥怀远近，甚得江汉之心。与吴人开布大信，降者欲去，悉听之。时长吏丧官，后人恶之，多毁坏旧府，祜以死生有命，非由居室，书下征镇，普加禁断。

每交兵，刻日方战，不为掩袭之计。将帅有欲进谲计者，辄饮以醇酒，使不得言。祜出军行吴境，刈谷为粮，皆计所侵，送绢偿之。每会众江沔游猎，常止晋地。若禽兽先为吴人所伤而为晋兵所得者，皆封还之。于是吴人翕然悦服，称为羊公，不之名也。

祜与陆抗对境，使命常通。抗遗祜酒，祜饮之不疑；抗疾，求药于祜，祜以成药与之，抗即服之。人多谏抗，抗曰："岂有酖人羊叔子！"抗告其边戍曰："彼专为德，我专为暴，是不战而自服也。各保分界而已，无求细利。"

羊祜不附结中朝权贵，荀勖之徒皆恶之。从甥王衍尝诣祜，陈事，辞甚清辩；祜不然之，衍拂衣去。祜谓宾客曰："王夷甫方当以盛名处大位，然败俗伤化，必此人也。"及攻江陵，祜以军法将斩王戎。衍，戎之从弟也，故二人皆憾之，言论多毁祜。时人为之语曰："二王当国，羊公无德。"

《通鉴》卷七九；《晋书》卷三四

五　辛宪英教羊琇

钟会为镇西将军，羊耽妻辛宪英谓耽从子祜曰："钟士季何故西出？"祜曰："将为灭蜀也。"宪英曰："会在事纵恣，非持久处下之道，吾畏其有他志也。"及会将行，请其子琇为参军，宪英忧曰："他日吾为国忧，今日难至吾家矣。"琇固请于文帝，帝不听。宪英谓琇曰："行矣，戒之！古之君子入则致孝于亲，出则致节于国；在职思其所司，在义思其所立，不遗父母忧患而已。军旅之间可以济者，其惟仁恕乎！"会至蜀果反，琇竟以全归。祜尝送锦被，宪英嫌其华，反而覆之，其明鉴俭约如此。泰始五年卒，年七十九。

《晋书》卷九六

六　孙皓之暴行

吴主孙皓之爱姬遣人至市夺民物。司市中郎将陈声素有宠于吴主，绳之以法。姬愬于吴主，吴主怒，假他事烧锯断声头，投其身于四望山之下。

中书令贺邵中风不能言，去职数月，皓疑其有诈，掠拷千数，卒无一言，乃烧锯断其头。

会稽太守车濬有政绩，值郡旱饥，表求赈贷，吴主以为收私恩，遣使枭首。尚书熊睦微有所谏，吴主以刀镮撞杀之，身无完肌。

皓每宴会群臣，无不咸令沉醉。置黄门郎十人，特不与酒，侍立终日，为司过之吏。宴罢之后，各奏其缺失，迕视之咎，谬言之愆，罔有不举。大者即加威刑，小者辄以为罪。后宫数千，而采择无已。又激水入宫，宫人有不合意者，辄杀流之。或剥人之面，或凿人之眼。

《三国志》卷四八；《通鉴》卷八〇

七　诸葛靓之思

诸葛靓在吴，于朝堂大会。孙皓问："卿字仲思，为何所思？"对曰："在家思孝，事君思忠，朋友思信，如斯而已。"

《世说新语·言语》

八　山涛二三事

山涛，字巨源，年四十始仕。及武帝受禅，以涛守大鸿胪、冀州刺史。后除太常卿，以疾不就。会遭母丧，归乡里。涛年逾耳顺，居丧过礼，负土成坟，手植松柏。

后拜司徒，涛复固让。涛曰："垂没之人，岂可污官府乎！"舆疾归家。卒年七十九。

初，陈郡袁毅尝为鬲令，贪浊而赂遗公卿，以求虚誉，亦遗涛丝百斤，涛不欲异于时，受而藏于阁上。后毅事露，槛车送廷尉，凡所以赂，皆见推检。涛乃取丝付吏，积年尘埃，印封如初。

涛饮酒至八斗方醉，帝欲试之，乃以酒八斗饮涛，而密益其酒，涛极本量而止。

《晋书》卷四三

九　山涛甄拔人物之法

以山涛为吏部尚书。涛典选十馀年，每一官缺，辄择才资可为者启拟数人，得诏旨有所向，然后显奏之。涛甄拔人物，各为题目而奏之，时称"山公启事"。

山涛前后选，殆周遍百官，举无失才。凡所题目，皆如其言。唯用陆亮，是诏所用，与公意异，争之不从。亮亦寻为贿败。

《通鉴》卷八〇；《世说新语·政事》

一〇　王戎性至孝而贪吝

王戎，字浚冲，琅邪临沂人也。年六、七岁，于宣武场观戏，猛兽在槛中虓吼震地，众皆奔走，戎独立不动，神色自若。又尝与群儿嬉于道侧，见李树多实，等辈竞趋之，戎独不往。或问其故，曰："树在道边而多子，必苦李也。"取之信然。

戎年十五，少阮籍二十岁，而籍与之交。籍每适其父浑，俄顷辄去，过视戎，良久然后出。谓浑曰："浚冲清赏，非卿伦也。共卿言，不如共阿戎谈。"戎每与籍为竹林之游，戎尝后至。籍曰："俗物已复来败人意。"戎笑曰："卿辈意亦复易败耳！"

戎在职无殊能，迁光禄勋、吏部尚书，以母忧去职。性至孝，不拘礼制，饮酒食肉，或观弈棋，而容貌毁悴，杖然后起。时和峤亦居父丧，以礼法自持，量米而食，哀毁不逾于戎。帝谓刘毅曰："和峤毁顿过礼，使人忧之。"毅曰："峤虽寝苦食粥，乃生孝耳。至于王戎，所谓死孝，陛下当先忧之。"戎先有吐疾，居丧增甚。帝遣医疗之，并赐药物。

寻拜司徒，虽位总鼎司，而委事僚寀。间乘小马，从便门而出游，见者不知其三公也。性好兴利，广收八方园田水碓，周遍天下。积实聚钱，不知纪极。而又俭啬，不自奉养，天下人谓之膏肓之疾。女适裴頠，贷钱数万，久而未还。女后归宁，戎色不悦，女遽还值，然后乃欢。从子将婚，戎遣其一单衣，婚讫而更责取。家有好李，常出货之，恐人得种，恒钻其核。以此获讥于世。

《世说新语·文学》；《晋书》卷四三

一一　阮咸耽酒浮虚

阮咸，字仲容，任达不拘，与叔父籍为竹林之游，当世礼法者讥其所为。历仕散骑侍郎。山涛举咸典选，曰："阮咸贞素寡欲，深识清浊，万物不能移。若在官人之职，必绝于时。"武帝以咸耽酒浮虚，遂不用。

· 551 ·

居母丧，纵情越礼。素幸姑之婢，姑当归于夫家，初云留婢，既而自从去。时方有客，咸闻之，遽借客马追婢，既及，与婢累骑而还，论者甚非之。

咸妙解音律，善弹琵琶。虽处世不交人事，惟共亲知弦歌酣宴而已。与从子修特相善，每以得意为欢。诸阮皆饮酒，咸至，宗人间共集，不复用杯觞斟酌，以大盆盛酒，圆坐相向，大酌更饮。

《晋书》卷四九

一二 阮瞻恬澹

阮咸之子瞻，字千里。性清虚寡欲，自得于怀。读书不甚研求，而默识其要，遇理而辩，辞不足而旨有馀。善弹琴，人闻其能，多往求听，不问贵贱长幼，皆为弹之。内兄潘岳每令鼓琴，终日达夜，无忤色。由是识者叹其恬澹，不可荣辱矣。瞻尝群行，冒热渴甚，逆旅有井，众人竞趋之，瞻独逡巡在后，须饮者毕乃进，其夷退无竞如此。

《晋书》卷四九

一三 阮修性简任持无鬼论

阮咸之侄修，字宣子。好《易》《老》，善清言。尝有论鬼神有无者，皆以人死者有鬼，修独以为无，曰："今见鬼者云着生时衣服，若人死有鬼，衣服有鬼邪？"论者服焉。

性简任，不修人事。绝不喜见俗人，遇便舍去。意有所思，率尔褰裳，不避晨夕，至或无言，但欣然相对。常步行，以百钱挂杖头，至酒店，便独酣畅。虽当世富贵而不肯顾，家无担石之储，宴如也。与兄弟同志，常自得于林阜之间。

王衍当时谈宗，自以论《易》略尽，然有所未了，研之终莫悟，每云"不知比没当见能通之者否"。衍族子敦谓衍曰："阮宣子可与言。"衍曰："吾亦未知其鬐鬐之处定何如耳！"及与修谈，言寡而旨畅，衍乃叹服焉。

《晋书》卷四九

一四　嵇绍如鹤立鸡群

嵇绍，字延祖，魏中散大夫康之子也。十岁而孤，事母孝谨。以父得罪，靖居私门。山涛领选，启武帝曰："《康诰》有言：'父子罪不相及。'嵇绍贤侔郤缺，宜加旌命，请为秘书郎。"帝谓涛曰："如卿所言，乃堪为丞，何但郎也。"乃发诏征之，起家为秘书丞。

绍始入洛，或谓王戎曰："昨于稠人中始见嵇绍，昂昂然如野鹤之在鸡群。"戎曰："君复未见其父耳。"累迁汝阴太守、徐州刺史、侍中。

《晋书》卷八九

一五　王衍口不言钱

　　王衍，字夷甫，神情明秀，风姿详雅。总角尝造山涛，涛嗟叹良久，既去，目而送之曰："何物老妪，生宁馨儿！然误天下苍生者，未必非此人也。"衍年十四，时在京师，造仆射羊祜，申陈事状，辞甚清辩。祜名德贵重，而衍幼年无屈下之色，众咸异之。杨骏欲以女妻焉，衍耻之，遂佯狂自免。

　　衍妙善玄言，唯谈《老》《庄》为事。每捉玉柄麈尾，与手同色。义理有所不安，随即改更，世号"口中雌黄"。朝野翕然，谓之"一世龙门"矣。累居显职，后进之士，莫不景慕仿效。矜高浮诞，遂成风俗焉。

　　衍雅尚玄远，常嫉其妇贪浊，口未尝言"钱"字。妇欲试之，令婢以钱绕床，不得行。夷甫晨起，见钱阂行，呼婢曰："举却阿堵物。"

《晋书》卷四三；《世说新语·规箴》

一六　王澄纵酒不亲庶事

　　王衍弟澄，字平子，澄尝谓衍曰："兄形似道，而神锋太俊。"衍曰："诚不如卿落落穆穆然也。"有经澄所题目者，衍不复有言，辄云"已经平子矣"。

　　惠帝末，衍荐澄为荆州刺史。澄既至镇，日夜纵酒，不亲庶事，虽寇戎急务，亦不以在怀。擢顺阳人郭舒于寒悴之中，以为别驾，委以州府。舒常切谏之。及天下大乱，又劝澄修德养威，保完州境。澄以为乱自京都起，非复一州所能匡御。

后，澄被王敦所杀，年四十四。

《晋书》卷四四

一七　乐广善清言不长于笔

乐广，字彦辅，南阳人也。广孤贫，侨居山阳，寒素为业，人无知者。性冲约，有远识，寡嗜欲，与物无竞。尤善谈论，每以约言析理，以厌人之心，其所不知，默如也。裴楷尝引广共谈，自夕申旦，雅相钦挹，叹曰："我所不如也。"王戎为荆州刺史乃举为秀才。楷又荐广于贾充，遂辟太尉掾，转太子舍人。王衍自言："与人语甚简至，及见广，便觉己之烦。"其为识者所叹美如此。累迁侍中、河南尹。

广善清言而不长于笔，将让尹，请潘岳为表。岳曰："当得君意。"广乃作二百句语，述己之志。岳因取次比，便成名笔。时人咸云："若广不假岳之笔，岳不取广之旨，无以成斯美也。"

尝有亲客，久阔不复来，广问其故，答曰："前在坐，蒙赐酒，方欲饮，见杯中有蛇，意甚恶之，既饮而疾。"于时河南听事壁上有角，漆画作蛇，广意杯中蛇即角影也。复置酒于前处，谓客曰："酒中复有所见不？"答曰："所见如初。"广乃告其所以，客豁然意解，沉疴顿愈。

广所在为政，无当时功誉，然每去职，遗爱为人所思。凡所论人，必先称其所长，则所短不言而自见矣。人有过，先尽弘恕，然后善恶自彰矣。广与王衍俱宅心事外，名重于时。故天下言风流者，谓王、乐为称首焉。

是时王澄、胡毋辅之等，皆亦任放为达，或至裸体者。广闻而笑曰："名教内自有乐地，何必乃尔！"其居才爱物，动有理中，皆此类也。值世道多虞，朝章紊乱，清己中立，任诚保素而已。时人莫有见其际焉。

《晋书》卷四三

一八　胡毋辅之不拘礼教

胡毋辅之，字彦国，泰山奉高人也。辅之少擅高名，有知人之鉴。性嗜酒，任纵不拘小节。与王澄、王敦、庾敳俱为太尉王衍所昵，号曰四友。澄尝与人书曰："彦国吐佳言如锯木屑，霏霏不绝，诚为后进领袖也。"

其子谦之，才学不及父，而傲纵过之。至酣醉，常呼其父字，辅之亦不以介意，谈者以为狂。辅之正酣饮，谦之规而厉声曰："彦国年老，不得为尔！将令我尻背东壁。"辅之欢笑，呼入与共饮。

光逸，字孟祖。与辅之、谢鲲、阮放、毕卓、羊曼、桓彝、阮孚散发裸袒，闭室酣饮已累日。逸将排户入，守者不听，逸便于户外脱衣露头于狗窦中窥之而大叫。辅之惊曰："他人决不能尔，必我孟祖也。"遽呼入，遂与饮，不舍昼夜。时人谓之八达。

《晋书》卷四九

一九　皇甫谧号书淫不求名

　　皇甫谧，字士安。居贫，躬自稼穑，带经而农，遂博综典籍百家之言。沉静寡欲，有高尚之志，以著述为务。著《礼乐》《圣真》之论。后得风痹疾，犹手不辍卷。或劝谧修名广交，谧以为"非圣人孰能兼存出处，居田里之中亦可以乐尧、舜之道，何必崇接世利，事官鞅掌，然后为名乎"。作《玄守论》以答之。

　　遂不仕。耽玩典籍，忘寝与食，时人谓之"书淫"。或有箴其过笃，将损耗精神。谧曰："朝闻道，夕死可矣，况命之修短分定悬天乎！"

　　城阳太守梁柳，谧从姑子也，当之官，人劝谧饯之。谧曰："柳为布衣时过吾，吾送迎不出门，食不过盐菜，贫者不以酒肉为礼。今作郡而送之，是贵城阳太守而贱梁柳，岂中古人之道，是非吾心所安也。"

《晋书》卷五一

二〇　王裒隐居教授

　　王仪因得罪司马昭被杀。仪之子哀痛父非命，隐居教授，三征七辟，皆不就。未尝西向而坐，庐于墓侧，旦夕攀柏悲号，涕泣着树，树为之枯。读《诗》至"哀哀父母，生我劬劳"，未尝不三复流涕，门人为之废《蓼莪》。家贫计口而田，度身而蚕；人或馈之，不受，助之，不听。诸生密为刈麦，辄弃之，遂不仕而终。

《通鉴》卷八〇

二一　庾衮勤俭以孝称

庾衮，明穆皇后伯父也。少履勤俭，笃学好问，事亲以孝称。咸宁中，大疫，二兄俱亡，次兄毗复殆，疠气方炽，父母诸弟皆出次于外，衮独留不去。诸父兄强之，乃曰："衮性不畏病。"遂亲自扶持，昼夜不眠，其间复抚枢哀临不辍。如此十有馀旬，疫势既歇，家人乃返，毗病得差，衮亦无恙。父老咸曰："异哉此子！守人所不能守，行人所不能行，岁寒然后知松柏之后凋，始疑疫疠之不相染也。"

初，衮诸父并贵盛，惟父独守贫约。衮躬亲稼穑，以给供养，而执事勤恪。父亡，作筥卖以养母。母见其勤，曰："我无所食。"对曰："母食不甘，衮将何居！"母感而安之。衮前妻荀氏，继妻乐氏，皆官族富室，及适衮，俱弃华丽，散资财，与衮共安贫苦，相敬如宾。母终，服丧居于墓侧。

衮学通《诗》《书》，非法不言，非道不行，尊事耆老，惠训蒙幼，临人之丧必尽哀，会人之葬必躬筑，劳则先之，逸则后之，言必行之，行必安之。是以宗族乡党莫不崇仰，门人感慕，为之树碑焉。

《晋书》卷八八

二二　周处除三害

周处，阳羡人，膂力绝人，不修细行，乡里患之。处尝问父老曰："今时和岁丰而人不乐，何邪？"父老叹曰："三害不除，人何乐之有！"处曰："何谓也？"父老曰："南山白额虎，长桥蛟，并子为三害矣。"处曰："若所患止此，吾能除之。"乃入山求虎射杀之，因投水搏杀蛟。蛟或沉或浮，行数十里，而处与之俱，经三日三夜，人谓死，皆相庆贺。处果杀蛟而返，闻乡里相庆，始知人患己之甚，乃入吴寻二陆。时陆机不在，见云，具以情告，曰："欲自修而年已蹉跎，恐将无及。"云曰："古人贵朝闻夕改，君前途尚可，且患志之不立，何忧名之不彰！"处遂励志好学，有文思，志存义烈，言必忠信克己。期年，州府交辟。

入洛，稍迁新平太守，抚和戎狄，叛羌归附，雍土美之。转广汉太守。郡多滞讼，有经三十年而不决者，处详其枉直，一朝决遣。以母老罢归。寻除楚内史，未之官，征拜散骑常侍。处曰："古人辞大不辞小。"乃先之楚。而郡既经丧乱，新旧杂居，风俗未一，处敦以教义，又检尸骸无主及白骨在野收葬之，然始就征，远近称叹。

《通鉴》卷八〇；《晋书》卷五八

二三　范粲三十六年不言

曹芳被废时，太宰中郎范粲素服拜送，哀动左右，遂称疾不出，佯狂不言，寝所乘车，足不履地。子孙有婚宦大事，辄密谘焉，合者则色无变，不合则眠寝不安，妻子以此知其旨。不言凡三十六年。年八十四，终于所寝车。

粲子乔等三人，并弃学业，绝人事，侍疾家庭，足不出邑里。邑人腊日盗砍乔家之树，人有告者，乔佯不闻，邑人愧而归之。乔曰："卿节日取柴，欲与父母相欢娱耳，何以愧为！"

《通鉴》卷八〇

二四　羊祜上疏请伐吴

羊祜上疏请伐吴，其中曰："先帝西平巴蜀以来，十有三年矣。孙皓恣情任意，与下多忌，将疑于朝，士困于野，无有保世之计，一定之心。平常之日，犹怀去就，兵临之际，必有应者，终不能齐力致死，已可知也。官军悬进，人有致死之志；吴人内顾，各有离散之心。如此，军不喻时，克可必矣。"武帝深纳之。而贾充、荀勖等以伐吴为不可。祜叹曰："天下不如意事十常居七八。天与不取，岂不恨于后时哉！"

羊祜以病求入朝，既至，帝命乘辇入殿，不拜而坐。祜面陈伐吴之策。以祜病，不宜数入，更遣张华就问。祜曰："孙皓暴虐已甚，于今可不战而克。若皓不幸而殁，吴人更立令主，虽有百万之众，长江未可窥也，将为后患矣！"华深然之。帝欲使祜卧护诸将，祜曰："取吴不必臣，既平之后，当劳圣虑耳。功名之际，臣不敢居；若事了，愿审择其人。"

徙封羊祜为南城郡侯，祜固辞不受。祜历事二世，职典枢要，凡谋议损益，皆焚其草，世莫得闻；所进达之人皆不知所由。常曰："拜官公职，谢恩私门，吾所不敢也。"

祜女夫尝劝祜："有所营置，令有归戴者，可不美乎？"祜默然不应，退告诸子曰："此可谓知其一不知其二。人臣树私则背公，是大惑也。汝宜识吾此意。"尝与从弟琇书曰："既定边事，当角巾东路，归故里，为容棺之墟。以白士而居重位，何能不以盛满受责乎！疏广是吾师也。"

祜乐山水，每风景，必造岘山，置酒言咏，终日不倦。尝慨然叹息，顾谓从事中郎邹湛等曰："自有宇宙，便有此山。由来贤达胜士，登此远望，如我与卿者多矣！皆湮灭无闻，使人悲伤。如百岁后有知，魂魄犹应登此也。"湛曰："公德冠四海，道嗣前哲，令闻令望，必与此山俱传。至若湛辈，乃当如公言耳。"

羊祜疾笃，举杜预自代。祜卒，武帝哭之甚哀，涕泪沾须鬓皆为冰。祜遗令不得以南城侯印入柩。南州民闻祜卒，为之罢市，哭声相接。吴守边将士亦为之泣。祜好游岘山，襄阳人建碑立庙于其地，岁时祭祀，望其碑者无不流涕，因谓之堕泪碑。荆州人为祜讳名，屋室皆以门为称，改户曹为辞曹焉。

诏以杜预为镇南大将军，都督荆州诸军事。

《通鉴》卷八〇；《晋书》卷三四

二五　傅玄峻急崔洪骨鲠

司隶校尉傅玄性峻急，每有奏劾，或值日暮，捧白简，整簪带，竦踊不寐，坐而待旦，由是贵游震慑，台阁生风。玄与尚书左丞崔洪善，洪亦清厉骨鲠，好面折人过，而退无后言，人以是重之。

玄少时避难于河内，专心诵学，后虽显贵，而著述不废。撰论经国九流及三史故事，评断得失，各为区例，名为《傅子》，为内、外、中篇，凡有四部、六录，合百四十首，数十万言。

《通鉴》卷八〇；《晋书》卷四七

二六　平定东吴

益州刺史王濬、镇南大将军杜预，皆上表请伐吴。武帝意决，兵分数路，东西凡二十馀万。以张华为度支尚书，量计运漕。

杜预、王濬、王浑、王佃等率军攻，所向皆克。濬戎卒八万，方舟百里，鼓噪入于石头城，孙皓降。计克州四，郡四十三，户五十二万，兵二十三万。朝廷闻吴平，群臣皆贺，帝执爵流涕曰："此羊太傅之功也。"诏赐孙皓为归命侯。

帝从容问散骑常侍薛莹，孙皓所以亡，对曰："皓昵近小人，刑罚放滥，大臣诸将，人不自保，此其所以亡也。"他日，又问吾彦，对曰："吴主英俊，宰辅贤明。"帝笑曰："若是何故亡？"彦曰："天禄永终，历数有属，故为陛下擒耳。"帝善之。

《通鉴》卷八〇、卷八一

二七　杜预立功立言

平吴后，杜预还襄阳，以为天下虽安，忘战必危，乃勤于讲武，申严戍守。又引滍、淯水以浸田万馀顷，开扬口通零、桂之漕，公私赖之。预身不跨马，射不穿札，而用兵制胜，诸将莫及。预在镇，数饷遗洛中贵要，或问其故，预曰："吾但恐为害，不求益也。"

杜预，字符凯，京兆杜陵人也。预博学多通，明于兴废之道，常言："德不可以企及，立功立言可庶几也。"

预于公家之事，知无不为。凡所兴造，必考度始终，鲜有败事。或讥其意碎者，预曰："禹稷之功，期于济世，所庶几也。"

预好为后世名，常言"高岸为谷，深谷为陵"，刻石为二碑，纪其勋绩，一沉万山之下，一立岘山之上，曰："焉知此后不为陵谷乎！"

预结交接物，恭而有礼，问无所隐，诲人不倦，敏于事而慎于言。既立功之后，从容无事，乃耽思经籍，为《春秋左氏经传集解》。又参考众家谱策，谓之《释例》。时王济解相马，又甚爱之，而和峤颇聚敛，预常称"济有马癖，峤有钱癖"。武帝闻之，谓预曰："卿有何癖？"对曰："臣有《左传》癖。"

《晋书》卷三四；《通鉴》卷八一

二八　王濬治益州

王濬参征南军事，羊祜深知待之。祜兄子暨白祜："濬为人志大，奢侈不节，不可专任，宜有以裁之。"祜曰："濬有大才，将欲济其所欲，必可用也。"识者谓祜可谓能举善焉。

除巴郡太守。郡边吴境，兵士苦役，生男多不养。濬乃严其科条，宽其徭课，其产育者皆与休复，所全活者数千人。转广汉太守，垂惠布政，百姓赖之。迁为益州刺史。

濬自以平吴功大，而为浑父子及豪强所抑，屡为有司所奏，每进见，陈其攻伐之劳，及见枉之状，或不胜忿愤，径出不辞。帝每容恕之。益州护军范通，濬之外亲也。谓濬曰："卿功则美矣，然恨所以居美者，未尽善也。"濬曰："何谓也？"通曰："卿旋旆之日，角巾私第，口不言平吴之事。若有问者，辄曰'圣主之德，群帅之力，老夫何力之有焉'。王浑能无愧乎！"濬曰："吾始惧邓艾之事，畏祸及，不得无言，亦不能遣诸胸中，是吾偏也。"

《晋书》卷四二

二九　唐彬不争功

唐彬与王濬共伐吴，彬屯据冲要，为众军前驱。每设疑兵，应机制胜，陷西陵、乐乡，多所擒获。自巴陵、沔口以东，诸贼所聚，莫不震惧，倒戈肉袒。彬知贼寇已殄，孙皓将降，未至建业二百里，称疾迟留，以示不竞。果有先到者争物，后到者争功，于时有识莫不高彬此举。

《晋书》卷四二

三〇　武帝乘羊车游宴

武帝诏选孙皓宫人五千人入宫。帝既平吴，颇事游宴，怠于政事，掖庭殆将万人。常乘羊车，恣其所之，至便宴寝，宫人竞以竹叶插户，盐汁洒地，以引帝车。

帝问司隶校尉刘毅曰："朕可方汉之何帝？"对曰："桓、灵。"帝曰："何至于此？"对曰："桓、灵卖官钱入库，陛下卖官钱入私门，以此言之，殆不如也。"帝大笑曰："桓、灵之世，不闻此言，今朕有直臣，固为胜之。"

《通鉴》卷八一

三一　卫瓘明文艺善草书

武帝咸宁初，卫瓘拜尚书令，加侍中。性严整，以法御下，视尚书若参佐，尚书郎若掾属。瓘学问深博，明习文艺，与尚书郎敦煌索靖俱善草书，时人号为"一台二妙"。汉末张芝亦善草书，论者谓瓘得伯英筋，靖得伯英肉。后瓘为楚王玮所杀。时年七十二。

初，杜预闻瓘杀邓艾，言于众曰："伯玉其不免乎！身为名士，位居总帅，既无德音，又不御下以正，是小人而乘君子之器，当何以堪其责乎？"瓘闻之，不俟驾而谢。终如预言。

瓘子恒，亦善草隶，著《四体书势》。

《晋书》卷三六

三二　翟庄不复渔猎

翟庄，字祖休。少以孝友著名，不交人物，耕而后食，语不及俗，惟以弋钓为事。及长，不复猎。或问："渔猎同是害生之事，而先生止去其一，何哉？"庄曰："猎自我，钓自物，未能顿尽，故先节其甚者。且夫贪饵吞钩，岂我哉！"时人以为知言。晚节亦不复钓，端居筚门，歠菽饮水。州府礼命，及公车征，并不就。年五十六，卒。子矫，亦有高操，屡辞辟命。矫子法赐，孝武帝以散骑侍郎征，亦不至。

《晋书》卷九四

三三　何曾父子之异同

何曾，武帝时为太傅。曾性至孝，闺门整肃，自少及长，无声乐嬖幸之好。年老之后，与妻相见，皆正衣冠，相待如宾。己南向，妻北面，再拜上酒，酬酢既毕便出。一岁如此者不过再三焉。

然性奢豪，务在华侈。帷帐车服，穷极绮丽，厨膳滋味，过于王者。每宴见，不食太官所设，帝辄命取其食。蒸饼上不坼作十字不食。食日万钱，犹曰无下箸处。人以小纸为书者，敕记室勿报。

都官从事刘享尝奏曾华侈。后曾辟享为掾，或劝勿应，享谓至公之体，不以私憾，遂应辟。曾常因小事加享杖罚。其外宽内忌，亦此类也。时司空贾充权拟人主，曾卑充而附之。以此为正直所非。

曾子劭，博学，善属文，陈说近代事，若指诸掌。惠帝时，迁司徒。赵王伦篡位，三王交争，劭以轩冕而游其间，无怨之者。而骄奢有父风。衣裘服玩，新故巨积。食必尽四方珍异，一日之供以钱二万为限。时论以为太官御膳，无以加之。然优游自足，不贪权势。

《晋书》卷三三

三四　裴楷损有馀补不足

裴楷，字叔则，明悟有识量，弱冠知名，尤精《老》

《易》，少与王戎齐名。楷风神高迈，容仪俊爽，博涉群书，特精理义，时人谓之"玉人"，又称"见裴叔则如近玉山，映照人也"。武帝时转中书郎，出入宫省，见者肃然改容。帝初登阼，探策以卜世数多少，而得一，帝不悦，群臣失色，莫有言者。楷正容仪，和其声气，从容进曰："臣闻天得一以清，地得一以宁，王侯得一以为天下贞。"武帝大悦，群臣皆称万岁。拜散骑侍郎，累迁散骑常侍、转侍中。

楷性宽厚，与物无忤。不持俭素，每游荣贵，辄取其珍玩。虽车马器服，宿昔之间，便以施诸穷乏。尝营别宅，其从兄衍见而悦之，即以宅与衍。梁、赵二王，国之近属，贵重当时，楷岁请二国租钱百万，以散亲族。人或讥之，楷曰："损有馀以补不足，天之道也。"安于毁誉，其行己任率，皆此类也。

《晋书》卷三五

三五　魏舒质朴先行而言

魏舒，任城樊人也。少孤，身长八尺二寸，姿望秀伟，饮酒石馀，而迟钝质朴，不为乡亲所重。从叔父吏部郎衡，有名当世，亦不之知，使守水碓，每叹曰："舒堪数百户长，我愿毕矣！"舒亦不以介意。不修常人之节，不为皎厉之事，每欲容才长物，终不显人之短。性好骑射，着韦衣。入山泽，以渔猎为事。唯太原王乂谓舒曰："卿终当为台辅，然今未能令妻子免饥寒，吾当助卿营之。"常赈其匮乏，舒受而不辞。

年四十馀，郡察孝廉。宗党以舒无学业，劝令不就，可以为高耳。舒曰："若试而不中，其负在我，安可虚窃不就之高以为己荣乎！"于是自课。百日习一经，因而对策升第。除浥池长，迁浚仪令，入为尚书郎。时欲沙汰郎官。非其才者罢之。舒曰："吾即其人也。"乃出。同僚素无清论者咸有愧色，谈者称之。

司马昭时，任相国参军，府朝碎务，未尝见是非；至于废兴大事，众人莫能断者，舒徐为筹之，多出众议之表。昭深器重之，每朝会坐罢，目送之曰："魏舒堂堂，人之领袖也。"迁宜阳、荥阳二郡太守，甚有声称。

武帝时，迁尚书、光禄大夫、司徒。以年老，称疾逊位，中复暂起，固辞乃免。

舒为事必先行而后言，逊位之际，莫有知者。时论以为晋兴以来，三公能辞荣善终者，未之有也。司空卫瓘与舒书曰："每与足下共论此事，日日未果，可谓瞻之在前，忽焉在后矣。"卒年八十二。

《晋书》卷四一

三六　刘兆潜心著述

刘兆，济南东平人。兆博学洽闻，温笃善诱，从受业者数千人。武帝时五辟公府，三征博士，皆不就。安贫乐道，潜心著述，不出门庭数十年。著《春秋左氏解》，又撰《周易训注》，凡所赞述百馀万言。

《晋书》卷九一

三七　郤诜自力更生

郤诜，字广基。诜母病，苦无车，及亡，不欲车载柩，家贫无以市马，乃于所住堂北壁外假葬，开户，朝夕拜哭。养鸡种蒜，竭其方术。丧过三年，得马八匹，舆柩至冢，负土成坟。未毕，召为征东参军。徙尚书郎，转车骑从事中郎。

吏部尚书崔洪荐诜为左丞。及在职，尝以事劾洪，洪怨诜，诜以公正距之，洪闻而惭服。

《晋书》卷五二

三八　左思十年著《三都赋》

左思，字太冲，齐国临淄人也。造《齐都赋》，一年乃成。复欲赋三都，会妹芬入宫，移家京师，乃诣著作郎张载，访岷、邛之事。遂构思十年，门庭藩溷，皆著笔纸，遇得一句，即便疏之。自以所见不博，求为秘书郎。及赋成，时人未之重。思自以其作不谢班、张，恐以人废言，安定皇甫谧有高誉，思造而示之。谧称善，为其赋序。张载为注《魏都》，刘逵注《吴》《蜀》而序之。于是豪贵之家竞相传写，洛阳为之纸贵。

初，陆机入洛，欲为此赋，闻思作之，抚掌而笑，与弟云书曰："此间有伧父，欲作《三都赋》，须其成，当以覆酒瓮耳。"及思赋出，机绝叹伏，以为不能加也，遂辍笔焉。

《晋书》卷九二

三九　陆机文章冠世

陆机，字士衡，吴郡人也。祖逊，吴丞相。父抗，吴大司马。机身长七尺，其声如钟。少有异才，文章冠世，伏膺儒术，非礼不动。抗卒，领父兵为牙门将。年二十而吴灭，退居旧里，闭门勤学，积有十年。以孙氏在吴，而祖父世为将相，有大勋于江表，深慨孙皓举而弃之，乃论权所以得，皓所以亡，又欲述其祖、父功业，遂作《辩亡论》二篇。

至太康末，与弟云俱入洛，造太常张华。华素重其名，如旧相识，曰："伐吴之役，利获二俊。"又尝诣侍中王济，济指羊酪谓机曰："卿吴中何以敌此？"答云："千里莼羹，未下盐豉。"时人称为名对。

范阳卢志于众中问机曰："陆逊、陆抗于君近远？"机曰："如君于卢毓、卢廷。"志默然。既起，云谓机曰："殊邦遐远，容不相悉，何至于此！"机曰："我父祖名播四海，宁不知邪！"议者以此定二陆之优劣。

时成都王颖推功不居，劳谦下士。机谓颖必能康隆晋室，遂委身焉。颖与河间王颙起兵讨长沙王乂，假机后将军、河北大都督，督北中郎将王粹、冠军牵秀等诸军二十余万人。及战，机军大败。颖大怒，使秀密收机。机释戎服，著白帢，与秀相见，神色自若，谓秀曰："成都命吾以重任，辞不获已。今日受诛，岂非命也！"因与颖笺，词甚凄恻。既而叹曰："华亭鹤唳，岂可复闻乎！"遂遇害于军中，时年四十三。

机天才秀逸，辞藻宏丽，张华尝谓之曰："人之为文，常恨才少，而子更患其多。"

《晋书》卷五四

四〇　陆云能属文理政

陆云，字士龙，六岁能属文，性清正，有才理。少与兄机齐名，虽文章不及机，而持论过之，号曰"二陆"。

为太子舍人，出补浚仪令。县居都会之要，名为难理。云到官肃然，下不能欺，市无二价。人有见杀者，主名不立，云录其妻，而无所问。十许日遣出，密令人随后，谓曰："其去不出十里，当有男子候之与语，便缚来。"既而果然。问之具服，云："与此妻通，共杀其夫，闻妻得出，欲与语，惮近县，故远相要候。"于是一县称其神明。郡守害其能，屡谴责之，云乃去官。百姓追思之，图画形象，配食县社。

陆机之败也，并收云，时年四十二。

《晋书》卷五四

四一　贾模称是非终不可掩

鲁公贾充老病，武帝遣皇太子省视起居。充自忧谥传，从子模曰："是非久自见，不可掩也。"博士秦秀曰："绝父祖之血食，开朝廷之乱原。按谥法'昏乱纪度曰荒'，请谥荒公。"帝不从，更为武。

《通鉴》卷八一

四二　荀勖博学佞媚

荀勖，颍川颍阴人，年十馀岁能属文。既长，博学，达于从政。武帝时，促成贾充女与太子之婚。当时甚为正直者所疾，而获佞媚之讥焉。

久之，进位光禄大夫。既掌乐事，又修律吕，并行于世。初，勖于路逢赵贾人牛铎，识其声。及掌乐，音韵未调，乃曰："得赵之牛铎则谐矣。"遂下郡国，悉送牛铎，果得谐者。又尝在帝坐进饭，谓在坐人曰："此是劳薪所炊。"咸未之信。帝遣问膳夫，乃云："实用故车脚。"举世伏其明识。

俄领秘书监，与中书令张华依刘向《别录》，整理记籍。又立书博士，置弟子教习，以钟、胡为法。

及得汲郡冢中古文竹书，诏勖撰次之，以为《中经》，列在秘书。

时帝素知太子暗弱，恐后乱国，遣勖及和峤往观之。勖还盛称太子之德，而峤云太子如初。于是天下贵峤而贱勖。帝将废贾妃，勖与冯𬘡等谏请，故得不废。时议以勖倾国害时。

《晋书》卷三九

四三　武帝忌司马攸

司马昭之子齐献王攸，清和平允，亲贤好施，爱经籍，能属文，善尺牍，为世所楷。才望出武帝之右，宣帝每器之。景帝无子，命攸为嗣。

居司马昭之丧，哀毁过礼，杖而后起。左右以稻米干饭杂理中丸进之，攸泣而不受。太后自往勉喻曰："若万一加以他疾，将复如何！宜远虑深计，不可专守一志。"常遣人逼进饮食，司马嵇喜又谏曰："毁不灭性，圣人之教。匹夫犹惜其命，以为祖宗，况荷天下之大业，辅帝室之重任，而可尽无极之哀，与颜闵争孝！不可令贤人笑，愚人幸也。"喜躬自进食，攸不得已，为之强饭。喜退，攸谓左右曰："嵇司马将令我不忘居丧之节，得存区区之身耳。"

武帝践阼，封齐王，任司空。时朝廷草创，而攸总统军事，抚宁内外，莫不影附焉。

及帝晚年，诸子并弱，而太子不令，朝臣内外，皆属意于攸。中书监荀勖、侍中冯𬘡皆谄谀自进，攸素疾之。勖等以朝望在攸，恐其为嗣，祸必及己，乃从容言于帝曰："陛下万岁之后，太子不得立也。"帝乃诏攸就国。攸知勖、𬘡构己，愤怨发疾，乞守先后陵，不许。帝遣御医诊视，诸医希旨，皆言无疾。疾转笃，犹催上道。攸自强入辞，素持容仪，疾虽困，尚自整厉，举止如常，帝益疑无疾。辞出信宿，呕血而卒，时年三十六。

攸以礼自拘，鲜有过事。就人借书，必手刊其谬，然后返之。加以至性过人，虽武帝亦敬惮之，每引之同处，必择言而后发。

《晋书》卷三八

四四　王湛有识度少言语

王湛，司徒浑之弟也。少有识度，少言语，有隐德，人莫能知，兄弟宗族皆以为痴。兄子济轻之，所食方丈盈前，不以及湛。湛命取菜蔬，对而食之。济尝诣湛，见床头有《周易》，问曰："叔父何用此为？"湛曰："体中不佳时，脱复看耳。"济请言之。湛因剖析玄理，微妙有奇趣，皆济所未闻也。济才气抗迈，于湛略无子侄之敬。既闻其言，不觉栗然，心形俱肃。遂留连弥日累夜，自视缺然，乃叹曰："家有名士，三十年而不知，济之罪也。"既而辞去，湛送至门。

济有从马绝难乘，济问湛曰："叔颇好骑不？"湛曰："亦好之。"因骑此马，姿容既妙，回策如萦，善骑者无以过之。又济所乘马，甚爱之，湛曰："此马虽快，然力薄不堪苦行。近见督邮马当胜，但刍秣不至耳。"济试养之，而与己马等。济益叹异，还白其父，曰："济始得一叔，乃济以上人也。"

湛少仕历太子洗马、尚书郎、太子中庶子，出为汝南内史。惠帝元康五年卒，年四十七。

《晋书》卷七五

四五　王济不屈于武帝

　　尚书左仆射王浑之子济为侍中。浑处事不当，济明法绳之。济从兄佑因毁济不能容其父，武帝由是疏济。济性豪侈，帝谓侍中和峤曰："我将骂济而后官之，如何？"峤曰："济俊爽，恐不可屈。"帝召济，切让之，既而曰："颇知愧不？"济曰："尺布、斗粟之谣，常为陛下愧之。他人能令亲者疏，臣不能令亲者亲，以此愧陛下耳。"

　　济性豪侈，丽服玉食。时洛京地甚贵，济买地为马埒，编钱满之，时人谓为"金沟"。王恺以帝舅奢豪，有牛名"八百里驳"，常莹其蹄角。济请以钱千万与牛对射而赌之。恺亦自恃其能，令济先射。一发破的，因据胡床，叱左右速探牛心来，须臾而至，一割便去。和峤性至俭，家有好李，帝求之，不过数十。济候其上值，率少年诣园，共啖毕，伐树而去。帝尝幸其宅，供馔甚丰，悉贮琉璃器中。蒸肫甚美，帝问其故，答曰："以人乳蒸之。"帝色甚不平，食未毕而去。

　　济善解马性，尝乘一马，着连钱鄣泥，前有水，终不肯渡。济云："此必是惜鄣泥。"使人解去，便渡。故杜预谓济有马癖。

《晋书》卷四二；《通鉴》卷八一

四六　王育孤贫苦学

王育，京兆人也。少孤贫，为人佣牧羊，每过小学，必歔欷流涕。时有暇，即折蒲学书，忘而失羊，为羊主所责，育将鬻己以偿之。同郡许子章，敏达之士也，闻而嘉之，代育偿羊，给其衣食，使与子同学，遂博通经史。子章以兄之子妻之，为立别宅，分之资业，育受之无愧色。然行己任性，颇不偶俗。妻丧，吊之者不过四五人，然皆乡间名士。司徒王浑时，除南武阳令，迁并州督护。

《晋书》卷八九

四七　卫玠风神秀异好言玄理

卫玠，字叔宝，年五岁，风神秀异。祖父瓘曰："此儿有异于众，顾吾年老，不见其成长耳！"总角乘羊车入市，见者皆以为玉人，观之者倾都。骠骑将军王济，玠之舅也，俊爽有风姿，每见玠，辄叹曰："珠玉在侧，觉我形秽。"及长，好言玄理。其后多病体羸，母恒禁其语。遇有胜日，亲友时请一言，无不咨嗟，以为入微。琅邪王澄有高名，少所推服，每闻玠言，辄叹息绝倒。故时人为之语曰："卫玠谈道，平子绝倒。"澄及王玄、王济并有盛名，皆出玠下，世云"王家三子，不如卫家一儿"。

辟命屡至，皆不就。久之，为太傅西阁祭酒，拜太子洗马。玠尝以人有不及，可以情恕；非意相干，可以理遣，故终身不见喜愠之容。

《晋书》卷三六

四八　李密上《陈情表》

李密，犍为武阳人也。父早亡，母何氏改醮。祖母刘氏，躬自抚养，密奉事以孝谨闻。刘氏有疾，则涕泣侧息，未尝解衣，饮膳汤药必先尝后进。有暇则讲学忘疲。少仕蜀，为郎。蜀平，泰始初，诏征为太子洗马。密以祖母年高无人奉养，上《陈情表》以辞。其中曰："刘日薄西山，气息奄奄，人命危浅，朝不虑夕。臣无祖母，无以至今日；祖母无臣，无以终馀年。母孙二人，更相为命。是以区区不能废远。"武帝览之曰："士之有名，不虚然哉！"乃停召。后刘终，服阕，复以洗马征至洛。

《晋书》卷八八

四九　刘寔处荣宠崇俭素

刘寔，平原高唐人也。寔少贫苦，然好学，博通古今。清身洁己，行无瑕玷。参司马昭相国军事，曾预言钟会、邓艾破蜀必矣，而皆不还。寔之先见，皆此类也。以世多进趣，廉逊道缺，乃著《崇让论》以矫之。

武帝时迁少府、为太常、转尚书。杜预之伐吴也，寔以本官行镇南军司。后，寔坐其子夏受赂，免官。惠帝时，拜司空，以老病逊位。

寔每还州里，乡人载酒肉以候之。寔难逆其意，辄共啖而返其馀。或谓寔曰："君行高一世，而诸子不能遵。何不旦夕切磋，使知过而自改邪！"寔曰："吾之所行，是所闻见，不相祖习，岂复教诲之所得乎！"世以寔言为当。

寔杖策徒行，每所憩止，不累主人，薪水之事，皆自营给。及位望通显，每崇俭素，不尚华丽。尝诣石崇家，如厕，见有绛纹帐，裀褥甚丽，两婢持香囊。寔便退，笑谓崇曰："误入卿内。"崇曰："是厕耳。"寔曰："贫士未尝得此。"乃更如他厕。虽处荣宠，居无第宅，所得俸禄，赡恤亲故。虽礼教陵迟，而行己以正。自少及老，笃学不倦，虽居职务，卷弗离手。尤精《三传》，辨正《公羊》，行于世。又撰《春秋条例》二十卷。

《晋书》卷四一

五〇　陈寿著《三国志》

陈寿，巴西安汉人也。少好学，师事同郡谯周，仕蜀为观阁令史。宦人黄皓专弄威权，大臣皆曲意附之，寿独不为之屈，由是屡被谴黜。及蜀平，司空张华爱其才，举为孝廉，除佐著作郎，撰《蜀相诸葛亮集》，奏之。除著作郎，领本郡中正。撰魏、吴、蜀《三国志》，凡六十五篇。时人称其善叙事，有良史之才。夏侯湛时著《魏书》，见寿所作，便坏己书而罢。

或云丁仪、丁廙有盛名于魏，寿谓其子曰："可觅千斛米见与，当为尊公作佳传。"丁不与之，竟不为立传。寿父为马谡参军，谡为诸葛亮所诛，寿父亦坐被髡，诸葛瞻又轻寿。寿为亮立传，谓亮将略非长，无应敌之才，言瞻惟工书，名过其实。议者以此少之。

《晋书》卷八二

五一　罗尚贪如豺狼

罗尚，善属文。荆州刺史王戎以尚为参军，委任之。太康末，为梁州刺史。后尚为平西将军、益州刺史、西戎校尉。性贪，少断，蜀人言曰："尚之所爱，非邪则佞，尚之所憎，非忠则正。富拟鲁、卫，家成市里；贪如豺狼，无复极已。"又曰："蜀贼尚可，罗尚杀我。平西将军，反更为祸。"

《晋书》卷五七

五二　王璋称天下将乱

武帝极意声色，遂至成疾。太子衷即皇帝位，是为惠帝，以妃贾氏为皇后。诏以太尉杨骏录朝政，百官总己以听。骏为政严碎专愎，中外多恶之。骏辟王璋为司马，彰逃避不受，曰："杨昕近小人，疏远君子，专权自恣，败无日矣。且武帝不惟社稷大计，嗣子既不克负荷，受遗者复非其人，天下之乱，可立待也。"

未几，贾后杀骏，专朝政，以贾模、贾谧、张华辅政，数年之间，虽暗主在上而朝野安静。

《通鉴》卷八二

五三　范乔足不出邑里

范乔，字伯孙，好学不倦。父粲佯狂不言，乔与二弟并弃学业，绝人事，侍疾家庭，至粲没，足不出邑里。

外黄令高顗叹曰："诸士大夫未有不及私者，而范伯孙恂恂率道，名讳未尝经于官曹，士之贵异，于今而见。大道废而有仁义，信矣！"其行身不秽，为物所叹服如此。以元康八年卒，年七十八。

《晋书》卷九四

五四　氾腾贵而能贫

氾腾，敦煌人也。举孝廉，除郎中。属天下兵乱，去官还家。太守张阆造之，闭门不见，礼遗一无所受。叹曰："生于乱世，贵而能贫，乃可以免。"散家财五十万，以施宗族，柴门灌园，琴书自适。张轨征之为府司马，腾曰："门一杜，其可开乎！"固辞。病两月馀而卒。

《晋书》卷九四

五五　司马泰谦虚简率不似王公

高密王司马泰，惠帝初为司空，性廉静，不近声色。虽为宰辅，食大国之租，服饰肴膳如布衣寒士。任真简率，每朝会，不识者不知其王公也。事视恭谨，居丧哀戚，谦虚下物，为宗室仪表。当时诸王，惟泰及下邳王晃以节制见称。虽并不能振施，其馀莫得比焉。

《晋书》卷三七

五六　王戎为司徒无所匡救

以王戎为司徒。戎与时浮沉，无所匡救，委事僚属，轻出游放。凡所赏拔，专事虚名。阮修字宣子，尝见戎，戎问曰："圣人贵名教，老庄明自然，其旨同异。"对曰："将无同！"戎咨嗟良久，遂辟之。时人谓之"三语掾"。卫玠嘲之曰："一言可辟，何假于三？"宣子曰："苟是天下人望，亦可无言而辟，复何假一？"遂相与为友。

《通鉴》卷八二；《世说新语·文学》

五七　裴頠斥虚浮著《崇有论》

裴頠弘雅有远识，博学稽古，自少知名。贾充即頠从母夫也。惠帝既位，任国子祭酒，兼右军将军，迁尚书左仆射。頠虽后之亲属，然雅望素隆，四海不谓之以亲戚进也，惟恐其不居位。

頠深患时俗放荡，不尊儒术，何晏、阮籍素有高名于世，口谈浮虚，不遵礼法，尸禄耽宠，仕不事事；至王衍之徒，声誉太盛，位高势重，不以物务自婴，遂相仿效，风教陵迟，乃著《崇有》之论以释其蔽。王衍之徒攻难交至，并莫能屈。

《晋书》卷三五

五八　孙楚作诗悼妻览之凄然

孙楚与王济友善。济为本州大中正，访问铨邑人品状，济状楚曰："天才英博，亮拔不群。"楚少时欲隐居，谓济曰："当欲枕石漱流。"误云"漱石枕流"。济曰："流非可枕，石非可漱。"楚曰："所以枕流，欲洗其耳；所以漱石，欲厉其齿。"楚少所推服，惟雅敬济。初，楚除妇服，作诗以示济，济曰："未知文生于情，情生于文，览之凄然，增伉俪之重。"

《晋书》卷五六

五九　孙楚驴鸣吊王济

孙楚以有才，少所推服，唯雅敬王武子（济）。武子丧时，名士无不至者。孙楚后来，临尸恸哭，宾客莫不垂涕。

哭毕，向灵床曰："卿常好我作驴鸣，今我为卿作。"体似真声，宾客皆笑。孙举头曰："使君辈存，令此人死！"

《世说新语·伤逝》

六〇　贾后荒淫放恣

贾后荒淫放恣，与太医令程据等乱彰内外。洛南有小吏，端丽美容止，既给厮役，忽有非常衣服，众咸疑其窃盗，尉嫌而辩之。贾后疏亲欲求盗物，往听对辞。小吏云："先行逢一老妪，说家有疾病，师卜云宜得城南少年厌之，欲暂相烦，必有重报。于是随去，上车下帷，纳簏箱中，行可十馀里，过六七门限，开簏箱，忽见楼阙好屋。问此是何处，云是天上，即以香汤见浴，好衣美食将入。见一妇人，年可三十五六，短形青黑色，眉后有疵。见留数夕，共寝欢宴。临出赠此众物。"听者闻其形状，知是贾后，惭笑而去，尉亦解意。时他人入者多死，惟此小吏，以后爱之，得全而出。

《晋书》卷三一

六一　惠帝时贷赂公行

惠帝戆騃，尝闻虾蟆鸣，谓左右曰："此鸣者为官乎，为私乎？"时天下荒饥，百姓饿死，帝闻之曰："何不食肉糜！"由是权在群下，政出多门，势位之家，更相荐托，有如互市。

时货赂公行,南阳鲁褒作《钱神论》以讥之,曰:"钱之为体,有乾坤之象,亲之如兄,字曰孔方。无德而尊,无势而热,排金门,入紫闼。危可使安,死可使活,贵可使贱,生可使杀。是故忿争非钱不胜,幽滞非钱不拔,怨仇非钱不解,令闻非钱不发。洛中朱衣,当途之士,爱我家兄,皆无已已,执我之手,抱我终始。凡今之人,惟钱而已!"

《通鉴》卷八三

六二　太子遹使谏者坐针毡

太子遹少时有令名。年五岁,宫中夜失火,司马炎与遹登楼望,遹牵武帝裾入暗中曰:"暮夜仓猝,宜备非常,不可令照见人主。"帝知其子衷不才,然恃遹明慧,故无废立之心。

及遹长,不好学,而骄慢益彰,或废朝侍而纵游逸,于宫中为市,又令西园卖葵菜、鸡、面等物而收其利。杜预之子中舍人锡每尽忠谏,劝太子修德业、保令名,言辞恳切。太子患之,置针着锡常所坐毡中,刺之流血。

《通鉴》卷八二、卷八三

六三　索靖才艺绝人善草书

索靖,字幼安,敦煌人也。靖该博经史,兼通内纬。

州辟别驾，郡举贤良方正，对策高第。傅玄、张华与靖一面，皆厚与之相结。武帝以为靖才艺绝人，宜在台阁，擢为尚书郎。与襄阳罗尚、河南潘岳、吴郡顾荣同官，咸器服焉。靖与尚书令卫瓘俱以善草书知名，帝爱之。瓘笔胜靖，然有楷法，远不能及靖。

惠帝即位，赐爵关内侯。靖有先识远量，知天下将乱，指洛阳宫门铜驼，叹曰："会见汝在荆棘中耳！"

靖著《五行三统正验论》，辩理阴阳气运。又撰《索子》《晋诗》各二十卷。又作《草书状》，其辞曰："去繁存微，大象未乱。上理开元，下周谨案。骋辞放手，雨行冰散。高音翰厉，溢越流漫。忽班班而成章，信奇妙之焕烂。体磊落而壮丽，姿光润以粲粲。命杜度运其指，使伯英回其腕。著绝势于纨素，垂百世之殊观。"

《晋书》卷六〇

六四　刘弘治荆州

刘弘于惠帝太安中任荆州刺史，都督荆州诸军事。弘下教曰："夫统天下者，宜与天下一心；化一国者，宜与一国为任。若必姻亲然后可用，则荆州十郡，安得十女婿然后为政哉。"弘于是劝课农桑，宽刑省赋，岁用有年，百姓爱悦。弘尝夜起，闻城上持更者叹声甚苦，遂呼省之。兵年过六十，羸疾无襦。弘愍之，乃谪罚主者，遂给韦袍复帽，转以相付。旧制，岘方二山泽中不听百姓捕鱼，弘下教曰："礼，名山大泽不封，与共其利。今公私并兼，百姓无复厝手地，当何谓邪！速改此法。"

弘识拔陶侃，尝谓侃曰："吾昔为羊公参军，谓吾其后当居身处。今相观察，必继老夫矣。"

《晋书》卷六六

六五　张辅抑豪强赞司马迁

张辅，南阳西鄂人，初补蓝田令，不为豪强所屈。时强弩将军庞宗，西州大姓，护军赵浚，宗妇族也，故僮仆放纵，为百姓所患。辅绳之，杀其二奴，又夺宗田二百馀顷以给贫户，一县称之。转山阳令，太尉陈准家僮亦暴横，辅复击杀之。惠帝时，迁御史中丞。

初，辅尝著论班固、司马迁云："迁之著述，辞约而事举，叙三千年事唯五十万言；班固叙二百年事乃八十万言，烦省不同，不如迁一也。良史述事，善足以奖劝，恶足以监诫，人道之常。中流小事，亦无取焉，而班皆书之，不如二也。毁贬晁错，伤忠臣之道，不如三也。迁既造创，固又因循，难易益不同矣。又迁为苏秦、张仪、范雎、蔡泽作传，逞辞流离，亦足以明其大才。故述辩士则辞藻华靡，叙实录则隐核名检，此所以迁称良史也。"

《晋书》卷六〇

六六　八王之乱

贾后因太子性刚，与黄门侍郎潘岳、黄门令董猛设计陷害太子。太子被废为庶人，旋被杀。赵王伦与孙秀借此与齐王冏、梁王肜共谋，废贾后为庶人。伦谋篡位，欲先除朝望，乃诛杀丞相张华等，又诛董孟、程据等，免司徒王戎之职。伦素庸愚，受制于孙秀，秀为中书令，威权振朝廷，天下皆事秀而无求于伦。伦称皇帝。

此后，司马兄弟为夺取政权，互相争斗、残杀，兵民死伤无数，百姓流离失所，国中大乱，史称八王之乱。

《通鉴》卷八三

六七　张华博学弘旷守大节

张华，字茂先，范阳人也。华学业优博，辞藻温丽，朗赡多通，图纬方伎之书莫不详览。少自修谨，造次必以礼度。勇于赴义，笃于周急。器识弘旷，时人罕能测之。初未知名，著《鹪鹩赋》以自寄。阮籍见之，叹曰："王佐之才也！"由是声名始著。

晋受禅，拜黄门侍郎。华强记默识，四海之内，若指诸掌。武帝尝问汉宫室制度及建章千门万户，华应对如流，听者忘倦，画地成图，左右瞩目。数岁，拜中书令，后加散骑常侍。

帝潜与羊祜谋伐吴，而群臣多以为不可，唯华赞成其计。及将大举，以华为度支尚书，乃量计运漕，决定庙算。华名重一世，众所推服，晋史及仪礼宪章并属于华，多所损益。当时诏诰皆所草定，声誉益盛。

贾后当政时，华弥缝补阙，虽当暗主虐后之朝，而海内晏然，华之功也。华惧后族之盛，作《女史箴》以为讽。贾后虽凶妒，而知敬重华。

及王伦、孙秀将废贾后，秀使司马雅夜告华曰："今社稷将危，赵王欲与公共匡朝廷，为霸者之事。"华知秀等必成篡夺，乃拒之。雅怒曰："刃将加颈，而吐言如此！"不顾而出。

须臾，使者至曰："诏斩公。"华曰："臣先帝老臣，中心如丹。臣不爱死，惧王室之难，祸不可测也。"遂害之于前殿马道南，朝野莫不悲痛之。时年六十九。

华性好人物，诱进不倦，至于穷贱侯门之士有一介之善者，便咨嗟称咏，为之延誉。雅爱书籍，身死之日，家无馀财，惟有文史溢于机箧。尝徙居，载书三十乘。秘书监挚虞撰定官书，皆资华之本以取正焉。天下奇秘，世所希有者，悉在华所。由是博物洽闻，世无与比。

初，陆机兄弟志气高爽，自以吴之名家，初入洛，不推中国人士。见华一面如旧，钦华德范，如师资之礼焉。华诛后，作诔，又为《咏德赋》以悼之。

华著《博物志》十篇，及文章并行于世。

《晋书》卷三六

六八　石崇王恺比富

石崇，生于青州，故小名齐奴。少敏惠，勇而有谋。其父大司马苞临终，分财物与诸子，独不及崇。其母以为言，苞曰："此儿虽小，后自能得。"年二十馀，为修武令，有能名。入为散骑郎，迁城阳太守。在郡虽有职务，好学不倦，以疾自解。惠帝时为荆州刺史。崇颖悟有才气，而任侠无行检。在荆州，劫远使商客，致富不赀。

石崇、后将军王恺，皆富于财，竞以奢侈相高。恺以饴澳釜，崇以蜡代薪；恺作紫丝步障四十里，崇作锦步障五十里；崇涂屋以椒，恺用赤石脂。帝每助恺，尝以珊瑚树赐之，高二尺许。恺以示石崇，崇便以铁如意碎之；恺怒，以为疾己之宝。崇曰："不足多恨，今还卿！"乃命左右悉取其家珊瑚树高三、四尺者六、七株，如恺比者甚众，恺惘然自失。

《晋书》卷三三；《通鉴》卷八一

六九　绿珠石崇之死

石崇有妓曰绿珠，美而艳，善吹笛。孙秀使人求之。崇时在金谷别馆，方登凉台，临清流，妇人侍侧。使者以告。崇尽出其婢妾数十人以示之，曰："在所择。"使者曰："本受命指索绿珠，不识孰是？"崇勃然曰："绿珠吾所爱，不可得也。"使者曰："君侯博古通今，察远照迩，愿加三思。"崇曰："不然。"使者出而又返，崇竟不许。秀怒，遂矫诏收崇及潘岳、欧阳建等。崇正宴于楼上，介士到门。崇谓绿珠曰："我今为尔得罪。"绿珠泣曰："当效死于君前。"因自投于楼下而死。

崇曰："吾不过流徙交、广耳。"及车载诣东市，崇乃叹曰："奴辈利吾家财。"收者答曰："知财致害，何不早散之?"崇不能答。崇时年五十二。

《晋书》卷三三;《通鉴》卷八三

七〇　潘岳趋世利美姿容

潘岳,字安仁,荥阳中牟人也。岳性轻躁,趋世利,与石崇等诣事贾谧,每候其出,与崇辄望尘而拜。其母数诮之曰:"尔当知足,而干没不已乎?"而岳终不能改。

及孙秀诬岳及石崇、欧阳建谋奉淮南王允、齐王冏为乱,诛之,夷三族。岳将诣市,与母别曰:"负阿母!"石崇已送在市,岳后至,崇谓之曰:"安仁,卿亦复尔邪!"岳曰:"可谓白首同所归。"岳《金谷诗》云:"投分寄石友,白首同所归。"乃成其谶。

岳美姿仪,辞藻绝丽,尤善为哀诔之文。少时常挟弹出洛阳道,妇人遇之者,皆连手萦绕,投之以果,遂满车而归。时张载甚丑,每行,小儿以瓦石掷之,委顿而返。

《晋书》卷五五

七一　庾敳纵心事外

庾敳,长不满七尺,而腰带十围,雅有远韵。为陈留相,未尝以事婴心,从容酣畅,寄通而已。处众人中,居然独立。尝读《老》《庄》,曰:"正与人意暗同。"太尉王衍雅重之。敳见王室多难,终知婴祸,乃著《意赋》以豁情，犹贾谊之《鵩鸟》也。

敳有重名，为搢绅所推，而聚敛积实，谈者讥之。时刘舆见任于东海王越，人士多为所构，惟敳纵心事外，无迹可间。后以其性俭家富，说越令就换钱千万，冀其有吝，因此可乘。越于众坐中问于敳，而敳乃颓然已醉，帻堕机上，以头就穿取，徐答云："下官家有二千万，随公所取矣。"舆于是乃服。越甚悦，因曰："不可以小人之虑度君子之心。"

《晋书》卷五〇

七二　华谭论人之相差何啻九牛毛

华谭，广陵人也。或问谭曰："谚言人之相去，如九牛毛，宁有此理乎？"谭对曰："昔许由、巢父让天子之贵，市道小人争半钱之利，此之相去，何啻九牛毛也！"闻者称善。

《晋书》卷五二

七三　刘渊称汉王

匈奴左贤王刘渊，将兵在邺。其从祖右贤王宣谓其族人曰："自汉亡以来，我单于徒有虚号，无复尺土，自馀王侯，降同编户。今吾人众虽衰，犹不减二万。左贤王英武超世，天苟不欲兴匈奴，必不虚生此人也。今司马氏骨肉相残，四海鼎沸，复呼韩邪之业，此其时矣！"乃相与谋，推渊为大单于。二旬之间，有众五万。

渊曰："大丈夫当为汉高、魏武，呼韩邪何足效哉！"乃建国号曰"汉"。渊曰："今四方未定，且可依高祖称汉王。"

渊子聪，骁勇绝人，弯弓三百斤，博涉经史，善属文，弱冠游京师，名士莫不与交。

渊之族子刘曜，生而眉白，幼聪慧，有胆量，早孤，养于渊。及长，仪观魁伟，性拓落高亮，与众不群，好读书，善属文，铁厚一寸，射而洞之，常自比萧、曹，时人莫之许也。惟刘聪重之曰："永明，汉世祖、魏武之流，数公何足道哉！"

《通鉴》卷八五

七四　王导佐司马睿治江东

惠帝中毒而亡，其弟炽即位，是为怀帝。以琅邪王睿为安东将军，都督扬州诸军事，镇建业。睿以王导为谋主，使导自造顾荣、贺循等名士，凡军府政事，皆与之议。王导说睿："谦以接士，俭以足用，以清静为政，抚绥新旧。"故江东归心焉。睿初至，颇以酒废事，导以为言，睿命酌，引觞覆之，于此遂绝。

《通鉴》卷八六

七五　王承为渡江名臣之首

王湛子承，字安期。清虚寡欲，无所修尚。言理辩物，但明其指要而不饰文辞，有识者服其约而能通。弱冠知名。太尉王衍雅贵异之，比南阳乐广焉。

惠帝时，任东海太守，政尚清净，不为细察。小吏有盗池中鱼者，纲纪推之，承曰："文王之囿与众共之，池鱼复何足惜耶！"有犯夜者，为吏所拘，承问其故，答曰："从师受书，不觉日暮。"承曰："鞭挞宁越以立威名，非政化之本。"使吏送令归家。其从容宽恕若此。

寻去官，东渡江。是时道路梗涩，人怀危惧，承每遇艰险，处之夷然，虽家人近习，不见其忧喜之色。既至下邳，登山北望，叹曰："人言愁，我始欲愁矣。"及至建业，为元帝镇东府从事中郎，甚见优礼。

承少有重誉，而推诚接物，尽弘恕之理，故众咸亲爱焉。渡江名臣王导、卫玠、周顗、庾亮之徒皆出其下，为中兴第一。年四十六卒，朝野痛惜之。

《晋书》卷七五

七六　苟晞不以王法贷人

苟晞为兖州刺史，都督青、兖诸军事。晞威名甚盛，善事繁剧，用法严峻。其从母依之，晞奉养甚厚。从母子求为将，晞不许，曰："吾不以王法贷人，将无后悔邪！"

固求之，晞乃以为督护，后犯法，晞斩之，从母叩头救之，不听。既而素服哭之曰："杀卿者，兖州刺史，哭弟者，苟道将也。"

晞至青州，以严刻立威，日行斩戮，州人谓之"屠伯"。后，晞被石勒所执杀。

《通鉴》卷八六

七七　王衍三窟

以王衍为司徒。衍乃以弟澄为荆州都督，族弟敦为青州刺史，语之曰："荆州有江汉之固，青州有负海之险，卿二人在外而吾居中，足以为三窟矣。"澄至镇，日夜纵酒，不亲庶务，虽寇戎交急，不以为怀。

《通鉴》卷八六

七八　何绥奢侈矜豪

怀帝以何绥为尚书。绥，曾之孙也。曾日食万钱，犹云无下箸处。子劭，日食二万。绥及弟机、羡，汰侈尤甚；与人书疏，词礼简傲。王尼见绥书，谓人曰："居乱世而矜豪乃尔，其能免乎！"及永嘉之末，何氏无遗种。

《通鉴》卷八七

七九　张季鹰思吴中菰菜鲈鱼

张翰，字季鹰，吴郡吴人也。翰有清才，善属文，而纵任不拘。会稽贺循赴命入洛，经吴阊门，于船中弹琴。翰初不相识，乃就循言谭，便大相钦悦。问循，知其入洛，翰曰："吾亦有事北京。"便同载即去，而不告家人。

张翰辟齐王（司马冏）东曹掾，在洛见秋风起，因思吴中菰菜、莼羹、鲈鱼脍，曰："人生贵得适意尔，何能羁宦数千里以要名爵！"遂命驾便归。俄而齐王败，时人皆谓为见机。

顾彦先平生好琴，及丧，家人常以琴置灵床上。张季鹰往哭之，不胜其恸，遂径上床，鼓琴，作数曲竟，抚琴曰："顾彦先颇复赏此不？"因又大恸，遂不执孝子手而出。

张季鹰，时人号为江东步兵。或谓之曰："卿乃可纵适一时，独不为身后名邪？"答曰："使我有身后名，不如即时一杯酒！"

《晋书》卷九二；《世说新语·识鉴、伤逝、任诞》

八〇　王濬荼毒庶民

惠帝元康初，王濬镇许昌。及愍怀太子幽于许昌，濬承贾后旨，与黄门孙虑共害太子。迁宁北将军、青州刺史，寻都督幽州诸军事。于时朝廷昏乱，盗贼蜂起，濬为自安之计，结好夷狄，以女妻鲜卑务勿尘。

及赵王伦篡位，三王起兵，濬拥众挟两端，乃自领幽州。大营器械，召务勿尘，率胡晋合二万人，进军讨颖，克邺城，士众暴掠，死者甚多。鲜卑大略妇女，濬命敢有挟藏者斩，于是沉于易水者八千人。黔庶荼毒自此始。濬，后为石勒所杀。

《晋书》卷三九

八一　刘渊石勒始图灭晋

汉王刘渊称皇帝。命灭晋大将军刘景为大都督攻洛阳，乃克黎阳、延津，沉男女三万馀人于河。渊闻之，怒曰："景何面目见朕！且天道岂能容之！吾所欲除者司马氏耳，细民何罪！"黜景为平虏将军。

汉安东大将军石勒攻巨鹿、常山，众至十馀万，集衣冠人物别为君子营，以赵郡张宾为谋主，并州诸胡羯多从之。张宾好读书，阔达有大志，及石勒徇山东，宾谓所亲曰："吾历观诸将，无如此胡将军者，可与成大业。"乃提剑至军门，大呼请见，勒亦未之奇也。宾数以策干勒，已而皆如所言，勒由是奇之，动静咨之。

《通鉴》卷八七

八二　裴宪为石勒所重

裴楷之子宪,少而颖悟,好交轻侠。及弱冠,更折节严重,修尚儒学,足不逾阈者数年。

永嘉末,王浚以宪为尚书。石勒破王浚,官僚莫不谢罪军门,贡赂交错,惟宪及荀绰恬然私室。勒素闻其名,召而谓之曰:"王浚虐暴幽州,二君齐恶傲威,诚信阻绝,防风之戮,将谁归乎?"宪神色侃然,泣而对曰:"臣等世荷晋荣,明公不欲以道化厉物,必于刑忍为治者,防风之戮,臣之分也。请就辟有司。"不拜而出。勒深嘉之,待以宾礼。勒乃簿王浚官寮亲属,皆赀至巨万,惟宪与荀绰家有书百馀帙,盐米各十数斛而已。勒闻之,谓其长史张宾曰:"名不虚也。吾不喜得幽州,喜获二子。"署从事中郎,出为长乐太守。及勒称帝,迁司徒。

《晋书》卷三五

八三　石勒驳王衍之辩词

石勒率兵大败晋兵于宁平城,纵骑围而射之,将士十馀万人,相践如山,执太尉王衍等,坐之幕下,问以晋故。衍具陈祸败之由,云计不在己;且自言少无宦情,不豫世事,因劝勒称尊号,冀以自免。勒曰:"君少壮登朝,名盖四海,身居重任,何得言无宦情邪!破坏天下,非君而谁？"命左右扶出，使人夜排墙填杀之。衍将死，顾而言曰："呜呼！吾曹虽不如古人，向若不祖尚浮虚，戮力以匡天下，犹可不至今日。"时年五十六。

刘聪接刘渊之位后，命大将军呼延晏攻洛阳，晋兵前后十二败，死者三万馀人。刘曜、石勒皆引兵会之。洛阳破，怀帝被执。

《通鉴》卷八七；《晋书》卷四三

八四　南渡名士泣新亭

时海内大乱，独江东差安，士民避乱者多南渡江。王导说琅邪王司马睿收其贤俊，睿从之，辟掾属百馀人。

诸名士相与登新亭游宴，周顗中坐叹曰："风景不殊，举目有江河之异。"因相视流涕。王导愀然变色曰："当共戮力王室，克复神州，何至作楚囚对泣邪！"

《通鉴》卷八七

八五　司马炽答刘聪问

汉主刘聪问怀帝司马炽曰："卿家骨肉何相残如此？"炽曰："大汉将应天受命，故为陛下自相驱除，此殆天意，非人事也。且臣家能奉武皇帝之业，九族敦睦，陛下何由得之！"

聪宴群臣于光极殿，使怀帝青衣行酒。原晋臣庾珉等

· 599 ·

不胜悲愤，因号哭；聪恶之，杀怀帝及珉等十馀人。

《通鉴》卷八八

八六　辛勉宁死不亏高节

辛勉，陇西狄道人也。勉博学，有贞固之操。怀帝世，累迁为侍中。及洛阳陷，随帝至平阳。刘聪将署为光禄大夫，勉固辞不受。聪遣其黄门侍郎乔度赍药酒逼之，勉曰："大丈夫岂以数年之命而亏高节，事二姓，下见武皇帝哉！"引药将饮，度遽止之曰："主上相试耳，君真高士也！"叹息而去。聪嘉其贞节，深敬异之，为筑室于平阳西山，月致酒米，勉亦辞而不受。年八十，卒。

《晋书》卷八九

八七　刘殷务于几谏

汉相刘殷，不犯颜忤旨，然因事进规，补益甚多。刘聪每与群臣议政事，殷无所是非；群臣出，殷独留，为聪敷畅条理，商榷事宜，聪未尝不从之。殷常诫子孙曰："事君当务几谏。凡人尚不可面斥其过，况万乘乎！夫几谏之功，无异犯颜，但不彰君之过，所以为优耳。"官至侍中、太保、录尚书。然殷在公卿间，常恂恂有卑让之色，故能保其富贵，不失令名，以寿考自终。

《通鉴》卷八八

八八　祖逖中流击楫而誓

怀帝卒后，其侄邺即位于长安，是为愍帝。帝诏司马睿以时进军中原。睿辞以方平定东方，未暇北伐。

范阳祖逖，少有大志，中夜闻鸡鸣，因起舞。及渡江，居京口，纠合骁健，言于睿曰："晋室之乱，由宗室争权，自相鱼肉，遂使戎狄乘隙，毒流中土。今遗民既遭残贼，人思自奋，大王诚能命将出师，使如逖者统之以复中原，郡国豪杰，必有望风响应者矣。"睿素无北伐之志，授逖以豫州刺史之虚名，给逖千人廪，布三千疋，不给铠仗，使自召募。逖将其部曲百馀家渡江，中流，击楫而誓曰："祖逖不能清中原而复济者，有如大江！"遂屯淮阴，募得二千馀人而进。

《通鉴》卷八八

八九　祖逖不拘小节

祖车骑逖过江时，公私俭薄，无好服玩。王、庾诸公共就祖，忽见裘袍重迭，珍饰盈列，诸公怪问之。祖曰："昨夜复南塘一出。"时恒自使健儿鼓行劫钞，在事之人，亦容而不问。

《世说新语·任诞》

九〇　刘聪辱杀愍帝

刘聪攻克长安，愍帝降。聪出猎，以愍帝执戟前导，见者指之曰："此故长安天子也。"聚而观之。聪宴群臣，使愍帝行酒洗爵；更衣，使之执盖。既而斩之。

愍帝卒后，司马睿即皇帝位，是为元帝。

以王导为骠骑大将军，开府仪同三司。导遣从事行扬州郡国，还，同时俱见。诸从事各言二千石长官得失，独顾和无言。导问之，和曰："明公作辅，宁使网漏吞舟，何缘采听风闻，以察察为政邪！"导称善。

《通鉴》卷九〇

九一　羊氏答刘曜问

刘聪卒后，刘曜即位，以羊氏为皇后。羊氏，即故惠帝后也，洛阳破时，曜纳之。曜尝问之曰："吾何如司马家儿？"羊氏曰："陛下开基之圣主，彼亡国之暗夫，何可并言！贵为帝王，有一妇一子及一身，曾不能庇。妾于尔时，实不欲生，意谓世间男子皆然。自奉巾栉已来，始知天下自有丈夫耳。"曜甚宠之。颇干预国事。

曜改国号为赵。

《通鉴》卷三一

九二　石勒禁胡人凌侮华族

石勒为赵王。史称后赵。

石勒命贯志采集律令，作五千文，施行十馀年。以续咸为律学祭酒，咸用法详平，国人称之。以支雄、王阳领门臣祭酒，专主胡人辞讼，重禁胡人，不得凌侮衣冠华族。号胡为国人。遣使循行州郡，劝课农桑。加张宾为大执法，专总朝政。

张宾任遇优显，群臣莫及，而谦虚敬慎，开怀下士，屏绝阿私，以身帅物，入则尽规，出则归美。勒甚重之，每朝，常为之正容貌，简辞令，呼曰右侯而不敢名。

《通鉴》卷九一

九三　鞠彭息兵躬耕于野

鞠彭为东莱太守。会曹嶷徇青州，与彭相攻；嶷兵虽强，郡人皆为彭死战，嶷不能克。久之，彭叹曰："今天下大乱，强者为雄。曹亦乡里，为天所相，苟可依凭，即为民主，何必力与之争，使百姓肝脑涂地！吾去此，则祸自息矣。"郡人以为不可，争献拒嶷之策，彭一无所用，与乡里千馀家浮海，至辽东，归慕容廆。廆以彭参军事，遗车牛粟帛，皆不受，躬耕于野。

《通鉴》卷九一

九四　祖逖收复河南之地

祖逖剪荆棘，数遣兵击后赵，诏加逖镇西将军。逖在军，与将士同甘苦，约己务施，劝课农桑，抚纳新附，虽疏贱者结以恩礼。河上诸坞，先有质子在后赵者，皆听两属，时遣游军伪抄之，明其未附。坞主皆感恩，后赵有异谋，辄密以告，由是多所克获，自河以南，多叛后赵归于晋。

逖练兵积谷，为取河北之计。石勒患之，乃下幽州为逖修祖、父墓，置守冢二家，因与逖书，求通互市。逖不报书，而听其互市，收利十倍。逖将降于后赵，石勒斩之，送首于逖，曰："叛臣逃吏，吾之深仇，将军之恶，犹吾恶也。"逖深德之，自是后赵人叛归逖者，逖皆不纳，禁诸将不得侵暴后赵之民，边境之间，稍得休息。

逖闻晋将有内难，知大功不遂，发病，卒于雍丘。豫州士女，若丧父母，为立祠。

《通鉴》卷九一

九五　周顗性宽裕而好酒

周顗，字伯仁，少有重名，神彩秀彻，虽时辈亲狎，莫能媟也。广陵戴若思东南之美，举秀才，入洛，素闻顗名，往候之，终坐而出，不敢显其才辩。元帝时官至尚书左仆射，吏部尚书。

庾亮尝谓颢曰："诸人咸以君方乐广。"颢曰："何乃刻画无盐，唐突西施也。"元帝宴群公于西堂，酒酣，从容曰："今日名臣共集，何如尧舜时邪？"颢因醉厉声曰："今虽同人主，何得复比圣世！"帝大怒而起，手诏付廷尉，将加戮，累日方赦之。及出，诸公就省，颢曰："近日之罪，固知不至于死。"

颢颇以酒失。为仆射，略无醒日，时人号为"三日仆射"。虽日醉，每称无对。偶有旧对从北来，颢遇之欣然，乃出酒二石共饮，各大醉。及颢醒，使视客，已死。

颢性宽裕而友爱过人，王导甚重之，尝枕颢膝而指其腹曰："此中何所有也？"答曰："此中空洞无物，然足容卿辈数百人。"导亦不以为忤。又于导坐傲然啸咏，导云："卿欲希嵇、阮邪？"颢曰："何敢近舍明公，远希嵇、阮。"

及王敦反，颢被杀。

《晋书》卷六九

九六　周颢谈瘦之故

庾亮造周颢（字伯仁）。伯仁曰："君何所欣悦而忽肥？"庾曰："君复何所忧惨而忽瘦？"伯仁曰："吾无所忧，直是清虚日来，滓秽日去耳。"

《世说新语·言语》

· 605 ·

九七　周嵩称唯碌碌能奉母

周伯仁母冬至举酒赐三子曰："吾本谓度江托足无所。尔家有相，尔等并罗列吾前，复何忧？"周嵩起，长跪而泣曰："不如阿母言。伯仁为人志大而才短，名重而识暗，好乘人之弊，此非自全之道。嵩性狼抗，亦不容于世。唯阿奴碌碌，当在阿母目下耳！"

《世说新语·识鉴》

九八　戴若思陆机因劫定交

戴若思，广陵人也，性闲爽，少好游侠，不拘操行。遇陆机赴洛，船装甚盛，遂与其徒掠之。若思登岸，据胡床，指麾同旅，皆得其宜。机察见之，知非常人，在舫屋上遥谓之曰："卿才器如此，乃复作劫邪！"若思感悟，因流涕，投剑就之。机与言，深加赏异，遂与定交焉。

元帝时为征西将军、都督兖豫幽冀雍并六州诸军事。发投刺王官千人为军吏，调扬州百姓家奴万人为兵配之。及与王敦兵战于石头，大败。郭参军吕猗说敦曰："周顗、戴若思皆有高名，足以惑众。公若不除，恐有再举之患，为将来之忧耳。"敦以为然，收若思而害之。

《晋书》卷六九

九九　王允之装醉脱险

　　王允之，字深猷。总角，从伯敦谓为似己，恒以自随，出则同舆，入则共寝。敦尝夜饮，允之辞醉先卧。敦与钱凤谋为逆，允之已醒，悉闻其言，虑敦或疑己，便于卧处大吐，衣面并污。凤既出，敦果照视，见允之卧吐中，以为大醉，不复疑之。时父舒始拜廷尉，允之求还定省，敦许之。至都，以敦、凤谋议事白舒，舒即与导俱启明帝。

《晋书》卷七六

一〇〇　王敦心怀刚忍

　　王敦，字处仲，司徒导之从父兄也。敦尚武帝女襄城公主，拜驸马都尉。时王恺、石崇以豪侈相尚，恺尝置酒，敦与导俱在坐，有女伎吹笛小失声韵，恺便驱杀之，一坐改容，敦神色自若。他日，又造恺，恺使美人行酒，以客饮不尽，辄杀之。酒至敦、导所，敦故不肯持，美人悲惧失色，而敦傲然不视。导素不能饮，恐行酒者得罪，遂勉强尽觞。导还，叹曰："处仲若当世，心怀刚忍，非令终也。"洗马潘滔见敦而目之曰："处仲蜂目已露，但豺声未振，若不噬人，亦当为人所噬。"

《晋书》卷九八

一〇一　王敦专政

元帝始镇江东，王敦与从弟导同心翼戴，帝亦推心任之，敦总征讨，导专机政，群从子弟布列显要。时人为之语曰："王与马，共天下。"后敦自恃有功，且宗族强盛，稍益骄恣，帝畏而恶之，乃抑损王氏，导亦渐见疏外。

王敦举兵于武昌，攻石头。元帝以敦为丞相，或劝周颉避敦，颉曰："吾备位大臣，朝廷丧败，宁可复草间求活，外投胡越邪！"颉被收捕，路经太庙，大声曰："贼臣王敦，倾覆社稷，枉杀忠臣，神祇有灵，当速杀之。"收人以戟伤其口，血流至踵，容止自若，观者皆为流涕。被杀于石头南门之外。

敦既得志，暴慢滋甚，将相岳牧皆出其门，识者咸知其将败。

元帝忧愤成疾，卒。太子绍即位，是为明帝。次年，明帝乘王敦病笃，与温峤、庾亮、王导等讨平王敦。

《通鉴》卷九一、卷九二

一〇二　邓攸弃子为官清廉

邓攸，字伯道，平阳襄陵人也。石勒过泗水，攸以牛马负妻子而逃。又遇贼，掠其牛马，步走，担其儿及其弟子绥。度不能两全，乃谓其妻曰："吾弟早亡，唯有一息，理不可绝，止应自弃我儿耳。幸而得存，我后当有子。"

妻泣而从之，乃弃之。其子朝弃而暮及。明日，攸系之于树而去。

元帝以攸为太子中庶子。时吴郡阙守，人多欲之，帝以授攸。攸载米之郡，俸禄无所受，唯饮吴水而已。时郡中大饥，攸表赈贷，未报，乃辄开仓救之。攸在郡刑政清明，百姓欢悦，为中兴良守。后称疾去职。郡常有送迎钱数百万，攸去郡，不受一钱。百姓数千人留牵攸船，不得进，攸乃小停，夜中发去。百姓诣台乞留一岁，不听。拜侍中。岁馀，转吏部尚书。蔬食弊衣，周急振乏。性谦和，善与人交，宾无贵贱，待之若一，而颇敬媚权贵。

攸弃子之后，妻子不复孕。过江，纳妾，甚宠之，讯其家属，说是北人遭乱，忆父母姓名，乃攸之甥。攸素有德行，闻之感恨，遂不复畜妾，卒以无嗣。时人义而哀之，为之语曰："天道无知，使邓伯道无儿。"弟子绥服攸丧三年。

《晋书》卷九〇

一〇三　周访善战能谦让

周访，字士达。访少沉毅，谦而能让，果于断割，周穷振乏，家无馀财。为县功曹，时陶侃为散吏，相与结友，以女妻侃子瞻。访察孝廉，除郎中、上甲令，皆不之官。乡人盗访牛于冢间杀之，访得之，密埋其肉，不使人知。

及元帝渡江，命参镇东军事。善战屡立战功，迁南中郎将，督梁州诸军、梁州刺史，屯襄阳。

访在襄阳，务农训卒，勤于采纳，守宰有缺辄补，然后言上。王敦患之，而惮其强，不敢有异。访威风既著，远近悦服，智勇过人，为中兴名将。性谦虚，未尝论功伐。或问访曰："人有小善，鲜不自称。卿功勋如此，初无一言何也？"访曰："朝廷威灵，将士用命，访何功之有！"访练兵简卒，欲宣力中原，慨然有平河、洛之志。善于抚纳，士众皆为致死。

《晋书》卷五八

一○四　明帝谈长安与日之远近

明帝，幼而聪哲，为元帝所宠异。年数岁，尝坐置膝前，属长安使来，因问帝曰："汝谓日与长安孰远？"对曰："长安近。不闻人从日边来，居然可知也。"元帝异之。明日，宴群僚，又问之。对曰："日近。"元帝失色，曰："何乃异间者之言乎？"对曰："举目则见日，不见长安。"

《晋书》卷六

一○五　郭璞精于卜筮

郭璞，字景纯，河东闻喜人也。璞好经术、古文奇字，妙于阴阳算历。有郭公者，客居河东，精于卜筮，璞从之受业。公以青囊中书九卷与之，由是遂洞五行、天文、卜筮之术，攘灾转祸，通致无方，虽京房、管辂不能过也。

璞著《江赋》，其辞甚伟，为世所称。后复作《南郊赋》，元帝见而嘉之，以为著作佐郎。顷之迁尚书郎。数言便宜，多所匡益。

明帝之在东宫，与温峤、庾亮并有布衣之好，璞亦以才学见重，埒于峤、亮，论者美之。然性轻易，不修威仪，嗜酒好色，时或过度。著作郎干宝常诫之曰："此非适性之道也。"璞曰："吾所受有本限，用之恒恐不得尽，卿乃忧酒色之为患乎！"

《晋书》卷七二

一〇六　石勒不计布衣之恨

后赵王石勒召耆旧，与之共坐欢饮。初，勒微时，与李阳邻居，数争沤麻池，相殴，阳由是独不敢来。勒曰："阳，壮士也；沤麻，布衣之恨；孤方兼容天下，岂仇匹夫乎！"遽召与饮，引阳臂曰："孤往日厌卿老拳，卿亦饱孤毒手。"因拜参军都尉。

《通鉴》卷九一

一〇七　陶侃运甓自劳珍惜分阴

陶侃，字士行，鄱阳人。任广州刺史时，无事，辄朝运百甓于斋外，暮运于斋内。人问其故，答曰："吾方致力中原，过尔优逸，恐不堪事，故自劳耳。"

明帝时，陶侃为征西大将军、荆州刺史。侃性聪明恭勤，终日敛膝危坐，军府众事，检摄无遗，未尝少闲，常语人曰："大禹圣人，乃惜寸阴，至于众人，当惜分阴。岂可但逸游荒醉，生无益于时，死无闻于后，是自弃也。"诸参佐或以谈戏废事者，命取其酒器、蒲博之具，悉投之于江，将吏则加鞭扑。

有奉馈者，侃必问其由，若力作所致，虽微必喜，慰赐参倍；若非理得之，则切厉呵辱，还其所馈。尝出游，见人持一把未熟稻，侃问："用此何为？"人云："行道所见，聊取之耳。"侃大怒曰："汝既不佃，而戏贼人稻！"执而鞭之。

尝造船，其木屑竹头，侃皆令收之，人咸不解所以。后正会，积雪始晴，厅事前馀雪犹湿，乃以木屑布地。及桓温伐蜀，又以侃所贮竹头作丁装船。其综理微密，皆此类也。

侃在军四十一载，雄毅有权，明悟善决断。自南陵迄于白帝数千里中，路不拾遗。苏峻作逆，庾亮轻进失利，侃率部讨平之。侃性纤密好问，尝课诸营种柳，都尉夏施盗官柳植之于己门。侃后见，驻车问曰："此是武昌西门前柳，何因盗来此种？"施惶怖谢罪。时武昌号为多士，殷浩、庾翼等皆为佐吏。侃每饮酒有定限，常欢有馀而限已竭，浩等劝更少进，侃凄怀良久曰："年少曾有酒失，亡亲见约，故不敢逾。"侃卒年七十六。

《通鉴》卷八九、卷九三；《晋书》卷六六

晋（公元265年至419年）

一〇八　陶侃母责侃

陶侃母湛氏，豫章新淦人也。陶氏贫贱，湛氏每纺绩资侃，使交结胜己。侃少为寻阳县吏，尝监鱼梁，以一坩鲊遗母。湛氏封鲊及书，责侃曰："尔为吏，以官物遗我，非惟不能益吾，乃以增吾忧矣。"

鄱阳孝廉范逵寓宿于侃，时大雪，湛氏乃彻所卧新荐，自锉给其马，又密截发卖与邻人，供肴馔。逵闻之，叹息曰："非此母不生此子！"侃竟以功名显。

《晋书》卷九六

一〇九　卞壸不苟同时好

明帝卒，太子衍即位，是为成帝，时年五岁。以司徒王导、中书令庾亮、尚书令卞壸辅政，事之大要皆决于亮。

壸俭素廉洁，裁断切直，不肯苟同时好，故为诸名士所少。阮孚谓之曰："卿常无闲泰，如含瓦石，不亦劳乎！"壸曰："诸君子以道德恢弘、风流相尚，执鄙吝者非壸而谁！"时贵游子弟多慕王澄辈之放达，壸厉色于朝曰："悖礼伤教，罪莫大焉，中朝倾覆，实由于此。"

亮任法裁物，颇失人心。苏峻与祖约相约俱反。卞壸率兵拒峻，战败而死。

《通鉴》卷九三

· 613 ·

一一〇 葛洪精炼丹术著《抱朴子》

葛洪,字稚川,丹阳句容人也。家贫,躬自伐薪以贸纸笔,夜辄写书诵习,遂以儒学知名。性寡欲,无所爱玩,为人木讷,不好荣利,闭门却扫,未尝交游。时或寻书问义,不远数千里崎岖冒涉,期于必得,遂究览典籍,尤好神仙导养之法。洪精炼丹术及医术。

成帝咸和初,司徒王导召补州主簿,迁谘议参军。以年老,欲练丹以祈遐寿,闻交址出丹,求为句漏令。帝以洪资高,不许。洪曰:"非欲为荣,以有丹耳。"帝从之。洪遂将子侄俱行。至广州,刺史邓岳留不听去,洪乃止罗浮山炼丹。

在山积年,优游闲养,著述不辍,自号抱朴子,因以名书。其馀所著神仙、良吏、隐逸、集异等传各十卷,又抄《五经》、《史》、《汉》、百家之言、方技杂事三百一十卷,《金匮药方》一百卷。

洪博闻深洽,江左绝伦。著述篇章富于班、马,又精辩玄赜,析理入微。洪兀然若睡而卒,时年八十一,视其颜色如生,体亦柔软,举尸入棺,甚轻,如空衣,世以为尸解得仙云。

《晋书》卷七二

一一一 石勒之自我鉴定

石勒灭刘曜所治之前赵,称皇帝。勒大飨群臣,谓徐光曰："朕可方自古何等主？"对曰："陛下过于汉高，后世无可比者。"勒笑曰："人岂不自知！卿言太过。朕若遇汉高祖，当北面事之，与韩、彭比肩耳。若遇光武，未知鹿死谁手。大丈夫行事，宜礌礌落落，如日月皎然，终不效曹孟德、司马仲达，欺人孤儿寡妇，孤媚以取天下也。"

勒虽不学，好使诸生读书而听之，时以其意论古今得失，闻者莫不悦服。尝使人读《汉书》，闻郦食其劝立六国后，惊曰："此法当失，何以遂得天下？"及闻张良谏，乃曰："赖有此耳。"

《通鉴》卷九五

一一二 褚裒有皮里《春秋》

殷浩为庾亮记室参军，与豫章太守褚裒（字季野）、丹阳丞杜乂，皆以识度清远，善谈《老》《易》，擅名江东，而浩尤为风流所宗。桓彝尝谓裒曰："季野有皮里《春秋》。"言其外无臧否，而内有褒贬也。谢安曰："裒虽不言，而四时之气亦备矣。"

《通鉴》卷九五

一一三 石虎诏许百姓事佛

石勒以天竺僧佛图澄预言成败，数有验，敬事之。及石勒卒，石虎即位，奉之尤谨，衣以绫锦，乘以雕辇，朝会之日，太子、诸公扶翼上殿，主者唱大和尚，众坐皆起。国人化之，率多事佛，澄之所在，无敢向其方面涕唾者。争造寺庙，削发出家。

虎下诏问中书曰："佛，国家所奉，里闾小人无爵秩者，应事佛否？"著作郎王度等议曰："王者祭祀，典礼具存。佛，外国之神，非天子诸华所应祠奉。汉氏初传其道，唯听西域人立寺都邑以奉之，汉人皆不得出家，魏世亦然。今宜禁公卿以下毋得诣寺烧香礼佛，其赵人为沙门者，皆返初服。"虎诏曰："朕生自边鄙，忝君诸夏，至于飨祀，应从本俗。其夷、赵百姓乐事佛者，特听之。"

《通鉴》卷九五

一一四　石邃之暴行

石虎之子邃，饶勇又骄淫残暴，好妆饰美姬，斩其首，洗血置盘上，与宾客传观之，又烹其肉共食之。邃谋弑虎，事泄，虎杀之。

《通鉴》卷九五

一一五　郗鉴吐食存小儿

郗鉴值永嘉丧乱，在乡里甚穷馁，乡人以鉴名德，传共饴之。时兄子迈、外甥周翼并小，常携之就食。乡人曰："各自饥困，以君贤，欲共相济耳，恐不能兼有所存。"鉴于是独往，食讫，以饭著两颊边，还吐与二儿，后并得存，同过江。迈位至护军，翼为剡县令。成帝时，鉴官至太尉等。鉴之卒也，翼追抚育之恩，解职而归，席苫心丧三年。

《晋书》卷六七

一一六　庾亮王导之间

以司徒王导为太傅，郗鉴为太尉，庾亮为司空。庾亮与郗鉴书曰："人主春秋既盛，宜复子明辟。不稽首归政，甫居师傅之尊，多养无赖之士。公与下官并荷付托之重，大奸不扫，何以见先帝于地下！"欲共起兵废王导，鉴不听。或劝导密为之备，导曰："吾与元规休戚是同，悠悠之谈，宜绝智者之口。则如君言，元规若来，吾便角巾还第，复何惧哉！"

是时亮虽镇武昌，而遥执朝廷之权，拥强兵，趋势者多归之。导内不能平，遇西风尘起，举扇自蔽，徐曰："元规尘污人。"

王导辅相三世，至成帝年间卒时年六十四。丧葬参用天子之礼。导简素寡欲，善因事就功，虽无日用之益，而岁计有馀。

《通鉴》卷九六

一一七　王导启用周镇

周镇罢临川郡还都，未及上住，泊青溪渚。王丞相导往看之。时夏月，暴雨猝至，舫至狭小，而又大漏，殆无复坐处。王曰："胡威之清，何以过此！"即启用为吴兴郡。

《世说新语·德行》

一一八　顾和见王导

顾司空和未知名时，诣王丞相导。丞相小极，对之疲睡。顾思所以叩会之，因谓同坐曰："昔每闻元公道公协赞中宗，保全江表，体小不安，令人喘息。"丞相因觉，谓顾曰："此子珪璋特达，机警有锋。"

《世说新语·语言》

一一九　蔡谟固辞司徒被免

康帝时，迁蔡谟侍中、司徒，谟固让，谓所亲曰："我若为司徒，将为后代所哂，义不敢拜也。"皇太后遣使喻意，自四年冬至五年末，诏书屡下，谟固守所执。六年，复上疏，以疾病乞骸骨，章表十馀上。穆帝临轩，遣使征谟。谟陈疾笃，不敢奉诏，寝伏待罪。自旦至申，使者十馀反，而谟不至。时帝年八岁，甚倦，问左右曰："所召人何以至今不来？临轩何时当竟？"君臣俱疲弊。乃以傲违上命、无人臣之礼被免。

谟博学，于礼仪宗庙制度多所议定。文笔论议，有集行于世。总应劭以来注班固《汉书》者，为之集解。谟性方雅。丞相王导作女伎，施设床席。谟先在坐，不悦而去，导亦不止之。性尤笃慎，每事必为过防。故时人云："蔡公过浮航，脱带腰舟。"

《晋书》卷七七

一二〇　王导父子情

王导之子悦，弱冠有高名，事亲色养，导甚爱之。导尝共悦弈棋，争道，导笑曰："相与有瓜葛，那得为尔邪！"悦与导语，恒以慎密为端。导还台，及行，悦未尝不送至车后，又恒为母曹氏襞敛箱箧中物。悦亡后，导还台，自悦常所送处哭至台门，其母长封作箧，不忍复开。

悦弟恬，少好武，不为公门所重。导见悦辄喜，见恬便有怒色。州辟别驾，不行，性傲诞，不拘礼法。谢万尝造恬，既坐，少顷，恬便入内。万以为必厚待己，殊有喜色。恬久之乃沐头散发而出，据胡床于庭中晒发，神气傲迈，竟无宾主之礼。万怅然而归。多技艺，善弈棋，为中兴第一。

《晋书》卷六五

一二一　王珣王珉善行书

王导之孙珉，少有才艺，善行书，名出其兄珣（小字法护）之右。时人为之语曰："法护非不佳，僧弥难为兄。"僧弥，珉小字也。时有外国沙门，名提婆，妙解法理，为珣兄弟讲《毗昙经》。珉时尚幼，讲未半，便云已解，即于别室与沙门法纲等数人自讲。法纲叹曰："大义皆是，但小未精耳。"历国子博士、黄门侍郎、侍中，代王献之为长兼中书令。二人素齐名，世谓献之为"大令"，珉为"小令"。

《晋书》卷六五

一二二　桓彝赏识徐宁

徐宁者，为舆县令。时廷尉桓彝称有人伦鉴识，彝尝去职，至广陵寻亲旧，还遇风，停浦中，累日忧悒，因上岸，见一室宇，有似廨署，访之，云是舆县。彝乃造之。宁清惠博涉，相遇欣然，因留数夕。彝大赏之，结交而别。至都，谓庾亮曰："吾为卿得一佳吏部郎。"即迁吏部郎、左将军、江州刺史，卒于官。

《晋书》卷七四

一二三　江惇高节养志

江惇，字思俊，孝友淳粹，高节迈俗。性好学，儒玄并综。每以为君子立行，应依礼而动，虽隐显殊途，未有不傍礼教者也。若乃放达不羁，以肆纵为贵者，非但动违礼法，亦道之所弃也。乃著《通道崇检论》，世咸称之。

征西将军庾亮请为儒林参军；征拜博士、著作郎，皆不就。邑里宗其道，有事必谘而后行。东阳太守阮裕、长山令王蒙，皆一时名士，并与惇游处，深相钦重。养志二十馀年，永和九年卒，时年四十九。

《晋书》卷五六

一二四　阮裕焚车

阮裕在剡，曾有好车，借者无不皆给。有人葬母，意欲借而不敢言。阮后闻之，叹曰："吾有车而使人不敢借，何以车为？"遂焚之。

《世说新语·德行》

一二五　孙绰善属文

孙绰，字兴公。博学善属文，少与高阳许询俱有高尚之志。居于会稽，游放山水，十有馀年，乃作《遂初赋》以致其意。尝鄙山涛，而谓人曰："山涛吾所不解，吏非吏，隐非隐。"所居斋前种一株松，恒自守护，邻人谓之曰："树子非不楚楚可怜，但恐永无栋梁日耳。"绰答曰："枫柳虽复合抱，亦何所施邪！"

尝作《天台山赋》，辞致甚工，初成，以示友人范荣期，云："卿试掷地，当作金石声也。"荣期曰："恐此金石非中宫商。"然每至佳句，辄云："应是我辈语。"

绰性通率，好讥调。尝与习凿齿共行，绰在前，顾谓凿齿曰："沙之汰之，瓦石在后。"凿齿曰："簸之扬之，糠秕在前。"

征西将军庾亮请为参军，拜太学博士，迁尚书郎。扬州刺史殷浩以为建威长史。会稽内史王羲之引为右军长史，转永嘉太守。

《晋书》卷五六

一二六　廉者不求贪者不与佳物得在

庾法畅造庾太尉亮，握麈尾至佳，公曰："此至佳，那得在？"法畅曰："廉者不求，贪者不与，故得在耳。"

《世说新语·言语》

一二七　郭文自给山林

郭文，字文举，河内轵人也。少爱山水，年三十，每游山林，弥旬忘返。父母终，服毕，不娶，辞家游名山，

晋（公元265年至419年）

历华阴之崖，以观石室之石函。洛阳陷，乃步担入吴兴馀杭大辟山中穷谷无人之地，倚木于树，苫覆其上而居焉，亦无壁障。时猛兽为暴，入屋害人，而文独宿十馀年，卒无患害。

恒着鹿裘葛巾，不饮酒食肉，区种菽麦，采竹叶木实，贸盐以自供。人或酬下价者，亦即与之。后人识文，不复贱酬。食有馀谷，辄恤穷匮。人有致遗，取其粗者，示不逆而已。有猛兽杀大麈鹿于庵侧，文以语人，人取卖之，分钱与文。文曰："我若须此，自当卖之。所以相语，正以不须故也。"闻者皆嗟叹之。猎者时往寄宿，文夜为担水而无倦色。

馀杭令顾飏与葛洪共造之，而携与俱归。飏以文山行或须皮衣，赠以韦袴褶一具，文不纳，辞归山中。飏追遣使者置衣室中而去，文亦无言，韦衣乃至烂于户内，竟不服用。

王导闻其名，遣人迎之，文不肯就船车，荷担徒行。既至，导置之西园，园中果木成林，又有鸟兽麋鹿，因以居文焉。于是朝士咸共观之，文颓然踑踞，傍若无人。温峤尝问文曰："人皆有六亲相娱，先生弃之何乐？"文曰："本行学道，不谓遭世乱，欲归无路，是以来也。"又问曰："先生独处穷山，若疾病遭命，则为鸟鸟所食，顾不酷乎？"文曰："藏埋者亦为蝼蚁所食，复何异乎！"又问曰："猛兽害人，人之所畏，而先生独不畏邪？"文曰："人无害兽之心，则兽亦不害人。"又问曰："苟世不宁，身不得安。今将用先生以济时，若何？"文曰："山草之人，安能佐世！"温峤尝称曰："文有贤人之性，而无贤人之才，柳下、梁跂之亚乎！"永昌中，大疫，文病亦殆。王导遗药，文曰："命在天，不在药也。夭寿长短，时也。"

居导园七年，未尝出入。一旦忽求还山，导不听。后逃归临安，结庐舍于山中而卒。

《晋书》卷九四

一二八　庾亮好老庄性坦率

庾亮，字元规，明穆皇后之兄也。亮善谈论，性好庄老，风格峻整，动由礼节，闺门之内不肃而成。

与司徒王导受明帝遗诏辅幼主成帝。太后临朝，政事一决于亮。先是，王导辅政，以宽和得众，亮任法裁物，颇以此失人心。

年五十二卒，亮将葬，何充会之，叹曰："埋玉树于土中，使人情何能已！"

初，亮所乘马有的颅，殷浩以为不利于主，劝亮卖之。亮曰："曷有己之不安而移之于人！"浩惭而退。亮在武昌，诸佐吏殷浩之徒，乘秋夜往共登南楼，俄而不觉亮至，诸人将起避之。亮徐曰："诸君少住，老子于此处兴复不浅。"便据胡床与浩等谈咏竟坐。其坦率行己，多此类也。

《晋书》卷七三

一二九　庾怿献羽扇

庾亮弟怿，成帝时任辅国将军、豫州刺史。怿尝以白羽扇献成帝，帝嫌其非新，返之。侍中刘劭曰："柏梁云构，大匠先居其下；管弦繁奏，夔牙先聆其音。怿之上扇，以好不以新。"后怿闻之，曰："此人宜在帝之左右。"

《晋书》卷七三

一三〇　庾冰为相清慎俭约

王导新丧，人情恇然。庾冰兄亮既固辞不入，众望归冰。既当重任，经纶时务，不舍夙夜，宾礼朝贤，升擢后进，由是朝野注心，咸曰贤相。

冰天性清慎，常以俭约自居。中子袭尝贷官绢十匹，冰怒，捶之，市绢还官。临卒，曰："吾将逝矣，恨报国之志不展，命也如何！死之日，敛以时服，无以官物也。"及卒，无绢为衾。又室无妾滕，家无私积，世以此称之。

《晋书》卷七三

一三一　阮玩为司空能自谦

阮玩，字士瑶，器量淹雅，弱冠有美名。成帝以为玩历位内外，风绩显著，宜居台司。寻而王导、郗鉴、庾亮相继而薨，朝野咸以为三良既没，国家殄瘁。以玩有德望，乃迁侍中，司空。玩既拜，有人诣之，索杯酒，泻置柱梁之间，咒曰："当今乏材，以尔为柱石，莫倾人梁栋邪！"玩笑曰："感卿良箴。"既而叹息，谓宾客曰："以我为三公，是天下为无人。"谈者以为知言。

玩虽登公辅，谦让不辟掾属。成帝闻而劝之。玩不得已而从命，所辟皆寒素有行之士。

《晋书》卷七七

一三二　何充性正直佞于佛

何充，字次道，庐江灊人。初辟大将军王敦掾，转主簿。敦兄含时为庐江郡，贪污狼藉，敦尝于座中称曰："家兄在郡定佳，庐江人士咸称之。"充正色曰："充即庐江人，所闻异于此。"敦默然。傍人皆为之不安，充晏然自若。由是忤敦，左迁东海王文学，寻属敦败，累迁中书侍郎。

充居宰相，虽无澄正改革之能，而强力有器局，临朝正色，以社稷为己任，凡所选用，不以私恩树亲戚。而性好释典，崇修佛寺，供给沙门以百数，糜费巨亿而不吝也。亲友至于贫乏，无所施遗。阮裕尝戏之曰："卿志大宇宙，勇迈终古。"充问其故。裕曰："我图数千户郡尚未能得，卿图作佛，不亦大乎！"于时郗愔及弟昙奉天师道，而充与弟崇准信释氏，谢万讥之云："二郗谄于道，二何佞于佛。"

《晋书》卷七七

一三三　何琦博学不仕不营产业

何琦，司空充之从兄也。琦年十四丧父，哀毁过礼。性沉敏有识度，好古博学，居于宣城阳谷县，事母孜孜，朝夕色养，常患甘鲜不赡。乃为郡主簿，察孝廉，以选补宣城泾县令。司徒王导引为参军，不就。及丁母忧，居丧泣血，杖而后起。服阕，乃慨然叹曰："所以出身仕者，非谓有尺寸之能以效智力，实利微禄，私展供养。一旦茕然，无复恃怙，岂可复以朽钝之质尘默清朝哉！"于是养志衡门，不交人事，耽玩典籍，以琴书自娱。不营产业，节俭寡欲，丰约与乡邻共之。然不为小谦，凡有赠遗，亦不苟让，但于己有馀，辄复随而散之。任心而行，率意而动，不占卜，无所事。诏征博士，不起。公车再征散骑侍郎、散骑常侍，不行。由是君子仰德，莫能屈也。桓温尝登琦县界山，喟然叹曰："此山南有人焉，何公真止足者也！"

琦善养性，老而不衰，布褐蔬食，恒以述作为事，著《三国评论》，凡所撰录百许篇，皆行于世。年八十二卒。

《晋书》卷八八

一三四　孔愉修旧陂成良田

孔愉，成帝时任会稽内史。句章县有汉时旧陂，毁废数百年。愉自巡行，修复故堰，溉田二百馀顷，皆成良业。在郡三年，乃营山阴湖南侯山下数亩地为宅，草屋数间，便弃官居之。送资数百万，悉无所取。病笃，遗令敛以时服，乡邑义赗，一不得受。

《晋书》卷七八

一三五　郭翻不取值不受惠

郭翻，武昌人也。翻少有志操，辞州郡辟及贤良之举。家于临川，不交世事，惟以渔钓射猎为娱。居贫无业，欲垦荒田，先立表题，经年无主，然后乃作。稻将熟，有认之者，悉推与之。县令闻而诘之，以稻还翻，翻遂不受。尝以车猎，去家百馀里，道中逢病人，以车送之，徒步而归。其渔猎所得，或从买者，便与之而不取值，亦不告姓名。

与翟汤俱为庾亮所荐，公车博士征，不就。成帝咸康末，乘小船暂归武昌省坟墓，安西将军庾翼以帝舅之重，躬往造翻，欲强起之。翻曰："人性各有所短，焉可强逼！"翼又以其船小狭，欲引就大船。翻曰："使君不以鄙贱而辱临之，此固野人之舟也。"翼俯屈入其船中，终日而去。

尝坠刀于水，路人有为取者，因与之。路人不取，固辞，翻曰："尔向不取，我岂能得！"路人曰："我若取此，将为天地鬼神所责矣。"翻知其终不受，复沉刀于水。路人怅焉，乃复沉没取之。翻于是不逆其意，乃以十倍刀价与之。其廉不受惠，皆此类也。卒于家。

《晋书》卷九四

一三六　刘驎之高尚仁爱

刘驎之，字子骥，南阳人。驎之少尚质素，虚退寡欲，不修仪操，人莫之知。好游山泽，志存遁逸。尝采药至衡山，深入忘返，见有一涧水，水南有二石囷，一囷闭，一囷开，水深广不得过。欲还，失道，遇伐弓人，问径，仅得还家。或说囷中皆仙灵方药诸杂物，驎之欲更寻索，终不复知处也。车骑将军桓冲闻其名，请为长史，驎之固辞不受。

驎之虽冠冕之族，信义著于群小，凡厮伍之家婚娶葬送，无不躬自造焉。居于阳岐，在官道之侧，人物来往，莫不投之。驎之躬自供给，士君子颇以劳累，更惮过焉。凡人致赠，一无所受。去驎之家百馀里，有一孤姥，病将死，叹息谓人曰："谁当埋我，惟有刘长史耳！何由令知。"驎之先闻其有患，故往候之，值其命终，乃身为营棺殡送之。卒以寿终。

《晋书》卷九四

一三七　邓粲谈为隐之道

邓粲，长沙人。少以高洁著名，与南阳刘驎之、南郡刘尚公同志友善，并不应州郡辟命。荆州刺史桓冲卑辞厚礼请粲为别驾，粲嘉其好贤，乃起应召。驎之、尚公谓之曰："卿道广学深，众所推怀，忽然改节，诚失所望。"粲笑答曰："足下可谓有志于隐而未知隐。夫隐之为道，朝亦可隐，市亦可隐。隐初在我，不在于物。"尚公等无以难之。后以病笃，乞骸骨，许之。

《晋书》卷八二

一三八　索袭不与当世交通

索袭，敦煌人也。虚靖好学，不应州郡之命，举孝廉、贤良方正，皆以疾辞。游思于阴阳之术，著天文地理十馀篇，多所启发。不与当世交通，或独语独笑，或长叹涕泣，或请问不言。敦煌太守阴澹奇而造焉，经日忘返，出而叹曰："索先生硕德名儒，真可以谘大义。"会病卒，时年七十九。

澹素服会葬，赠钱二万。澹曰："世人之所有馀者，富贵也；目之所好者，五色也；耳之所玩者，五音也。而先生弃众人之所收，收众人之所弃，味无味于恍惚之际，兼重玄于众妙之内。宅不弥亩而志忽九州，形居尘俗而栖心天外，虽黔娄之高远，庄生之不愿，蔑以过也。"乃谥曰玄居先生。

《晋书》卷九四

一三九　谢尚辨悟绝伦

谢尚，字仁祖，豫章太守鲲之子也。幼有至性。七岁丧兄，哀恸过礼，亲戚异之。八岁，神悟夙成。鲲尝携之送客，或曰："此儿一坐之颜回也。"尚应声答曰："坐无尼父，焉别颜回！"席宾莫不叹异。十馀岁，遭父忧，丹阳尹温峤吊之，尚号咷极哀。既而收涕告诉，举止有异常童，峤甚奇之。及长，开率颖秀，辨悟绝伦，脱略细行，不为流俗之事。善音乐，博综众艺。司徒王导深器之，比之王戎。

尚历任建武将军、历阳太守，穆帝时拜尚书仆射、豫州刺史。尚为政清简，始到官，郡府以布四十匹为尚造乌布帐。尚坏之，以为军士襦袴。

《晋书》卷七九

一四〇　孙晷事亲孝赡饥寒

孙晷，吴国富春人，恭孝清约，学识有理义，每独处幽暗之中，容止瞻望未尝倾邪。虽侯家丰厚，而晷常布衣蔬食，躬亲垄亩，诵咏不废，欣然独得。父母愍其如此，欲加优饶，而晷兴夜寐，无暂懈也。父母起居尝馔，晷不离左右。富春车道既少，动经江川，父难于风波，每行乘篮舆，晷躬自扶侍，所诣之处，则于门外树下藩屏之间隐息，初不令主人知之。

晷闻人之善，欣若有得；闻人之恶，惨若有失。见人饥寒，并周赡之，乡里赠遗，一无所受。亲故有穷老者数人，恒往来告索，人多厌慢之，而晷见之，欣敬逾甚，寒则与同衾，食则与同器，或解衣推被以恤之。时年饥谷贵，人有生刈其稻者，晷见而避之，须去而出，既而自刈送与之。乡邻感愧，莫敢侵犯。

《晋书》卷八八

一四一　颜含自有性命无劳蓍龟

光禄勋颜含以老逊位。郭璞尝遇含，欲为之筮。含曰："年在天，位在人，修己而天不与者，命也；守道而人不知者，性也。自有性命，无劳蓍龟。"致仕二十馀年，年九十三而卒。

《通鉴》卷八八

一四二　崔约戏言胡目丧生

石虎之子宣立为太子，其詹事孙珍病目，求方于侍中崔约，约戏之曰："溺中则愈。"珍曰："目何可溺？"约曰：

"卿目睕睕，正耐溺中。"珍恨之，以白宣。宣于兄弟中最胡状目深，闻之怒，诛约父子。于是公卿以下畏珍侧目。

《通鉴》卷九六

一四三　石虎胡作非为

石虎作台观四十馀所于邺，又营洛阳、长安二宫，作者四十馀万人；又欲自邺起阁道至襄国。敕所统治之州作南伐、西讨、东征之备，皆三丁发二卒、五丁发三卒，诸州军造甲者五十馀万人，船夫十七万人，为水所没、虎狼所食者三分居一。加之公侯、牧宰竞营私利，百姓失业愁困。

虎好猎，晚年，体重不能骑马，乃造猎车千乘。其猎场中之禽兽，有犯者罪至大辟。民有美女、佳牛马，御史求之不得，皆诬以犯兽，论死者百馀人。郡县务求美色，多强夺人妻，杀其夫及夫自杀者三千馀人。

《通鉴》卷九七

一四四　杨轲食粗饮水授徒数百

杨轲，天水人也。少好《易》，长而不娶，学业精微，养徒数百，常食粗饮水，衣褐缊袍，人不堪其忧，而轲悠然自得，疏宾异客，音旨未曾交也。虽受业门徒，非入室弟子，莫得亲言。欲所论授，须旁无杂人，授入室弟子，令递相宣授。

刘曜称帝，征拜太常，轲固辞不起，曜亦敬而不逼，遂隐于陇山。及石虎嗣位。备玄纁束帛安车征之，轲以疾辞。迫之，乃发。既见石虎，不拜，与语，不言，命舍之于永昌乙第。

石虎欲观其真趣，乃密令美女夜以动之，轲萧然不顾。又使人将其弟子尽行，遣魁壮羯士衣甲持刀，临之以兵，并窃其所赐衣服而去，轲视而不言，了无惧色。常卧土床，覆以布被，裸寝其中，下无茵褥。颍川荀铺，好奇之士也，造而谈经，轲瞑目不答。铺发轲被露其形，大笑之。轲神体颓然，无惊怒之状。

后上疏陈乡思，求还，石虎送以安车蒲轮，蠲十户供之。自归秦州，仍教授不绝。

《晋书》卷九四

一四五　殷浩辈宜束之高阁

殷浩，字深源，才名冠世，独庾翼弗之重，曰："此辈宜束之高阁，俟天下太平，然后徐议其任耳。"浩累辞征辟，屏居墓所，几将十年，时人比之管、葛。江夏相谢尚等常伺其出处，以卜江左兴亡，曰："深源不起，当如苍生何！"翼遗浩书曰："王夷甫立名非真，虽云谈道，实长华竞，明德君子，遇会处际，宁可然乎！"

《通鉴》卷九七

一四六　慕容廆兴于燕

慕容廆，昌黎棘城鲜卑人也。廆幼而魁岸，美姿貌，身长八尺，雄杰有大度。安北将军张华雅有知人之鉴，廆童冠时往谒之，华甚叹异，谓曰："君至长必为命世之器，匡难济时者也。"因以所服簪帻遗廆，结殷勤而别。

永嘉时，廆自称鲜卑大单于。时二京倾覆，幽、冀沦陷，廆刑政修明，虚怀引纳，流亡士庶多襁负归之。廆乃立郡以统流人，冀州人为冀阳郡，豫州人为成周郡，青州人为营丘郡，并州人为唐国郡。于是推举贤才，委以庶政。廆尝从容言曰："狱者，人命之所悬也，不可以不慎。贤人君子，国家之基也，不可以不敬。稼穑者，国之本也，不可以不急。酒色便佞，乱德之甚也，不可以不戒。"乃著《家令》数千言以申其旨。

成帝咸和年间，晋欲封廆为燕王，朝议未定，廆卒，乃止。时年六十五，在位四十九年。

《晋书》卷一〇八

一四七　慕容皝治燕

慕容皝，廆第三子。雄毅多权略，尚经学，善天文。廆立为世子，率众征讨，累有功。廆卒，嗣位。

皝征辽东、伐高句丽，大败宇文化及部。皝开地千馀里，徙其部人五万馀落于昌黎。以牧牛给贫家，田于苑中，公收其八，二分入私。有牛而无地者，亦田苑中，公收其七，三分入私。

皝记室参军封裕谏曰："魏、晋虽道消之世，犹削百姓不至于七八，持官牛田者官得六分，百姓得四分，私牛而官田者与官中分，百姓安之，人皆悦乐。臣犹曰非明王之道，而况增乎！且水旱之厄，尧、汤所不免，王者宜浚治沟浍，循郑白、西门、史起溉灌之法，旱则决沟为雨，水则入于沟渎。"

皝从之，曰："苑囿悉可罢之，以给百姓无田业者。贫者全无资产，不能自存，各赐牧牛一头。若私有馀力，乐取官牛垦官田者，其依魏、晋旧法。沟洫溉灌，有益官私，主者量造，务尽水陆之势。中州未平，兵难不息，勋诚既多，官僚不可以减也。待克平凶丑，徐更议之。百工商贾数，四佐与列将速定大员，馀者还农。学生不任训教者，亦除员录。夫人臣关言于人主，至难也，妖妄不经之事皆应荡然不问，择其善者而从之。封生謇謇，深得王臣之体。《诗》不云乎：'无言不酬。'其赐钱五万，明宣内外，有欲陈孤过者，不拘贵贱，勿有所讳。"

皝雅好文籍，勤于讲授，学徒甚盛，至千馀人。亲造《太上章》以代《急就》，又著《典诫》十五篇，以教胄子。

穆帝永和四年死，在位十五年，时年五十二。

《晋书》卷一〇九

晋（公元 265 年至 419 年）

一四八　刘翔痛斥江南士大夫

　　燕王皝遣刘翔至建康，求赐燕王章玺。翔疾江南士大夫以骄奢酣纵相尚，尝因朝贵宴集，谓中书令何充等曰："四海板荡，奄踰三纪，宗社为墟，黎民涂炭，斯乃庙堂焦虑之时，忠臣毕命之秋也。而诸君宴安江沱，肆情纵欲，以奢靡为贵，以傲诞为贤，謇谔之言不闻，征伐之功不立，将何以尊主济民乎！"充等甚惭。

　　诏遣使册命燕王，与翔等偕北。

《通鉴》卷九六

一四九　高诩不避死于战事

　　燕王慕容皝既克高句丽，与左司马高诩谋伐宇文逸豆归。诩曰："宇文强盛，今不取，必为国患。伐之必克，然不利于将。"出而告人曰："吾往必不返，然忠臣不避也。"将发，诩不见其妻，使人语以家事而行。

　　燕军克宇文国，逸豆归走死漠北，宇文氏由是散亡。皝悉收其畜产、资货，徙其部众于昌黎，辟地千馀里。高诩，中流矢亡。

《通鉴》卷九七

· 637 ·

一五〇　慕容儁雅好文籍

慕容儁，皝之第二子也。皝死，即燕王位，永和八年称帝，在位十一年。儁雅好文籍，自初即位至末年，讲论不倦，览政之暇，唯与侍臣错综义理，凡所著述四十馀篇。性严重，慎威仪，未曾以慢服临朝，虽闲居宴处亦无懈怠之色云。

儁之子暐即位，暐后为其堂兄弟苻坚所诛。

《晋书》卷一一〇

一五一　郗超一日散钱千万

郗鉴之子愔，简默冲退而啬于财，积钱至数千万。愔子超，少卓荦不羁。愔尝开库任超取钱，超散施亲故，一日都尽。

《通鉴》卷九七

一五二　王述沉静直率

王述，字怀祖，少孤，事母以孝闻。安贫守约，不求闻达。性沉静，每坐客驰辩，异端竞起，而述处之恬如也。司徒王导以门地辟为中兵属。尝见导每发言，一坐莫不赞美，述正色曰："人非尧舜，何得每事尽善！"导改容谢之。

述每受职，不为虚让，其有所辞，必于不受。子坦之谏，以为故事应让。述曰："汝谓我不堪邪？"坦之曰："非也。但克让自美事耳。"述曰："既云堪，何为复让！人言汝胜我，定不及也。"

坦之为桓温长史。温欲为子求婚于坦之。及还家省父，坦之因言温意。述大怒曰："汝竟痴邪！讵可畏温面而以女妻兵也。"坦之乃辞以他故。温曰："此尊君不肯耳。"遂止。简文帝每言述才既不长，直以真率便敌人耳。谢安亦叹美之。

初，述家贫。求试宛陵令，颇受赠遗，为州司所检，有一千三百条。王导使谓之曰："名父之子不患无禄，屈临小县，甚不宜耳。"述答曰："足自当止，时人未之达也。"比后屡任州郡，清洁绝伦，禄赐皆散之亲故，宅宇旧物不革于昔，始为当时所叹。

述性急。尝食鸡子，以箸刺之，不得，便大怒掷地。鸡子圆转不止，便下床以屐齿踏之，又不得。瞋甚，掇纳口中，啮破而吐之。既跻重位，每以柔克为用。谢奕性粗，尝忿述，极言骂之。述无所应，面壁而已，居半日，奕去，始复坐。人以此称之。

《晋书》卷七五

一五三　王坦之主罪疑从轻

王述之子坦之，字文度。弱冠与郄超俱有重名，时人为之语曰："盛德绝伦郗嘉宾，江东独步王文度。"嘉宾，超小字也。简文帝为抚军将军，辟为掾。后出为大司马桓温长史。征拜侍中。

时卒士韩怅逃亡归首，云"失牛故叛"。有司劾怅偷牛，考掠服罪。坦之以为怅束身自归，而法外加罪，懈怠失牛，事或可恕，加之木石，理有自诬，宜附罪疑从轻之例，遂以见原。

《晋书》卷七五

一五四　殷浩清谈

孙安国（兴）往殷中军（浩）许共论，往返精苦，客主无间。左右进食，冷而复暖者数四。彼我奋掷麈尾，悉脱落，满餐饭中。宾主遂至暮忘食。

殷（浩）谢（安）诸人共集。谢因问殷："眼往属万形，万形来入眼不？"

人有问殷中军："何以将得位而梦棺器，将得财而梦矢秽？"殷曰："官本是臭腐，所以将得而梦棺尸；财本是粪土，所以将得而梦秽污。"

《世说新语·文学》

一五五　桓温耻以威刑肃物

桓温在荆州，全欲以德被江、汉，耻以威刑肃物。令史受杖，正从朱衣上过。桓式年少，从外来，云："向从阁下过，见令史受杖，上捎云根，下拂地足。"意讥不着。桓公云："我犹患其重。"

《世说新语·政事》

一五六　刘惔知桓温

丹阳尹刘惔每奇桓温才，然知其有不臣之志，谓会稽王司马昱曰："温不可使居形胜之地，其位号常宜抑之。"劝昱自镇上流，昱不听。

桓温为安西将军，尝乘雪欲猎，先过刘惔，惔见其装束甚严，谓之曰："老贼欲持此何为？"温笑曰："我不为此，卿安得坐谈乎！"

桓温率兵伐蜀，皆以为忧，惟刘惔以为必克。或问其故，惔曰："以博知之。温，善博者也，不必得则不为。但恐克蜀之后，温终专制朝廷耳。"温大胜，取成都，送蜀主李势及其宗室于建康。

《通鉴》卷九七

一五七　桓温与殷浩

桓温既灭蜀，威名大振，朝廷惮之。会稽王昱，以殷浩有盛名，朝野推服，引为心膂，与参综朝权以抗温。浩以王羲之有令名，擢其为护军将军，以为羽翼。

桓温闻石氏乱，数上疏请出师北伐，诏书不听。温以为浩阻止，乃自行帅众四、五万，顺流而下，军于武昌，朝廷大惧。殷浩束手无策，抚军司马高崧为昱草书致温，说以利害，劝止之，温乃回军还镇。

殷浩上疏请北伐，诏许之。浩大败而回。桓温因朝野之怨上疏数浩之罪，朝廷不得已，免浩为庶人。自此内外大权，一归于温。

《通鉴》卷九八、卷九九

一五八　殷浩终日书空

殷浩少与桓温齐名，而每心竞。温尝问浩："君何如我？"浩曰："我与君周旋久，宁作我也。"温既以雄豪自许，每轻浩，浩不之惮也。至殷浩北伐败，温语人曰："少时吾与浩共骑竹马，我弃去，浩辄取之，故当出我下也。"又谓郗超曰："浩有德有言，向使作令仆，足以仪刑百揆，朝廷用违其才耳。"

浩虽被黜放，口无怨言，夷神委命，谈咏不辍，虽家人不见其有流放之戚。但终日书空，作"咄咄怪事"四字而已。浩甥韩伯，浩素赏爱之，随至徙所，经岁还都，浩送至渚侧，咏曹颜远诗云："富贵他人合，贫贱亲戚离。"因而泣下。

后温将以浩为尚书令，遗书告之，浩欣然许焉。将答书，虑有谬误，开闭者数十，竟达空函，大忤温意，由是遂绝。永和十二年卒。

《晋书》卷七七

一五九　王羲之生平

王羲之，字逸少，司徒导之从子也。羲之幼讷于言，及长，辩赡，以骨鲠称，尤善隶书，为古今之冠，论者称其笔势，以为飘若浮云，矫若惊龙。深为从伯敦、导所器重。

拜羲之为右军将军、会稽内史。时殷浩与桓温不协，羲之以国家之安在于内外和，因与浩书以诫之，浩不从。及浩将北伐，羲之以为必败，以书止之，言甚切至。浩遂行，果为姚襄所败。

羲之雅好服食养性，不乐在京师，初渡浙江，便有终焉之志。会稽有佳山水，名士多居之，谢安未仕时亦居焉。孙绰、李充、许询、支遁等皆以文义冠世，并筑室东土，与羲之同好。尝与同志宴集于会稽山阴之兰亭，羲之自为之序以申其志。

性爱鹅，会稽有孤居姥养一鹅，善鸣，求市未能得，遂携亲友命驾就观。姥闻羲之将至，烹以待之，羲之叹惜弥日。又山阴有一道士，养好鹅，羲之往观焉，意甚悦，固求市之。道士云："为写《道德经》，当举群相赠耳。"羲之欣然写毕，笼鹅而归，甚以为乐。

尝诣门生家，见棐几滑净，因书之，真草相半。后为其父误刮去之，门生惊懊者累日。又尝在蕺山见一老姥，持六角竹扇卖之。羲之书其扇，各为五字。姥初有愠色。因谓姥曰："但言是王右军书，以求百钱邪。"姥如其言，人竞买之。他日，姥又持扇来，羲之笑而不答。

每自称"我书比钟繇，当抗行；比张芝草，犹当雁行也"。曾与人书云："张芝临池学书，池水尽黑，使人耽之若是，未必后之也。"羲之书初不胜庾翼、郗愔，及其暮年方妙。尝以章草答庾亮，而翼深叹伏，因与羲之书云："吾昔有伯英章草十纸，过江颠狈，遂乃亡失，常叹妙迹永绝。忽见足下答家兄书，焕若神明，顿还旧观。"

郗太傅在京口，遣门生与王丞相导书，求女婿。丞相语郗信："君往东厢，任意选之。"门生归，白郗曰："王家诸郎，亦皆可嘉，闻来觅婿，咸自矜持。唯有一郎，在东床上坦腹卧，如不闻。"郗公云："正此好！"访之，乃是逸少，因嫁女与焉。

羲之与王述情好不满，及述为扬州刺史，羲之耻为之下。述后检察会稽郡，辩其刑政，主者疲于简对。羲之深耻之，遂称病去郡，于父母墓前自誓曰："进无忠孝之节，退违推贤之义，每仰咏老氏、周庄之诫，常恐死亡无日，忧及宗祀，岂在微身而已！是用寤寐永叹，若坠深谷。止足之分，定之于今。自今之后，敢渝此心，贪冒苟进，是有无尊之心而不子也。"

羲之既去官，与东土人士尽山水之游，弋钓为娱。又与道士许迈共修服食，采药石不远千里，遍游东中诸郡，穷诸名山，泛沧海，叹曰："我卒当以乐死。"年五十九。

《晋书》卷八〇；《世说新语·雅量》

一六〇　王凝之借鬼兵御敌

会稽内史王凝之，羲之之子也，世奉天师道。孙恩自海岛率兵攻会稽，凝之不出兵，亦不设备，日于道室稽颡跪咒。官属请出兵讨恩，凝之曰："我已请大道，借鬼兵守诸津要，各数万，贼不足忧也。"及恩渐近，乃听出兵，恩已至郡下。凝之出走，恩执而杀之。妻谢道蕴，闻寇至，举措自若，命婢肩舆，抽刀出门，手杀数人，乃被执杀。

《通鉴》卷一一一

一六一　王徽之卓荦不羁

王羲之之子徽之，字子猷。性卓荦不羁，为大司马桓温参军，蓬首散带，不综府事。又为车骑桓冲骑兵参军，冲问："卿署何曹？"对曰："似是马曹。"又问："管几马？"曰："不知马，何由知数！"又问："马比死多少？"曰："未知生，焉知死！"尝从冲行，值暴雨，徽之因下马排入车中，谓曰："公岂得独擅一车。"

时吴中一士大夫家有好竹，欲观之，便出坐舆造竹下，讽啸良久。主人洒扫请坐，徽之不顾。将出，主人乃闭门，徽之便以此赏之，尽叹而去。尝寄居空宅中，便令种竹。或问其故，徽之但啸咏，指竹曰："何可一日无此君邪！"

尝居山阴，夜雪初霁，月色清朗，四望皓然，独酌酒咏左思《招隐诗》，忽忆戴逵。逵时在剡，便夜乘小船诣之，经宿方至，造门不前而返。人问其故，徽之曰："本乘兴而行，兴尽而返，何必见安道邪！"

后为黄门侍郎，弃官东归，与弟献之俱病笃。未几，献之卒，徽之奔丧不哭，直上灵床坐，取献之琴弹之，久而不调，叹曰："呜呼子敬，人琴俱亡！"因顿绝。先有背疾，遂溃裂，月馀亦卒。

《晋书》卷八〇

一六二　王献之生平

王献之，字子敬。少有盛名，而高迈不羁，虽闲居终日，容止不怠，风流为一时之冠。尝与兄徽之、操之俱诣谢安，二兄多言俗事，献之寒温而已。既出，客问安王氏兄弟优劣，安曰："小者佳。"客问其故，安曰："吉人之辞寡，以其少言，故知之。"尝与徽之共在一室，忽然火发，徽之遽走，不遑取履。献之神色恬然，徐呼左右扶出。夜卧斋中而有偷人入其室，盗物都尽。献之徐曰："偷儿，毡青我家旧物，可特置之。"群偷惊走。

工草隶，善丹青。七八岁时学书，羲之密从后掣其笔不得，叹曰："此儿后当复有大名。"尝书壁为方丈大字，羲之甚以为能，观者数百人。桓温尝使书扇，笔误落，因画作乌驳牸牛，甚妙。

起家州主簿、秘书郎，转丞，以选尚新安公主。尝经吴郡，闻顾辟疆有名园。先不相识，乘平肩舆径入。时辟疆方集宾友，而献之游历既毕，傍若无人。辟疆勃然数之曰："傲主人，非礼也。以贵骄士，非道也。失是二者，不足齿之伧耳。"便驱出门。献之傲如也，不以屑意。

谢安甚钦爱之，请为长史。太元中，新起太极殿，安欲使献之题榜，以为万代宝，献之不从。安尝问曰："君书何如君家尊？"答曰："故当不同。"安曰："外论不尔。"答曰："人那得知！"寻除建威将军、吴兴太守，征拜中书令。

未几，献之遇疾，家人为上章，道家法应首过，问其有何得失。对曰："不觉馀事，惟忆与郗家离婚。"献之前妻，郗昙女也。俄而卒于官。

时议者以为羲之草隶，江左中朝莫有及者，献之骨力远不及父，而颇有媚趣。桓玄雅爱其父子书，各为一帙，置左右以玩之。

《晋书》卷八〇

一六三　许迈修道寻仙

许迈，字叔玄，丹阳句容人也。家世士族，而迈少恬静，不慕仕进。父母尚存，未忍违亲。谓馀杭悬溜山近延陵之茅山，是洞庭西门，潜通五岳，于是立精舍于悬溜，而往来茅岭之洞室，放绝世务，以寻仙馆，朔望时节还家定省而已。父母既终，乃遣妇孙氏还家，遂携其同志遍游名山焉。初采药于桐庐县之桓山。以此山近人，不得专一，四面藩之，好道之徒欲相见者，登楼与语，以此为乐。常服气，一气千馀息。永和二年，移入临安西山，登岩茹芝，眇尔自得，有终焉之志。乃改名玄，字远游。与妇书告别，又著诗十二首，论神仙之事焉。羲之造之，未尝不弥日忘归，相与为世外之交。羲之自为之传，述灵异之迹甚多，不可详记。玄自后莫测所终。

《晋书》卷八〇

一六四　王猛扪虱谈当世之务

北海王猛少好学，倜傥有大志，不屑细务，人皆轻之。猛悠然自得，隐居华阴。闻桓温入关，被褐诣之，扪虱而谈当世之务，旁若无人。温异之，问曰："吾将锐兵十万为百姓除残贼，而三秦豪杰未有至者，何也？"猛曰："公不远千里，深入敌境，今长安咫尺而不渡灞水，百姓未知公心，所以不至。"温默然无以应，徐曰："江东无卿比也。"

温与秦相苻雄等战于白鹿原，温兵不利，死者万馀人。徙关中三千馀户而归。欲王猛与俱还，猛辞不就。

《通鉴》卷九九

一六五　桓温北伐收复洛阳

桓温自江陵北伐，与僚属登大船之楼，望中原，叹曰："遂使神州陆沉，百年丘墟，王夷甫诸人不得不任其责！"记室陈宏曰："运有兴废，岂必诸人之过。"

温至伊水，结阵而前，亲被甲督战，胜。温屯故太极殿前，谒诸陵，有毁坏者修复之，命将镇守洛阳。徙降民三千馀家于江汉之间而归。

桓温北征经金城，见前为琅邪时种柳，皆已十围，慨然曰："木犹如此，人何以堪！"攀枝执条泫然流泪。

《通鉴》卷一〇〇；《世说新语·言语》

一六六　苻生嗜酒残虐

苻洪，略阳临渭氐人也。世为西戎酋长。洪好施，多权略，骁武善骑射。永和六年，自称大单于、三秦王。八年，其子健称皇帝。健卒，其子生即位。

生少凶暴嗜酒，及即位，残虐滋甚，耽湎于酒，无复昼夜。群臣朔望朝谒，罕有见者，或至暮方出，临朝辄怒，惟行杀戮。动连月昏醉，文奏因之遂寝。纳奸佞之言，赏罚失中。左右或言陛下圣明宰世，天下惟歌太平。生曰："媚于我也。"引而斩之。或言陛下刑罚微过。曰："汝谤我也。"亦斩之。所幸妻妾小有忤旨，便杀之，流其尸于渭水。又遣宫人与男子裸交于殿前。生剥牛羊驴马，活焰鸡豚鹅，三五十为群，放之殿中。或剥死囚面皮，令其歌舞，引群臣观之，以为嬉乐。宗室、勋旧、亲戚、忠良杀害略尽，王公在位者悉以疾告归，人情危骇，道路以目。在位二年，为苻坚所诛。

《晋书》卷一一二

一六七　苻坚留心儒学关陇清晏

苻坚，雄之子，祖父洪。年七岁，聪敏好施，举止不逾规矩。每侍洪侧，辄量洪举措，取与不失机候。洪每曰："此儿姿貌瑰伟，质性过人，非常相也。"

坚诛生莅位后，广修学官，召郡国学生通一经以上充之，公卿已下子孙并遣受业。其有学为通儒、才堪干事、清修廉直、孝悌力田者，皆旌表之。于是人思劝励，号称多士，盗贼止息，请托路绝，田畴修辟，帑藏充盈，典章法物靡不悉备。坚亲临太学，考学生经义优劣，品而第之。问难五经，博士多不能对。

坚闻桓温废海西公也，谓群臣曰："温前败灞上，后败枋头，十五年间，再倾国师。六十岁公举动如此，不能思愆免退，以谢百姓，方废君以自悦，将如四海何！谚云'怒其室而作色于父'者，其桓温之谓乎！"

坚以境内旱，惧岁不登，省节谷帛之费，太官、后官减常度二等，百僚之秩以次降之。

自永嘉之乱，庠序无闻，及坚颇留心儒学，王猛整齐风俗，政理称举，关陇清晏，百姓丰乐，自长安至于诸州，皆夹路树槐柳，二十里一亭，四十里一驿，旅行者取给于途，工商贸贩于道。百姓歌之曰："长安大街，夹树杨槐。下走朱轮，上有鸾栖。英彦云集，诲我萌黎。"

《晋书》卷一一三

一六八　苻坚信用王猛治关中

秦王苻坚以王猛为尚书左丞。王猛日亲幸用事，宗亲勋旧多疾之，氐豪樊世谓猛曰："吾辈耕之，君食之邪？"猛曰："非徒使君耕之，又将使君炊之！"世大怒曰："要当悬汝头于长安门，不然，吾不处世！"猛入白坚，坚曰："必杀此老氐，然后百寮可肃。"会世入言事，与猛争论于坚前，世欲起击猛；坚怒，斩之。于是群臣见猛皆屏息。

王猛为侍中、中书令、领京兆尹。太后之弟强德，酗酒，豪横，掠人财货、子女，为百姓患。猛下车收德，奏未及报，已陈尸于市。坚驰使赦之，不及。数旬之间，权豪、贵戚，杀戮、刑免者二十馀人。朝廷震栗，奸猾屏气，路不拾遗。坚叹曰："吾始今知天下之有法也。"

《通鉴》卷一〇〇

一六九　桓石虔威震敌人

桓石虔，小字镇恶。有才干，趫捷绝伦。从父冲在荆州，于猎围中见猛兽被数箭而伏，诸督将素知其勇，戏令拔箭。石虔因急往，拔得一箭，猛兽跳，石虔亦跳，高于兽身，猛兽伏，复拔一箭以归。从桓温入关。冲为苻健所围，垂没，石虔跃马赴之，拔冲于数万众之中而还，莫敢抗者。三军叹息，威震敌人。时有患虐疾者，谓曰"桓石虔来"以怖之，病者多愈，其见畏如此。

　　苻坚荆州刺史梁成、襄阳太守阎震率众犯竟陵，石虔与弟石民力战破之，进克管城，擒震，斩首七千级，俘获万人。成以轻骑走保襄阳。石虔复领河东太守，进据樊城，逐坚兖州刺史张崇，纳降二千家而还。

《晋书》卷七四

一七〇　谢安为老翁求情

　　谢奕作剡令，有一老翁犯法，谢以醇酒罚之，乃至过醉，而犹未已。谢安时年七、八岁，着青布裤，在兄膝边坐，谏曰："阿兄！老翁可念，何可作此。"奕于是改容曰："阿奴欲放去邪？"遂遣之。

《世说新语·德行》

一七一　谢安出山

　　谢安，字安石，尚从弟也。寓居会稽，与王羲之及高阳许询、桑门支遁游处，出则渔弋山水，入则言咏属文，无处世意。有司奏安被召，历年不至，禁锢终身，遂栖迟东土。尝往临安山中，坐石室，临浚谷，悠然叹曰："此去伯夷何远！"尝与孙绰等泛海，风起浪涌，诸人并惧，安吟啸自若。舟人以安为悦，犹去不止。风转急，安徐曰："如此将何归邪？"舟人承言即回。众咸服其雅量。

安虽放情丘壑，然每游赏，必以妓女从。既累辟不就，简文帝时为相，曰："安石既与人同乐，必不得不与人同忧，召之必至。"安妻刘惔之妹也，见家门贵盛而安独静退，谓曰："丈夫不如此也。"安掩鼻曰："恐不免耳。"征西大将军桓温请为司马，安乃赴召。

将发新亭，朝士咸送，中丞高崧戏之曰："卿累违朝旨，高卧东山，诸人每相与言，安石不肯出，将如苍生何！苍生今亦将如卿何！"安甚有愧色。既到，温甚喜，言生平，欢笑竟日。既出，温问左右："颇尝见我有如此客不？"寻除吴兴太守。在官无当时誉，去后为人所思。顷之征拜侍中，迁吏部尚书、中护军。

孝武帝时为尚书仆射，领吏部，加后将军。时强敌寇境，边书续至，安每镇以和靖，御以长算。德政既行，文武用命，不存小察，弘以大纲，威怀外著，人皆比之王导，谓文雅过之。尝与王羲之登冶城，悠然遐想，有高世之志。羲之谓曰："夏禹勤王，手足胼胝；文王旰食，日不暇给。今四郊多垒，宜思自效，而虚谈废务，浮文妨要，恐非当今所宜。"安曰："秦任商鞅，二世而亡，岂清言致患邪？"

《晋书》卷七九；《通鉴》卷一〇一

一七二　范宁谓迷众之罪大

范宁好儒学，性质直，常谓王弼、何晏之罪深于桀纣。或以为贬之太过，宁曰："王、何蔑弃典文，幽沉仁义，游辞浮说，波荡后生，使缙绅之徒翻然改辙，以至礼坏乐崩，中原倾覆，至今为患。桀纣纵暴一时，适足以丧身覆国，为后世戒，岂能回百姓之视听哉！故吾以为一世之祸轻，历代之患重，自丧之恶小，迷众之罪大也！"

《通鉴》卷一〇一

一七三　桓温器重郗超王珣谢玄

加桓温大司马、都督中外诸军、录尚书事。温以郗超（郗鉴之孙）为参军，王珣为主薄，每事必与二人谋之。温气概高迈，罕有所推，与超言，常自谓不能测，倾身待之。珣，导之孙也，与谢玄皆为温掾，温俱重之。曰："谢掾年四十必拥旄杖节，王掾当作黑头公，皆未易才也。"

《通鉴》卷一〇一

一七四　桓石秀放旷不重荣爵

桓石虔之弟石秀，幼有令名，博涉群书，尤善《老》

《庄》。常独处一室，简于应接，甚为简文帝所重。寻代叔父冲为宁远将军、江州刺史，居寻阳。性放旷，常弋钓林泽，不以荣爵婴心。善骑射，发则命中。尝从冲猎，登九井山，徒旅甚盛，观者倾坐，石秀未尝瞩目，止啸咏而已。谢安尝访以世务，默然不答，安甚怪之。他日，安以语其从弟嗣，嗣以问之，石秀曰："世事此公所谙，吾又何言哉！"在州五年，以疾去职。年四十三，卒于家。

《晋书》卷七四

一七五　苻坚查办辟召非人

苻坚命公国各置三卿，并馀官皆听自采辟。富商赵掇等车服僭侈，诸公竞引以为卿。黄门侍郎程宪请治之。坚乃下诏称："本欲使诸公延选英儒，乃更猥滥如是！宜令有司推检，辟召非其人者，悉降爵为侯。自今国官皆委之铨衡。"于是平阳等五公皆降爵为侯。

《通鉴》卷一〇一

一七六　桓温行废立之事

桓温恃其才略位望，阴蓄不臣之志，尝抚枕叹曰："男子不能流芳百世，亦当遗臭万年。"温欲先立功河朔，以收时望，还受九锡。及伐燕败，威名顿挫。温与郗超议，超曰："明公当天下大任，今以六十之年，败于大举，不为伊、霍之事，无以立大威权，镇压四海。"温素有心，深以为然，遂与之议定。

温自广陵诣建业，集百官于朝堂，立会稽王昱为帝，昱拜受玺绶，是为简文帝。温撰辞，欲陈废立本意，帝引见，便泣下数十行，温兢惧，竟不能一言而出。封废帝为东海王。

侍中谢安见温遥拜，温惊曰："安石，卿何事乃尔？"安曰："未有君拜于前，臣揖于后。"

《通鉴》卷一〇三

一七七　孔严善于宰牧

太和中，孔严拜吴兴太守。善于宰牧，甚得人和。馀杭妇人经年荒，卖其子以活夫之兄子。武康有兄弟二人，妻各有孕，弟远行未返，遇荒岁，不能两全，弃其子而活弟子。严并褒荐之。又甄赏才能之士，论者美焉。

祖父奕，全椒令，明察过人。时有遗其酒者，始提入门，奕遥呵之曰："人饷吾两罂酒，其一何故非也？"检视之，一罂果是水。或问奕何以知之，笑曰："酒重水轻，提酒者手有轻重之异故耳。"在官有惠化，及卒，市人若丧慈亲焉。

《晋书》卷七八

一七八　苏蕙作回文旋图诗

窦滔妻苏氏，始平人也，名蕙，字若兰，善属文。滔苻坚时为秦州刺史，被徙流沙，苏氏思之，织锦为回文旋图诗以赠滔。宛转循环以读之，词甚凄惋，凡八百四十字。

《晋书》卷九六

一七九　苻坚劝王猛之辞

苻坚既克燕，命王猛以便宜选贤补六州郡县令守。猛以六州任重，请辞，别乞一州自效。坚报曰："夫人主劳于求才，逸于得士。既以六州相委，则朕无东顾之忧，非所以为优崇，乃朕自求安逸也。夫取之不易，守之亦难，苟任非其人，患生虑表，岂独朕之忧，亦卿之责也。新政俟才，宜速铨补，俟东方化洽，当袨衣西归。"猛乃视事如故。

《通鉴》卷一〇三

一八〇　简文帝不识稻

简文为抚军时，所坐床上尘不听拂，见鼠行迹，视以为佳。有参军见鼠白日行，以手板批杀之，抚军意色不悦。门下起弹，教曰："鼠被害，尚不能忘怀，今复以鼠损人，无乃不可乎？"

顾悦与简文同年，而发早白。简文曰："卿何以先白？"对曰："蒲柳之姿，望秋而落；松柏之质，经霜弥茂。"

简文入华林园，顾谓左右曰："会心处，不必在远。翳然林水，便自有濠、濮闲想也。觉鸟兽禽鱼，自来亲人。"

简文见田稻不识，问是何草？左右答是稻。简文还，三日不出，云："宁有赖其末，而不识其本？"

《世说新语·德行、言语、尤悔》

一八一　简文帝无大略能清谈

简文帝虽处尊位，拱默而已，常惧废黜。中书侍郎郗超请急省其父，帝曰："致意尊公，家国之事，遂至于此，由吾不能以道匡卫，愧叹之深，言何能谕！"因咏庾阐诗云："志士痛朝危，忠臣哀主辱。"遂泣下沾襟。帝美风仪，善容止，留心典籍，凝尘满席，湛如也。虽神识恬畅，然无济世大略，谢安以为惠帝之流，但清谈差胜。

郗超以温故，朝中皆畏事之。谢安尝与王坦之共诣超，日旰未得前，坦之欲去，安曰："独不能为性命忍须臾邪？"

《通鉴》卷一〇三

一八二　孟陋以文籍自娱

孟陋，字少孤，武昌人也。陋少而贞立，清操绝伦，布衣蔬食，以文籍自娱。口不及世事，未曾交游，时或弋钓，孤兴独往，虽家人亦不知其所之也。丧母，毁瘠殆于灭性，不饮酒食肉十有馀年。

简文帝辅政，命为参军，称疾不起。桓温躬往造焉。或谓温曰："孟陋高行，学为儒宗，宜引在府，以和鼎味。"温叹曰："会稽王尚不能屈，非敢拟议也。"陋闻之曰："亿兆之人，无官者十居其九，岂皆高士哉！我疾病不堪恭相王之命，非敢为高也。"由是名称益重。博学多通，注《论语》，行于世。卒以寿终。

《晋书》卷九四

一八三　竺法深游朱门

竺法深在简文坐，刘尹问："道人何以游朱门？"答曰："君自见其朱门，贫道如游蓬户。"

《世说新语·言语》

一八四　谢安从容迎桓温

简文帝卒，年五十三。群臣未敢立嗣，或曰："当须大司马处分。"尚书仆射王彪之正色曰："天子崩，太子代立，大司马何容得异！若先面咨，必反为所责。"朝议乃定。曜即位，是为武帝。

桓温望简文临终禅位于己，不尔便当居摄，既不副所望，甚愤怨。

次年，温来朝，诏谢安、王坦之迎于新亭。温既至，百官拜于道侧。温大陈兵卫，延见朝士，皆战慄失色；坦之流汗沾衣，倒执手版。安从容就席，坐定，谓温曰："明公何须壁后置人邪？"温笑曰："正自不能不尔。"遂命左右撤之，与安笑语移日。安与坦之见温，温使郗超卧帐中听其言。风动帐开，安笑曰："郗生可谓入幕之宾矣。"

《通鉴》卷一〇三

一八五　谢安借改稿缓桓温之求

桓温疾笃，讽朝廷求九锡，屡使人促之。谢安、王坦之故缓其事，使袁宏具草。宏以示王彪之，彪之叹其文辞之美，因曰："卿固大才，安可以此示人！"谢安见其草，辄改之，由是历旬不就。安密谋于彪之，彪之曰："闻彼病日增，亦当不复支久，自可更小迟回。"不久，桓温卒。

《通鉴》卷一〇三

一八六　习凿齿善尺牍论议

习凿齿，字彦威，襄阳人也。凿齿少有志气，博学洽闻，以文笔著称。荆州刺史桓温辟为从事，累迁别驾。温出征伐，凿齿或从或守，所在任职，每处机要，莅事有绩，善尺牍论议，温甚器遇之。时清谈文章之士韩伯、伏滔等并相友善，后使至京师。简文亦雅重焉。

时有桑门释道安，俊辩有高才，自北至荆州，与凿齿初相见。道安曰："弥天释道安。"凿齿曰："四海习凿齿。"时人以为佳对。

《晋书》卷八二

一八七　袁山松善音乐

袁山松少有才名，博学有文章，著《后汉书》百篇。衿情秀远，善音乐。旧歌有《行路难》曲，辞颇疏质，山松好之，乃文其辞句，婉其节制，每因酣醉纵歌之。听者莫不流涕。初羊昙善唱乐，桓伊能挽歌，及山松《行路难》继之，时人谓之"三绝"。时张湛好于斋前种松柏，而山松每出游，好令左右作挽歌，人谓"湛屋下陈尸，山松道上行殡"。

山松历显位，为吴郡太守。

《晋书》卷八三

一八八　袁耽倜傥不羁

袁耽，字彦道，少有才气，倜傥不羁，为士类所称。

桓温少时游于博徒，资产俱尽，尚有负进，思自振之方，莫知所出，欲求济于耽，而耽在艰，试以告焉。耽略无难色，遂变服怀布帽，随温与债主戏。耽素有艺名，债者闻之而不相识，谓之曰："卿当不办作袁彦道也。"遂就局，十万一掷，值上百万。耽投马绝叫，探布帽掷地，曰："竟识袁彦道否？"

《晋书》卷八三

一八九　武帝时道子势倾天下

简文帝之子武帝，不亲万机，但与其弟道子酣歌为务，妣姆尼僧，尤为亲昵，并窃弄其权。凡所幸接，皆出自小竖。郡守长吏，多为道子所树立。道子既为扬州总录，势倾天下，由是朝野奔凑。中书令王国宝性卑佞，特为道子所宠昵。官以贿迁，政刑谬乱。又崇信浮屠之学，用度奢侈，下不堪命。太元以后，为长夜之宴，蓬首昏目，政事多阙。

嬖人赵牙出自优倡，茹千秋本钱塘捕贼吏，因赂谄进，道子以牙为魏郡太守，千秋骠骑谘议参军。牙为道子开东第，筑山穿池，列树竹木，功用巨万。道子使宫人为酒肆，沽卖于水侧，与亲昵乘船就之饮宴，以为笑乐。帝尝幸其宅，谓道子曰："府内有山，因得游瞩，甚善也。然修饰太过，非示天下以俭。"道子无以对，唯唯而已，左右侍臣莫敢有言。帝还宫，道子谓牙曰："上若知山是板筑所作，尔必死矣。"牙曰："公在，牙何敢死！"营造弥甚。千秋卖官贩爵，聚资货累亿。

《晋书》卷六四

一九〇　王国宝阿谀道子弄权

王国宝，坦之之子，少无士操。妇父谢安恶其倾侧，每抑而不用。从妹为会稽王道子妃，由是与道子游处。

及道子辅政以国宝为侍中，迁中书令、中领军。与道子持威权，扇动内外。

及安帝即位，国宝进从祖弟绪为琅邪内史，亦以佞邪见知。道子复惑之，倚为心腹，并为时之所疾。国宝遂参管朝权，威震内外。

时王恭与殷仲堪并以才器，各居名藩。恭恶道子、国宝乱政，屡有忧国之言。道子等亦深忌惮之，将谋去其兵。未及行，而恭檄至，以讨国宝为名，国宝惶遽不知所为。

道子既不能距诸侯，欲委罪国宝，乃收国宝，付廷尉，赐死，并斩绪于市。以谢王恭。国宝贪纵聚敛，不知纪极，后房伎妾以百数，天下珍玩充满其室。

《晋书》卷七五

一九一　戴逵善鼓琴

戴逵，字安道，谯国人也。少博学，好谈论，善属文，能鼓琴，工书画，其馀巧艺靡不毕综。总角时，以鸡卵汁溲白瓦屑作郑玄碑，又为文而自镌之，词丽器妙，时人莫不惊叹。性不乐当世，常以琴书自娱。师事术士范宣于豫章，宣异之，以兄女妻焉。太宰、武陵王晞闻其善鼓琴，使人召之，逵对使者破琴曰："戴安道不为王门伶人！"

逵后徙居会稽之剡县。性高洁，常以礼度自处，深以放达为非道。孝武帝时，以散骑常侍、国子博士累征，辞父疾不就。郡县敦逼不已，乃逃于吴。

《晋书》卷九四

一九二　王猛临终遗言

王猛寝疾，苻坚亲为之祈南、北郊及宗庙、社稷，分遣侍臣遍祷河岳诸神。猛疾少瘳，为之赦殊死以下。猛上疏曰："不图陛下以臣之命而亏天地之德，开辟以来，未之有也。臣闻报德莫如尽言，谨以垂没之命，窃献遗款。夫善作者不必善成，善始者不必善终，是以古先哲王，知功业之不易，战战兢兢，如临深谷。伏惟陛下，追踪前圣，天下幸甚。"又曰："晋虽僻处江南，然正朔相承，上下和安，愿勿以晋为图。鲜卑、西羌，我之仇敌，终为人患，宜渐除之，以便社稷。"言终而卒。时年五十一。坚哭之恸。比敛，三临，谓太子宏曰："天不欲使吾平一六合邪？何夺吾景略之速也！"朝野巷哭三日。

坚尝从容谓猛曰："卿夙夜匪懈，忧勤万机，若文王得太公，吾将优游以卒岁。"猛曰："臣何足以拟古人！"坚曰："以吾观之，太公岂能过也。"常敕其太子宏、长乐公丕等曰："汝事王公，如事我也。"

《通鉴》卷一〇三；《晋书》卷一一四

一九三　武帝好以手书赐侍臣

武帝览典籍，延儒士。谢安荐徐邈补中书舍人，每被顾问，多所匡益。帝宴集酣乐之后，好为手诏诗章以赐侍臣，或文词率尔，所言秽杂，邈应时收敛还省，刊削，皆使可观，经帝重览，然后出之。时议以此多邈。

《通鉴》卷一〇三

一九四　谢安荐谢玄

郗超与谢安有隙。时朝廷方以秦为忧，诏求文武良将可以镇御北方者，谢安以兄子玄应诏。超闻之，叹曰："安之明，乃能违众举亲；玄之才，足以不负所举。"众咸以为不然。超曰："吾尝与玄共在桓公府，见其使才，虽履屐间未尝不得其任，是以知之。"

谢安为宰相，秦人屡入寇，边兵失利，安每镇之以和静。其为政，务举大纲，不为小察。时人比安于王导，而谓其文雅过之。

《通鉴》卷一〇四

· 665 ·

一九五　王彪之称岂可以修宫室为能

谢安欲增修宫室，王彪之曰："中兴之初，即东府为宫，殊为俭陋。苏峻之乱，成帝止兰台都坐，殆不蔽寒暑，是以更营新宫。比之汉魏则为俭，比之初过江则为侈矣。今寇敌方强，岂可大兴功役，劳扰百姓邪！"安曰："宫室弊陋，后人谓人无能。"彪之曰："凡任天下之重者，当保国宁家，缉熙政事，乃以修室屋为能邪！"安不能夺其议，故终彪之世，无所营造也。

《通鉴》卷一〇四

一九六　谢安镇定自若对强敌

苻坚不听众议，率戎卒六十馀万、骑二十七万伐晋，都下震恐。谢玄问计于谢安，安夷然答曰："已别有旨。"玄不敢复言。安遂命驾出游山墅，亲朋毕集，与玄围棋。安棋常劣于玄，是日，玄惧，便不胜。安游至晚乃还。

桓冲欲遣精兵三千入卫京师，谢安却之，曰："朝廷处分已定，兵甲无缺，西藩宜留以为防。"冲叹曰："谢安石有庙堂之量，然不闲将略。方今大敌垂至，游谈不暇，遣不经事少年拒之，众又寡弱，天下事已可知，吾其左衽矣！"

《通鉴》卷一〇五

一九七　淝水之战

秦兵逼淝水而陈，晋兵不得渡。谢玄遣使谓秦将曰："若移陈少却，使晋兵得渡，以决胜负，不亦善乎！"秦诸将皆曰："我众彼寡，不如遏之，使不得上，可以万全。"苻坚曰："但引兵少却，使之半渡，我以铁骑蹙而杀，无不胜矣！"秦兵遂退，不可复止。谢玄等引兵渡水击之，秦兵逐溃，自相蹈藉而死者，蔽野塞川。其走者闻风声鹤唳，皆以为晋兵追至，昼夜不敢息，草行露宿，重以饥冻，死者什七、八。坚中流矢，单骑走至淮北，饥甚，民进壶飧，坚食之。坚曰："吾今复何面目治天下乎！"

谢安得驿书，知秦兵已败，时方与客围棋，收书置床上，了无喜色，围棋如故。客问之，徐答曰："小儿辈遂已破贼。"既罢，还内，过户限，不觉屐齿之折。

乘秦之败，鲜卑慕容垂收复燕地，西羌姚苌据凉州。姚苌擒坚，缢坚于新平佛寺。

《通鉴》卷一〇五、卷一〇六

一九八　谢万善属文傲视诸将

谢安之弟万，字万石，才器隽秀，工言论，善属文，叙渔父、屈原、季主、贾谊、楚老、龚胜、孙登、嵇康四隐四显为《八贤论》，其旨以处者为优，出者为劣，以示孙绰。绰与往返，以体公识远者则出处同归。尝与蔡系送客于征虏亭，与系争言。系推万落床，冠帽倾脱。万徐拂衣就席，神意自若，坐定，谓系曰："卿几坏我面。"系曰："本不为卿面计。"然俱不以介意。

万受任北征，矜豪傲物，以啸咏自高，未尝抚众。兄安深忧之，谓万曰："汝为元帅，诸将宜数接对，以悦其心，岂有傲诞若斯而能济事也！"万乃召集诸将，都无所说，直以如意指四坐云："诸将皆劲卒。"诸将益恨之。既而溃散，狼狈单归，废为庶人。

《晋书》卷七九

一九九　桓伊善音乐性谦素

桓伊与冠军将军谢玄、辅国将军谢琰俱破苻坚于肥水，进号右军将军，赐钱百万。伊性谦素，虽有大功，而始终不替。善音乐，尽一时之妙，为江左第一。有蔡邕柯亭笛，常自吹之。王徽之赴召京师，泊舟青溪侧。伊素不与徽之相识，于岸上过，船中客称伊小字曰："此桓野王也。"徽之便令人谓伊曰："闻君善吹笛，试为我一奏。"伊是时已贵显，素闻徽之名，便下车，踞胡床，为作三调，弄毕，便上车去，客主不交一言。

《晋书》卷八一

二〇〇　慕容垂拒杀苻坚

慕容垂，皝之第五子也。慕容暐在位时，垂败桓温于枋头，威名大振。太傅慕容评深忌恶之，谋诛垂。垂惧祸及己，乃奔于苻坚。

坚密有图燕之谋，惮垂威名而未发。及闻其至，坚大悦，郊迎执手，礼之甚重。坚相王猛恶垂雄略，劝坚杀之。坚不从，以为冠军将军，封宾都侯，食华阴之五百户。

坚之败于淮南也，垂军独全，坚以千馀骑奔垂。垂世子宝与垂弟德言于垂，劝乘机取之。垂对宝曰："汝言是也。然彼以赤心投命，若何害之！苟天所弃，图之多便。且纵令北还，更待其衅，既不负宿心，可以义取天下。"又对德曰："吾昔为太傅所不容，投身于秦主，又为王猛所谮，复见昭亮，国士之礼每深，报德之分未一。如使秦运必穷，历数归我者，授首之便，何虑无之。关西之地，会非吾有，自当有扰之者，吾可端拱而定关东。君子不怙乱，不为祸先，且可观之。"乃以兵属坚。

后，垂复建燕国，定都中山，以太元二十一年死，时年七十一，在位十三年。遗令曰："方今祸难尚殷，丧礼一从简易，朝终夕殡，事讫成服，三日之后，释服从政。"

《晋书》卷一二三

二〇一　苻融文武双全谏毋平吴

苻融，坚之季弟也。融聪辩明慧，下笔成章，至于谈玄论道，虽道安无以出之。耳闻则诵，过目不忘，时人拟之王粲。尝著《浮图赋》，壮丽清赡，世咸珍之。膂力雄勇，骑射击刺，百夫之敌也。官至侍中，铨综内外，刑政修理，进才理滞，王景略之流也。尤善断狱，奸无所容，故为坚所委任。

　　苻坚既有意荆、扬，时慕容垂、姚苌等常说坚以平吴封禅之事，坚谓江东可平，寝不暇旦。融每谏曰："知足不辱，知止不殆，穷兵极武，未有不亡。江东虽不绝如綖，然天之所相，终不可灭。"坚曰："帝王历数岂有常哉，惟德之所授耳！汝所以不如吾者，正病此不达变通大运。奈何事事折吾，沮坏大谋！"坚之将出兵也，融又切切谏曰："陛下听信鲜卑、羌虏谄谀之言，采纳良家少年利口之说，臣恐非但无成，亦大事去矣。垂、苌皆我之仇敌，思闻风尘之变，冀因之以逞其凶德。少年等皆富足子弟，希关军旅，苟说佞谄之言，以会陛下之意，不足采也。"坚弗纳。及淮南之败，垂、苌之叛，坚悼恨弥深。

《晋书》卷一一四；《世说新语·雅量》

二〇二　才女谢道韫

　　王凝之妻谢氏，字道韫，安西将军奕之女也。聪识有才辩。叔父安尝内集，俄而雪骤下，安曰："何所似也？"安兄子朗曰："撒盐空中差可拟。"道韫曰："未若柳絮因风起。"安大悦。

　　凝之弟献之尝与宾客谈议，词理将屈，道韫遣婢白献之曰："欲为小郎解围。"乃施青绫步鄣自蔽，申献之前议，客不能屈。

《晋书》卷九六

二〇三　明镜不疲屡照

武帝将讲《孝经》，谢公兄弟与诸人私庭讲习。车武子难苦问谢，谓袁羊曰："不问则德音有遗，多问则重劳二谢。"袁曰："必无此嫌。"车曰："何以知尔？"袁曰："何尝见明镜疲于屡照，清流惮于惠风。"

《世说新语·言语》

二〇四　孙盛刚正咸称良史

孙盛，太原中都人。盛年十岁，避难渡江。及长，博学，善言名理。盛著医卜及《易象妙于见形论》，殷浩等竟无以难之。官至秘书监、给事中。

盛笃学不倦，自少至老，手不释卷。著《魏氏春秋》《晋阳秋》，并造诗赋论难复数十篇。《晋阳秋》词直而理正，咸称良史焉。既而桓温见之，怒谓盛子曰："枋头诚为失利，何至乃如尊君所说！若此史遂行，自是关君门户事。"其子遽拜谢，谓请删改之。时盛年老还家，性方严有轨宪，虽子孙斑白，而庭训愈峻。至此，诸子乃共号泣稽颡，请为百口切计。盛大怒。诸子率尔改之。盛写两定本，寄于慕容儁。太元中，武帝博求异闻，始于辽东得之，以相考校，多有不同，书遂两存。

盛子放，幼称令慧。年七八岁，在荆州，与父俱从庾亮猎，亮谓曰："君亦来邪？"应声答曰："无小无大，从公于迈。"亮又问："欲齐何庄邪？"放曰："欲齐庄周。"亮曰："不慕仲尼邪？"答曰："仲尼生而知之，非希企所及。"亮大奇之，曰："王辅嗣弗过也。"

《晋书》卷八二

二〇五　车胤以萤火夜读

车胤，南平人也。家贫不常得油，夏月则练囊盛数十萤火以照书，以夜继日焉。及长，风姿美劭，机悟敏速，甚有乡曲之誉。桓温在荆州，辟为从事，引为主簿，稍迁别驾、征西长史，遂显于朝廷。时惟胤与吴隐之以寒素博学知名于世。又善于赏会，当时每有盛坐而胤不在，皆云："无车公不乐。"谢安游集之日，辄开筵待之。

安帝时，为吏部尚书。

《晋书》卷八三

二〇六　干宝著《搜神记》

干宝，字令升，新蔡人也。宝少勤学，博览书记，以才器召为著作郎。撰集古今神祇灵异人物变化。名为

《搜神记》，凡三十卷。以示刘惔，惔曰："卿可谓鬼之董狐。"

《晋书》卷八二

二〇七　王濛善隶书克己励行

王濛，字仲祖，哀靖皇后父也。濛少时放纵不羁，不为乡曲所齿，晚节始克己励行，有风流美誉，虚己应物，恕而后行，莫不敬爱焉。事诸母甚谨，奉禄资产常推厚居薄，喜愠不形于色，不修小洁，而以清约见称。善隶书。美姿容，尝览镜自照，称其父字曰："王文开生如此儿邪！"居贫，帽败，自入市买之，妪悦其貌，遗以新帽，时人以为达。

与沛国刘惔齐名友善，惔常称濛性至通，而自然有节，濛每云："刘君知我，胜我自知。"疾笃，于灯下转麈尾视之，叹曰："如此人曾不得四十也！"年三十九卒。临殡，刘惔以犀杷麈尾置棺中，因恸绝久之。谢安亦常称濛云："王长史语甚不多，可谓有令音。"

《晋书》卷九三

二〇八　王雅评王恭殷仲堪

武帝欲选时望为藩镇以潜制道子，问于太子左卫王雅曰："吾欲用王恭、殷仲堪何如？"雅曰："王恭风神简贵，

· 673 ·

志气方严；仲堪谨于细行，以文义著称，然皆峻狭自是，且干略不长。若委以方面，天下无事，足以守职；若其有事，必为乱阶矣！"帝不从，以王恭都督青、兖等五州军事，镇京口。自此王恭、殷仲堪与道子等互斗不止，方面大员拥兵割据，不听乃至遥控朝廷。晋室衰微，无暇北伐矣。

《通鉴》卷一〇七

二〇九　王恭作人无长物

王恭从会稽还，族人王忱看之。见其坐六尺簟，因语恭："卿东来，故应有此物，可以一领及我。"恭无言。忱去后，即举所坐者送之。既无馀席，便坐荐上。后忱闻之甚惊，曰："吾本谓卿多，故求耳。"对曰："丈人不悉恭，恭作人无长物。"

《世说新语·德行》

二一〇　王恭抗直信佛

王恭，武帝时号前将军。后为会稽王道子诛杀。恭性抗直，深存节义，为性不弘，虽以简惠为政，然自矜贵，与下殊隔。不闲用兵，尤信佛道，调役百姓，修营佛寺，务在壮丽，士庶怨嗟。临刑，犹诵佛经，自理须鬓，神无惧容，谓监刑者曰："我暗于信人，所以致此，原其本心，岂不忠于社稷！但令百代之下知有王恭耳。"家无财帛，唯书籍而已。

恭美姿仪，人多爱悦，或目之云"濯濯如春月柳"。尝被鹤氅裘，涉雪而行，孟昶窥见之，叹曰："此真神仙中人也！"

《晋书》卷八四

二一一　殷仲堪云贫者士之常

殷仲堪，陈郡人，能清言，善属文，每云三日不读《道德论》，便觉舌本间强。其谈理与韩康伯齐名，士咸爱慕之。谢玄镇京口，以为长史，厚任遇之

仲堪领晋陵太守，居郡禁产子不举，久丧不葬，录父母以质亡叛者，所下条教甚有义理。父病积年，仲堪衣不解带，躬学医术，究其精妙，执药挥泪，遂眇一目。居丧哀毁，以孝闻。服阕，武帝召为太子中庶子，甚相亲爱。帝尝示仲堪诗，乃曰："勿以己才而笑不才。"帝以会稽王非社稷之臣，乃授仲堪都督荆益宁三州军事，荆州刺史、假节，镇江陵。

仲堪虽有英誉，既受腹心之任，居上流之重，朝野属想，谓有异政。及在州，纲目不举，而好行小惠，夷夏颇安附之。

仲堪自在荆州，连年水旱，百姓饥馑，仲堪食常五碗，盘无濛馀肴，饭粒落席间，辄拾以啖之，虽欲率物，亦缘其性真素也。每语子弟云："人物见我受任方州，谓

我豁平昔时意，今吾处之不易。贫者士之常，焉得登枝而捐其本？尔其存之！"

后，仲堪被桓玄逼令自杀。

《晋书》卷八四

二一二　殷仲堪敬惮桓玄

桓玄负其才与门地，以雄豪自处，朝廷疑而不用，后出补义兴太守，郁郁不得志，叹曰："父为九州伯，儿为五湖长。"

桓氏累世临荆州，玄复豪横，殷仲堪甚敬惮之。玄尝于仲堪厅事前戏马，以矟拟仲堪。中兵参军刘迈谓玄曰："马矟有馀，情理不足。"玄不悦，仲堪为之失色。玄出，仲堪谓迈曰："卿狂人也！玄夜杀卿，我岂能相救邪！"使迈避之。

征虏参军胡藩过江陵，见仲堪，说之曰："桓玄志趣不常，每怏怏于失职，崇待太过，恐非将来之计也。"仲堪不悦。藩退谓内弟罗企生曰："殷侯倒戈以授人，必及于祸，君不早图去就，悔无及矣。"

《通鉴》卷一〇八

二一三　魏咏之求医

魏咏之，任城人也。家世贫素，而躬耕为事，好学不倦。生而兔缺。年十八，闻荆州刺史殷仲堪帐下有名医能疗之，贫无行装，谓家人曰："残丑如此，用活何为！"遂赍数斛米西上，以投仲堪。既至，造门自通。仲堪与语，嘉其盛意，召医视之。医曰："可割而补之，但须百日进粥，不得语笑。"咏之曰："半生不语，而有半生，亦当疗之，况百日邪！"仲堪于是处之别屋，令医善疗之。咏之遂闭口不语，唯食薄粥。及差，仲堪厚资遣之。

义熙初，进征虏将军、寻转荆州刺史、持节、都督六州。咏之初在布衣，不以贫贱为耻；及居显位，亦不以富贵骄人。始为殷仲堪之客，未几竟践其位，论者称之。寻卒于官。

《晋书》卷八五

二一四　姚苌临终嘱太子

后秦主姚苌临终谓太子兴曰："汝抚骨肉以恩，待大臣以礼，待物以信，遇民以仁，四者不失，吾无忧矣。"仆射姚晃垂涕问取前秦苻登之策，苌曰："今大业垂成，兴才智足办，奚所复问！"

《通鉴》卷一〇八

二一五　姚兴留心政事托意佛教

姚兴，苌之长子也。兴留心政事，苞容广纳，一言之善，咸见礼异。京兆杜瑾、冯翊吉默、始平周宝等上陈时事，皆擢处美官。姜龛、淳于岐等皆耆儒硕德，经明行修，各门徒数百，教授长安，诸生自远而至者万数千人。兴每于听政之暇，引龛等于东堂，讲论道艺，错综名理。

京兆韦华等率襄阳流人一万叛晋，奔于兴。兴引见东堂，谓华曰："晋自南迁，承平已久，今政化风俗何如？"华曰："晋主虽有南面之尊，无总御之实，宰辅执政，政出多门，权去公家，遂成习俗，刑网峻急，风俗奢宕。自桓温、谢安已后，未见宽猛之中。"兴大悦，拜华中书令。

兴命群臣搜举贤才，右仆射梁喜曰："臣累受召而未得其人，可谓世之乏才。"兴曰："自古帝王之兴，未尝取相于昔人，待将于将来，随时任才，皆能致治。卿自识拔不明，岂得远诬四海。"

兴如逍遥园，引诸沙门于澄玄堂听鸠摩罗什演说佛经。兴既托意于佛道，公卿已下莫不钦附，沙门自远而至者五千馀人。起浮图于永贵里，立般若台于中宫，沙门坐禅者恒有千数。州郡化之，事佛者十室而九矣。

兴以国用不足，增关津之税，盐竹山木皆有赋焉。群臣咸谏，以为天殖品物以养群生，王者子育万邦，不宜夺其利。兴曰："能逾关梁通利于山水者，皆豪富之家。吾损有馀以裨不足，有何不可！"乃遂行之。

义熙十二年，兴死，在位二十二年。子泓继位，在位二年，为刘裕所灭。

《晋书》卷一一七、卷一一八；《通鉴》卷一一六

二一六　鸠摩罗什译佛经三百卷

鸠摩罗什，天竺人也。世为国相。父鸠摩罗炎，聪懿有大节，将嗣相位，乃辞避出家，东渡葱岭。龟兹王闻其名，郊迎之，请为国师。王有妹，年二十，才悟明敏，诸国交娉，并不许，及见炎，心欲当之，王乃逼以妻焉。既而罗什在胎，其母慧解倍常。及年七岁，母遂与俱出家。

罗什从师受经，日诵千偈，偈有三十二字，凡三万二千言，义亦自通。年十二，其母携到沙勒，国王甚重之，遂停沙勒一年。博览五明诸论及阴阳星算，莫不必尽，妙达吉凶，言若符契。为性率达，不拘小检，修行者颇共疑之。然罗什自得于心，未尝介意，专以大乘为化，诸学者皆共师焉。年二十，龟兹王迎之还国，广说诸经，四远学徒莫之能抗。

姚兴遣姚硕德西伐，破吕隆，乃迎罗什，待以国师之礼，仍使入西明阁及逍遥园，译出众经。罗什多所暗诵，无不究其义旨，既览旧经多有纰缪，于是兴使沙门僧睿、僧肇等八百馀人传受其旨，更出经论，凡三百馀卷。

死于长安。姚兴于逍遥园依外国法以火焚尸，薪灭形碎，惟舌不烂。

《晋书》卷九五

二一七　张贵人闷杀武帝

武帝嗜酒，流连内殿，外人罕得进见。张贵人宠冠后宫，时贵人年近三十，帝戏之曰："汝以年亦当废矣，吾意更属少者。"贵人潜怒，向夕，帝醉，寝于清暑殿，贵人遍饮宦者酒，散遣之，使婢以被蒙帝面而杀之。重贿左右，云"因魇暴崩"。

太子德宗即位，是为安帝。安帝幼而不慧，口不能言，至于寒暑饥饱亦不能辨，饮食寝兴，皆非已出。

《通鉴》卷一〇八

二一八　拓跋珪建魏国

魏主拓跋珪猎于白登山，见熊将数子，谓冠军将军于栗磾曰："卿名勇健，能搏此乎？"对曰："兽贱人贵，若搏而不胜，岂不虚毙一壮士乎！"乃驱致珪前，尽射而获之。珪顾谢之。

珪都平城，始营宫室，建宗庙。命有司正封畿，标道里，平权衡，审度量；遣使循行郡国，举奏守宰不法者，亲考察黜陟之。珪称皇帝，有地千里。

珪置五经博士，增国子太学生员合三千人。珪问博士李先曰："天下何物最善，可以益人神智？"对曰："莫若书籍。"珪曰："书籍凡有几何，如何可集？"对曰："自书契以来，世有滋益，以至于今，不可胜计。苟人主所好，何忧不集。"珪从之，命郡县大索书籍，悉送平城。

《通鉴》卷一一〇、卷一一一

二一九　荀灌突围求救兵

荀崧小女灌，幼有奇节。崧为襄城太守，为杜曾所围，力弱食尽，欲求救于故吏平南将军石览，计无从出。灌时年十三，乃率勇士数千人，逾城突围夜出。贼追甚急，灌督厉将士，且战且前，得入鲁阳山获免。自诣览乞师，又为崧书与南中郎将周访请援，仍结为兄弟，访即遣子抚率三千人会石览俱救崧。贼闻兵至，散走，灌之力也。

《晋书》卷九六

二二〇　刘裕作战勇猛

彭城刘裕，小字寄奴，生而母死，父侨居京口，家贫，将弃之。同郡刘怀敬之母，裕之从母也，走往救之，断怀敬乳而乳之。及长，勇健有大志。仅识文字，以卖履为业，好樗蒲，为乡间所贱。

刘牢之击孙恩，引裕参军事。裕与孙恩作战中，以数十人击敌贼数千人，从者皆死，裕坠岸下，复奋长刀仰斫杀数人，乃得登岸，仍大呼逐之，贼皆走。后，刘裕以屡立战功，升任下邳太守。

《通鉴》卷一一一

二二一　桓玄专朝政

桓玄与殷仲堪战于荆州。仲堪多疑少决，仁而无断，大败，被擒杀。桓玄又杀司马元显、刘牢之，徙元显之父司马道子出京。玄专朝政，奢豪纵逸，政令无常；陵侮朝廷，帝几不免饥寒。

秦王兴问袁虔之曰："桓玄才略何如其父？"虔之曰："玄乘晋室衰乱，盗据宰衡，猜忌安忍，刑赏不公，以臣观之，不如其父远矣。玄今已执大柄，其势必将篡逆，正可为他人驱除耳。"

《通鉴》卷一一一、卷一一二

二二二　顾恺之丹青妙绝于时

顾恺之，字长康，无锡人也。恺之博学有才气，尝为《筝赋》成，谓人曰："吾赋之比嵇康琴，不赏者必以后出相遗，深识者亦当以高奇见贵。"人问以会稽山川之状。恺之云："千岩竞秀，万壑争流。草木蒙笼，若云兴霞蔚。"

尤善丹青，图写特妙，谢安深重之，以为有苍生以来未之有也。恺之每画人成，或数年不点目精。人问其故，答曰："四体妍蚩，本无阙少于妙处，传神写照，正在阿堵中。"恺之每重嵇康四言诗，因为之图，恒云："手挥五弦易，目送归鸿难。"每写起人形，妙绝于时。尝图裴楷像，颊上加三毛，观者觉神明殊胜。又为谢鲲像，在石岩里，云："此子宜置丘壑中。"欲图殷仲堪，仲堪有目病，固辞。恺之曰："明府正为眼耳，若明点瞳子，飞白拂上，使如轻云之蔽月，岂不美乎！"仲堪乃从之。

恺之尝以一厨画糊题其前，寄桓玄，皆其深所珍惜者。玄乃发其厨后，窃取画，而缄闭如旧以还之，绐云未开。恺之见封题如初，但失其画，直云妙画通灵，变化而去，亦犹人之登仙，了无怪色。桓玄尝以一柳叶绐之曰："此蝉所翳叶也，取以自蔽，人不见己。"恺之喜，引叶自蔽，玄就溺焉，恺之信其不见己也，甚以珍之。

初，恺之在桓温府，常云："恺之体中痴黠各半，合而论之，正得平耳。"故俗传恺之有三绝：才绝，画绝，痴绝。年六十二，卒于官，所著文集及《启蒙记》行于世。

《晋书》卷九二

二二三　桓玄称帝之种种

册命桓玄为相国，总百揆，封十郡，为楚王。玄上表请归藩，又使帝作诏固留之。又以前世皆有隐士，耻于己时独无，求得前朝隐士六世孙名皇甫希之者，给其资用，使隐居山林，征为著作郎，使希之固辞不就，然后下诏旌礼，号曰："高士"，时人谓之"充隐"。性复贪鄙，人士有法书、好画及佳园宅，必假蒲博而取之；尤爱珠玉，未尝离手。

玄即皇帝位，入宫，登御坐而床陷，侍中殷仲文曰：

"将由圣德深厚,地不能戴。"玄大悦。

玄临听讼观阅囚徒,罪无轻重,多得原放;有干舆乞者,时或恤之。其好行小惠如此。

玄性苛细,好自矜伐。主者奏事,或一字不体,或片辞之缪,必加纠摘,以示聪明。又性好游畋,或一日数出。更缮宫室,土木并兴,督迫严促。朝野骚然,思乱者众。

《通鉴》卷一一三

二二四　刘裕起事讨桓玄

刘裕与何无忌、刘毅密谋讨桓玄。无忌曰:"桓氏强盛,其可图乎?"毅曰:"苟为失道,虽强易弱,正患事主难得耳。"无忌曰:"天下草泽之中非无英雄也。"毅曰:"所见唯有刘下邳。"无忌笑而不答,还以告裕,遂定谋。

何无忌夜于屏风里草檄文,其母密窥之,曰:"汝能如此,吾复何恨。"

裕托以游猎,与无忌收合徒众得百馀人,待京口开门,无忌居前,徒众随之齐入,即斩守官,占据京口。裕登城,称奉密诏诛逆党,并谓玄之首已当枭矣。

裕问无忌曰:"今急须一主薄,何由得之?"无忌曰:"毋过刘道民。"道民者,东莞刘穆之也。裕即驰信召焉。时穆之闻京口讙噪声,晨起,出陌头,遂与信使会。穆之直视不言者久之,既而返室,坏布裳为袴,往见裕。裕曰:"始举大义,方造艰难,须一军吏甚急,卿谓谁堪其选?"穆之曰:"仓猝之际,略当无见踰者。"裕笑曰:"卿能自屈,吾事济矣。"即于座署主薄。

裕入建康,诸大处分,皆委于穆之,仓猝立定,无不允惬。裕遂托以腹心,动止谘焉。穆之亦竭节尽诚,无所遗隐。裕以身范物,先以威禁,内外百官皆肃然奉职,不盈旬日,风俗顿改。

桓玄挟安帝出走,刘毅、无忌等率众追击。玄至江陵,被斩杀。帝回建康。

《通鉴》卷一一三

二二五 吴隐之居高官勤苦如贫庶

吴隐之,濮阳鄄城人。隐之美姿容,善谈论,博涉文史,以儒雅标名。为桓温所知赏,拜尚书郎,累迁晋陵太守。在郡清俭,妻自负薪。入为中书侍郎、国子博士,转散骑常侍。武帝时任秘书监、御史中丞。虽居清显,禄赐皆班亲族,冬月无被,尝浣衣,乃披絮,勤苦同于贫庶。

广州包带山海,珍异所出,一箧之宝,可资数世,然多瘴疫,人情惮焉。唯贫窭不能自立者,求补长史,故前后刺史皆多黩货。朝廷欲革岭南之弊,隆安中,以隐之为龙骧将军、广州刺史。未至州二十里,地名石门,有水曰贪泉,饮者怀无厌之欲。隐之既至,语其亲人曰:"不见可欲,使心不乱。越岭丧清,吾知之矣。"乃至泉所,酌而饮之,因赋诗曰:"古人云此水,一歠怀千金。试使夷齐饮,终当不易心。"及在州,清操逾厉,常食不过菜及干鱼而已，帷帐器服皆付外库，时人颇谓其矫，然亦终始不易。帐下人进鱼，每剔去骨存肉，隐之觉其用意，罚而黜焉。

《晋书》卷九〇

二二六　刘裕不好音乐故不习

尚书殷仲文以朝廷音乐未备，言于刘裕，请治之。裕曰："今日不暇结，且性所不解。"仲文曰："好之自解。"裕曰："正以解则好之，故不习耳。"

殷仲文素有才望，自谓宜当朝政，悒悒不得志；出为东阳太守，尤不乐。后以曾党于桓玄被诛。

《通鉴》卷一一四

二二七　李暠论为政之戒

陇西李暠好文学，有令名，后为西凉公，尝手令戒诸子，以为："从政者当审慎赏罚，勿任爱憎；近忠正，远佞谀，勿使左右窃弄威福；毁誉之来，当研核真伪；听讼折狱，必和颜任理，慎勿逆诈亿必，轻加颜色；务广咨询，勿自专用。吾莅事五年，虽未能息民，然含垢匿瑕，朝为寇仇，夕委心膂，粗无负于新旧。事任公平，坦然无疵，初不容怀，有所损益。计近则如不足，经远乃为有馀，庶亦无愧前人也。"

《通鉴》卷一一四

二二八　拓跋珪滥杀无辜

魏帝拓跋珪服寒食散，久之，药发，性多躁扰，忿怒无常。又灾异数见，占者多言当有急变生肘腋。珪忧懑不安，或数日不食，或达旦不眠，追计平生成败得失，独语不止。疑左右群臣皆不可信，百官奏事至前，追记其旧恶，辄杀之；其馀或颜色变动，或鼻息不调，或步趋失节，或言辞差缪，皆以为怀恶在心，发形于外，往往手击杀之，死者皆陈天安殿前。朝廷人不自保，百官苟免，莫相督摄，盗贼公行，里巷之间，人为稀少。珪亦知之，曰："朕故纵之使然，待过灾年，更当清治之耳。"

《通鉴》卷一一五

二二九　刘裕北伐燕

刘裕发建康，率师北伐燕，因指挥有方，所向皆捷，擒南燕主慕容超诣建康，斩之。以刘裕为太尉、中书监、加黄钺。以刘穆之为太尉司马。

穆之荐谢晦于裕。裕尝讯囚，其刑狱参军有疾，以晦代之；于车中一览讯牒，催促便下。相府多事，狱系殷积，晦随问酬辨，曾无违谬，裕由是奇之，即日署为刑狱贼曹。晦美风姿，善言笑，博瞻多通，裕深加赏爱。

《通鉴》卷一一六

二三〇　刘穆之为相与为人

以刘穆之为左仆射，入居东府，总摄内外。穆之内总朝政，外供军旅，决断如流，事无拥滞。宾客辐凑，求诉百端，内外咨禀，盈阶满室；目览辞讼，手答笺书，耳行听受，口并酬应，不相参涉，悉皆瞻举。又喜宾客，言谈赏笑，弥日无倦。裁有闲暇，手自写书，寻览校定。性豪奢，食必方丈，辄为十人馔，未尝独食。尝白裕曰："穆之家本贫贱，赡生多阙。自叨忝以来，虽每存损约，而朝夕所须，微为过丰，自此以外，一毫不以负公。"

刘穆之卒，裕闻之，惊恸哀婉者累日。

《通鉴》卷一一七

二三一　刘裕北伐秦

刘裕北伐秦，遣龙骧将军王镇恶、冠军将军檀道济将步军自淮、泗向许、洛。刘穆之谓王镇恶曰："公今委卿以伐秦之任，卿其勉之！"镇恶曰："吾不克关中，誓不复济江。"

王、檀入秦境后，所战俱胜，取洛阳，陷潼关，克长安。秦主姚泓出降，其子佛念，年十一，言于泓曰："晋人将逞其欲，虽降必不免，不如引决。"泓怃然不应。佛念登宫墙自投而死。城中夷、晋六万馀户，镇恶以国恩抚慰，号令严肃，百姓安堵。

刘裕至长安，镇恶迎于霸上。裕劳之曰："成吾霸业者卿也！"镇恶再拜谢曰："明公之威，诸将之力，镇何功之有！"裕笑曰："卿欲学冯异邪！"镇恶者，王猛之子也，性贪，秦府库盈积，镇恶盗取，不可胜纪；裕以其功大，不问。

裕收秦彝器、浑仪、土圭、记里鼓、指南车送诣建康，其馀金玉、缯帛、珍宝，皆以颁给将士，送姚泓至建康，斩于市。

《通鉴》卷一一七、卷一一八

二三二　崔浩论刘裕

刘裕在洛阳时，魏帝拓跋嗣问侍讲崔浩曰："刘裕伐姚泓，果能克乎？"对曰："克之。昔姚兴好事虚名而少实用，子泓懦而多病，兄弟乖争，裕乘其危，兵精将勇，何能不克！"

嗣曰："裕才何如慕容垂？"对曰："胜之。垂藉父兄之资，修复旧业，国人归之，若夜虫之就火，少加倚仗，易以立功。刘裕奋起寒微，不阶尺土，讨灭桓玄，兴复晋室，北擒慕容超，南枭卢循，所向无前，非其才过人，安能如是乎！"

嗣曰："裕既入关，我以精骑袭彭城、寿春可乎？"对曰："陛下既不可亲御六师，虽有精兵，未睹良将。兴兵远攻，未见其利，不如且安静以待之。裕克秦而归，必篡其主。关中华、戎杂错，风俗劲悍，裕欲以荆、扬之化，施之函、秦，此无异解衣包火，张罗捕虎，虽留兵守之，适足为寇敌之资耳。愿陛下按兵息民，以观其变，秦地终为国家之有，可坐而守也。"嗣笑曰："卿料之审矣。"语至半夜，赐浩御醪十觚，曰："朕味卿言，如此盐、酒，故欲与卿共飨其美。"

《通鉴》卷一一八

二三三　王买德定谋取关中

刘裕于长安遣使遗夏王勃勃书，约为兄弟；勃勃使中书侍郎皇甫徽为报书而阴诵之，对裕使者，口授舍人使书之。裕读其文，叹曰："吾不如也。"

勃勃闻刘裕东还，大喜，问于王买德曰："吾欲取关中，卿试言其方略。"买德曰："关中形胜之地，而裕以幼子义真守之，狼狈而归，正欲急成篡事，不暇复以中原为意，此天以关中赐我，不可失也。青泥、上洛，南北之险，宜先遣军断之，东塞潼关，然后传檄三辅，施以威德，则义真在网罟之中，不足取也。"

后，王买德大败义真兵于青泥。勃勃入长安，大飨将士，举觞谓王买德曰："卿往日之言，一期而验，可谓算无遗策。"勃勃筑坛于灞上，称皇帝。

裕闻青泥败，义真逃归，登城北望，慨然流涕而已。

刘裕使中书侍郎王韶之缢杀安帝，奉德文即位，是为恭帝。

《通鉴》卷一一八

二三四　勃勃性骄虐杀隐士

夏主勃勃征隐士韦祖思。祖思既至，恭惧过甚，勃勃怒曰："我以国士征汝，汝乃以非类遇我！我在，汝犹不以我为帝王；我死，汝曹弄笔，当置我于何地邪！"遂杀之。

勃勃性骄虐，视民如草芥。常居城上，置弓剑于侧，有所嫌忿，手自杀之。群臣迕视者，凿其目，笑者决其唇，谏者先截其舌而后斩之。

《通鉴》卷一一八

二三五　司马楚之感动刺客

司马楚之于晋宗室中有才望，能折节下士，有众万馀，屯据长社。刘裕使刺客沐谦往刺之。楚之待谦甚厚。谦欲发，未得间，乃夜称疾，知楚之必往问疾，因欲刺之。楚之果自赍汤药往视疾，情意勤笃，谦不忍发，乃出匕首于席下，以状告之曰："将军深为刘裕所忌，愿勿轻率以自保全。"遂委身事之，为之防御。

《通鉴》卷一一八

二三六　陶潜不为五斗米折腰

陶潜，大司马侃之曾孙也。潜少怀高尚，博学善属文，颖脱不羁，任真自得，为乡邻之所贵。尝著《五柳先生传》以自况。

为彭泽令。在县，公田悉令种秫谷，曰："令吾常醉于酒，足矣。"妻子固请种粳。乃使一顷五十亩种秫，五十亩种粳。素简贵，不私事上官。郡遣督邮至县，吏白应束带见之，潜叹曰："吾不能为五斗米折腰，拳拳事乡里小人邪！"义熙二年，解印去县，乃赋《归去来》。顷之，征著作郎，不就。

其亲朋好事，或载酒肴而往，潜亦无所辞焉。每一醉，则大适融然。又不营生业，家务悉委之儿仆。未尝有喜愠之色，惟遇酒则饮，时或无酒，亦雅咏不辍。尝言夏月虚闲，高卧北窗之下，清风飒至，自谓羲皇上人。性不解音，而畜素琴一张，弦徽不具，每朋酒之会，则抚而和之，曰："但识琴中趣，何劳弦上声！"以宋元嘉中卒，时年六十三，所有文集并行于世。

《晋书》卷九四

南北朝

(公元420年至588年)

一 恭帝甘心让位于刘裕

中书令傅亮承刘裕旨,讽晋恭帝禅位于裕,具诏草呈恭帝,使书之。帝欣然操笔,谓左右曰:"桓玄之时,晋氏已无天下,重为刘公所延,将二十载,今日之事,本所甘心。"遂书赤纸为诏。帝逊位为零陵王,后被杀。

刘裕即位,是为宋武帝。秘书监徐广悲感流涕,侍中谢晦谓之曰:"徐公得无小过!"广曰:"君为宋朝佐命,身是晋室遗老,悲欢之事,固不可同。"

《通鉴》卷一一九

二　谢瞻以篱隔门庭

刘裕为宋公之时，谢晦为右卫将军。时晦权遇已重，自彭城还都迎家，宾客辐凑，门巷填咽。其兄瞻在家惊骇，谓晦曰："汝名位未多，而人归趣乃尔！吾家素以恬退为业，不愿干豫时事，交游不过亲朋。而汝遂势倾朝野，此岂门户之福邪！"乃以篱隔门庭，曰："吾不忍见此。"因言于宋公曰："吾弟年始三十，志用凡近，位任显密。福过灾生，其应无远。特乞降黜，以保衰门。"前后屡陈之。晦或以朝廷密事语瞻，瞻故向亲旧陈说，用为戏笑，以绝其言。及刘裕即位，晦以佐命功，位任益重，瞻愈忧惧，遇病不疗。临终遗晦书曰："吾得幸全，亦何所恨，弟思自勉励，为国为家。"

瞻善于文章，辞采之美，与族叔混、族弟灵运相抗。灵运好臧否人物，混患之，欲加裁折，未有方也。谓瞻曰："非汝莫能。"乃使瞻与灵运共车，灵运登车，使商较人物，瞻谓之曰："秘书早亡，谈者亦互有同异。"灵运默然，言论自此衰止。

《通鉴》卷一一九；《宋书》卷五六

三　徐羡之沉密寡言

以徐羡之为司空、录尚书事，谢晦为领军将军，入值殿省，总统宿卫。徐起自布衣，又无术学，直以志力局度，一旦居廊庙，朝野推服。沉密寡言，不以忧喜见色，颇工弈棋、观戏，常若未解。傅亮等常言："徐公晓万事，安异同。"尝与傅亮、谢晦宴聚，亮、晦才学辩博，羡之风度详整，时然后言。

《通鉴》卷一一九

四　刘裕节俭寡欲

宋武帝刘裕卒。帝清简寡欲，严整有法度，被服居处，俭于布素，游宴甚稀，嫔御至少。财帛皆在外府，内无私藏。岭南尝献入筒细布，一端八丈，帝恶其精丽劳人，即付有司弹太守，以布还之，并命岭南禁作此布。公主出适，遣送不过二十万，无锦绣之物。内外奉禁，莫敢为侈靡。

《通鉴》卷一一九

五　王昙首不爱财

王昙首，琅邪临沂人。幼有业尚，除著作郎，不就。兄弟分财，昙首唯取图书而已。辟琅邪王大司马属，与从弟球俱诣武帝，时谢晦在坐，武帝曰："此君并膏粱盛德，乃能屈志戎旅。"昙首答曰："既从神武之师，自使懦夫有立志。"晦曰："仁者果有勇。"帝悦。行至彭城，大会戏马台，豫坐者皆赋诗；昙首文先成，武帝览读，因问太保弘曰："卿弟何如卿？"弘答曰："若但如民，门户何寄。"武帝大笑。昙首有识局智度，喜愠不见于色，闺门之内，雍雍如也。手不执金玉，妇女不得为饰玩，自非禄赐所及，一毫不受人。

《宋书》卷六三

六　刘邕嗜食疮痂

刘穆之之孙邕，所至嗜食疮痂，以为味似鳆鱼。尝诣孟灵休，灵休先患灸疮，疮痂落床上，因取食之。灵休大惊。答曰："性之所嗜。"灵休疮痂未落者，悉褫取以饴邕。邕既去，灵休与何勗书曰："刘邕向顾见啖，遂举体流血。"南康国吏二百许人，不问有罪无罪，递互与鞭，鞭疮痂常以给膳。

《宋书》卷四二

七　徐羡之等立宋文帝

刘裕子营阳王义符即位，居丧无礼，好与左右狎昵，游戏无度。

卢陵王义真，爱文义而性轻易，与太子左卫谢灵运、员外常侍颜延之、慧琳道人情好款密。尝云："得志之日，以灵运、延之为宰相，慧琳为豫州都督。"

徐羡之等谋废帝，而次立者应在义真，因义真与营阳王有隙，乃先奏其恶，废为庶人，杀之。徐羡之、傅亮、谢晦等又召檀道济、王弘入朝，废营阳王，杀之。立宜都王义隆为帝，是为文帝。徐羡之进位司徒，王弘进位司空，傅亮加开府仪同三司，谢晦为卫将军，檀道济为征北将军。

会稽孔宁子与侍中王华，并有富贵之愿，疾徐羡之、傅亮专权，日夜构之于文帝。帝诛羡之、亮，并发兵讨握有军权之谢晦，晦据荆州反。帝以檀道济始不预废弑之谋，召道济讨晦，诛之。

徐、傅诛后，帝征谢灵运、颜延之、慧琳道人，复进用，赏遇甚厚。

帝欲封王华、王昙首等，拊御床曰："此坐非卿兄弟，无复今日。"昙首固辞曰："近日之事，赖陛下英明，罪人斯得，臣等岂可因国之灾以为身幸。"上乃止。

《通鉴》卷一二〇

八　谢灵运不朝直而游行

谢灵运，陈郡阳夏人，玄之孙。灵运少好学，博览群书，文章之美，江左莫逮。从叔混特知爱之，袭封康乐公，食邑三千户。除员外散骑侍郎，不就。为琅邪王大司马行参军。性奢豪，车服鲜丽，衣裳器物，多改旧制，世共宗之，咸称谢康乐也。

宋文帝时征为秘书监，灵运自以为应参时政，文帝唯接以文义，每侍宴谈赏而已。意甚不平，多称疾不朝直，或出郭游行，且二百里，经旬不归，既无表闻，又不请急。帝讽令自解。灵运乃上表陈疾，上赐假，令还会稽，而灵运游饮自若，为法司所纠，坐免官。

《宋书》卷六七；《通鉴》卷一二一

九　宋文帝诫义恭书

宋文帝以江夏王义恭为都督八州诸军事、荆州刺史，与书诫之，其中曰：

"汝一月自用钱，不可过三十万，若能省此，益美。荆州府舍，略所谙究，计当不须改作，日求新异。

凡讯狱多决当时，难可逆虑，此实为难。至讯日，虚怀博尽，慎无以喜怒加人。能择善者而从之，美自归己。不可专意自决，以矜独断之明也。

名器深宜慎惜，不可妄以假人，昵近爵赐，尤应裁量。吾于左右虽为少恩，外论不以为非也。

以贵凌物，物不服；以威加人，人不厌。此易达事耳。

声乐嬉游，不宜令过；蒲酒渔猎，一切勿为。供用奉身，皆有节度，奇服异器，不宜兴长。

又宜数引见佐史。相见不数，则彼我不亲；不亲，无因得尽人情；人情不尽，复何由知众事也！"

《通鉴》卷一二一

一〇　谢弘微纪理生业一无所取

谢混尚晋陵公主。混死，诏公主与谢氏绝婚，公主悉以家事委混从子弘微。混乃世宰辅，僮仆千人，唯有二女，年数岁，弘微为之纪理生业，一钱尺帛均有文簿。及刘裕即位，公主降号东乡君，听还谢氏。入门，室宇仓廪，不异平日，田畴垦辟，有加于旧。东乡君叹曰："仆射平生重此子，可谓知人。"亲旧见者，为之流涕。是岁，东乡君卒，公私咸谓赀财宜归二女，田宅、僮仆应嘱弘微。弘微一无所取，自以私禄葬东乡君。

《通鉴》卷一二二

一一　谢灵运好山泽之游招祸

谢灵运好为山泽之游，穷幽极险，从者数百人，伐木开径，百姓惊扰，以为山贼。会稽太守与灵运有隙，表其有异志，发兵自防。灵运诣阙自陈，文帝以为临川内史。

灵运游放自若，废弃郡事，为有司所纠。司徒遣郑望生收灵运，灵运执望生，兴兵逸逃，追讨，擒之。廷尉奏灵运率众反叛，论斩刑。宋文帝爱其才，欲免官而已。彭城王义康坚执，谓不宜恕。乃降死一等，徙广州。后于广州弃市。

《通鉴》卷一二二

一二　司马义康诛檀道济

司空、江州刺史檀道济，立功前朝，威名甚重，左右心腹并经百战，诸子又有才气，朝廷疑畏之。刘湛说司徒义康，以为"宫车一日晏驾，道济不复可制"。会文帝疾笃，义康言于帝，召道济入朝。其妻向氏谓道济曰："高世之勋，自古所忌，今无事相召，祸其至矣。"既至，留之累月，将遣还，会帝病发，义康矫诏收道济，付廷尉，并其子等十一人均诛之，唯宥其孙孺。

道济见收，愤怒，目光如炬，脱帻投地曰："乃坏汝万里长城！"魏人闻之，喜曰："道济死，吴子辈不复惮。"

《通鉴》卷一二三

一三　王弘奏官长偷五疋即诛

旧制，主守偷五疋，常偷四十疋，并加大辟。议者咸以为重。司徒王弘以为："小吏无知，临财易昧。或由疏慢，事蹈重科。宜进主守偷十疋，常偷五十疋死，四十疋降以补兵。至于官长以上，荷蒙荣禄，冒利五疋乃已为弘，士人至此，何容复加哀矜。且此辈人士可杀不可谪，谓宜奏闻，决之圣旨。"宋文帝从弘议。弘又上言："旧制，人年十三半役，十六全役。今四方无事，应存消息。请以十五至十六为半丁，十七为全丁。"从之。

《南史》卷四二

一四　宋文帝设儒玄史文四学馆

豫章雷次宗好学，隐居庐山。以处士征至建康，使聚徒教授。宋文帝雅好艺文，使丹阳尹何尚之立玄学，太子率更令何承天立史学，司徒参军谢元立文学，并次宗儒学为四学。帝数幸次宗学馆，资给甚厚，又除给事中，不就。还庐山。

帝勤于为政，守法而不峻，容物而不弛。三十年间，四境之内，晏安无事，户口蕃息。士敦操尚，乡耻轻薄，江左风俗，于斯为美。

《通鉴》卷一二三

一五　刘义康能强记不识大体

宋文帝疾病累年，心劳辄发，屡至危殆。司徒刘义康尽心营奉，药石非口所亲尝不进，或连夕不寐，内外众事，皆专决施行。凡所陈奏，入无不可。方伯以下，并令义康选用，生杀大事，或以录命断之。势倾远近，朝野辐凑。复能强记，耳目所经，终身不忘，好于稠人广席，标题所忆以示聪明。然素无学术，不识大体。朝士有才用者皆引入己府，府僚无施者乃斥为台官。自谓兄弟至亲，不复存君臣行迹。率心而行，曾无猜防。

义康权势已盛，领军刘湛愈推崇之，阴谋立义康。文帝闻之，诛刘湛，出义康为江州刺史，镇豫章。

《通鉴》卷一二三

一六　宋文帝使诸王识饥苦

宋文帝饯衡阳王义季于武帐冈，敕诸子且勿食，至会所设馔，日旰不至，有饥色。帝乃谓曰："汝曹少长丰佚，不见百姓艰难。今使汝曹识有饥苦，知以节俭御物耳。"

《通鉴》卷一二四

一七　老农教刘义季

刘义季尝春月出畋，有老父被苦而耕，左右斥之，老父曰："盘于游畋，古人所戒。今阳和布气，一日不耕，民失其时，奈何以纵禽之乐而驱斥老农也！"义季止马曰："贤者也。"命赐之食，辞曰："大王不夺农时，则境内之民皆饱大王之食，老夫何敢独受大王之赐乎！"义季问其名，不告而退。

《通鉴》卷一二三

一八　宋文帝慰勉死囚孔熙先

鲁国孔熙先，博学文史，兼通术数，有纵横才志，为员外散骑侍郎，不为时所知，愤愤不得志。乃与范晔相谋作乱。宋文帝闻知，收熙先等入狱。

熙先望风吐款，辞气不挠。上奇其才，遣人慰勉之曰："以卿之才而滞于集书省，理应有异志，此乃我负卿也。"又责前吏部尚书何尚之曰："使孔熙先年将三十作散骑郎，那不作贼。"

熙先于狱中上书谢恩，且陈图谶，深诫上以骨肉之祸，曰："愿勿遗弃，存之中书。若囚死之后，或可追录，庶九泉之下，少塞罪责。"

收籍范晔家，乐器服玩，并皆珍丽，妓妾不胜珠翠。母居止单陋，唯有一厨盛樵薪，弟子冬无被，叔父单布衣。

《通鉴》卷一二四

一九　刘义庆编撰《世说新语》

临川王刘义庆，性简素，寡嗜欲，爱好文义。召集文人学士，编撰《世说新语》。受任历藩，无浮淫之过，唯晚节奉养沙门，颇致费损。少善骑乘，及长以世路艰难，不复跨马。义庆在江州，请袁淑为卫军咨议参军。其馀吴郡陆展、东海何长瑜、鲍照等，并为辞章之美，引为佐史国臣。

《宋书》卷五一

二〇　蔡廓不署纸尾

蔡廓征为吏部尚书。廓问傅亮："选事若悉以见付，不论；不然，不能拜也。"亮以语录尚书徐羡之，羡之曰："黄门郎以下，悉以委蔡，吾徒不复厝怀；自此以上，故宜共参同异。"廓曰："我不能为徐干木署纸尾也。"遂不拜。干木，羡之小字也。选案黄纸，录尚书与吏部尚书连名，故廓云"署纸尾"也。羡之亦以廓正直，不欲使居权要。徙为祠部尚书。

及文帝即位，谢晦将之荆州，与廓别，屏人问曰："吾其免乎？"廓曰："卿受先帝顾命，任以社稷，废昏立明，义无不可。但杀人二昆，而以之北面，挟主之威，据上流之重，以古推今，自免为难也。"

廓年位并轻，而为时流所推重。每至岁时，皆束带到门。奉兄轨如父，家事小大，皆咨而后行；公禄赏赐，一皆入轨，有所资须，悉就典者请焉。

《宋书》卷五七

二一　刘瑜事母至孝

刘瑜，历阳人也。七岁丧父，事母至孝。年五十二，又丧母，三年不进盐酪，号泣昼夜不绝声。勤身运力，以营葬事。服除后，二十馀年布衣蔬食，言辄流涕。常居墓侧，未尝暂违。文帝元嘉初，卒。

《宋书》卷九一

二二　郭世道瘗子养母

郭世道，会稽永兴人也。生而失母，父更娶，世道事父及后母，孝道淳备。年十四又丧父。家贫，无产业，佣力以养继母。妇生一男，夫妻共议曰："勤身供养，力犹不足，若养此儿，则所费者大。"乃垂泣瘗之。母亡，负土成坟，亲戚咸共赗助，微有所受。葬毕，佣赁倍还先值。服除后，哀戚思慕，终身如丧者，以为追远之思。仁厚之风，行于乡党，邻村小大，莫有呼其名者。尝与人共于山阴市货物，误得一千钱，当时不觉，分背方悟。请其伴求以此钱追还本主，伴大笑不答。世道以己钱充数送还之，钱主惊叹，以值与世道，世道委之而去。元嘉四年，敕郡榜表闾门，蠲其税调，改所居独枫里为孝行焉。太守孟𫖮察孝廉，不就。

《宋书》卷九一

二三　郭原平之孝义行

郭世道子原平，字长泰，又禀至行，养亲必己力。性闲木功，佣赁以给供养。性谦虚，每为人作匠，取散夫价。主人设食，原平自以家贫，父母不办有肴味，唯飧盐饭而已。若家或无食，则虚中竟日，义不独饱；要须日暮作毕，受值归家，于里中买籴，然后举爨。父抱笃疾弥年，原平衣不解带，口不尝盐菜者，跨积寒暑；又未尝睡卧。父亡，哭踊恸绝，数日方苏。以为奉终之义，情礼所毕，营圹凶功，不欲假人。本虽智巧，而不解作墓，乃访邑中有营墓者，助人运力，经时展勤，久乃闲练。葬毕，执役无懈，与诸奴分务。

本性智巧，既学构冢，尤善其事，每至吉岁，求者盈门。原平所赴，必自贫始，既取贱价，又以夫日助之。父丧既终，自起两间小屋，以为祠堂。每至节岁烝尝，于此数日中，哀思，绝饮粥。父服除后，不复食鱼肉。于母前，示有所啖，在私室，未曾妄尝。自此迄终，三十馀载。

高阳许瑶之居在永兴，罢建安郡丞还家，以绵一斤遗原平。原平不受，送而复返者前后数十。瑶之乃自往曰："今岁过寒，而建安绵好，以此奉尊上耳。"原平乃拜而受之。

及母终，毁瘠弥甚，仅乃免丧。墓前有数十亩田，不属原平，每至农月，耕者恒裸袒。原平不欲使人慢其坟墓，乃贩质家资，贵买此田。三农之月，辄束带垂泣，躬自耕垦。每出市卖物，人问几钱，裁言其半。

居宅下湿，绕宅为沟，以通淤水。宅上种少竹，春月夜有盗其笋者，原平偶起见之，盗者奔走坠沟。原平自以不能广施，至使此人颠沛，乃于所植竹处沟上立小桥，令足通行，又采笋置篱外。邻曲惭愧，无复取者。

又以种瓜为业。值大旱，瓜渎不复通船，县官刘僧秀愍其穷老，下渎水与之。原平曰："普天大旱，百姓俱困，岂可减溉田之水，以通运瓜之船。"乃步从他道往钱唐货卖。每行来，见人牵埭未过，辄迅楫助之；己自引船，不假旁力。若自船已渡，后人未及，常停住须待，以此为常。

太守王僧郎察孝廉，不就。卒于家。

《宋书》卷九一

二四　宋文帝之北伐

宋文帝谋北伐，太子步兵校尉沈庆之谏止。帝使丹阳尹徐湛之、吏部尚书江湛难之。庆之曰："治国譬如治家，耕当问奴，织当问婢。陛下今欲伐国，而与白面书生辈谋之，事何由济！"

是时军旅大起，王公、妃主、朝士下至富民，各献金帛、杂物以助国用。又以兵力不足，悉发青、冀、徐、豫等六州三五民丁，符到十日装束。又募中外有马步众艺武力之士应科，皆加厚赏。有司又奏军用不足，扬、南徐、兖、江四州富民家赀满五十万，僧尼满二十万，并四分借一，事息即还。

帝每命将出师，常授人成律，交战日时，亦待中诏，是以将帅莫敢自决。数路出兵，无功而返。自是邑里萧条，元嘉之政衰矣。

魏人凡破州郡，杀伤不可胜计，丁壮者即加斩截，赤地无馀，春燕归，巢于林木。魏之士马死伤亦过半，国人皆尤之。

《通鉴》卷一二五、卷一二六

二五　羊欣善书撰《药方》

羊欣，泰山南城人也。欣少靖默，无竞于人，美言笑，善容止。泛览经籍，尤长隶书。年十二时，王献之为吴兴太守，甚知爱之。献之尝夏月入县，欣着新绢裙昼寝，献之书裙数幅而去。欣本工书，因此弥善。

宋文帝重之，以为新安太守，前后凡十三年，游玩山水，甚得适性。转在义兴，非其好也。顷之，称病笃自免归。素好黄老，常手自书章，有病不服药，饮符水而已。兼善医术，撰《药方》十卷。欣自非寻省近亲，不妄行诣，行必由城外，未尝入六关。元嘉十九年，卒，时年七十三。

《宋书》卷六二

二六　音乐家戴颙

戴颙，字仲若。父逵，兄勃，并隐遁有高名。

颙年十六，遭父忧，几于毁灭。父善琴书，颙并传之，凡诸音律，皆能挥手。会稽剡县多名山，故世居剡下。颙及兄勃，并受琴于父。父殁，所传之声，不忍复奏，各造新弄，勃五部，颙十五部。颙又制长弄一部，并传于世。中书令王绥常携宾客造之，勃等方进豆粥，绥曰："闻卿善琴，试欲一听。"不答，绥恨而去。

桐庐县又多名山，兄弟复共游之，因留居止。勃疾患，医药不给。颙谓勃曰："颙随兄得闲，非有心于默语。兄今疾笃，无可营疗，颙当干禄以自济耳。"乃告时求海虞令，事垂行而勃卒，乃止。桐庐僻远，难以养疾，乃出居吴下。吴下士人共为筑室，聚石引水，植林开涧，少时繁密，有若自然。乃述庄周大旨，著《逍遥论》，注《礼记·中庸》。

衡阳王义季镇京口，长史张邵与颙姻通，迎来止黄鹄山。山北有竹林精舍，林涧甚美。颙憩于此涧，义季亟从之游，颙服其野服，不改常度。为义季鼓琴，并新声变曲，其三调《游弦》《广陵》《止息》之流，皆与世异。宋文帝每欲见之，尝谓黄门侍郎张敷曰："吾东巡之日，当谦戴公山也。"颙合《何尝》《白鹄》二声，以为一调，号为清旷。

自汉世始有佛像，形制未工，逵特善其事，颙亦参焉。宋世子铸丈六铜像于瓦官寺，既成，面恨瘦，工人不能治，乃迎颙看之。颙曰："非面瘦，乃臂胛肥耳。"既错减臂胛，瘦患即除，无不叹服焉。

元嘉十八年，卒，时年六十四。

《宋书》卷九三

二七　宗炳澄怀观道卧游名山

宗炳，南阳人也。宋武帝、文帝屡征召，均不就。妙善琴书，精于言理，每游山水，往辄忘归。下入庐山，就释慧远考寻文义。兄臧为南平太守，逼与俱还，乃于江陵三湖立宅，闲居无事。二兄早卒，孤累甚多，家贫无以相赡，颇营稼穑。武帝数致饩赉，其后子弟从禄，乃悉不复受。

妻罗氏，亦有高情，与炳协趣。罗氏没，炳哀之过甚，既而辍哭寻理，悲情顿释。谓沙门释慧坚曰："死生不分，未易可达，三复至教，方能遣哀。"

爱远游，西陟荆、巫，南登衡、岳，因而结宇衡山。有疾还江陵，叹曰："老疾俱至，名山恐难遍睹，唯当澄怀观道，卧以游之。"凡所游履，皆图之于室，谓人曰："抚琴动操，欲令众山皆响。"古有《金石弄》，为诸桓所重，桓氏亡，其声遂绝，惟炳传焉。

《宋书》卷九三

二八　周续之布衣蔬食终身不娶

周续之，雁门广武人也。其先过江居豫章建昌县。续之年八岁丧母，哀戚过于成人，奉兄如事父。豫章太守范宁于郡立学，招集生徒，远方至者甚众。续之年十二，诣宁受业。居学数年，通五经并纬候，名冠同门，号曰"颜子"。既而闲居读《老》《易》，入庐山事沙门释慧远。时彭城刘遗民遁迹庐山，陶渊明亦不应征命，谓之"寻阳三隐"。以为身不可遣，馀累宜绝，遂终身不娶妻，布衣蔬食。

《宋书》卷九三

二九　王弘之隐于钓

王弘之，字方平，家在会稽上虞，不受武帝、文帝征召。性好钓，上虞江有一处名三石头，弘之常垂纶于此。经过者不识之，或问："渔师得鱼卖不？"弘之曰："亦自不得，得亦不卖。"日夕载鱼入上虞郭，经亲故门，各以一两头置门内而去。

《宋书》卷九三

三〇　孔淳之好人外之游

孔淳之，鲁郡鲁人也。淳之少有高尚，爱好坟籍。居会稽剡县，性好山水，每有所游，必穷其幽峻，或旬日忘归。当游山，遇沙门释法崇，因留共止，遂停三载。法崇叹曰："缅想人外，三十年矣，今乃倾盖于兹，不觉老之将至也。"及淳之还返，不告以姓。除著作佐郎，太尉参军，并不就。

居丧至孝，庐于墓侧。服阕，与征士戴颙、王弘之及王敬弘等共为人外之游。会稽太守谢方明苦要入郡，终不肯往。茅室蓬户，庭草芜径，唯床上有数卷书。元嘉初，复征为散骑侍郎，乃逃于上虞县界，家人莫知所之。

《宋书》卷九三

三一　刘凝之非其力不食

刘凝之，南郡枝江人也。凝之慕老莱、严子陵为人，推家财与弟及兄子，立屋于野外，非其力不食。州里重其德行，州辟西曹主簿，举秀才，不就。妻梁州刺史郭铨女也，遣送丰丽，凝之悉散之亲属。妻亦能不慕荣华，与凝之共安俭苦。夫妻共乘薄笨车，出市买易，周用之外，辄以施人。有人尝认其所着屐，笑曰："仆着之已败，今家中觅新者偿君也。"此人后田中得所失屐，送还之，不肯复取。

元嘉初，征为秘书郎，不就。临川王义庆、衡阳王义季镇江陵，并遣使存问。凝之答书顿首称仆，不修民礼，人或讥焉。凝之曰："昔老莱向楚王称仆，严陵亦抗礼光武，未闻巢、许称臣尧、舜。"时戴颙与衡阳王义季书，亦称仆。

荆州年饥，义季虑凝之馁毙，饷钱十万。凝之大喜，将钱至市门，观有饥色者，悉分与之，俄顷立尽。性好山水，一旦携妻子泛江湖，隐居衡山之阳。登高岭，绝人迹，为小屋居之，采药服食，妻子皆从其志。元嘉二十五年卒，时年五十九。

《宋书》卷九三

三二　翟法赐遁迹幽深

翟法赐，寻阳柴桑人也。少守家业，立屋于庐山顶，丧亲后，便不复还家。不食五谷，以兽皮结草为衣，虽乡亲中表，莫得见也。州辟主簿、举秀才、右参军、著作佐郎、员外散骑侍郎，并不就。后家人至石室寻求，因复远徙，违避征聘，遁迹幽深。卒于岩石之间，不知年月。

《宋书》卷九三

三三　沈道虔贫而好施

沈道虔，吴兴武康人也。少仁爱，好《老》《易》，郡州府凡十二命，皆不就。有人窃其园菜者，还见之，乃自逃隐，待窃者取足去后乃出。人拔其屋后笋，令人止之，曰："惜此笋欲令成林，更有佳者相与。"乃令人买大笋送与之。盗者惭不取，道虔使置其门内而还。

冬月无复衣，戴颙闻而迎之，为作衣服，并与钱一万。既还，分身上衣及钱，悉供诸兄弟子无衣者。道虔常无食，无以立学徒。武康令孔欣之厚相资给，受业者咸得有成。宋文帝闻之，遣使存问，赐钱三万，米二百斛，悉以嫁娶孤兄子。

道虔年老，菜食，恒无经日之资，而琴书为乐，孜孜不倦。元嘉二十六年，卒，时年八十二。

《宋书》卷九三

三四　严世期吴逵之义行

严世期，会稽山阴人也。性好施，同里张迈等三人妻各产子，岁饥，欲弃而不举。世期分食解衣以赡其乏，三子并得成长。同县俞阳妻庄年九十，庄女兰七十，并老病无所依，世期饴之二十年，死并殡葬。宗亲严弘、乡人潘伯等十五人，荒年并饿死，露骸不收。世期买棺殡埋，存育孩幼。宋元嘉四年，有司奏榜门曰"义行严氏之门"。复其身徭役，蠲租税十年。

吴逵，吴兴乌程人也。经荒饥馑，系以疾疫，父母兄嫂及群从小功之亲，男女死者十三人，逵时病困，邻里以苇席裹之，埋于村侧。既而亲属皆尽，唯逵夫妻获全。家徒四壁立，冬无被裤，昼则佣赁，夜则伐木烧砖，妻亦同逵此诚，无有懈倦。期年中，成七墓，葬十三棺，邻里嘉之。

《南史》卷七三

三五　颜延之作《五君咏》

颜延之，字延年，琅邪临沂人也。曾祖含，右光禄大夫。延之少孤贫，居负郭，室巷甚陋。好读书，无所不览，文章之美，冠绝当时。饮酒不护细行，年三十，犹未婚。妹适东莞刘宪之，穆之子也。

文帝元嘉三年，征为中书侍郎。顷之，领步兵校尉，赏遇甚厚。延之好酒疏诞，不能斟酌当世，见刘湛、殷景仁专当要任，意有不平，常云："天下之务，当与天下共之，岂一人之智所能独了！"辞甚激扬，犯权要。湛深恨焉，言于彭城王义康，出为永嘉太守。延之甚怨愤，乃作《五君咏》以述竹林七贤，山涛、王戎以贵显被黜，咏嵇康曰："鸾翮有时铩，龙性谁能驯。"咏阮籍曰："物故可不论，途穷能无恸。"咏阮咸曰："屡荐不入官，一麾乃出守。"咏刘伶曰："韬精日沉饮，谁知非荒宴。"此四句，盖自序也。

延之性既褊激，兼有酒过，肆意直言，曾无遏隐，故论者多不知云。居身清约，不营财利，布衣蔬食，独酌郊野，当其为适，傍若无人。

《宋书》卷七三

三六　颜延之不喜见要人

颜延之，其子竣为丹阳尹，贵重，凡所资供，延之一无所受，布衣茅屋，萧然如故。常乘羸牛笨车，逢竣卤簿，即屏住道侧。常语竣曰："吾平生不喜见要人，今不幸见汝！"竣起宅，延之谓曰："善为之，无令后人笑汝拙也。"延之尝早诣竣，见宾客盈门，竣尚未起，延之怒曰："汝出粪土之中，升云霞之上，遽骄傲如此，其能久乎？"

延之卒，竣丁父忧才逾月，起为右将军。竣固辞，表十上，宋武帝不许，遣中书舍人抱竣登车，载之郡舍，赐以布衣一袭，絮以彩纶，遣主衣就衣诸体。

孝武帝奢淫自恣，多所兴造，竣数恳切谏争，无所回避，上渐不悦。竣自谓才足干时，当居中永执朝政，而所陈多不纳，乃求出以占上意，诏以为东扬州刺史，竣始惧。

《通鉴》卷一二八

三七　崔宏势倾朝廷家徒四壁

道武帝拓跋珪征慕容氏，召崔宏为黄门侍郎。时诏有司议国号，宏以为宜号为魏。道武从之，于是称魏。

迁吏部尚书。时命有司制官爵，撰朝仪，协音乐，定律令，申科禁，宏总而裁之，以为永式。宏通署三十六曹，如令、仆统事，深被信任，势倾朝廷。约俭自居，不营产业，家徒四壁；出无车乘，朝晡步上。母年七十，供养无重膳。帝闻，益重之，厚加馈赐。时人亦或讥其过约，而宏居之愈甚。常引问古今旧事，王者制度，宏陈古人制作之体，及往代废兴之由，甚合上意。未尝謇谔忤旨，亦不谄谀苟容。及道武季年，大臣多犯威怒，宏独无谴者，由于此也。

《北史》卷二一

三八　夏主筑高城招亡

夏主奴奴好自矜大，名其四门：东曰招魏，南曰朝宋，西曰服凉，北曰平朔。奴奴卒，诸子相图，国人不安。魏太武帝拓跋焘伐之，攻克统万城。城高十仞，基厚三十步，上广十步，宫墙高五仞，其坚可以砺刀斧。台榭壮大，皆雕镂图画，被以绮绣，穷极文采。魏帝顾谓左右曰："蕞尔国而用民如此，欲不亡得乎！"

《通鉴》卷一二〇

三九　魏太武帝拓跋焘其人

魏太武帝拓跋焘，小字佛狸，壮健鸷勇，临城对阵，亲犯矢石，左右死伤相继，神色自若，由是将士畏服，咸尽死力。

性俭率，服御饮膳，取给而已。群臣请增峻京城及修宫室曰："《易》云：'王公设险，以守其国。'又萧何云：'天子以四海为家，不壮不丽，无以重威。'"焘曰："古人有言，'在德不在险'。今天下未平，方须民力，土功之事，朕所未为。萧何之对，非雅言也。"

每以为财者军国之本，不可轻费。至于赏赐，皆死事勋绩之家，亲戚贵宠未尝横有所及。命将出师，指授节度，违之者多致负败。明于知人，或拔士于卒伍之中，唯其才用所长，不论本末。赏不违贱，罚不避贵，虽所爱之人，终无宽假。常曰："法者，朕与天下共之，何敢轻也。"然性残忍，果于杀戮，往往已杀而复悔之。

《通鉴》卷一二〇

四〇　魏太武帝赞崔浩

崔宏之子浩，字伯渊，清河人也。少好文学，博览经史。玄象阴阳，百家之言，无不关综，研精义理，时人莫及。浩纤妍洁白，如美妇人。而性敏达，长于谋计。常自比张良，谓已稽古过之。

魏太武帝尝引崔浩出入卧内，从容谓浩曰："卿才智渊博，著忠三世，故朕引卿以自近。卿宜尽忠规谏，勿有所隐。朕虽时或忿恚，然终久深思卿言也。"尝指浩以示新降者曰："汝曹视此人懦弱，不能弯弓持矛，然其胸中所怀，乃过于兵甲。朕虽有征伐之志而不能自决，前后有功，皆此人所教也。"又命尚书曰："凡军国大计，汝曹所不能决者，皆当咨浩，然后施行。"

《魏书》卷三五；《通鉴》卷一二一

四一　魏太武帝议伐西凉

魏太武帝议讨西凉，集公卿于西堂。奚斤等三十馀人皆曰不可。崔浩独以为必胜。李顺与尚书古弼皆曰："姑臧环城百里，地不生草，人饥渴，难以久留。"众无复他言，但云"彼无水草"。崔浩曰："《汉书·地理志》称'凉州之畜为天下饶'。若无水草，畜何以蕃？又，汉人终不于无水草之地筑城郭、建郡县也。"李顺曰："耳闻不如目见，吾尝目见，何可共辩？"浩曰："汝受人金钱，欲为之游说，谓我目不见便可欺邪！"帝隐听，闻之，乃出见斤等，辞色严厉，郡臣不敢言，唯唯而已。

郡臣出，振威将军伊馛言于帝曰："凉州若果无水草，彼何以为国，众议皆不可用，宜从浩言。"帝善之。

魏主至姑臧，见水草丰饶，由是恨李顺。谓崔浩曰："卿之昔言，今果验矣。"对曰："臣之言不敢不实，类皆如此。"

魏帝置酒姑臧，谓群臣曰："崔公智略有馀，吾不复以为奇。伊馛弓马之士，而所见乃与崔公同，深可奇也。"顾谓浩曰："馛智力如此，终至公相。"浩曰："何必读书，然后为学？卫青、霍去病亦不读书，而能大建勋名，致位公辅。"帝笑曰："诚如公言。"馛善射，能曳牛却行，走及奔马，而性忠谨，故魏主特爱之。

后李顺以受贿，被赐死。

《通鉴》卷一二三；《魏书》卷四四

四二　长孙道生廉约

魏太武帝时，长孙道生任司空。道生廉约，身为三司，而衣不华饰，食不兼味。一熊皮鄣泥，数十年不易，时人比之晏婴。第宅卑陋，出镇后，其子弟颇更修缮，起堂庑。道生还，叹曰："昔霍去病以匈奴未灭，无用家为，今强寇尚游魂漠北，吾岂可安坐华美也！"乃切责子弟，令毁宅。每建大议，多合时机。为将有权略，善待士众。

帝命歌工历颂群臣，曰："智如崔浩，廉如道生。"

《魏书》卷二五

四三　古弼无礼极谏

侍中古弼，为人忠慎质直。尝以上谷苑囿太广，乞减太半以赐贫民。入见魏太武帝焘，欲奏其事。帝方与给事中刘树围棋，弼待坐良久，不获陈闻。忽起，捽树头，掣下床，搏其耳，殴其背，曰："朝廷不治，实尔之罪！"帝失容，拾棋曰："不听奏事，朕之过也，树何罪，置之！"弼具以状闻帝，皆可其奏。弼曰："为人臣无礼至此，其罪大矣。"出诣公车，免冠徒跣请罪。帝召入，谓曰："卿有何罪！其冠履就职，苟可以利社稷，便百姓者，竭力为之，勿顾虑也。"

《通鉴》卷一二四

四四　魏帝焘灭佛

魏帝焘诏："王、公以至庶人，有私养沙门、巫觋于家者，皆遣诣官曹，过二月十五日不出，沙门、巫觋死，主人门诛。"又诏："王公卿大夫之子皆诣太学，其百工、商贾之子，当各习父兄之业，毋得私立学校，违者，师死，主人门诛。"

崔浩每言于魏帝，以为佛法虚诞，宜除之。及魏帝至长安，入佛寺，沙门饮从官酒，从官入其室，见大有兵器，出以白帝，帝怒曰："此非沙门所用，欲为乱耳！"命有司案诛阖寺沙门，阅其财产，大得酿具及州郡牧守、富人所寄藏物以万计，又为窟室以匿妇女。浩因说帝悉诛天下沙门，毁诸经像，帝从之。太子晃素好佛法，乃缓宣诏书，使远近预闻之，得各为计，沙门多亡匿获免，或收藏经像，唯塔庙在魏境者无复孑遗。

《通鉴》卷一二四

四五　古弼不听诏命

魏帝畋于河西，尚书令古弼留守，诏以肥马给猎骑，弼悉以弱者给之。帝大怒曰："笔头奴敢裁量朕！朕还台，先斩此奴！"弼头锐，故帝常以笔目之。弼官属惶怖，恐并坐诛。弼曰："吾为人臣，不使人主盘于游畋，其罪小；不备不虞，乏军国之用，其罪大。今蠕蠕方强，南寇未灭，吾以肥马供军，弱马供猎，为国远虑，虽死何伤！且吾自为之，非诸君之忧也。"帝闻之，叹曰："有臣如此，国之宝也。"赐衣一袭，马二匹，鹿十头。

他日，魏帝复畋于山北，获麋鹿数千头。诏尚书发车五百以运之。诏使已去，魏主谓左右曰："笔公必不与我，不如以马运之。"遂还，行百馀里，得弼表曰："今秋谷悬黄，猪鹿窃食，鸟雁侵费，风雨所耗，朝夕三倍。乞赐矜缓，使得收载。"帝曰："果如吾言，笔公可谓社稷之臣矣。"

《通鉴》卷一二四

四六　高允预言崔浩将不免

司徒崔浩，自恃才略及魏主所宠任，专制朝权，尝荐冀、幽、并等五州之士数十人，皆起家为郡守。太子晃曰："先征之人，亦州郡之选也，在职已久，勤劳未答，宜先补郡县，以新征者代为郎吏。且守令治民，宜得更事者。"浩固争而遣之。中书侍郎高允闻之，谓东宫博士管恬曰："崔公其不免乎！苟遂其非而校胜于上，将何以堪！"

《通鉴》卷一二五

四七　崔浩直笔撰国史获罪

魏帝焘以崔浩监秘书，使与高允等共撰国语，曰："务从实录。"闵湛、郗标性巧佞，为浩所宠信，浩荐湛、标有著述才。湛、标劝浩刊所撰国史于石，以彰直笔。高允闻之，谓著作郎宗钦曰："湛、标所营，分寸之间，恐为崔门万世之祸，吾徒亦无噍类矣！"浩竟用湛、标议，刊石立于郊坛东，方百步，用功三百万。浩书魏之先世，事皆详实，列于衢路，往来见者咸以为言。北人无不忿恚，相与谮浩于帝，以为暴扬国恶。帝大怒，崔浩被收。

太子晃召允至东宫，与具入朝。太子见帝言："高允小心慎密，且微贱；制由崔浩，请赦其死！"帝召允问曰："国书皆浩所为乎？"对曰："太祖记邓渊所为，先帝记及今记，臣与浩共为之。然浩所领事多，总揽而已，至于著述，臣多于浩。"帝怒曰："允罪甚于浩，何以得生。"太子惧曰："允小臣，迷乱失次耳。臣向问，皆云浩所为。"帝问允："信如东宫言乎？"对曰："臣不敢虚妄。殿下以臣侍讲日久，哀臣，欲求其生耳。实不问臣，臣亦无此言，不敢迷乱。"帝顾太子曰："直哉！此人情所难，而允能为之！临死不易辞，信也；为臣不欺君，贞也。宜特除其罪以旌之。"遂赦之。

于是召浩问，浩惶恐不能对。允事事申明，皆有条理。帝命允为诏，诛浩等及僮吏凡二百二十八人，皆夷五族。允持疑不为。帝频使催切，允更乞一见，然后为诏。帝引使前，允曰："浩之所坐，若更有馀衅，非臣敢知，若直以触犯，罪不至死。"帝怒，命武士执允，太子为之拜谢，帝意解，乃曰："无斯人，当有数千口死矣。"

诏诛崔浩及与同宗者，并浩姻家，夷其族，馀皆止诛其身。宗钦临刑叹曰："高允其殆圣乎？"

他日，太子让允曰："人亦当知机。吾欲为卿脱死，而卿终不从，激怒帝如此。每念之，使人心悸。"允曰："夫史者，所以记人主善恶，为将来劝诫，使人主有所畏忌，慎其举措。崔浩孤负圣恩，以私欲没其廉洁，爱憎蔽其公直，此浩之责也，至于书朝廷起居，言国家得失，此为史之大体，未为多违。臣与浩实同其事，死生荣辱，义无独殊。违心苟免，非臣所愿也。"太子动容称叹。

魏帝既诛崔浩而悔之，尝曰："崔司徒可惜。"

《通鉴》卷一二五

四八　崔浩评诸葛亮

毛修之，位次崔浩之下。浩每推重之，与共论说。言次，遂及陈寿《三国志》有古良史之风，其所著述，文义典正。修之曰："昔在蜀中，闻长老言，寿曾为诸葛亮门下书佐，被挞百下，故其论武侯云'应变将略，非其所长'。"浩乃与论曰："寿之贬亮非为失实，非挟恨之矣。何以云然？夫亮之相刘备，当九州鼎沸之会，英雄奋发之时，君臣相得，鱼水为喻，而不能与曹氏争天下，委弃荆州，退入巴蜀，诱夺刘璋，伪连孙氏，守穷崎岖之地，僭号边夷之间。此策之下者，可与赵佗为偶，而以为管、萧之亚匹，不亦过乎。且亮既据蜀，恃山崄之固，不达时宜，弗量势力。严威切法，控勒蜀人；矜才负能，高自矫举。欲以边夷之众抗衡上国。出兵陇右，再攻祁山，一攻陈仓，疏迟失会，摧衄而返；后入秦川，不复攻城，更求野战。魏人知其意，闭垒坚守，以不战屈之。知穷势尽，愤结攻中，发病而死。由是言之，岂合古之善将见可而进，知难而退者乎？"修之谓浩言为然。

《魏书》卷四三

四九　眭夸与崔浩

眭夸，赵郡高邑人也。夸少有大度，不拘小节，耽志书传，未曾以世务经心。好饮酒，浩然物表。年二十遭父丧，须鬓致白，每一悲哭，闻者为之流涕。高尚不仕，寄情丘壑。

少与崔浩为莫逆之交。浩为司徒，奏征为其中郎，辞疾不赴。州郡逼遣，不得已，入京都。与浩相见，延留数日，惟饮酒谈叙平生，不及世利。浩每欲论屈之，竟不能发言。其见敬惮如此。浩后遂投诏书于夸怀，亦不开口。夸曰："桃简，卿已为司徒，何足以此劳国士也。吾便于此将别。"桃简，浩小名也。

浩虑夸即还，时乘一骡，更无兼骑，浩乃以夸骡纳之厩中，冀相维縶。夸遂托乡人输租者，谬为御车，乃得出关。浩知而叹曰："眭夸独行士，本不应以小职辱之。又使其人仗策复路，吾当何辞以谢也。"时朝法甚峻，夸既私还，将有私归之咎。浩仍相左右，始得无坐。经年，送夸本骡，兼遗以所乘马，为书谢之。夸更不受其骡马，亦不复书。及浩诛，为之素服。叹曰："崔公既死，谁能更容眭夸！"遂作《朋友篇》，辞义为时人所称。

《魏书》卷九〇

五〇　李孝伯献替补阙其迹不见

李孝伯体度恢雅，明达政事，朝野贵贱，咸推重之。太子晃曾启太武帝广征俊秀，帝曰："朕有一孝伯，足治天下，何用多为？假复求访，此人辈亦何可得。"孝伯性方慎忠厚，每朝廷大事有不足，必手自书表，切言陈谏；或不从者，至于再三。削灭稿草，家人不见。公庭论议，常引纲纪。或有言事者，孝伯恣其所陈，假有是非，终不抑折。及见太武帝，言其所长，初不隐人姓名以为己善。故衣冠之士，服其雅正。自崔浩诛后，军国之谋，咸出孝伯。献替补阙，其迹不见，时人莫得而知也。卒之日，远近哀伤焉。

《魏书》卷五三

五一　魏太子晃首倡换工

魏太子晃课民稼播，使无牛者借人牛以耕种，而为之芸田以偿之，凡耕种二十二亩而芸七亩，大略以是为率。使民各标姓名于田首，以知其勤惰，禁饮酒游戏者。于是垦田大增。

《通鉴》卷一二四

南北朝（公元420年至588年）

五二　魏文成帝复兴佛教

魏拓跋焘晚年，佛禁稍弛，民间往往有私习者。及文成帝（即焘之孙浚）即位，群臣多请复之。诏州郡县众居之所，各听建佛图一区；民欲为沙门者听出家，大州五十人，小州四十人。于是前所毁佛图，率皆修复。魏帝亲为沙门师贤等五人下发。帝设酒禁，酿、酤、饮者皆斩；吉凶之会，听开禁，有程日。以士民多因酒致斗及议国政，故禁之。增置内外候官，伺察诸曹及州、镇，或微服杂乱于府寺间，以求百官过失，有司穷治，讯掠取服，百官赃满二丈者皆斩。

《通鉴》卷一二六、卷一二八

五三　高允数十年不徙官

高允好切谏，朝廷事有不便，允辄求见，魏文成常屏左右以待之。或自朝至暮，或连日不出，群臣莫知其所言。语或痛切，帝所不忍闻，命左右扶出，然终善遇之。帝谓群臣曰："君、父一也。父有过，子何不作书于众中谏之，而于私室屏处谏者，岂非不欲其父之恶彰于外邪！至于事君，何独不然。君有得失，不能面陈，而上表显谏，欲以彰君之短，明己之直，此岂忠臣所为乎！如高允者，乃忠臣也，朕有过，未尝不面言，至有朕所不堪闻者，允皆无所避。朕知其过而天下不知，可不谓忠乎。"

允所与同征者游雅等，皆至大官，封侯，部下吏至刺史、二千石者亦数十百人，而允为郎，二十七年不徙官。帝谓群臣曰："汝等虽执弓刀在朕左右，徒立耳，未尝有一言规正；唯伺朕喜悦之际祈官乞爵，今皆无功而至王公。允执笔佐我国家数十年，为益不小，不过为郎，汝等不自愧乎！"乃拜允为中书令。

时魏百官无禄，允常使诸子樵采以自给。帝至允第，惟草屋数间，布被，缊袍，厨中盐菜而已。帝叹息，赐帛五百匹，粟千斛。拜长子悦为长乐太守。允固辞，不许。帝重允，常呼为令公而不名。

《通鉴》卷一二八

五四　陆馛为政清平

魏文成帝兴安初，陆馛为相州刺史。为政清平，抑强扶弱。州中有德宿老名望重者，以友礼待之，询之政事，责以方略。如此者十人，号曰"十善"。又简取诸县强门百馀人，以为假子，诱接殷勤，赐以衣服，令各归家，为耳目于外。于是发奸摘伏，事无不验。百姓以为神明，无敢劫盗者。在州七年，家至贫约。征为散骑常侍，民乞留馛者千馀人。馛之还也，吏民大敛布帛以遗之，馛一皆不受，民亦不取，于是以物造佛寺焉，名长广公寺。

《魏书》卷四〇

五五　王僧达五年七下徙

宋中书令王僧达，幼聪慧能文，而跌荡不拘。孝武帝擢为仆射。自负才地，谓当时莫及，一二年间即望宰相。既而迁护军，怏怏不得志，累启求出。上不悦，由是稍稍下迁，五岁七徙，再被弹削。僧达既耻且怨，所上表奏，辞旨抑扬，又好非议朝政。上积愤怒，诬僧达反，赐死。

《通鉴》卷一二八

五六　宋孝武帝信用腹心

宋孝武帝亲览朝政，不任大臣，而委寄于腹心。山阴戴法兴颇知古今，素见亲待。鲁郡巢尚之，人士之末，涉猎文史，为上所知，与戴法兴、戴明宝皆为中书通事舍人。凡选授诛赏大处分，上皆与法兴、尚之参决；内外杂事，多委明宝，三人权重当时。而法兴、明宝大纳货贿，凡所荐达，言无不行，门外成市，家产并累千金。

吏部尚书顾觊之独不降意于法兴等。友人蔡兴宗嫌其风节太峻，觊之曰："辛毗有言，不过使吾不为三公耳。"觊之常以为："人禀命有定分，非智力可移，唯应恭己守道。而暗者不达，妄意侥幸，徒亏雅道，无关得失。"乃以其意命弟子著《定命论》以释之。

《通鉴》卷一二八

五七　周朗言事切直招祸

庐陵内史周朗，言事切直，宋孝武帝衔之。使有司奏朗居母丧不如礼，传送宁州，于道杀之。朗之行也，侍中蔡兴宗在直，请与朗别，坐白衣领职。

《通鉴》卷一二九

五八　张敷至孝

张敷，生而母亡，至十岁许，求母遗物，而散施已尽，唯得一扇，乃缄录之。每至感思，辄开笥流涕。见从母，悲咸呜咽。性整贵，风韵端雅，好玄言，善属文。敷小名查，父邵小名梨，宋文帝戏之曰："查何如梨？"敷曰："梨为百果之宗，查何可比。"

迁黄门侍郎，未拜，父在吴兴亡，成服凡十馀日，方进水浆，葬毕，不进盐菜，遂毁瘠成疾。伯父茂度每譬止之，敷益更感恸，绝而复续。茂度曰："我比止汝，而乃益甚。"自是不复往，未期年而卒。宋孝武帝即位，旌其孝道，追赠侍中，改其所居为孝张里。

《宋书》卷四六

五九　沈庆之之退休生活

沈庆之屡立战功，官至司空，及老固让，诏许之。乃命庆之朝会次司空,俸禄依三司。庆之家素富,产业累万金,童奴千计。献钱千万,谷万斛。先有四宅,又有园舍在娄湖,庆之一夕携子孙徙居娄湖,以四宅输官。庆之多蓄妓妾,优游无事,尽意欢娱,非朝贺不出门,车马率素,从者不过三五人,遇之者不知其为三公也。

孝武帝尝欢饮,普令群臣赋诗,庆之手不知书,眼不识字,上逼令作诗,庆之曰:"臣不知书,请口授师伯。"上即令颜师伯执笔,庆之口授之曰:"微命值多幸,得逢时运昌。朽老筋力尽,徒步还南岗。辞荣此圣世,何愧张子房。"上甚悦,众坐称其辞意之美。

《通鉴》卷一二九;《宋书》卷七七

六〇 孔觊尚俭素

宋孝武帝时,孔觊任御史中丞,性使酒仗气,每醉辄弥日不醒,僚类间多所陵忽,尤不能曲意权幸,莫不畏而疾之。居常贫罄,无有丰约,未尝关怀。虽醉日居多,而明晓政事,醒时判决,未尝有壅。众咸曰:"孔公一月二十九日醉,胜世人二十九日醒也。"武帝每欲引见,先遣人觇其醉醒。

性真素,不尚矫饰,偶得宝玩,服用不疑,而他物粗败,终不改易,时吴郡顾觊之亦尚俭素,衣裘器服皆择其陋者。宋世清俭,称此二人。

觊弟道存、从弟徽,颇营产业,二弟请假东还,觊出渚迎之,辎重十馀船,皆是绵绢纸席之属。觊见之伪喜,谓曰："我比乏，得此甚要。"因命置岸侧，既而正色谓曰："汝辈忝预士流，何至还东作贾客邪？"命烧尽乃去。

先是，庾徽之为御史中丞，性豪丽，服玩甚华。颙代之，衣冠器用莫不粗率。兰台令史并三吴富人，咸有轻之之意。颙蓬首缓带，风貌清严，皆重迹屏气，莫敢欺犯。

颙后为司徒左长史，道存代颙为后军长史、江夏内史。时东土大旱，都邑米贵，一斗将百钱。道存虑颙甚乏，遣吏载五百斛米饷之。颙呼吏谓之曰："我在彼三载，去官之日，不办有路粮。郎至彼未几，那能得此米邪？可载米还彼。"吏曰："自古以来无有载米上水者，都下米贵，乞于此货之。"不听，吏乃载米而去。

《南史》卷二七

六一　沈怀文直谏忤旨

侍中沈怀文，数以直谏忤旨。宋孝武帝谓怀文曰："颜竣若知我杀之，亦当不敢如此。"怀文默然。上尝出射雉，风雨骤至，怀文谏曰："风雨如此，非圣躬所宜冒。"上注弩作色曰："卿欲效颜竣邪！"又曰："颜竣小子，恨不先鞭其面！"

每上讌集，在坐者皆令沉醉，嘲谑无度。怀文素不饮酒，又不好戏调，上谓故欲异己。谢庄尝诫怀文曰："卿每与人异，亦何可久！"怀文曰："吾少来如此，岂可一朝而变！非欲异物，性所得耳。"遭免官、赐死。怀文三子行哭，为怀文请命，见者伤之。上竟杀怀文。

《通鉴》卷一二九

六二　宋孝武帝好狎侮群臣

孝武帝好狎侮群臣，自太宰以下不免秽辱。常呼金紫光禄大夫王玄谟为老伧，仆射刘秀之为老悭，其馀短长肥瘦皆有称目。黄门侍郎宗灵秀体肥，拜起不便，每至集会，多所赐与，欲其瞻谢倾踣，以为欢笑。又宠一昆仑奴，令以杖击群臣，皆不能免，惟惮蔡兴宗方严，不敢侵媟。

《通鉴》卷一二九

六三　宋孝武帝重赏哭贵妃

孝武帝葬殷贵妃，数与群臣至其墓，谓太守刘德愿曰："卿哭贵妃，悲者当厚赏。"德愿应声通哭，抚膺擗踊，涕泗交流。上甚悦，以豫州刺史赏之。上又令医者羊志哭贵妃，志亦呜咽极悲。他日有问志者曰："卿那得此副急泪？"志曰："我自哭亡妾耳。"

上为人，机警勇决，学问博洽，文章华敏，省读奏书，能七行俱下。又善骑射，而奢欲无度。大修宫室，土木被锦绣，嬖妾幸臣，赏赐倾府藏。侍中袁𫖮盛称高祖俭素之德。上不答，独曰："田舍公得此，已为过矣。"

末年尤贪财利，刺史、二千石罢还，必使献奉，又以蒲戏取之，罄尽乃止。终日酣饮，少有醒时。常凭几昏睡，或外有奏事，即肃然整容，无复酒态。内外畏之，莫敢弛惰。

《通鉴》卷一二九

六四　颜师伯输钱得高官

宋孝武帝尝与颜师伯樗蒱，帝掷得雉，大悦，谓必胜。师伯后得卢，帝失色。师伯遽敛子曰："几作卢。"尔日，师伯一输百万。仍迁吏部尚书、右军将军。

师伯居权日久，天下辐凑，游其门者，爵位莫不逾分。多纳货贿，家产丰积。妓妾声乐，尽天下之选，园池第宅，冠绝当时，骄奢淫恣，为衣冠所疾。

《南史》卷三四

六五　山阴公主有面首三十

宋孝武帝卒，太子即位，年十六。旋因狷暴，被废，称废帝。其姊山阴公主，尝谓废帝曰："妾与陛下男女虽殊，俱托体先帝，陛下六宫万数，而妾唯驸马一人，事太不均。"帝乃为公主置面首三十人。吏部郎褚渊貌美，公主就帝请以自侍，帝许之。渊侍公主十馀日，备见逼迫，以死自誓，乃得免。

《通鉴》卷一三〇

六六　袁顗唯愿生出虎口

吏部尚书袁顗，始为废帝所宠任，俄而失指，待遇顿衰，使有司纠奏其罪，白衣领职。顗惧，求出，以为雍州刺吏。顗舅蔡兴宗谓之曰："襄阳星恶，何可往？"顗曰："白刃交前，不救流矢。今者之行，唯愿生出虎口耳。且天道辽远，何必皆验。"

《通鉴》卷一三〇

六七　废帝之死

废帝畏其诸父，恐其在外为患，皆聚之建康，拘于殿内，殴捶陵曳，无复人理。尝以木槽盛饭，并杂食搅之，掘地为坑，实以泥水，裸纳湘东王彧于坑中，使以口就槽食之，用为欢笑。

帝召诸妃、主列于前，强左右使辱之，南平王之妃江氏不从，帝怒，杀其三子，鞭江妃一百。

帝游竹林堂，使宫人裸相逐，一人不从命，斩之。夜梦所杀者骂曰："我已诉上帝矣"。于是，称竹林堂有鬼。夕，帝悉屏侍卫，与群巫及采女数百人，射鬼。主衣寿寂之等十馀人杀帝。彧即位,是为明帝。

《通鉴》卷一三〇

六八　宋明帝之始末

宋明帝早失所生,养于太后宫内。好读书,爱文义,在藩时,撰《江左以来文章志》,又续卫瓘所注《论语》二卷,行于世。及即大位,四方反叛,以宽仁待物。诸军帅有父兄子弟同逆者,并授以禁兵,委任不易,故众为之用,莫不尽力。平定天下,逆党多被全;其有才能者,并见授用,有如旧臣。才学之士,多蒙引进,参侍文籍,应对左右。于华林园芳堂讲《周易》,常自临听。

末年好鬼神,多忌讳,言语文书,有祸败凶丧及疑似之言应回避者,数百千品,有犯必加罪戮。改"騧"为马边瓜,亦以"騧"字似"祸"字故也。宫内禁忌尤甚,移床治壁,必先祭土神,使文士为文词祝策,如大祭飨。更忍虐好杀,左右失旨忤意,往往有斲刳断截者。时经略淮、泗,军旅不息,荒弊积久,府藏空竭。奢费过度,务为雕侈。天下骚然,民不堪命。宋氏之业,自此衰矣。

《宋书》卷八

六九　王皇后刚正说明帝

宋明帝宫中大宴,裸妇人而观之,王后以扇障面。上怒曰："外舍寒乞，今共为乐，何独不视！"后曰："为乐之事，其方自多，岂有姑姊妹集而裸妇人以为笑！外舍之乐，雅异于此。"后兄尚书左仆射王景文闻之曰："后在家劣弱，今遂能刚正如此！"

《通鉴》卷一三二

七〇　宋明帝翦除诸弟

明帝为诸王时，宽和有令誉。及晚年，猜忌忍虐，好鬼神，多忌讳，言语之应回避者数百千品，有犯必加罪戮。上素无子，密取诸王姬有孕者纳宫中，生男则杀其母，使宠姬养之。

及寝疾，以太子幼弱，深忌诸弟。休佑、休仁、休若均被杀，诸弟俱尽，唯休范以人才凡劣，不为所忌，故得全。

征萧道成入朝，所亲以朝廷方诛大臣，劝勿就征。道成曰："诸卿见事不明！主上自以太子稚弱，翦除诸弟，何预他人！今唯应速发。淹留顾望，必将见疑。且骨肉相残，自非灵长之祚，祸难将兴，方与卿等戮力耳。"

《通鉴》卷一三三

七一　褚彦回为官清廉

宋明帝时，褚彦回（即褚渊）累迁吏部尚书。有人求

· 737 ·

官，密袖中将一饼金，因求请间，出金示之，曰："人无知者。"彦回曰："卿自应得官，无假此物。若必见与，不得不相启。"此人大惧，收金而去。彦回叙其事，而不言其名，时人莫之知也。

后，改授中书监，侍中。时江南无复鳆鱼，或有间关得至者，一枚值数千钱。人有饷彦回鳆鱼三十枚。彦回时虽贵，而贫薄过甚，门生有献计卖之，云可得十万钱。彦回变色曰："我谓此是食物，非曰财货，且不知堪卖钱，聊尔受之。虽复俭乏，宁可卖饷取钱也？"悉与亲游啖之，少日便尽。

《南史》卷二八

七二　虞愿谏明帝

宋明帝以故第为湘宫寺，备极壮丽，欲造十级浮图，曰："此是我大功德，用钱不少。"散骑侍郎虞愿曰："此皆百姓卖儿贴妇钱所为，佛若有知，当慈悲嗟愍，罪高浮图，何功德之有！"侍坐者失色，上怒，使人驱下殿。愿徐去，无异容。

明帝好围棋，棋甚拙，与第一品王抗围棋。抗每假借之，曰："皇帝飞棋，臣抗不能断。"上终不悟，好之愈笃。愿又曰："非人主所宜好也。"上虽怒甚，以愿王国旧臣，每优容之。

《通鉴》卷一三三

南北朝（公元 420 年至 588 年）

七三　王景文饮药而卒

　　王景文常以盛满为忧，屡辞位任，明帝不许。诏曰："人居贵要，但问心若为耳。夫高贵有危殆之惧，卑贱有填壑之忧。有心于避祸，不如无心于任运。存亡之要，巨细一揆耳。"

　　上疾笃，虑死后皇后临朝，王景文以元舅之势，必为宰相，门族强盛，或有异图，遣使赍药赐景文死，手敕曰："欲全卿门户，故有此处分。"敕至，景文正与客棋，叩函看已，复置局下，神色不变。局竟，敛子内奁毕，徐曰："奉敕见赐以死。"有客曰："大丈夫安能坐受死！州中文武，足以一奋。"景文曰："知卿至心。若见念者，为我百口计耳。"乃饮药而卒。

《通鉴》卷一三三

七四　袁粲闲默寡言门无杂客

　　宋顺帝时，袁粲任司徒、侍中。粲闲默寡言，不肯当事，主书每往谘决，或高咏对之，时立一意，则众莫能改。宅宇平素，器物取给。好饮酒，善吟讽，独酌园庭，以此自适。居负南郭，时杖策独游，素寡往来，门无杂客。及受遗当权，四方辐凑，闲居高卧，一无所接，谈客文士，所见不过一两人。

《宋书》卷八九

七五　傅琰任山阴令有能名

　　傅琰,仕宋为武康令,迁山阴令,并著能名,二县皆谓之傅圣。元徽中,迁尚书左丞。母丧,邻家失火,延烧琰屋,抱柩不动。邻人竞来赴救,乃得俱全。琰股髀之间已被烟焰。以山阴狱讼烦积,复以琰为山阴令。卖针、卖糖老姥争团丝,来诣琰,琰挂团丝于柱鞭之,密视有铁屑,乃罚卖糖者。又二野父争鸡,琰各问何以食鸡,一人云粟,一人云豆。乃破鸡得粟,罪言豆者。县内称神明,无敢为偷。

　　琰子翙,为官亦有能名。后为吴令,别建康令孙廉,廉因问曰:"闻丈人发奸摘伏,惠化如神,何以至此?"答曰:"无他也,唯勤而清。清则宪纲自行,勤则事无不理。宪纲自行则吏不能欺,事自理则物无疑滞,欲不理,得乎?"时刘玄明亦有吏能,历山阴、建康令,政当为天下第一。后翙又代玄明为山阴令,问玄明曰:"愿以旧政告新令尹。"答曰:"我有奇术,卿家谱所不载,临别当相示。"既而曰:"作县令唯日食一升饭而莫饮酒,此第一策也。"

《南史》卷七〇

七六　宋顺帝禅位于萧道成

　　明帝卒,太子苍梧王昱即位,时年十岁。桂阳王休范反，萧道成率兵平定，振旅还建康，百姓缘道聚观，曰："全国家者此公也！"

苍梧王顽劣，萧道成与越骑校尉王敬则等合谋杀苍梧王，立安成王仲谟，是为顺帝，时年十一。以萧为相国总百揆，封十郡，为齐王。

未几，顺帝下诏禅位于齐。帝当临轩，不肯出，逃匿于佛盖之下。王敬则勒兵殿廷，太后惧，自帅阉人索得之。帝收泪谓敬则曰："欲见杀乎？"敬则曰："出居别宫耳，官先取司马家亦如此。"帝泣而弹指曰："愿后身世世勿复生帝王家！"

萧道成即皇帝位，是为高帝，国号齐。

《通鉴》卷一三一、卷一三五

七七　朝代改换之际种种

齐以褚渊为司徒，宾客贺者满座。其从弟炤叹曰："彦回少立名行，何意披猖至此！门户不幸，乃复有今日之拜。使彦回作中书郎而死，不当为一名士耶！名德不昌，乃复有期颐之寿！"

河东裴颙上表，数齐帝过恶，挂冠径去，帝怒，杀之。

太子宴朝臣于玄圃。右卫率沈文季与褚渊语相失，文季怒曰："渊自谓忠臣，不知死之日何面目见宋明帝。"

《通鉴》卷一三五

七八　齐高帝欲使黄金与土同价

齐高帝沉深有大量，博学能文，工草隶书，性清俭，主衣中有玉导，上敕中书曰："留此正是兴长病源。"即命击碎。仍检按有何异物，皆随此例。后宫器物栏槛以铜为饰者，皆改用铁，内殿施黄纱帐，宫人着紫皮履，华盖除金花瓜，用铁回钉。每曰："使我治天下十年，当使黄金与土同价。"欲以身率天下，移变风俗。

齐高帝卒，太子赜即位，是为武帝。自以年长，与父同创大业，朝事大小，率皆专断，多违制度。

《通鉴》卷一三五；《南齐书》卷四

七九　王僧虔善书不营财产

王僧虔，临沂人。宋孝武帝欲擅书名，僧虔不敢显迹，常用拙笔书，以此见容。明帝时，为吴兴太守。始王献之善书，为吴兴郡，及僧虔工书，又为郡，论者称之。徙会稽太守。中书舍人阮佃夫家在东，请假归，客劝僧虔以佃夫要幸，宜加礼接。僧虔曰："我立身有素，岂能曲意此辈？彼若见恶，当拂衣去耳。"佃夫言于明帝，使御史中丞孙夐奏僧虔，坐免官。

尝为飞白书题尚书省壁曰："圆行方止，物之定质，修之不已则溢，高之不已则栗，驰之不已则踬，引之不已则迭，是故去之宜疾。"当时嗟赏，以比座右铭。兄子俭每觐见，辄勖以前言往行、忠贞止足之道。

齐高帝善书，及即位，笃好不已。与僧虔赌书毕，谓僧虔曰："谁为第一？"僧虔曰："臣书第一，陛下亦第一。"上笑曰："卿可谓善自为谋矣。"示僧虔古迹十一帙，就求能书人名。僧虔得民间所有帙中所无者：吴大皇帝、景帝、归命侯书，桓玄书，及王丞相导、领军洽、中书令珉、张芝、索靖、卫伯儒、张翼十二卷奏之。又上羊欣所撰《能书人名》一卷。

僧虔迁征南将军、湘州刺史，侍中如故。清简无所欲，不营财产，百姓安之。武帝即位，僧虔以风疾欲陈解，会迁侍中、左光禄大夫。及授，僧虔谓兄子俭曰："汝任重于朝，行当有八命之礼，我若复此授，则一门有二台司，实可畏惧。"乃固辞不拜，上优而许之。改授侍中、特进、左光禄大夫。客问僧虔固让之意，僧虔曰："君子所忧无德，不忧无宠。吾衣食周身，荣位已过，所惭庸薄无以报国，岂容更受高爵，方贻官谤邪！"兄子俭为朝宰，起长梁斋，制度小过，僧虔视之不悦，竟不入户，检即毁之。卒年六十。

《南史》卷二二；《南齐书》卷三三

八〇　刘瓛不以高名自居

刘瓛，沛国相人，少笃学，博通五经。聚徒教授，常有数十人。齐高帝欲用瓛为中书郎，使吏部尚书何戢喻旨。戢谓瓛曰："上意欲以凤池相处，恨君资轻，可且就前除，少日当转国子博士，便即后授。"瓛曰："平生无荣进意，今闻得中书郎而拜，岂本心哉！"后以母老阙养，重拜彭城郡丞，谓司徒褚渊曰："自省无廊庙之才，所愿唯保彭城丞耳。"

瓛姿状纤小，儒学冠于当时，京师士子贵游莫不下席受业。性谦率通美，不以高名自居。游诣故人，唯一门生持胡床随后，主人未通，便坐问答。住在檀桥，瓦屋数间，上皆穿漏。学徒敬慕，不敢指斥，呼为青溪焉。竟陵王子良亲往修谒，以扬烈桥故主第给之，生徒皆贺。瓛曰："室美为人灾，此华宇岂吾宅邪？幸可诏作讲堂，犹恐见害也。"未及徙居，卒。

瓛有至性，祖母病疽经年，手持膏药，渍指为烂。母孔氏甚严明，谓亲戚曰："阿称便是今世曾子。"阿称，瓛小名也。

《南齐书》卷三九

八一　张融恨二王无臣法

齐高帝时，张融任中书郎，善草书，常自美其能。帝曰："卿书殊有骨力，但恨无二王法。"答曰："非恨臣无二王法，亦恨二王无臣法。"

融假还乡，诣王俭别。俭立此地举袂不前，融亦举手呼俭曰："歇曰'王前'。"俭不得已趋就之。融曰："使融不为慕势，而令君为趋士，岂不善乎？"常叹云："不恨我不见古人，所恨古人又不见我。"

融与吏部尚书何戢善，往诣戢，误通尚书刘澄。下车入门，乃曰："非是。"至户望澄，又曰："非是。"既造席视澄，曰："都自非是。"乃去。其为异如此。

融玄义无师法，而神解过人，高谈鲜能抗拒。为《问律》，《自序》云："吾文章之体，多为世人所惊，汝可师耳以心，不可使耳为心师也。夫文岂有常体，但以有体为常，政当有其体。丈夫当删《诗》《书》，制礼乐，何至因循寄人篱下。"

《南史》卷三二

八二　韩麒麟不以刑罚立威

齐州刺史韩麒麟，为政尚宽，从事刘普庆说曰："公杖节方夏，而无所诛斩，何以示威！"麒麟曰："刑罚所以止恶，仁者不得已而用之。今民不犯法，又何诛乎？若必断斩然后可以立威，当以卿应之！"普庆惭惧而起。

《通鉴》卷一三五

八三　萧子良八友

以竟陵王萧子良为司徒。子良少有清尚，倾意宾客，才隽之士，皆游集其门。开西邸，多聚古人器服以充之。记室参军范云、萧琛、任昉、法曹参军王融、东园祭酒萧衍、镇西功曹谢朓、步兵校尉沈钧、扬州秀才陆倕，并以文学，尤见亲待，号曰八友。法曹参军柳浑、太学博士王僧孺，南徐州秀才江革、尚书殿中郎范缜、会稽孔休源亦预焉。

子良笃好释氏，招致名僧，讲论佛法，道俗之盛，江左未有。或亲为众僧赋食、行水，世颇以为失宰相体。

《通鉴》卷一三六

八四　谢朓善五言诗

谢朓，字玄晖，陈郡阳夏人也。朓少好学，有美名，文章清丽，善草隶，长五言诗，沈约常云："二百年来无此诗也。"敬皇后迁祔山陵，朓撰哀策文，齐世莫有及者。

《南齐书》卷四七

八五　范缜著《神灭论》

范缜，字子真，南阳舞阴人，盛称无佛。子良曰："君不信因果，何得由富贵、贫贱？"缜曰："人生如树花同发，随风而散，或拂帘幌坠茵席之上，或关篱墙落粪溷之中。隧茵席者，殿下是也；落粪溷者，下官是也。贵贱虽复殊途，因果竟在何处！"子良无以难。

缜又著《神灭论》，以为："形者神之质，神者形之用也。神之于形，犹利之于刀，未闻刀没而利存，岂容形亡而神在哉！"此论出，朝野喧哗，难之终不能屈。

太原王琰著论讥缜曰："呜呼范子！曾不知其先祖神灵所在！"缜对曰："呜呼王子！知其先祖神灵所在，而不能杀身以从之！"

子良使王融谓之曰："以卿才美，何患不至中书郎，而故乖剌为此论，甚可惜也！宜急毁弃之。"缜大笑曰："使范缜卖论取官，已至令、仆矣，何但中书郎邪！"

《通鉴》卷一三六

八六　萧嶷务从减省

齐高帝尝曰："宋氏若非骨肉相残，他族岂得乘其弊。"武帝与太尉豫章王嶷友爱，车驾至其第，白服、乌纱以侍宴。至于衣服、器用制度，动皆陈启，事无专制，务从减省。嶷常虑盛满，求解所署以授竟陵王子良，上终不许，曰："毕汝一世，无所多言。"嶷长七尺八寸，善修容范，文物卫从，礼冠百僚，每出入殿省，瞻望者无不肃然。

嶷性仁谨廉俭，不以财贿为事。疾笃，遣令诸子曰："才有优劣，位有通塞，运有贫富，此自然之理，无足以相陵侮也。"嶷卒之日，第库无现钱。

《通鉴》卷一三六、卷一三七

八七　王俭崇儒自比谢安

齐武帝省总明观。时王俭领国子祭酒，诏于俭宅开学士馆，以总明观四部（或谓即经、史、子、集四部）书充之，又诏俭以家为府。

俭少好礼学及《春秋》，言论造次必于儒者。由是衣冠翕然，崇尚儒术。

俭任尚书令，于晋、宋以来故事，无不谙忆，故当朝理事，断决如流。每博议引证，丞、郎无能异者。令史咨事，常数十人，宾客满席，俭应接辨析，傍无留滞，发言下笔，皆有音彩。十日一还监试诸生，巾卷在庭，解散髻，斜插簪，朝野慕之，相与仿效。俭常谓人曰："江左风流宰相，唯有谢安。"意以自比也。上深委仗之，士流选用，奏无不可。

《通鉴》卷一三六

八八　陆澄博学胜过王俭

陆澄，吴郡吴人也。澄少好学，博览无所不知，行坐眠食，手不释卷。起家太学博士。尚书令王俭自以博闻多识，读书过澄。澄曰："仆年少来无事，唯以读书为业。且年已倍令君，令君少便鞅掌王务，虽复一览便谙，然见卷轴未必多仆。"俭集学士何宪等盛自商略，澄待俭语毕，然后谈所遗漏数百十条，皆俭所未睹，俭乃叹服。

《南齐书》卷三九

八九　王僧祐不趋势

王僧祐，幼聪悟，雅为从兄俭所重，每鸣笳列驺到其门候之，僧祐辄称疾不前。俭曰："此吾之所望于若人也。"世皆推俭之爱名德，而重僧祐之不趋势也。

未弱冠，频经忧，居丧至孝。服阕，发落略尽，殆不立冠帽。举秀才，为骠骑法曹，羸瘠不堪受命。雅好博古，善《老》《庄》，不尚繁华。工草隶书，善鼓琴。亭然独立，不交当世。竟陵王子良闻其工琴，于座取琴进之，不从命。王思远之徒请交，并不降意。自天子至于侯伯，未尝与一人游。卒于黄门郎。

《南史》卷二一

九〇　王敬则不知书不失理

王敬则任司徒、太尉等职，名位虽达，不以富贵自遇，危拱傍遑，略不衿裾。接士庶皆吴语，殷勤周悉。齐武帝御座赋诗，敬则执纸曰："臣几落此奴度内。"世祖问："此何言？"敬则曰："臣若知书，不过作尚书郎令史耳，那得今日？"敬则虽不大识书，而性甚警黠，临州郡，令省事读辞，下教判决，皆不失理。

《南齐书》卷二六

九一　范云动辄规谏

以豫章王嶷为大司马，竟陵王子良为司徒，临川王映、王俭、王敬则并加开府仪同三司。子良启记室范云为郡，齐武帝曰："闻其常相卖弄，朕不复穷法，当宥之以远。"子良曰："不然。云动相规诲，谏书俱存。"遂取以奏，凡百馀纸，辞皆切实。上叹曰："不谓云能尔，方使弼汝，何宜出守。"

文惠太子尝出东田观获，顾谓众宾曰："刈此亦殊可观。"众皆唯唯。云独曰："三时之务，实为长勤。伏愿殿下知稼穑之艰难，无徇一朝之宴逸！"

《通鉴》卷一三六

九二　丘灵鞠愿终身为祭酒

丘灵鞠，吴兴乌程人也。灵鞠少好学，善属文。齐武帝即位，领东观祭酒。灵鞠曰："人居官愿数迁，使我终身为祭酒，不恨也。"

《南齐书》卷七二

九三　士大夫非天子所命

中书舍人纪僧真得幸于齐武帝，请于上曰："臣出自县吏，阶荣至此，无复所须，唯就陛下乞作士大夫。"上曰："此由江敩、谢瀹，我不得措意，可自诣之。"僧真承旨诣都部尚书江敩，登榻坐定，敩顾命左右曰："移吾床远客！"僧真丧气而退，告上曰："士大夫故非天子所命。"

《通鉴》卷一三六

九四　刘怀慰著《廉吏论》

刘怀慰，平原人，齐武帝时任齐郡太守。至郡，修治城郭，安集居民，垦废田二百顷，决沈湖灌溉。不受礼谒，民有饷其新米一斛者，怀慰出所食麦饭示之，曰："旦食有馀，幸不烦此。"因著《廉吏论》以达其意。

《南齐书》卷五三

九五　裴昭明无宅甚贫罄

裴昭明，齐武帝时任始安内史。郡民龚玄宣云神人与其玉印玉板书，不须笔，吹纸便成字，自称"龚圣人"，以此惑众。前后郡守敬事之，昭明付狱治罪。及还，甚贫罄。武帝曰："裴昭明罢郡还，遂无宅。我不谙书，不知古人中谁比？"

昭明历郡皆有勤绩，常谓人曰："人生何事须聚蓄，一身之外，亦复何须？子孙若不才，我聚彼散；若能自立，则不如一经。"故终身不治产业。

《南齐书》卷五三

九六　明僧绍不见高帝

明僧绍，平原鬲人也。僧绍弟庆符为青州，僧绍乏粮食，随庆符之郁洲，住弇榆山，栖云精舍，欣玩水石，竟不一入州城。齐高帝建元元年冬，征为正员外郎，称疾不就。其后与崔祖思书曰："明居士标意可重，吾前旨竟未达邪？小凉欲有讲事，卿可至彼，具述吾意，令与庆符俱归。"又曰："不食周粟而食周薇，古犹发议。在今宁得息谈邪？聊以为笑。"

庆符罢任，僧绍随归，住江乘摄山。高帝谓庆符曰："卿兄高尚其事，亦尧之外臣。朕虽不相接，有时通梦。"遗僧绍竹根如意，笋箨冠。

僧绍闻沙门释僧远风德，往候定林寺，高帝欲出寺见之。僧远问僧绍曰："天子若来，居士若为相对？"僧绍曰："山薮之人，政当凿坏以遁。若辞不获命，便当依戴公故事耳。"

武帝永明元年，敕召僧绍，称疾不肯见。诏征国子博士，不就，卒。

《南齐书》卷五四

九七　宗测不仕不受赠

宗测，南阳人，世居江陵。测少静退，不乐人间。

州举秀才、主簿，不就。母丧，身负土植松柏。豫章王复遣书请之，辟为参军。测答曰："性同鳞羽，爱止山壑，眷恋松筠，轻迷人路。纵宕岩流，有若狂者，忽不知老至。而今鬓已白，岂容课虚责有，限鱼鸟慕哉？"齐武帝永明三年，诏征太子舍人，不就。

欲游名山，乃写祖炳所画《尚子平图》于壁上。赍《老子》《庄子》二书自随。子孙拜辞悲泣，测长啸不视，遂往庐山，止祖炳旧宅。

鱼复侯子响为江州，厚遣赠遗。测曰："少有狂疾，寻山采药，远来至此。量腹而进松术，度形而衣薜萝，淡然已足，岂容当此横施！"子响命驾造之，测避不见。后子响不告而来，奄至所住，测不得已，巾褐对之，竟不交言，子响不悦而退。齐明帝建武二年，征为司徒主簿，不就，卒。

测善画，自图阮籍遇苏门于行障上，坐卧对之，又画永业佛影台，皆为妙作。颇好音律，善《易》《老》，续皇甫谧《高士传》三卷。又尝游衡山七岭，著《衡山》《庐山》记。

《南齐书》卷五四

九八　陈显达诫子勿豪侈

镇军大将军、江州刺史陈显达，自以门寒位重，每迁官，常有愧惧之色，戒其子勿以富贵陵人。而诸子多事豪侈，显达闻之，不悦。子休尚为郢府主簿，过九江，显达曰："麈尾蝇拂，是王、谢家物，汝不须执此！"即取于前烧之。

《通鉴》卷一三八

九九　王融欲三十为公辅

中书郎王融，自恃人地，三十内望为公辅。尝夜值省中，抚案叹曰："为尔寂寂，邓禹笑人！"行逢朱雀门开，喧湫不得进，抛车壁叹曰："车前无八驺，何得称丈夫！"竟陵王子良爱其文学，特亲厚之。

及武帝亟疾，王融欲矫诏立子良，未果。

昭业即位十馀日，即收捕王融，赐死，时年二十七。

《通鉴》卷一三八

一〇〇　皇太孙以祖病大喜

齐武帝疾亟，皇太孙昭业即位。武帝遗诏使竟陵王子良辅政，子良素仁厚，不乐世务，乃更推西昌侯萧鸾，故遗诏云："事无大小，悉与鸾参怀。"

昭业性辩慧，善应对，哀乐过人，而矫情饰诈。待武帝疾，言发泪下，而与何妃书，则纸中央作一大喜字，以三十六小喜字绕之。大敛始毕，悉呼武帝诸伎，备奏众乐。

昭业任用奸佞，荒淫无度。每见钱，曰："我昔思汝十枚不得，今日得用汝否？"赏赐左右，动至百数十万。武帝聚钱上库五亿万，斋库亦出三亿万，金银布帛不可胜计。昭业即位未期岁，所用垂尽。

萧鸾、萧谌、萧衍等共谋，诛杀之。萧鸾专权，逐一杀灭诸王，自即帝位，是为明帝。

《通鉴》卷一三八、卷一三九

一〇一 祖冲之多才艺善算学

祖冲之，字文远，范阳蓟人也。以诸葛亮有木牛流马，乃造一器，不因风水，施机自运，不劳人力；又造千里船，于新亭江试之，日行百馀里。于乐游苑造水碓磨，齐武帝亲自临视。又特善算（其推算圆周率之精密度，西方世界千年后始达到）。永元二年，冲之卒，年七十二。著《易》《老》《庄》义，释《论语》《孝经》，注《九章》，造《缀述》数十篇。

《南齐书》卷五二

一〇二　贾渊及父祖三世传谱学

贾渊，字希镜，平阳襄陵人也。祖弼之，晋员外郎。父匪之，骠骑参军。世传谱学。先是谱学未有名家，渊祖弼之广集百氏谱记，专心治业。晋太元中，朝廷给弼之令史书吏，撰定缮写，藏秘阁及左民曹。渊父及渊三世传学，凡十八州士族谱，合百帙七百馀卷，该究精悉，当世莫比。永明中，卫军王俭抄次《百家谱》，与渊参怀撰定。中兴元年卒，年六十二。撰《氏族要状》及《人名书》，并行于世。

《南齐书》卷五二

一〇三　沈𬘡士隐居教授著书千卷

沈𬘡士，吴兴武康人也。𬘡士少好学，家贫，织帘诵书，口手不息。养孤兄子，义著乡曲。隐居馀不吴差山，讲经教授，从学者数十百人，各营屋宇，依止其侧。建武二年，征著作郎；永元二年，征太子舍人；并不就。

𬘡士负薪汲水，并日而食，守操终老，笃学不倦。遭火，烧书数千卷。𬘡士年过八十，耳目犹聪明，手以反故抄写，灯下细书，复成二三千卷，满数十箧，时人以为养身静默之所致也。著《周易两系》《庄子内篇训》，注《春秋》《尚书》《论语》《孝经》《老子要略》数十卷。

年八十六，卒。

《南齐书》卷五四

一〇四　魏孝文帝班俸禄治贪赃

魏孝文帝宏诏曰："置官班禄，行之尚矣，自中原丧乱，兹制中绝。朕宪章旧曲，始班俸禄。户增调帛三匹，谷二斛九斗，以为官司之禄，增调外帛二匹。禄行之后，赃满一匹者死。"又诏班禄以十月为始，季别受之。至是赃满一匹，枉法无多少，皆死，仍分命使者，纠按守宰之贪者。

秦、益二州刺史李洪之，以外戚贵显，为治贪暴，班禄之后，洪之首以赃败。魏主命锁赴平城，集百官亲临数之，以其大臣，听在家自裁。自馀守宰坐赃死者四十馀人。受禄者无不局蹐，赇赂殆绝。然吏民犯其他罪者，魏主率宽之，减死徙边，都下决大辟，岁不过五六人，州镇亦简。

《通鉴》卷一三六

一〇五　高允仁恕简静无疾而终

魏孝文帝时，高允以老乞还乡里，不许。诏允乘车入殿，朝贺不拜。赐珍味，每春秋常致之。寻诏朝晡给膳，朔望致牛酒，衣服绵绢，每月送给。允皆分之亲故。是时贵臣之门，皆罗列显官，而允子弟皆无官爵。先是，命中黄门苏兴寿扶持允，曾雪中遇犬惊倒，扶者大惧。允慰勉之，不令闻彻。兴寿称共允接事三年，未尝见其忿色。

高允历事五帝，出入三省，未尝有谴。允仁恕简静，虽处贵重，情同寒素；执书吟览，昼夜不去手；诲人以善，恂恂不倦；笃亲念故，无所遣弃。允曰："任贤使能，何有新旧！必若有用，岂可抑之！"允体素疾，微有不适，犹起居如常，数日而卒，年九十八。

《魏书》卷四八；《通鉴》卷一三六

一〇六　高佑称王者不私人以官

魏孝文帝问秘书令高佑曰："何以止盗？"对曰："昔宋均立德，猛虎渡河；卓茂行化，蝗不入境。况盗贼，人也。苟守宰得人，治化有方，止之易矣。"佑又上书言："今之选举，不采识治之优劣，专简年劳之多少，斯非尽才之谓。唯才是举，则官方斯穆。又勋旧之臣，虽年勤可录而才非抚民者，可加之以爵赏，不宜委之以方任，所谓王者可私人以财，不私人以官者也。"

《通鉴》卷一三六

一〇七　薛聪答孝文帝问

薛聪，方正有理识，善自标致，不妄游处。虽在暗

南北朝（公元420年至588年）

室，终日矜庄，见者莫不懔然加敬。博览坟籍，精力过人，至于前言往行，多所究悉。词辩占对，尤是所长。遭父忧，庐于墓侧，哭泣之声，酸感行路。友于笃睦，而家教甚严，诸弟虽昏宦，恒不免杖罚，对之肃如也。未弱冠，州辟主簿。

魏孝文时，迁书侍御史，凡所弹劾，不避强御，孝文或欲宽贷者，聪辄争之。帝每云："朕见薛聪，不能不惮，何况诸人也？"自是贵戚敛手。累迁直阁将军、黄门侍郎、散骑常侍。

聪深为孝文所知，外以德器遇之，内以心膂为寄。亲卫禁兵，委总管领。故终太和之世，恒带直阁将军。群臣罢朝之后，聪恒陪侍帷幄，言兼昼夜。时政得失，预以谋谟，动辄匡谏，事多听允。而重厚沉密，外莫窥其际。帝欲进以名位，辄苦让不受。帝亦雅相体悉，谓之曰："卿天爵自高，固非人爵之所荣也。"又除羽林监。

帝曾与朝臣论海内姓地人物，戏谓聪曰："世人谓卿诸薛是蜀人，定是蜀人不？"聪对曰："臣远祖广德，世仕汉朝，时人呼为汉。臣九世祖永，随刘备入蜀，时人呼为蜀。臣今事陛下，是虏非蜀也。"帝抚掌笑曰："卿幸可自明非蜀，何乃遂复苦朕。"聪因投戟而出。帝曰："薛监醉耳。"其见知如此。

《北史》卷三六

一〇八　痴姨有无忧之乐

魏文明太后宠任苻承祖，官至侍中，赐以不死诏。太后卒，承祖坐赃削职禁锢于家，月馀而卒。承祖方用事，亲姻争趋附以求利。其从母为姚氏妇，常谓承祖之母曰："姊虽有一时之荣，不若妹有无忧之乐。"姊与之衣服，多不受，强与之，则曰："我夫家世贫，美衣服使人不安。"不得已，或受而埋之。与之奴婢，则曰："我家无食，不能饲也。"常着弊衣，自执劳苦。承祖遣车迎之，不肯起。强使人抱置车上，则大哭曰："尔欲杀我"！由是苻氏内外号为"痴姨"。及承祖败，有司执其二姨至殿廷，其一姨伏法。帝见姚氏姨贫弊，特赦之。

《通鉴》卷一三七

一〇九　魏孝文帝迁都之深意

魏孝文帝自平城迁都洛阳后，尝与尚书令陆叡曰："北人每言，北俗质鲁，何由知书。朕闻之深用怃然！今知书者甚众，岂皆圣人！顾学与不学耳。朕修百官，兴礼乐，其志固欲移风易俗。朕为天子，何必居中原！正欲卿等子孙渐染美俗，闻见广博，若永居恒北，复值不好文之主，不免面墙耳。"

魏孝文帝欲变北俗，引见群臣，谓曰："今欲断诸北语，一从正音。其年三十已上，习性已久，容不可猝革。

三十以下，见在朝廷之人，语音不听仍旧，若有故为，当加降黜，各宜深戒！王公卿士以为然否？"对曰："实如圣旨。"帝曰："朕尝与李冲论此。冲曰四方之语，竟知谁是，帝者言之，即为正矣。冲之此言，其罪当死！"因顾冲曰："卿负社稷，当令御史牵下！"冲免冠顿首谢。又责留守之官曰："昨望见妇女犹服夹领小袖，卿等为何不遵前诏！"皆谢罪。帝曰："朕言非是，卿等当庭争。如何入则顺旨，退则不从乎？"乃下诏："不得为北俗之语于朝廷，违者免所居官。"

魏孝文帝下诏改姓元氏。

魏改用长尺、大斗，其法依《汉志》为之。

《通鉴》卷一三九、卷一四〇

一一〇　魏孝文帝以文治

魏孝文帝游华林园，观故景阳山，黄门侍郎郭祚曰："山水者，仁智之所乐，宜复修之。"帝曰："魏明帝以奢失之于前，朕岂可袭之于后乎？"帝好读书，手不释卷，在舆鞍不忘讲道。好贤乐善，所与游接，常寄以布素之意，如李冲、李彪、高闾等，皆以文雅见亲，贵显用事。制礼作乐，郁然可观，有太平之风焉。

《通鉴》卷一四〇

一一一　裴宣求埋战死者

裴宣，魏孝文初，征为尚书主客郎，累迁太尉长史。宣上言："自迁都以来，凡战阵之处及军罢兵还之道，所有骸骼无人覆藏者，请悉令州郡戍逻检行埋掩。并符出兵之乡，其家有死于戎役者，皆使招魂复魄，祔祭先灵，复其年租调。身被伤痍者，免其兵役。"朝廷从之。出为益州刺史。

宣家世以儒学为业，常慕廉退，每叹曰："以贾谊之才，汉文之世，而不历公卿，将非运也？"乃谓亲宾曰："吾本无当世之志，直随牒至此，禄后养亲，效不光国，可以言归矣。"因奉表求解。宣武不许，乃作《怀田赋》以叙心焉。

《北史》卷三八

一一二　裴安祖闲居养志

裴安祖，少聪慧，年八九岁，就师讲《诗》，至《鹿鸣》篇，语诸兄云："鹿得食相呼，而况人乎。"自此未曾独食。弱冠，州辟主簿。人有兄弟争财，诣州相讼。安祖召其兄弟，以礼义责让之。此人兄弟，明日相率谢罪。州内钦服之。后有人劝其仕进，安祖曰："高尚之事，非敢庶几,但京师辽远,实惮于栖屑耳。"于是闲居养志,不出城邑。

《北史》卷三八

一一三　魏孝文帝称君患不纳谏

魏孝文帝以高阳王雍为相州刺史,诫之曰:"作牧亦易亦难:其身正,不令而行,所以易;其身不正,虽令不从,所以难。"

魏主谓群臣曰:"国家从来有一事可叹:臣下莫肯公言得失是也。夫人君患不能纳谏,人臣患不能尽忠。自今朕举一人,如有不可,卿等直言其失,若有才能而朕所不识,卿等亦当举之。如是,得人者有赏,不言者有罪,卿等当知之。"

《通鉴》卷一四〇

一一四　魏孝文帝谓时事须直书

魏孝文帝卒,年三十三。帝亲任贤能,从善如流,精勤庶务,朝夕不倦。常曰:"人主患不能处心公平,推诚于物。能是二者,则胡越之人皆可使如兄弟矣。"又常谓史官曰:"时事不可以不直书。人君威福在己,无能制之者,若史策复不书其恶,将何所畏忌邪!"

南北征巡,有司奏请治道,帝曰:"粗修桥梁,通舆马便止，不须去草铲令平也。"凡所修造，不得已而为之，不为不急之事损民力也。

雅好读书，手不释卷。五经之义，览之便讲，学不师受，探其精奥。史传百家，无不该涉。才藻富赡，好为文章，诗赋铭颂，任兴而作。有大文笔，马上口授，及其成也，不改一字。自太和十年已后诏册，皆帝之文也。

《通鉴》卷一四二；《魏书》卷七下

一一五　拓跋勰不愿为司徒

魏以彭城王勰为司徒，录尚书事。勰固辞，不许。勰雅好恬素，不乐势利。每乖情愿，常凄然叹息。敦尚文史，物务之暇，披览不辍。小心谨慎，初无过失。虽闲居独处，亦无惰容。爱敬儒雅，倾心礼待。清正俭素，门无私谒。为魏宗室诸王之秀。

《通鉴》卷一四三

一一六　李冲谦以自牧竭忠执事

李冲，陇西人。魏孝文帝时任中书令，加散骑常侍、给事中，寻转南部尚书。冲为文明太后所幸，恩宠日盛，赏赐月至数十万，进爵陇西公，密致珍宝御物以充其第，外人莫得而知焉。冲家素清贫，于是始为富室。而谦以自牧，积而能散，近自姻族，逮于乡闾，莫不分及。虚己接物，垂念羁寒，衰旧沦屈由之跻叙者，亦以多矣。

冲从甥阴始孙孤贫，往来冲家，至如子侄。有人求官，因其纳马于冲，始孙辄受而不为言。后假方便，借冲此马，马主见冲乘马而不得官，后乃自陈始末。冲闻之，大惊，执始孙以状款奏，始孙坐死。

文明太后卒后，孝文帝居丧引见，待接有加。及议礼仪律令，润饰辞旨，刊定轻重，帝虽自下笔，无不访决焉。冲竭忠奉上，知无不尽，出入忧勤，形于颜色，虽旧臣戚辅，莫能逮之，无不服其明断慎密而归心焉。于是天下翕然，及殊方听望，咸宗奇之。

冲机敏有巧思。北京明堂、圆丘、太庙，及洛都初基，安处郊兆，新起堂寝，皆资于冲。勤志强力，孜孜无怠，旦理文簿，兼营匠制，几案盈积，剖剧在手，终不劳厌也。然显贵门族，务益六姻，兄弟子侄，皆有爵官，一家岁禄，万匹有馀，是其亲者，虽复痴聋，无不超越官次。时论亦以此少之。

《魏书》卷五三

一一七　李彪溢李冲满

魏中尉李彪，家世孤微，朝无亲援，以李冲好士，倾心附之。冲亦重其才学，荐于魏主，为之延誉朝廷，公私汲引。及为中尉，弹劾不避贵戚。彪自以结知人主，不复藉冲，无复宗敬之意。

及魏孝文帝南伐，留彪与冲及任城王澄共掌留务。彪数与冲争辩，形于声色，自以为身为法官，他人莫能纠劾，事多专恣。冲不胜忿，上表劾彪。帝览表，叹怅久之，曰："李彪可谓溢矣，李冲亦为满也。"帝免李彪职。

冲雅性温厚，及收彪之际，亲数彪前后过失，瞋目大呼，詈辱肆口，言语错谬，扼腕大骂李彪小人。遂发病荒悖，医药皆不能疗，旬馀而卒。帝哭之，悲不自胜。

《通鉴》卷一四一

一一八　杨大眼勇冠三军

杨大眼，少骁捷，跳走如飞。然庶孽，不为宗亲顾待，不免饥寒。孝文帝太和中，起家奉朝请。时将南伐，尚书李冲典选征官，大眼往求焉，冲弗许。大眼曰："尚书不见知，听下官出一技。"便出长绳三丈许，系髻而走，绳直如矢，马驰不及。见者无不惊叹。冲因曰："千载以来，未有逸材若此者也。"遂用为军主。未几，迁统军，从车驾征宛、叶、穰、邓、九江、钟离之间，所经战阵，莫不勇冠三军。

大眼抚循士卒，呼为儿子，及见伤痍，为之流泣。自为将帅，恒身先兵士，当其锋者，莫不摧拉，南将皆怀畏惧。时传言淮、泗、荆、沔之间童儿啼者，恐之云"杨大眼至"，无不即止。王肃弟康之谓大眼曰："在南闻君之名，以为眼如车轮。及见，乃不异于人。"大眼曰："旗鼓相望，瞋眸奋发，足使君目不能视，何必大如车轮。"当世推其骁果，以为关、张弗之过也。然征淮堰之役，喜怒无常，捶挞过度，军士颇憾焉。识者以为性移所致。又为荆州刺史。

大眼虽不学，恒遣人读书而坐听之，悉皆记识。令作露布，皆口授之，而竟不多识字也。

《北史》卷三七

一一九　冯熙信佛法行贪纵

冯熙，文明太后之兄也。孝文即位，文明太后临朝，帝乃承旨以熙为侍中、太师、中书监，领秘书事。熙以频履师傅，又中宫之宠，为群情所骇，心不自安，乞转外任。文明太后亦以为然，除都督、洛州刺史，侍中、太师如故。

熙为政不能仁厚，而信佛法。自出家财在诸州镇建佛图精舍，合七十二处。写十六部一切经，延致名德沙门，日与讲论，精勤不倦，所费亦不赀。而营塔寺多在高山秀阜，伤杀人牛。有沙门劝止之，熙曰："成就后，人唯见佛图，焉知杀人牛也。"熙为州，因取人子女为奴婢，有容色者幸之为妾，有子女数十人，号为贪纵。

《北史》卷八〇

一二〇　苍头教甄琛

甄琛，中山毋极人。琛少敏悟，闺门之内，兄弟戏狎，不以礼法自居。颇学经史，称有刀笔，而形貌短陋，鲜风仪。举秀才。入都积岁，颇以弈棋弃日，至乃通夜不止。手下苍头常令秉烛，或时睡顿，大加其杖，如此非一。奴后不胜楚痛，乃白琛曰："郎君辞父母，仕宦京师。若为读书执烛，奴不敢辞罪，乃以围棋，日夜不息，岂是向京之意？而赐加杖罚，不亦非理！"琛惕然惭感，遂从许叡、李彪假书研习，闻见益优。太和初，拜中书博士，迁谏议大夫，时有所陈，为魏孝文帝知赏。

《魏书》卷六八

一二一　源贺诫子书

源贺有文治武功，以年老辞位，不许，又上书称病笃，乞骸骨，至于再三，乃许之。朝有大议皆就询访，又给衣药珍馐。魏孝文帝太和元年二月，疗疾于温汤，孝文帝、文明太后遣使者屡问消息，太医视疾。患笃，贺乃遣令敕诸子曰："吾顷以老患辞事，不悟天慈降恩，爵逮于汝。汝其毋傲吝，毋荒怠，毋奢越，毋嫉妒；疑思问，言思审，行思恭，服思度；遏恶扬善，亲贤远佞；目观必真，耳属必正；诚勤以事君，清约以行己。吾终之后，所葬时服单椟，足申孝心，刍灵明器，一无用也。"卒年七十三。

《魏书》卷四一

一二二　韩显宗聪悟刚直

韩显宗，字茂亲。性刚直，能面折庭诤，亦有才学。沙门法抚，三齐称其聪悟，常与显宗校试，抄百馀人名，各读一遍，随即覆呼，法抚犹有一二舛谬，显宗了无误错。法抚叹曰："贫道生平以来，唯服郎耳。"

举秀才，对策甲科，除著作佐郎。显宗尝谓魏孝文帝曰："臣仰遭明时，直笔而无惧，又不受金，安眠美食，此臣优于迁、固也。"孝文帝哂之。后与员外郎崔逸等参定朝仪。

《魏书》卷六〇

一二三　于洛侯贪酷残忍

于洛侯，为秦州刺史，贪酷残忍。部人富炽夺人吕胜胫缠一具，洛侯辄鞭富炽一百，截其右腕。百姓王陇客刺杀人王羌奴、王愈二人，依律罪死。而洛侯生拔陇客舌，刺其本，并刺胸腹二十馀疮。陇客不堪苦痛，随刀转动。乃立四柱，磔其手足，命将绝，始斩其首，支解四体，分悬道路。见者无不伤楚叹愕。有司纠劾，魏孝文诏使者于州常刑人处，宣告兵人，然后斩洛侯以谢百姓。

《北史》卷八七

一二四　宦者张佑任高官许以不死

张佑坐腐刑，积劳至曹监、中给事。文明太后临朝，中官用事，佑宠幸冠诸阉，官特迁、尚书，进爵陇东公，未加侍中。太后嘉其忠诚，为造甲第。宅成，孝文、太后亲率文武往宴会焉。拜尚书左仆射，进爵新平王，受职于太华庭，备威仪于宫城南，观者以为荣。出入机禁二十馀年，未尝有过。岁月赏赐，家累巨万。赐金券，许以不死。

《北史》卷九二

一二五　郦道元注《水经》

郦道元，字善长，范阳人也。太和中，为尚书主客郎。御史中尉李彪以道元秉法清勤，引为治书侍御史。累迁东荆州刺史。道元好学，历览奇书。撰注《水经》四十卷、《本志》十三篇，又为《七聘》及诸文，皆行于世。

《魏书》卷八九

一二六　李亮李修父子咸为良医

李修，字思祖，本阳平馆陶人。父亮，少学医术，未能精究。魏太武帝时，就沙门僧坦研习众方，略尽其术，针灸授药，莫不有效。徐、兖之间，多所救恤，四方疾苦，不远千里，竟往从之。亮大为厅事以舍病人，停车舆于下，时有死者，则就而棺殡，亲往吊视。士门宿官，咸相交昵，车马金帛，酬赉无赀。

修晚入代京，太和中，常在禁内。孝文帝、文明太后时有不豫，修侍针药，治多有效。赏赐累加，车服第宅，号为鲜丽。集诸学士及工书者百馀人，在东宫撰诸药方百馀卷，皆行于世。先是，咸阳公高允虽年且百岁，而气力尚康，孝文帝、文明太后时令修诊视之。一旦奏言，允脉竭气微，大命无远。未几果亡。迁洛，领太医令。

崔彧，字文若，清河东武城人。彧少尝诣青州，逢隐逸沙门，教以《素问》九卷及《甲乙》，遂善医术。中山王英子略曾病，彧针之，抽外即愈。性仁恕，见疾苦，好与治之。广教门生，令多救疗。其弟子清河赵约、勃海郝文法之徒咸亦有名。

彧子景哲，豪率，亦以医术知名。

《魏书》卷九一

一二七　建筑师蒋少游

蒋少游，乐安博昌人也。魏孝文帝修船乘，以其多有思力，除都水使者，兼将作大匠，仍领水池湖泛戏舟楫之具。及华林殿、沼修旧增新，改作金墉门楼，皆所措意，号为妍美。又徙倚园湖城殿之侧，识者为之叹慨。

豫州人柳俭、殿中将军关文备、郭安兴并机巧。洛中制永宁寺九层佛图，安兴为匠也。

《魏书》卷九一

一二八　高遵贪酷

高遵，魏孝文帝时为中书侍郎、齐州刺史。性不廉清，在中书时，每假归山东，必借备骡马，将从百馀。屯逼民家求丝缣，不满意则诟骂不去，强相征求。旬月之间，缣布千数，邦邑苦之。遵既临州，本意未弭，选召僚吏，多所取纳。又其妻明氏家在齐州，母弟舅甥共相凭属，争求货利，严暴非理，杀害甚多。贪酷之响，帝颇闻之。及车驾幸邺，遵自州来朝，会引见诮让之，赐遵死。

《魏书》卷八九

一二九　王叡得宠幸

王叡，姿貌伟丽。承明元年，文明太后临朝，叡因缘见幸，任侍中、吏部尚书。太和二年，孝文帝及文明太后，率百僚与诸方客临虎圈，有逸虎登门阁道，几至御座。左右侍御皆惊靡，叡独执戟御之，虎乃退去，故亲任转重。四年，迁尚书令，封爵中山王，加镇东大将军。及沙门法秀谋逆，事发，多所牵引。叡曰："与其杀不辜，宁赦有罪。宜枭斩首恶，馀从疑赦，不亦善乎？"孝文帝从之，得免者千馀人。

南北朝（公元420年至588年）

　　叡出入帷幄，太后密赐珍玩缯彩，人莫能知，率常以夜帷车载往，阉官防致，前后巨万，不可胜数，加以田园、奴婢、牛马、杂畜，并尽良美。大臣及左右因是以受赉赐，外示不私，所费又以万计。及疾病，孝文帝、太后每亲视疾，侍官省问，相望于道。

　　王叡将葬于城东，孝文登城楼以望之。京都文士为作哀诗及诔者百馀人。乃立叡祀于都南二十里大道右，起庙，以时祭荐，并立碑铭，置守祀五家。又诏褒扬叡，图其捍猛兽状于诸殿，令高允为之赞。京邑士女，诣称叡美，造新声而弦歌之，名曰《中山王乐》。诏班乐府，合乐奏之。

　　叡之葬也，假亲姻义旧衰绖缟冠送丧者千馀人，皆举声恸泣，以要荣利，时谓之义孝。

《魏书》卷九三；《北史》卷九二

一三〇　癞儿刺史崔暹

　　崔暹，性猛酷，少仁恕，奸猾好利，能事势家。累迁南兖州刺史，盗用官瓦，赃污狼藉，为御史中尉李平所纠，免官。后行豫州事，坐广占田宅，藏匿官奴，障吝陂苇，侵盗公私，为御史中尉王显所弹，免官。后累迁瀛州刺史。贪暴安忍，民庶患之。尝出猎州北，单骑至于民村。井有汲水妇人，暹令饮马，因问曰："崔瀛州何如？"妇人不知其暹也，答曰："百姓何罪，得如此癞儿刺史！"

《魏书》卷八九

一三一　房氏养育训导其子

巨鹿魏溥妻，常山房氏女也。年十六而溥遇病且卒，顾谓之曰："人生如白驹过隙，死不足恨，良痛母老家贫，供奉无寄，赤子蒙眇，血祀孤危，所以抱怨于黄墟耳。"俄而溥卒，及大敛，房氏操刀割左耳，投之棺中，仍曰："鬼神有知，相期泉壤。"流血滂然，助丧者咸皆哀惧。房曰："新妇少年不幸，实虑父母未量至情，持此自誓耳。"闻知者莫不感怆。

于时子缉生未十旬，鞠育于后房之内，未曾出门。遂终身不听丝竹，不预座席。缉年十二，房父母仍存，于是归宁。父兄尚有异议，缉窃闻之，以启母。房命驾给云他行，因而遂归，其家弗知之也。行数十里方觉。兄弟来追，房哀叹而不返。

训导一子，有母仪法度。缉所交游有名胜者，则身具酒饭，有不及己者，辄屏卧不餐，须其悔谢乃食。善诱严训，类皆如是。年六十五而终。

《魏书》卷九二

一三二　司马悦平反冤狱

魏宣武帝初，司马悦除镇远将军、豫州刺史。时有汝南上蔡董毛奴者，赍钱五千，死在道路。郡县疑民张堤为劫，又于堤家得钱五千。堤惧拷掠，自诬言杀。狱既至州，悦观色察言，疑其不实。引见毛奴兄灵之，谓曰："杀人取钱，当时狼狈，应有所遗，此贼竟遗何物？"灵之云："唯得一刀鞘而已。"悦取鞘视之，曰："此非里巷所为也。"乃召州城刀匠示之，有郭门者前曰："此刀鞘门手所作，去岁卖与郭民董及祖。"悦收及祖，诘之曰："汝何故杀人取钱而遗刀鞘？"及祖款引，灵之又于及祖身上得毛奴所着皂襦，及祖伏法。悦之察狱，豫州于今称之。

《魏书》卷三七

一三三　源怀云高官当举纲维

魏宣武帝时，源怀官至尚书左仆射。怀性宽容简约，不好烦碎。恒语人曰："为贵人，理世务当举纲维，何必须太仔细也。譬如为屋，但外望高显，楹栋平正，基壁完牢，风雨不入，足矣。斧斤不平，斫削不密，非屋之病也。"又性不饮酒而喜以饮人，好接宾友，雅善音律，虽在白首，至宴居之暇，常自操丝竹。卒年六十三。

《魏书》卷四一

一三四　韩祚任吏部慎选拔

魏宣武帝时，韩祚任吏部尚书。祚持身洁清，重惜官位，至于铨授，假令得人，必徘徊久之，然后下笔。下笔即云："此人便以贵矣。"由是事颇稽滞，当时每招怨讟。

然所拔用者，皆量才称职，时又以此归之。

《魏书》卷六四

一三五　魏胡太后作永宁寺

魏宣武帝后胡氏，孝明帝时尊为太后，临朝听政，自称朕。太后性聪悟，多才艺，略得佛经大义。亲览万机，手笔断决。幸西林园法流堂，命侍臣射，不能者罚之。又自射针孔，中之，大悦，赐左右布帛有差。先是，太后敕造申讼车，时御焉，出自云龙大司马门，从宫西北，入自千秋门，以纳冤讼。

胡太后作永宁寺于宫侧，又作石窟寺于伊阙口，皆极土木之美，而永宁尤盛。有金像高丈八者一，如中人者十，玉像二。为九层浮图，高九十丈，上刹复高十丈。每夜静，铃铎声闻十里。佛殿如太极殿，南门如端门，僧房千间，珠玉锦绣，骇人心目。自佛法入中国，塔庙之盛，未之有也。

又，宣武帝景明时凿二佛龛于龙门山（伊阙山），皆高百尺。永平中凿一龛，历时二十四年，凡用十八万二千馀工而未成。

《魏书》卷一三；《通鉴》卷一四八

一三六　魏胡太后遣使取经

魏胡太后遣使者宋云与比丘惠生如西域求佛经。自洛阳西行四千里，至赤岭，乃出魏境，又西行至乾罗国而还。历时三年馀，得佛经一百七部。

司空任城王澄奏："昔城内唯置僧尼寺各一，馀皆置于城外。沙门统惠深，始违前禁，都城之中，寺踰五百，占夺民居，三分且一。昔如来阐教多依山林，今此僧徒，恋着城邑，正以诱于利欲，不能自已，此释氏之糟糠，法王之社鼠，内戒所不容，国典所共弃也。臣谓都城内寺未成可徙者，宜悉徙于郭外，僧不满五十者，并小从大，外州亦准此。"然卒不能行。

《通鉴》卷一四八、卷一四九

一三七　王公负绢过重致伤

魏累世强盛，东夷、西域贡献不绝，又立互市以致南货，府库盈溢。胡太后尝幸绢藏，命王公嫔主从行者百馀人各自负绢，称力取之，少者不减百馀匹。尚书令、仪同三司李崇、章武王融，负绢过重，颠仆于地，崇伤腰，融损足，太后夺其绢，使空出，时人笑之。侍中崔光止取二匹，太后怪其少，对曰："臣两手唯堪两匹。"众皆愧之。

《通鉴》卷一四九

一三八　魏权贵竞为豪侈

魏宗室权幸之臣，竞为豪侈。高阳王雍，富贵冠一国,宫室园圃,侔于禁苑,僮仆六千,伎女五百,出则仪卫塞道路,归则歌吹连日夜,一食值钱数万。李崇富埒于雍而俭啬,尝谓人曰:"高阳一食,敌我千日。"

河间王琛与雍争富,骏马十馀匹,皆以银为槽。尝会诸王宴饮,酒器制作精巧,皆中国所无,又陈女乐、名马及诸奇宝,复引诸王历观府库,金钱、缯布,不可胜计。顾谓章武王融曰:"恨石崇不见我。"融素以富自负,归而惋叹曰:"始谓富于我者独高阳耳,不意复有河间。"

《通鉴》卷一四九

一三九　茹皓贵宠诸王惮之

魏宣武帝宠幸茹皓,授左中郎将,领直阁,迁骁骑将军,领华林诸作。皓性微工巧,多所兴立,为山于天泉池西,采掘北芒及南山佳石,徙竹汝、颍,罗莳其间。经构楼观,列于上下,树草栽木,颇有野致。帝心悦之,以时临幸。

皓贵宠日升,关豫政事,太傅、北海王详以下,咸祗惮之。皓为弟聘安丰王延明妹,延明耻非旧流,不许。详劝之云:"欲觅官职,如何不与茹皓婚姻也?"延明乃从焉。皓颇敏慧,折节下人,潜自经营,阴有纳受,货产盈积,起宅宫西,朝贵弗及。

《北史》卷九二

一四〇　刘腾操生杀之权唯财是图

宦者刘腾，尝与元叉操生杀之权。八坐九卿，旦造腾宅，参其颜色，然后方赴省府，亦有历日不能见者。公私属请，唯在财货，舟车之利，水陆无遗，山泽之饶，所在固护，剥削六镇，交通邸市，岁入利息以巨万计。又颇役嫔御，时有征求，妇女器物，公然受纳，逼夺邻居，广开室宇，天下咸苦之。卒，追赠太尉、冀州刺史。葬，阉官为义服，杖经衰缟者以百数。朝贵皆从，轩盖填塞，相属郊野。魏初以来，权阉存亡之盛，莫及焉。

灵太后反政，追夺爵位，发其冢，散露骸骨，没入财产。

《北史》卷九二

一四一　裴植意满见于言色

裴植少而好学，览综经史，尤长释典，善谈理义。诏以植为兖州刺史，入为大鸿胪卿。再迁度支尚书，加金紫光禄大夫。

植性非柱石，所为无恒。兖州之还也，表请解官，隐于嵩山，魏宣武帝不许，深以为怪。及为尚书，志意颇满，欲以政事为己任，谓人曰："非我须尚书，尚书亦须我。"辞气激扬，见于言色。及入参议论，时对众官，面有讥毁。后招诬被杀，朝野称冤。临终，神志自若，遗令子弟，命尽之后，剪落须发，被以法服，以沙门礼葬于嵩高之阴。

《北史》卷四五

一四二　崔挺有学行不自炫求进

崔挺，博陵安平人也。挺少敦学业，多所览究，推人爱士，州闾亲附焉。每四时与乡人父老书相存慰，辞旨款备，得者荣之。三世同居，门有礼让。于后频值饥年，家始分析，挺与弟振推让田宅旧资，惟守墓田而已。家徒壁立，兄弟怡然，手不释卷。时谷籴踊贵，乡人或有赡者，遗挺，辞让而受，仍亦散之贫困，不为畜积，故乡邑更钦叹焉。

举秀才，射策高第，拜中书博士，转中书侍郎。以工书，受敕于长安，书文明太后父燕宣王碑。后除昭武将军、光州刺史，恩威并著，风化大行。

散骑常侍赵修得幸宣武帝，挺虽同州壤，未尝诣门。北海王详为司徒，以挺为司马，挺固辞不免。世人皆叹其屈，而挺处之夷然。于后详摄选，众人竞称考第，以求迁叙，挺终独无言。详曰："崔光州考级并未加授，宜投一牒，当为申请。"挺对曰："阶级是圣朝大例，考课亦国之恒典。下官虽惭古贤不伐之美，至于自炫求进，窃以羞之。"详大相称叹。自为司马，详未曾呼名，常称州号，以示优礼。卒时年五十九。

历官二十馀年，家资不益，食不重味，室无绮罗，闺门之内，雍雍如也。旧故多有赠赗，诸子推挺素心，一无所受。

《魏书》卷五七

一四三　赵修暴至富贵终于惨死

赵修，赵郡房子人。修本给事东宫，为白衣左右，颇有膂力。魏宣武帝践阼，仍充禁侍，爱遇日隆。然天性暗塞，不闲书疏，是故不参文墨。频有转授，历员外镇东将军、光禄卿。每受除设宴，宣武帝亲幸其宅，诸王公卿士百僚悉从。

修之葬父也，百僚自王公以下无不吊祭，酒牺祭奠之具，填塞门街。于京师为制碑铭，石兽、石柱皆发民车牛，传致本县。财用之费，悉自公家。凶吉车乘将百辆，道路供给，亦皆出官。修道路嬉戏，殆无戚容，或与宾客奸掠妇女裸观，从者噂沓喧哗，诟詈无节，莫不畏而恶之。是年，又为修广增宅舍，多所并兼，洞门高堂，房庑周博，崇丽拟于诸王。初，王显与甄琛，曲事于修，无所不至，后纠摘修。诏鞭之一百，徙敦煌为兵。琛与显监决其罚，先具问事有力者五人更迭鞭之，占令必死。旨决百鞭，其实三百。修素肥壮，腰背博硕，堪忍楚毒，了不转动。鞭讫，即召驿马，促之令发。出城西门不自胜举，缚置鞍中，急驱驰之。其母妻追随，不得与语。行八十里乃死。

《魏书》卷九三

一四四　崔光崇信佛法不计进退

崔光，本名孝伯，魏孝文帝赐名焉。家贫好学，昼耕夜诵，佣书以养父母。太和六年，拜中书博士，转著作郎，与秘书丞李彪参撰国书。甚为孝文帝所知待。常曰："孝伯之才，浩浩如黄河东注，固今日之文宗也。"以参赞迁都之谋，拜散骑常侍，又兼太子少傅。

孝明帝亲释奠国学，光执经南面，百僚陪列。司徒、京兆王继频上表以位让光。以光为司徒、侍中、国子祭酒，领著作如故。光表固辞历年，终不肯受。

光宽和慈善，不逆于物，进退浮沉，自得而已。崇信佛法，礼拜读诵，老而逾甚，终日怡怡，未曾恚忿。曾于门下省昼坐读经，有鸽飞集膝前，遂入于怀，缘臂上肩，久之乃去。每为沙门朝贵请讲《维摩》《十地》经，听者常数百人。

《魏书》卷六七

一四五　裴延儁修水利办学校

魏孝明帝时，裴延儁任幽州刺史。范阳郡有旧督亢渠，径五十里；渔阳燕郡有故戾陵诸堰，广袤三十里，皆废毁多时，莫能修复。时水旱不调，民多饥馁，延儁谓疏通旧迹，势必可成，乃表求营造。遂躬自履行，相度水形，随力分督，未几而就。溉田百万馀亩，为利十倍，百姓至今赖之。又命主簿郦恽修起学校，礼教大行，民歌谣之。在州五年，考绩为天下最。

《魏书》卷六九

一四六　夏侯夬纵酒而亡

魏孝明帝世，夏侯夬历位前军将军、镇远将军。夬性好酒，居丧不戚，醇醪肥鲜，不离于口。沽买饮啖，多所费用。父时田园，货卖略尽，人间债负数犹千馀匹，谷食至常不足，弟妹不免饥寒。

夬未亡前旬馀，秘书监郑道昭暴病卒。夬闻，曰："人生何常，唯当纵饮耳。"未几心闷，旋转而死。

初夬与南人辛谌、庾道、江文遥等终日游聚，酣饮之际，恒相谓曰："人生局促，何殊朝露，坐上相看，先后之间耳。脱有先亡者，当于良辰美景，灵前饮宴。傥或有知，庶其歆飨。"及夬亡后，三月上巳，诸人相率至夬灵前酌饮。

《魏书》卷七一

一四七　高谦之破案

魏孝明帝时，高谦之行河阴县令。先是，有人囊盛瓦砾，指作钱物，诈市人马，因逃去。诏令追捕，必得以闻。谦之乃伪枷一囚立于马市，宣言是前诈市马贼，今欲刑之。密遣腹心察市中私议者。有二人相见忻然曰："无复忧矣。"执送按问，具伏盗马，徒党悉获。并出前后盗窃之处，资货甚多，远年失物之家，各来得其本物。具以状奏。寻诏除宁远将军，正河阴令。

《魏书》卷七七

一四八　祖莹称文章须自出机杼

祖莹，年八岁，能诵《诗》《书》。好学耽书，以昼继夜，父母恐其成疾，禁之不能止。常密于灰中藏火，驱逐僮仆，父母寝睡之后，燃火读书，以衣被蔽塞窗户，恐漏光明，为家人所觉。由是声誉甚盛，内外亲属呼为"圣小儿"。魏孝明帝时任国子祭酒，领给事黄门侍郎，监起居事，又监议事。

莹以文学见重，常语人云："文章须自出机杼，成一家风骨。何能共人同生活也？"性爽侠，有节气，士有穷厄，以命归之，必见存拯。

《魏书》卷八二

一四九　常景清俭自守耽好经史

常景，自宣武帝至孝明帝，在枢密十有馀年。清俭自守，不营产业，至于衣食，取济而已。耽好经史，爱玩文词，若遇新异之书，殷勤求访，或复质买，不问价之贵贱，必以得为期。

友人刁整每谓曰："卿清德自居，不事家业，虽俭约可尚，将何以自济也？"遂与卫将军羊深矜其所乏，乃率刁双、司马彦邕、李谐、毕祖彦、毕义显等各出钱千文而为买马焉。

景善与人交，终始若一，其游处者，皆服其深远之度，未曾见其矜吝之心。好饮酒，澹于荣利，自得怀抱，不事权门。景著述数百篇。

《魏书》卷八二

一五〇　平恒忿其子好酒自弃

平恒，燕郡蓟人也。恒耽勤读诵，多通博闻。自周以降，暨于魏世，帝王传代之由，贵臣升降之绪，皆撰品第，商略是非，号曰《略注》，合百馀篇。安贫乐道，不以屡空改操。征为中书博士。久之，出为幽州别驾。廉贞寡欲，不营资产，衣食至常不足，妻子不免饥寒。

恒三子，并不率父业，好酒自弃。恒常忿其世衰，植杖巡舍侧岗而哭，不为营事婚宦，曰："此辈会是衰顿，何烦劳我！"别构精庐，并置经籍于中，一奴自给，妻子莫得而往，酒食亦不与同。时有珍美，呼时老东安公刁雍等共饮啖之，家人无得尝焉。

《北史》卷八一

一五一　刘献之贬杨墨笑屈原

刘献之，少而孤贫，雅好《诗》《传》，后博观众籍。见名法之言，掩卷而笑曰："若使杨、墨之流不为此书，千载谁知其小也！"曾谓其所亲曰："观屈原《离骚》之作，自是狂人，死其宜矣，何足惜也！吾常谓濯缨洗耳，有异人之迹；哺糟歠醨，有同物之志。而孔子曰：'我则异于是，无可无不可。'诚哉斯言，实获我心。"

时人有从献之学者，献之辄谓之曰："人之立身，虽百行殊途，准之四科，要以德行为首。君若能入孝出悌，忠信仁让，不待出户，天下自知。傥不能然，虽复下帷针股，蹑屩从师，正可博闻多识，不过为土龙乞雨，眩惑将来，其于立身之道有何益乎？束脩不易，受之亦难，敢布心腹，子其图之。"由是四方学者莫不高其行义而希造其门。

《魏书》卷八四

一五二　李业兴爱好坟籍

李业兴，爱好坟籍，鸠集不已，手自补治，躬加题帖，其家所有，垂将万卷。览读不息，多有异闻，诸儒服其渊博。性豪侠，重意气。人有急难，委之归命，便能容匿。与其好合，倾身无吝。若有相乖忤，便即疵毁，乃至声色，加以谤骂。性又躁隘，至于论难之际，高声攘振，无儒者之风。每语人云"但道我好,虽知妄言,故胜道恶"。至于学术精微,当时莫及。

《魏书》卷八四

一五三　冯伟闭门不出不受举荐

冯伟,明《礼》《传》。闭门不出,将三十年。不问生产,不交宾客,专精覃思,无所不通。齐赵郡王出镇定州,以礼迎接,命书三至,县令亲至其门,犹辞疾不起。王将命驾致请,佐吏前后星驰报之,县令又自为其整冠履,不得已而出。王下厅事迎之,止其拜伏,分阶而上,留之宾馆,甚见礼重。王将举充秀才,固辞不就。岁馀请还。王知其不愿拘束,以礼发遣,赠遗甚厚。一无所纳,唯受时服而已。及还,不交人事,郡守县令,每亲至,岁时或置羊酒,亦辞不纳。门徒束脩,一毫不受。蚕而衣,耕而饭,箪食瓢饮,不改其乐。以寿终。

《北史》卷八一

一五四　宋翻由威振京师至灭损

魏宣武帝至孝庄帝世,宋翻为河阴令、洛阳令、河南尹。河阴县旧有大枷,时人号曰"弥尾青"。及翻为县主,吏请焚之。翻曰:"且置南墙下,以待豪家。"未几,有内监杨小驹诣县请事,辞色不逊,命取尾青以镇之。既免,入诉于宣武帝。帝大怒，敕河南尹推治其罪。诏曰："卿故违朝法，岂不欲作威以买名？"翻对："造者非臣，买名者亦宜非臣。所以留者，非敢施于百姓，欲待凶暴之徒如小驹者耳。"于是威振京师。及为洛阳，迄于为尹，畏惮权势，更相承接，故当世之名大致灭损。

《魏书》卷七七

一五五　杨椿告老还乡诫子孙

司徒杨椿，华阴人。上书频乞归老，魏庄帝下御座执椿手流泪曰："公，先帝旧臣，实为元老，今四方未宁，理须谘访。但高尚其志，决意不留，既难相违，深用凄怆。"椿亦嘘晞，欲拜，庄帝亲执不听。于是赐以绢布，给羽林卫送，群公百僚饯于城西张方桥。行路观者，莫不称叹。

椿临行，诫子孙曰："吾自惟文武才艺、门望姻援不胜他人，一旦位登侍中、尚书，四历九卿，十为刺史，光禄大夫、仪同、开府、司徒、太保，正由忠贞，小心谨慎，口不尝论人过，无贵无贱待之以礼，以是故至此耳。闻汝等学时俗人，乃有坐而待客者，有驱驰势门者，有轻论人恶者，及见贵胜则敬重之，见贫贱则慢易之，此人行之大失，立身之大病也。汝等若能存礼节，不为奢淫骄慢，假不胜人，足免尤诮，足成名家。吾今年始七十五，自惟气力，尚堪朝觐天子，所以孜孜求退者，正欲使汝等知天下满足之义，为一门法耳，非是苟求千载之名也。汝等能记吾言,百年之后,终无恨矣。"

椿还华阴逾年。普泰元年七月,为尔朱天光所害,年七十七,时人莫不冤痛之。

《魏书》卷五八

一五六　杨逸为政以人为本

杨逸,出任秦州刺史,时年二十九,于时方伯之少未有先之者。逸折节绥抚,乃心民务,或日昃不食,夜分不寝。至于兵人从役,必亲自送之,或风日之中,雨雪之下,人不堪其劳,逸曾无倦色。又法令严明,宽猛相济,于是合境肃然,莫敢干犯。

时灾俭连岁,人多饿死,逸欲以仓粟赈给,而所司惧罪不敢。逸曰:"国以人为本,人以食为命,百姓不足,君孰与足?假令以此获戾,吾所甘心。"遂出粟,然后申表。右仆射元罗以下谓公储难阙,并执不许。尚书令、临淮王彧以为宜贷二万。诏听二万。逸既出粟之后,其老小残疾不能自存活者,又于州门煮粥饭之,将死而得济者以万数。魏孝庄帝闻而善之。

逸为政爱人,尤憎豪猾,广设耳目。其兵吏出使下邑,皆自持粮,人或为设食者,虽在暗室,终不进,咸言杨使君有千里眼,那可欺之。

尔朱仲远遣使于州害之,时年三十二。吏人如丧亲戚,城邑村落,为营斋供,一月之中,所在不绝。

《魏书》卷五八

一五七　李琰之好读书非为名

孝庄帝时，李琰之官至御史中尉、太常卿。琰之少机警善谈，经史百家无所不览，朝廷疑事多所访质。每云："崔博而不精，刘精而不博，我既精且博，学兼二子。"谓崔光、刘芳也。论者许其博，未许其精。当时物议，咸共宗之，又自夸文章，从姨兄常景笑而不许。每休闲之际，恒闭门读书，不交人事。尝谓人曰："吾所以好读书，不求身后之名，但异见异闻，心之所愿，是以孜孜搜讨，欲罢不能。岂为声名劳七尺也？此乃天性，非为力强。"

《魏书》卷八二

一五八　崔氏树榜样以教

东清河太守房景伯之母崔氏，通经，明识。有妇人称其子不孝，景伯以白其母，母曰："吾闻闻名不如见面，山民未知礼义，何足深责。"乃召见母，与之对榻共食，使其子侍立堂下，观景伯供食。未旬日，悔过求还。崔氏曰："此虽面惭，其心未也，且置之。"凡二十馀日，其子叩头流血，母涕泣乞还，然后听之，卒以孝闻。

《通鉴》卷一五一

一五九　尔朱荣令人空手搏虎

尔朱荣好猎，不舍寒暑，列围而进，令士卒必齐壹，虽遇险阻，不得违避，一鹿逸出，必数人坐死。有一卒见虎而走，荣谓曰："汝畏死邪！"即斩之。自是每猎，士卒如登战场。尝见虎在穷谷中，荣令十馀人空手搏之，毋得损伤，死者数人，卒擒得之，以此为乐，其下甚苦之。

《通鉴》卷一五四

一六〇　裴粲迂腐

孝武初，裴粲出为胶州刺史。属时亢旱，土人劝令祷于海神。粲惮违众人，乃为祈请，直据胡床，举杯曰："仆白君。"左右云："前后例皆拜谒。"粲曰："五岳视三公，四渎视诸侯，安有方伯致礼海神。"卒不肯拜。时青州耿翔寇乱三齐，粲唯高谭虚论，不事防御之术。翔乘其无备，掩袭州城。左右白言贼至，粲云："岂有此理！"左右又言"已入州门"。粲乃徐云："耿王可引上听事，自馀部众，且付城人。"不达时变如此。寻为翔害。

《北史》卷四五

一六一　宝卷昏庸萧衍称帝

齐萧鸾卒，太子宝卷立，昏庸狂悖，大起宫殿，穷极绮丽。外出游走，所经道路，屏逐居民，由东宫以东至于郊外，数十百里，皆空家尽室。巷陌悬幔为高障，置仗人防守，谓之"屏除"。或于市肆左侧过亲幸家，环回宛转，周遍京邑。每三四更中，鼓声四出，幡戟横路，百姓喧走相随，士庶莫辨。出辄不言定所，东西南北，无处不驱人。高障之内，设部伍羽仪。复有数部，皆奏鼓吹羌胡伎，鼓角横吹。夜出昼返，火光照天。拜爱姬潘氏为贵妃，凿金为莲花以贴地，令潘妃行其上，曰："此步步生莲花也。"嬖幸因缘为奸利，百姓困尽，号泣道路。

雍州刺史萧衍起兵，克建康，称皇帝，是为梁武帝。

《通鉴》卷一四三；《南齐书》卷七

一六二　范云愿皇帝日慎一日

梁武帝受禅，柴燎于南郊，范云以侍中参乘。礼毕，高祖升辇，谓云曰："朕之今日，所谓懔乎若朽索之驭六马。"云对曰："亦愿陛下日慎一日。"武帝善之。是日，迁散骑常侍、吏部尚书。

及居选官，任守隆重，书牍盈案，宾客满门，云应对如流，无所壅滞，官曹文墨，发摘若神，时人咸服其明赡。性颇激厉，少威重，有所是非，形于造次，士或以此少之。初，云为郡号称廉洁，及居贵重，颇通馈饷，然家无蓄积，随散之亲友。

《梁书》卷一三

一六三　曹景宗忆年少逐猎

　　曹景宗，新野人，有战功，与北魏战屡胜。梁武帝时任侍中、领军将军。为人自恃尚胜，每作书，字有不解，不以问人，皆以意造焉。虽公卿无所推揖，惟韦睿年长，且州里胜流，特相敬重，同宴御筵，亦曲躬谦逊，武帝以此嘉之。

　　性躁动，不能沉默，出行常欲褰车帷幔，左右辄谏以位望隆重，人所具瞻，不宜然。景宗谓所亲曰："我昔在乡里，骑快马如龙，与年少辈数十骑，拓弓弦作霹雳声，箭如饿鸱叫。平泽中逐麈，数肋射之，渴饮其血，饥食其肉，甜如甘露浆。觉耳后风生，鼻头出火，此乐使人忘死，不知老之将至。今来扬州作贵人，动转不得，路行开车幔，小人辄言不可。闭置车中，如三日新妇。遭此邑邑，使人无气。"为人嗜酒好乐，腊月于宅中，使作邪呼逐除，遍往人家乞酒食。本以为戏，而部下多剽轻，因弄人妇女，夺人财货。武帝颇知之，景宗乃止。武帝数宴见功臣，共道故旧，景宗醉后谬忘，或误称下官，帝故纵之，以为笑乐。卒年五十二。

《梁书》卷九

一六四　徐勉周舍俱称贤相

梁武帝以尚书左丞徐勉及右卫将军周舍同参国政。两人俱称贤相，常留省内，罕得休下。

勉或时还宅，群犬惊吠。每有表奏，辄焚其稿。精力过人，虽文案填积，坐客充满，应对如流，手不停笔。尝与门人夜集，客求官，勉正色曰："今夕止可谈风月，不可及公事。"时人咸服其无私。

勉虽居显位，不营产业，家无蓄积，俸禄分赡亲族之穷乏者。门人故旧或从容致言。勉乃答曰："人遗子孙以财，我遗之以清白。子孙才也，则自致辐辏；如其不才，终为他有。"

舍豫机密二十馀年，未尝离左右，国史、诏诰、法律、军旅、谋谟皆掌之。与人言谑，终日不绝，而竟不漏泄机事，众尤服之。性俭素，衣服器用，居处床席，如布衣之贫者。每入官府，虽广厦华堂，闺阁重邃，舍居之则尘埃满积。以荻为鄣，坏亦不营。

《通鉴》卷一四五；《梁书》卷二五

一六五　梁武帝优礼谢朏

梁武帝以谢朏为司徒、尚书令。朏辞脚疾不堪拜谒，角巾自舆，诣云龙门谢，诏见于华林园，乘小车就席。明旦，梁武帝幸朏宅，宴语尽欢。朏固陈本志，不许。因请自还东迎母，许之。临发，上复临幸，赋诗饯别。王人送迎，相望于道。及还，诏起府于旧宅，礼遇优异。胐素惮烦，不省职事，众颇失望。

《通鉴》卷一四五

一六六　郑绍叔忠于事上

卫尉卿郑绍叔忠于事上，外所闻知，纤毫无隐。每为梁武帝言事，善，则曰："臣愚不及，此皆圣主之策。"其不善，则曰："臣虑出浅短，以为其事当如是，殆以此误朝廷，臣之罪深矣。"武帝甚亲信之。

《梁书》卷一一

一六七　沈约好坟籍撰《四声谱》

沈约，十三而遭家难，孤贫，笃志好学，昼夜不释卷。母恐其以劳生疾，常遣减油灭火。而昼之所读，夜辄诵之，遂博通群籍，善属文。济阳蔡兴宗闻其才而善之。

梁武帝时，沈约官至尚书仆射。约聪明过人，好坟籍，聚书至二万卷，都下无比。约历仕三代，该悉旧章，博物洽闻，当世取则。谢玄晖善为诗，任彦升工于笔，约兼而有之，然不能过也。自负高才，昧于荣利，乘时射势，颇累清谈。及居端揆，稍弘止足，每进一官，辄殷勤请退，而终不能去，论者方之山涛。用事十馀年，未常有所荐达，政之得失，唯唯而已。

撰《文章志》三十卷，文集一百卷，皆行于世。又撰《四声谱》，以为"在昔词人累千载而不悟，而独得胸衿，穷其妙旨"。自谓入神之作。武帝雅不好焉，尝问周舍曰："何谓四声？"舍曰："'天子圣哲'是也。"然帝竟不甚遵用约也。

《南史》卷五七

一六八　吕僧珍不私亲戚

左卫将军、散骑常侍吕僧珍，去家久，表求拜墓。梁武帝欲荣之，使为本州，乃授使持节、平北将军、南兖州刺史。

僧珍在任，平心率下，不私亲戚。从父兄子先以贩葱为业，僧珍既至，乃弃业欲求州官。僧珍曰："吾荷国重恩，无以报效，汝等自有常分，岂可妄求叨越，但当速返葱肆耳。"

僧珍旧宅在市北，前有督邮廨，乡人咸劝徙廨以益其宅。僧珍怒曰："督邮官廨也，置立以来，便在此地，岂可徙之益吾私宅！"

姊适于氏，住在市西，小屋临路，与列肆杂处，僧珍常导从卤簿到其宅，不以为耻。

僧珍有大勋，任总心膂，恩遇隆密，莫与为比。性甚恭慎，当值禁中，盛暑不敢解衣。每侍御座，屏气鞠躬，果食未尝举箸。尝因醉后，取一柑食之。武帝笑谓曰：

"便是大有所进。"

《梁书》卷一一

一六九　韦叡不与俗俯仰

韦叡善战，破魏军，克合肥，官至散骑常侍、护军将军，入直殿省。居朝廷，恂恂未尝忤视，梁武帝甚礼敬之。性慈爱，抚孤兄子过于己子，历官所得禄赐，皆散之亲故，家无馀财。居家无事，虽老，暇日犹课诸儿以学。第三子棱，尤明经史，世称其洽闻，叡每坐棱使说书，其所发摘，棱犹弗之逮也。武帝方锐意释氏，天下咸从风而化。叡自以信受素薄，位居大臣，不欲与俗俯仰，所行略如他日。卒于家，时年七十九。

《梁书》卷一二

一七〇　马仙琕勇冠三军口不言功

马仙琕，扶风人。天监四年，北讨魏，仙琕每战，勇冠三军，当其冲者，莫不摧破。与诸将论议，口未尝言功。人问其故，仙琕曰："丈夫为时所知，当进不求名，退不逃罪，乃平生愿也。何功可论！"授辅国将军、南义阳太守、迁司州刺史。

自为将及居州郡，能与士卒同劳逸。身衣不过布帛，所居无帷幕衾屏，行则饮食与厮养最下者同。其在边境，常单身潜入敌庭，伺知壁垒村落险要处所，故战多克捷，士卒亦甘心为之用。在州四年，卒。

《梁书》卷一七

一七一　沈巑之以清廉获罪

丹徒县令沈巑之，吴兴武康人，性疏直，在县自以清廉，不事左右，浸润日至，遂锁系尚方。叹曰："一见天子足矣。"齐武帝召问曰："复欲何陈？"答曰："臣坐清所以获罪。"上曰："清复何以获罪？"曰："无以承奉要人。"上曰："要人为谁？"巑之以手板四面指曰："此赤衣诸贤皆是。若臣得更鸣，必令清誉日至。"巑之虽危言，上亦不责。后知其无罪，重除丹徒令。入县界，吏人候之，谓曰："我今重来，当以人肝代米，不然，清名不立。"

《南史》卷七〇

一七二　孙谦不受赠无私宅

齐初，孙谦为钱唐令，御烦以简，狱无系囚。及去官，百姓以谦在职不受饷遗，追载缣帛以送之。谦辞不受。每去官，辄无私宅，借空车厩居焉。

梁天监六年，为零陵太守，年已衰老，犹强力为政，吏人安之。谦为郡县，常勤劝课农桑，务尽地利，收入常多于邻境。九年，以老征为光禄大夫。

谦自少及老，历二县五郡，所在廉洁。居身俭素，床施蘧蒢屏风。冬则布被莞席，夏日无帱帐，而夜卧未尝有蚊蚋，人多异焉。年逾九十，强壮如五六十者。每朝会，辄先众到公门。力于仁义，行己过人甚远。

《南史》卷七〇

一七三　冯道根事母孝性谨厚

冯道根，广平酇人也。少失父，家贫，佣赁以养母。行得甘肥，不敢先食，必遽还以进母。年十三，以孝闻于乡里。

梁武帝时征为员外散骑常侍、右游击将军，领朱衣直阁。道根性谨厚，木讷少言，为将能检御部曲，所过村陌，将士不敢虏掠。每所征伐，终不言功，诸将欢哗争竞，道根默然而已。其部曲或怨非之，道根喻曰："明主自鉴功之多少，吾将何事。"尚书令沈约尝与武帝曰："此陛下之大树将军也。"处州郡，和理清静，为部下所怀。在朝廷，虽贵显而性俭约，所居宅不营墙屋，无器服侍卫，入室则萧然如素士之贫贱者。微时不学，既贵，粗读书，自谓少文，常慕周勃之器重。

及任豫州刺史。将行，武帝引朝臣宴别道根于武德殿，召工视道根，使图其形像。道根踧踖谢曰："臣所可报国家，惟馀一死，但天下太平，臣恨无可死之地。"豫部重得道根，人皆喜悦。武帝每称曰："冯道根所在，能使朝廷不复忆有一州。"

《梁书》卷一八

一七四　严植之好行阴德

梁武帝时，秭归严植之任五经博士，每登讲，听者千余人。植之性慈仁，好行阴德，在暗室未尝怠也。少尝山行，见一患者，问其姓名，不能答。载与俱归，为营医药。六日而死，为棺敛殡之，卒不知何许人也。又尝缘栅塘行，见患人卧塘侧，问之，云："姓黄，家本荆州，为人佣赁。疾笃，船主将发，弃之于岸。"植之恻然，载还疗之，经年而愈。请终身充奴仆以报厚恩。植之不受，遗以资粮遣之。

《南史》卷七一

一七五　江淹才尽归身草莱

江淹，字文通，济阳考城人也。少孤贫好学，沉静少交游。南齐末年，授淹以秘书监兼卫尉，固辞不获免，遂亲职。谓人曰："此非吾任，路人所知。"梁武帝即位，为散骑常侍、左卫将军。淹乃谓子弟曰："吾本素宦，不求富贵，今之忝窃，遂至于此。平生言止足之事，亦以备矣。人生行乐耳，须富贵何时。吾功名既立，正欲归身草莱耳。"以疾卒，时年六十二。

淹少以文章显，晚节才思微退，时人皆谓之才尽。凡所著述百馀篇，自撰为前后集，并《齐史》十志，行于世。

《梁书》卷一四

一七六　王志止足惇厚

王志，琅邪临沂人。梁武帝时任冠军将军、丹阳尹，迁中书令。为政清静，去烦苛。京师有寡妇无子，姑亡，举债以敛葬，既葬而无以还之。志愍其义，以俸钱偿焉。时年饥，每旦为粥于郡门，以赋百姓，民称之不容口。志为中书令，及居京尹，便怀止足。因多谢病，简通宾客。

志善草隶，当时以为楷法。志家世居建康禁中里马蕃巷，父僧虔以来，门风多宽恕，志尤惇厚。所历职，不以罪咎劾人。

《梁书》卷二一

一七七　王筠好抄书

王志之侄筠，性弘厚，不以艺能高人，而少擅才名。其《自序》云："余少好抄书，老而弥笃，虽偶见瞥观，皆即疏记。后重省览，欢兴弥深。习与性成，不觉笔倦。自年十三四，建武二年乙亥至梁大同六年，四十六载矣。幼年读《五经》，皆七八十遍。爱《左氏春秋》，吟讽常为口实。广略去取，凡三过五抄，馀经及《周官》《仪礼》《国语》《尔雅》《山海经》《本草》并再抄，子史诸集皆一遍。未尝倩人假手，并躬自抄录，大小百馀卷。不足传之好事，盖以备遗忘而已。"

《南史》卷二二

一七八　傅昭笃慎不负暗室

梁武帝时，傅昭历任秘书监、太常卿、临海太守等职。昭所莅官，常以清静为政，不尚严肃。居朝廷，无所请谒，不畜私门生，不交私利。终日端居，以书记为乐，虽老不衰。博极古今，尤善人物，魏晋以来，官宦簿伐，姻通内外，举而论之，无所遗失。性尤笃慎。子妇尝得家馈牛肉以进，昭召其子曰："食之则犯法，告之则不可，取而埋之。"其居身行己，不负暗室，类皆如此。京师后进，宗其学，重其道，人人自以为不逮。

《梁书》卷二六

一七九　陆杲性直无所顾望

御史中丞陆杲，性直，无所顾望。山阴令虞肩在任，赃污数百万，杲奏收治。中书舍人黄睦之以肩事托杲，杲不答。梁武帝闻之，以问杲，杲答曰"有之"。帝曰："卿识睦之不？"杲答曰："臣不识其人。"时睦之在御侧，上指示杲曰:"此人是也。"杲谓睦之曰:"君小人,何敢以罪人属南司?"睦之失色。杲在台,号称不畏强御。

《梁书》卷二六

一八〇　明山宾笃实

明山宾,曾任刺史、御史中丞、国子监祭酒等职。在州,所部平陆县不稔,启出仓米以赡人。后刺史检州曹,失簿书,以山宾为耗缺,有司追责,籍其宅入官,山宾默不自理,更市地造宅。昭明太子闻筑室不就,资助之。

山宾性笃实,家中尝乏用,货所乘牛。既售受钱,乃谓买主曰:"此牛经患漏蹄,治差已久,恐后脱发,无容不相语。"买主遽追取钱。处士阮孝绪闻之,叹曰:"此言足使还淳返朴。"

《梁书》卷二七

一八一　鱼弘使郡四尽

鱼弘,历任南谯、盱眙、竟陵太守。常语人曰:"我为郡,所谓四尽:水中鱼鳖尽,山中麋鹿尽,田中米谷尽,村里民庶尽。丈夫生世,如轻尘栖弱草,白驹之过隙。人生欢乐富贵几何时!"于是恣意酣赏,侍妾百馀人,不胜金翠,服玩车马,皆穷一时之绝。迁为平西湘东王司马,新兴、永宁二郡太守,卒官。

《梁书》卷二八

一八二　裴子野文成于心

裴子野,河东闻喜人。梁武帝时任中书通事舍人、著作郎。梁北伐,敕子野为喻魏文,受诏立成,武帝以其事体大,召尚书仆射徐勉、太子詹事周舍、鸿胪卿刘之遴、中书侍郎朱异,集寿光殿以观之,时并叹服。武帝目子野而言曰:"其形虽弱,其文甚壮。"俄又敕为书喻魏相元义,其夜受旨,子野谓可待旦方奏,未之为也。及五鼓,敕催令开斋速上,子野徐起操笔,昧爽便就。既奏,武帝深嘉焉。自是凡诸符檄,皆令草创。子野为文典而速,不尚丽靡之词。其制作多法古,与今文体异,当时或有诋诃者,及其末皆翕然重之。或问其为文速者,子野答云:"人皆成于手,我独成于心,虽有见否之异,其于刊改一也。"

俄迁中书侍郎,馀如故。大通元年,转鸿胪卿,寻领步兵校尉。子野在禁省十馀年,静默自守,未尝有所请谒,外家及中表贫乏,所得俸悉分给之。无宅,借官地二亩,起茅屋数间。妻子恒苦饥寒,唯以教诲为本,子侄祗畏,若奉严君。末年深信释氏,持其教戒,终身饭麦食蔬。卒官,年六十二。

《梁书》卷三〇

一八三　吉翂求代父命

冯翊吉翂父为原乡令，为奸吏所诬，逮诣廷尉，罪当死。翂年十五，挝登闻鼓，乞代父命。梁武帝以其幼，疑人教之，使廷尉卿蔡法度严加诱胁，取其款实。法度盛陈拷讯之具，诘翂曰："尔求代父，敕已相许，审能死不？且尔童騃，若为人所教，亦听悔异。"翂曰："囚虽愚幼，岂不知死之可惮！顾不忍见父极刑，故求代之。此非细故，奈何受人教邪！明诏听代，不异登仙，岂有回贰！"法度具以闻，上乃宥其父罪。

《通鉴》卷一四五

一八四　梁武帝好儒术

梁武帝好儒术，诏曰："魏、晋浮荡，儒教沦歇，风节罔树，抑此之由。可置五经博士各一人，广开馆宇，招纳后进。"每馆有数百生，给其饩廪，其射策通明者即除为吏。期年之间，怀经负笈者云会。分遣博士祭酒巡州郡立学。

《通鉴》卷一四六

一八五　梁武帝为法缓于权贵

梁武帝敦睦九族，优借朝士，有犯罪者，皆屈法申之。百姓有罪，则案之如法，其缘坐则老幼不免，一人逃亡，举家质作，民既穷窘，奸宄益深。尝因郊祀，有秣陵老人遮车驾言曰："陛下为法，急于庶民，缓于权贵，非长久之道，诚能反是，天下幸甚。"

《通鉴》卷一四七

一八六　萧宏殖货无厌

梁临川王萧宏，奢僭过度，殖货无厌。库屋垂百间，在内堂之后，关钥甚严，有疑是铠仗者，密以闻。武帝殊不悦。乃送盛馔与宏，至宏宅，大饮半醉后，谓曰："我欲履行后房。"宏恐上见其货贿，颜色怖惧。上意益疑之，于是屋屋检视，每钱百万为一聚，黄榜标之，千万为一库，悬一紫标，如此三十馀间。上屈指计，见钱三亿馀万。馀屋贮布帛等物，但见满库，不知多少。上始知非仗，大悦，谓曰："阿六，汝生计大可！"乃更剧饮至夜，举烛而还。

《通鉴》卷一四八

一八七　沈瑀绳治豪族

沈瑀，吴兴人，梁武帝时起为馀姚令。县大姓虞氏千馀家，请谒如市，前后令长莫能绝。自瑀到，非讼所通，其有至者，悉立之阶下，以法绳之。县南又有豪族数百家，子弟纵横，递相庇荫，厚自封植，百姓甚患之。瑀召其老者为石头仓监，少者补县僮，皆号泣道路，自是权右屏迹。瑀初至，富吏皆鲜衣美服，以自彰别。瑀怒曰："汝等下县吏，何自拟贵人耶？"悉使着芒屩粗布，侍立终日，足有蹉跌，辄加榜棰。瑀微时，尝自至此鬻瓦器，为富人所辱，故因以报焉，由是士庶骇怨。然瑀廉白自守，故得遂行其志。

《梁书》卷五三

一八八　何远疾强富受谤免归

何远，梁武帝时任宣城太守、始兴内史。远在官，好开途巷，修葺墙屋，民居市里，城隍厩库，所过若营家焉。田秩俸钱，并无所取，岁暮，择民尤穷者，充其租调，以此为常。性果断，民不敢非，畏而惜之。所至皆生为立祠，表言治状。

迁东阳太守。远疾强富如仇雠，视贫细如子弟，特为豪右所畏惮。在东阳岁馀，复为受罚者所谤，坐免归。

远耿介无私曲，居人间，绝请谒，不造诣。与贵贱书疏，抗礼如一。其所会遇，未尝以颜色下人，以此多为俗士所恶。其清公实为天下第一。居数郡，见可欲终不变其心，妻子饥寒，如下贫者。及去东阳归家，经年岁，口不言荣辱。轻财好义，周人之急，言不虚妄，盖天性也。每戏语人云："卿能得我一妄语，则谢卿以一缣。"众共伺之，不能记也。

《梁书》卷五三

一八九　昭明太子编辑《文选》

梁武帝长子统，美姿貌，善举止。读书数行并下，过目皆忆，五岁能诵五经。每游宴祖道，赋诗至十数韵。或命作剧韵赋之，皆属思便成，无所点易。武帝大弘佛教，亲自讲说。太子亦崇信三宝，遍览众经。乃于宫内别立慧义殿，专为法集之所。招引名僧，谈论不绝。

母丁贵嫔卒，统水浆不入口，武帝使谓之曰："毁不灭性，况我在邪！"乃进粥。太子体素肥壮，腰带十围，至是减削过半。

统在东宫二十馀年，不畜声乐。尝泛舟后池，番禺侯轨盛称"此中宜奏女乐"。太子不答，咏左思《招隐诗》曰："何必丝与竹，山水有清音。"侯惭而止。

好读书属文，引接才俊，赏爱无倦。招聚刘勰、王筠等学士，研讨书籍，商榷古今，辑先秦至梁诗文七百馀篇，分三十七类，名为《文选》。

每霖雨积雪，统遣左右周行闾巷，视贫者赈之。年三十，病卒，朝野惋愕，建康男女，奔走宫门，号泣道路。谥为昭明。

《通鉴》卷一五五；《梁书》卷八

一九〇　钟嵘著《诗品》

钟嵘，字仲伟，颍川长社人，尝品古今五言诗，论其优劣，名为《诗品》。其序曰："诗有六义焉，一曰兴，二曰赋，三曰比。文已尽而意有馀，兴也；因物喻志，比也；直书其事，寓言写物，赋也。弘斯三义，酌而用之，干之以风力，润之以丹采，使味之者无极，闻之者动心，是诗之至也。若专用比、兴，则患在意深，意深则辞踬。若但用赋体，则患在意浮，意浮则文散。嬉成流移，文无止泊，有芜漫之累矣。"

《梁书》卷四九

一九一　刘勰著《文心雕龙》

刘勰，字彦和，东莞莒人。勰早孤，笃志好学。家贫不婚娶，依沙门僧佑，与之居处，积十馀年，遂博通经论，因区别部类，录而序之。今定林寺经藏，勰所定也。昭明太子好文学，深爱接之。

勰撰《文心雕龙》五十篇，论古今文体，引而次之。既成，未为时流所称。勰自重其文，欲取定于沈约。约时贵盛，无由自达，乃负其书，候约出，干之于车前，状若货鬻者。约便命取读，大重之，谓为深得文理，常陈诸几案。

勰为文长于佛理，京师寺塔及名僧碑志，必请勰制文。有敕与慧震沙门于定林寺撰经证，功毕，遂启求出家，先燔鬓发以自誓，敕许之。文集行于世。

《梁书》卷五〇

一九二　王籍若邪溪赋诗

王籍，字文海，琅邪临沂人。籍好学博涉，有才气，乐安任昉见而称之。尝于沈约坐赋得《咏烛》，甚为约赏。会稽郡境有云门、天柱山，籍尝游之，或累月不返。至若邪溪赋诗，其略云："蝉噪林逾静，鸟鸣山更幽。"当时以为文外独绝。

《梁书》卷五〇

一九三　沈颙樵采自资

沈颙，吴兴武康人也。颙幼清静有至行，读书不为章句，著述不尚浮华。常独处一室，人罕见其面。颙从叔勃，贵显齐世，每还吴兴，宾客填咽，颙不至其门。勃就之，颙送迎不越于阃。勃叹息曰："吾乃今知贵不如贱。"颙内行甚修，事母兄弟孝友，为乡里所称慕。颙不受征召，不治家产，值齐末兵荒，与家人并日而食。或有馈其粱肉者，闭门不受。唯以樵采自资，怡怡然恒不改其乐。天监四年，卒于家。

《梁书》卷五一

一九四　徐摛才高招排挤

东海徐摛为太子侍读。摛文体轻丽，东宫尽学之，时人谓之宫体。梁武帝闻之，召摛，欲加指责。及见，应对明敏，辞义可观，意更释然，因问经史及释教，摛商较纵横，应对如响，上甚加叹异，宠遇日隆。领军朱异不悦，谓所亲曰："徐叟出入两宫，渐来见逼，我须早为之所。"遂乘间白上曰："摛年老，又爱泉石，意在一郡自养。"上谓摛真欲之，乃召摛，谓曰："新安大好山水。"遂出为新安太守。

《通鉴》卷一五五

一九五　山中宰相陶弘景

丹阳陶弘景，博学多艺能，好养生之术。仕齐为奉朝请，弃官，隐居茅山。筑三层楼，弘景处其上，弟子居其中，宾客至其下，与物遂绝，唯一家僮得侍其旁。特爱松风，每闻其响，欣然为乐。有时独游泉石，望见者以为仙人。性好著述，尚奇异，顾惜光景，老而弥笃。尤明阴阳五行，风角星算，山川地理，方图产物，医术本草。善琴棋，工草隶。

萧衍早与之游，及即位，恩礼甚笃，每得其书，梵香虔受。屡以手敕召之，弘景不出。国家每有吉凶征讨大事，无不先咨之。月中尝有数信，时人谓之"山中宰相"。

将没，为诗曰："夷甫任散诞，平叔坐论空。岂悟昭阳殿，遂作单于宫。"时士大夫竞谈玄理，故弘景诗及之。卒年八十五。

《通鉴》卷一五七；《梁书》卷五一

一九六　梁武帝称上有过失知之在下

梁尚书右丞江子四上封事，极言政治得失，武帝诏曰："屋漏在上，知之在下。朕有过失，不能自觉，江子四等封事所言，尚书可时加检括，于民有蠹患者，宜速详启。"

《通鉴》卷一五七

一九七　梁武帝勤政节俭不能治国

梁武帝博学能文，骑射、声律、草隶、围棋，无不精妙。勤于政务，冬月四更尽，即起视事，执笔触寒，手为皴裂。因信释法，长斋断鱼肉，日止一食，惟菜羹粝饭而已，或遇事繁，日移中则漱口以过。身衣布衣，木绵皂帐，一冠三载，一衾二年。对内竖小臣，如遇大宾。然优假士人太过，牧守多浸渔百姓，使者干扰郡县。又好亲任小人，颇伤苛察。多造塔庙，公私费损。

《通鉴》卷一五九

一九八　梁武帝舍身同泰寺

梁武帝作同泰寺，又开大通门以对之。帝晨夕幸寺，皆出入是门。帝数次舍身同泰寺。设四部无遮大会。释御服，持法衣，行清净大舍，以便省为房，素床瓦器。为僧尼及善男子善女人讲《涅盘经》。群臣以钱一亿万，奉赎皇帝菩萨，表请还宫，三请，乃许。上三答书，前后并称"顿首"。

梁武帝老年，疏简刑法，专精佛戒。每断重罪，则终日不怿。或谋反逆，事觉，亦泣而宥之。由是王侯益横，或白昼杀人于都街，或暮夜公行剽劫，有罪亡命者，匿于王家，有司不敢搜捕。上深知其弊，溺于慈爱，不能禁也。

《通鉴》卷一五一、卷一五三、卷一五九

一九九　侯景困死梁武帝于台城

东魏司徒、河南大将军、大行台侯景，右足偏短，弓马非其所长，而多谋算。景尝与丞相高欢言："愿得兵三万横行天下，要须济江缚取萧衍老公，以为太平寺主。"景素轻高欢子澄，尝曰："高王在，吾不敢有异；王没，吾不能与鲜卑小儿共事。"

及高欢卒，侯景遂叛，先降西魏，复降梁。群臣谏不纳，武帝不听。侯景终反，至建康，围梁武帝于台城。日

· 813 ·

久，蔬茹皆绝，乃食鸡子，手自料理，歔欷哽咽。又叹曰："自我得之，自我失之，亦复何恨！"武帝忧愤成疾，加以饮膳为所裁节，遂卒，年八十六。

《通鉴》卷一五九、卷一六二

二〇〇　侯景治下之江南

侯景性残暴，于石头立大碓，有犯法者捣杀之。常诫诸将曰："破栅平城，当尽杀之，使天下知吾威名。"故诸将每战胜，专以焚掠为事，斩刈人如草芥，以资戏笑。由是百姓虽死，终不附之。又禁人偶语，犯者刑及外族。为其将帅者，悉称行台，来降附者，悉称开府。

时江南连年旱蝗，江扬尤甚，百姓流亡，相与入山谷、江湖，采草根、木叶、菱芡而食，所在皆尽，死者蔽野。富室无食，皆鸟面鹄形，衣罗绮，怀珠玉，俯伏床帷，待命听终。千里绝烟，人迹罕见，白骨成聚如丘陇焉。

《通鉴》卷一六三

二〇一　梁简文帝之死

侯景立萧纲为帝，是为简文帝。即位时，景与帝登重云殿，礼佛为誓，云："自今君臣两无猜忌，臣固不负陛下，陛下亦不得负臣。"帝自知不久，指所居殿谓殷不害曰："庞涓当死此下。"

不久，景废简文帝，幽帝于永福省，悉撤内外侍卫，墙垣悉布枳棘。景命人进毒酒，曰："陛下幽忧久，臣等来上寿。"萧纲笑曰："已禅帝位，何得言陛下！此寿酒，将不尽此乎！"知将见杀，因尽醉，曰："不图为乐之至于斯也！"既醉而寝。乃以土囊压其上而卒。自幽絷之后，无纸，书壁及板障，为诗文数百篇，辞甚凄怆。

帝雅好题诗，其序云："余七岁有诗癖，长而不倦。"然伤于轻艳，当时号曰"宫体"。又著书三十卷。

《通鉴》卷一六三、卷一六四；《梁书》卷四

二〇二　梁太子居困厄而怡然

侯景杀太子大器。太子于景党，未尝屈意。所亲窃问之，太子曰："贼若于事义，未须见杀，吾虽陵慢呵叱，终不敢言。若见杀时至，虽一日百拜，亦无所益。"又问："殿下今居困厄，而神貌怡然，不贬平日，何也？"太子曰："吾自度死日必在贼前。若诸叔能灭贼，贼必先见杀，然后就死。若其不然，贼亦杀我以取富贵，安能以必死之命为无益之愁乎！"及难，太子颜色不变。徐曰："久知此事，嗟其晚耳！"

《通鉴》卷一六四

二〇三　萧方等愿与鱼鸟同游

萧方等，梁简文帝长子也。少聪敏，有俊才，善骑

射，尤长巧思。性爱林泉，特好散逸。尝著论曰："人生处世，如白驹过隙耳。一壶之酒，足以养性；一箪之食，足以怡形。生在蓬蒿，死葬沟壑，瓦棺石椁，何以异兹？吾尝梦为鱼，因化为鸟。当其梦也，何乐如之；及其觉也，何忧斯类；良由吾之不及鱼鸟者，远矣。故鱼鸟飞浮，任其志性；吾之进退，恒存掌握。举手惧触，摇足恐堕。若使吾终得与鱼鸟同游，则去人间如脱屣耳。"后，死于侯景之乱。

《梁书》卷四四

二〇四　梁元帝焚书

梁元帝绎好玄谈，尝于龙光殿讲《老子》。西魏军围江陵，绎巡夜，犹口占为诗。城陷。绎命舍人高善宝，焚古今图书十馀万卷，将自赴火，宫人左右共止之。又以宝剑斫柱令折，叹曰："文武之道，今夜尽矣。"出降后，囚于乌幔之下。或问："何意焚书？"绎曰："读书万卷，犹有今日，故焚之。"绎为魏人所杀。

绎作文章，援笔立就。常言："我韬于文士，愧于武夫。"

《通鉴》卷一六五

二〇五　殷不害寻母

江陵城陷，梁中书郎殷不害失其母。时冰雪交积，冻死者填满沟堑，不害行哭于道，求其母尸，无所不至。见沟中死人，辄投下捧视，举体冻湿，水浆不入口，号哭不辍声，如是七日，乃得之。

《通鉴》卷一六五

二〇六　高欢幸得陈元康

东魏都邺，丞相高欢，执掌政权。司马子如、高季式召孙搴剧饮，醉甚而卒。高欢亲临其丧，谓子如、季式曰："卿饮杀我孙主簿，为我求可代者！"季式以陈元康对，曰："是能夜中暗书，快吏也。"召之，一见，即受大丞相功曹，掌机密。时军国多务，元康问无不知。欢或出，临行，留元康在后，马上有所号令九十馀条，元康屈指数之，尽能记忆。性又柔谨，欢甚亲之，曰："如此人，诚难得，天赐我也。"

《通鉴》卷一五七

二〇七　段韶善计略好财色

段韶，字孝先，少工骑射，有将领才略。高欢以韶母为皇后姊，益器爱之，常置左右，以为心腹。从高欢拒尔朱兆，战于广阿。欢谓韶曰："吾虽以顺讨逆，奉辞伐罪，但弱小在强大之间，恐无天命，卿不闻之也？"答曰："韶闻小能敌大，小道大淫，皇天无亲，唯德是辅。尔朱外贼天下，内失善人，智者不为谋，勇者不为斗，不肖失职，贤者取之，复何疑也。"遂与兆战，兆军溃。

韶出总军旅，入参帷幄，望倾朝野。长于计略，善于御众，得将士之心，临敌之日，人人争奋。又雅性温慎，有宰相之风。教训子弟，闺门雍肃，事后母以孝闻，齐世勋贵之家罕有及者。然僻于好色，虽居要重，微服间行。尤啬于财，虽亲戚故旧略无施与。其子深尚公主，并省丞郎在家佐事十馀日，事毕辞还，人唯赐一杯酒。

《北齐书》卷一六

二〇八　段孝言骄奢贪黩

段孝言，少警发有风仪。齐受禅，其兄韶以别封霸城县侯授之。累迁度支尚书、清都尹。

孝言本以勋戚绪馀，致位通显，至此便骄奢放逸，无所畏惮。曾夜行，过其宾客宋孝王家宿，唤坊民防援，不时应赴，遂拷杀之。又与诸淫妇密游，为其夫觉，复恃官势，拷掠而殒。时苑内须果木，科民间及僧寺备输，悉分向其私宅种植。又殿内及园中须石，差车牛从漳河运载，复分车回取。事悉闻彻，出为海州刺史。寻以其兄故，征拜都官尚书，迁太常卿，除齐州刺史，以赃贿为御史所劾。

孝言虽黩货无厌，恣情酒色，然举止风流，招致名士，美景良辰，未尝虚弃，赋诗奏伎，毕尽欢洽。虽草莱之士，粗闲文艺，多引入宾馆，与同兴赏。

《北齐书》卷一六

二〇九　孙腾求纳财贿不知纪极

孙腾早依附高欢，契阔艰危，勤力恭谨，深见信待。及高欢置之魏朝，寄以心腹，遂志气骄盈，与夺由己，求纳财贿，不知纪极。生官死赠，非货不行，肴藏银器，盗为家物，亲狎小人，专为聚敛。在邺与高岳、高隆之、司马子如号为四贵，非法专恣，腾为甚焉。高欢屡加谴让，终不悛改，朝野深非笑之。

《北齐书》卷一八

二一〇　李元忠称作仆射不如饮酒

李元忠，赵郡柏人也。元忠以母老多患，乃专心医药，研习积年，遂善于方技。性仁恕，见有疾者，不问贵贱，皆为救疗。家素富实，其家人在乡，多有举贷求利，元忠每焚契免责。乡人甚敬重之。

东魏天平初，除光州刺史。时州境灾俭，人皆菜色，元忠表求赈贷，俟秋征收。被报，听用万石。元忠以为万石给人，计一家不过升斗而已，徒有虚名，不救其弊，遂出十五万石以赈之。事讫表陈，朝廷嘉而不责。兴和末，拜侍中。

元忠虽处要任，不以物务干怀，唯饮酒自娱。丞相欢欲用为仆射，世子澄言其放达常醉，不可委以台阁。其子搔闻之，请节酒，元忠曰："我言作仆射不胜饮酒乐，尔爱仆射，宜勿饮酒。"每挟弹携壶，敖游里闾，遇会饮酌，萧然自得。常布言于执事云："年渐迟暮，志力已衰，久忝名官，以妨贤路。若朝廷厚恩，未便放弃者，乞在闲冗，以养馀年。"武定元年，除东徐州刺史，固辞不拜。

孙腾、司马子如尝共诣元忠，见其坐树下，拥被对壶，庭室芜旷。谓二公曰："不意今日披藜藿也。"因呼妻出，衣不曳地。二公相顾叹息而去，大饷米绢衣服，元忠受而散之。

《北齐书》卷二二；《通鉴》卷一五八

二一一　卢宗道粗率酷滥

卢宗道，性粗率，重任侠。东魏世历任尚书郎、通直散骑常侍，后行南营州刺史。尝于晋阳置酒，宾游满坐。中书舍人马士达目其弹筝簉女妓云："手甚纤素。"宗道即以此婢遗士达，士达固辞，宗道便命家人将解其腕，士达不得已而受之。将赴营州，于督亢陂大集乡人，杀牛聚会。有一旧门生酒醉，言辞之间，微有疏失，宗道遂令沉之于水。后坐酷滥除名。

《北齐书》卷二二

二一二　卢义僖不苟求富贵

卢义僖，早有学尚，识度沉雅。散秩多年，澹然自得。李神俊劝其干谒当途。义僖曰："学先王之道，贵行先王之志，何能苟求富贵也？"后，除都官尚书、左光禄大夫。

义僖少时，幽州频遭水旱，先有谷数万石贷民，义僖以年谷不熟，乃燔其契。州闾悦其恩德。

义僖性宽和畏慎，不妄交款。性清俭，不营财利，虽居显位，每至困乏，麦饭蔬食，忻然甘之。东魏孝静帝时卒。

《魏书》卷四七

二一三　南北通好以俊义相夸

时南北朝通好，务以俊义相夸，衔命接客，必尽一时之选，无才地者不得与焉。每梁使至邺，邺下为之倾动，贵胜子弟，盛饰聚观，礼赠优渥，馆门成市。宴日，高澄常使左右觇之，一言制胜，澄为之抃掌。魏使至建康亦然。

《通鉴》卷一五七

二一四　高欢称不能急正纲纪

行台郎中杜弼以文武在位多贪污，言于丞相高欢，请治之。欢曰："弼来，我语尔！天下贪污，习俗已久。今督将家属多在关西，宇文泰常相招诱，人情去留未定。江东复有吴翁萧衍，专事衣冠礼乐，中原士大夫望之以为正朔所在。我若急正纲纪，不相假借，恐督将尽归宇文，士子悉奔萧衍，人物流散，何以为国！尔宜少待，吾不忘之。"

欢将出兵拒西魏，杜弼请先除内贼。欢问内贼为谁，弼曰："诸勋贵掠夺百姓者是也。"欢不应，使军士张弓注矢，举刀按矟，夹道罗列，命弼冒出其间，弼战栗流汗。欢乃徐谕之曰："矢虽注不射，刀虽举不击，矟虽按不刺，尔犹亡魂失胆。诸勋人身犯锋镝，九死一生，虽或贪鄙，所取者大，岂可同之常人也。"弼乃顿首谢不及。

《通鉴》卷一五七

二一五　高欢宣旨区别鲜卑与华人

高欢每号令军士，常令丞相属张华原宣旨，其语鲜卑则曰："汉民是汝奴，夫为汝耕，妇为汝织，令汝温饱，汝何为陵之？"其语华人则曰："鲜卑是汝作客，得汝一斛粟、一匹绢，为汝击贼，令汝安宁，汝何为疾之？"

《通鉴》卷一五七

二一六　崔暹勤政直言

崔暹，博陵安平人。高欢长子澄以暹为度支尚书，兼仆射，委以心腹之寄。遐忧国如家，以天下为己任。澄车服过度，诛戮变常，言谈进止，或有亏失，遐每厉色极言，澄亦为之止。有囚数百，澄尽欲诛之，每催文帐。遐故缓之，不以时进，澄意释，竟以获免。

自出身从官，常日晏乃归。侵晓则与兄弟问母之起居，暮则尝食视寝，然后至外斋对亲宾。一生不问家事。魏、梁通和，要贵皆遣人随聘使交易，遐惟寄求佛经。梁武帝闻之，为缮写，以幡花宝盖赞呗送至馆焉。然而好大言，调戏无节。

北齐主高洋时，为右仆射。帝谓左右曰："崔遐谏我饮酒过多，然我饮何所妨？"常山王私谓遐曰："至尊或多醉，太后尚不能致言，吾兄弟杜口，仆射独能犯颜，内外深相感愧。"遐以疾卒。

《北齐书》卷三〇

二一七 魏静帝逊位

杨愔、崔劼奉高欢旨，奏请魏静帝则尧禅舜。魏静帝便敛容曰："此事推挹已久，谨当逊避。"又道："若尔，须作诏。"崔劼奏云："诏已作讫。"即付杨愔进于魏静帝。魏静帝云："安置朕何所，复若为去？"杨愔对："在北城别有馆宇，还备法驾，依常仗卫而去。"魏静帝于是下御坐，就东廊，口咏范蔚宗《后汉书赞》云："献生不辰，身播国屯，终我四百，永作虞宾。"所司寻奏请发。魏静帝曰："人念遗簪弊屦，欲与六宫别，可乎？"乃入与夫人嫔御以下诀别，莫不歔欷掩涕。嫔赵国李氏口诵陈思王诗云："王其爱玉体，俱享黄发期。"魏静帝登车出万春门。

《北齐书》卷三〇

二一八　阳俊之自认才士

阳俊之，位兼通直常侍，尚书郎。多作六言歌辞，淫荡而拙，世俗流传，名为《阳五伴侣》，写而卖之，在市不绝。俊之尝过市，取而改之，言其字误。卖书者曰："阳五古之贤人，作此《伴侣》，君何所知，轻敢议论！"俊之大喜。后待诏文林馆，自言："有文集十卷，家兄亦不知吾是才士也。"

《北史》卷四七

二一九　高洋深自晦匿

高欢之子洋，内明决而外如不慧，兄弟及众人皆嗤鄙之。独欢异之，谓曰："此儿识虑过吾。"幼时，欢尝欲观诸子意识，使各治乱丝，洋独抽刀斩之曰："乱者必斩。"又各配兵四出，使都督彭乐帅甲骑伪攻之，兄澄等皆怖，洋独勒众与乐相格，乐免胄言情，犹擒之以献。及长，欢以洋为骠骑大将军，开府仪同三司。

高澄以其弟洋次长，意常忌之。洋深自晦匿，言不出口，常自贬退，与澄言，无不顺从。澄轻之，常曰："此人亦得富贵，相书亦何可解！"洋每退朝还第，辄闭合静坐，虽对妻子，能竟日不言。或时祖跣奔跃，夫人问其故，洋曰："为尔漫戏。"其实盖欲习劳也。

及高澄为膳奴所杀，洋闻之，颜色不变，指挥部分，入讨贼，斩之。洋大会文武，神采英畅，言辞敏洽，众皆大惊。澄政令有不便者，洋皆改之。

《通鉴》卷一五七、卷一六二

二二〇　北齐帝高洋图治

东魏高洋封为齐王，旋受魏禅，称帝。初践大位，留心政术，以法驭下，公道为先。或有违犯宪章，虽密戚旧勋，必无容舍，内外清靖，莫不祗肃。至于军国几策，独决怀抱。又以三方鼎跱，诸夷未宾，修缮甲兵，简练士卒。每临行阵，亲当矢石，锋刃交接，唯恐前敌之不多，屡犯艰危，常致克捷。

赵道德以事属黎阳太守房超，超不发书，掊杀其使。齐主善之，命守宰各设棓以诛属请之使。久之，都官中郎宋轨奏曰："若受使请赇，犹致大戮，身为枉法，何以加罪。"乃罢之。

齐主简练六军宿卫之士为六坊，每一人必当百人，任其临阵必死，然后取之，谓之"百保鲜卑"。又简华人之勇力绝伦者，谓之勇士，以备边要。

《通鉴》卷一六二；《北齐书》卷四

二二一　魏收撰《魏书》号秽史

齐中书令魏收撰《魏书》，颇用爱憎为褒贬，每谓人曰："何物小子，敢与魏收作色！举之则使升天，按之则使入地。"既成，中书舍人卢潜奏："收诬罔一代，罪当诛。"高洋怒，潜坐系狱。然时人终不服，谓之"秽史"。

《通鉴》卷一六五

二二二　苏琼之德政

北齐文襄时，苏琼任南清河太守。琼性清慎，不发私书。道人道研为济州沙门统，资产巨富，在郡多出息，常得郡县为征。及欲求谒，度知其意，每见则谈问玄理。研虽为债数来，无由启口。其弟子问其故，研曰："每见府君，径将我入青云间，何由得论地上事。"师徒还归，遂焚债券。

郡人赵颍，官至乐陵太守，年馀八十，致仕归。五月中，得新瓜一双，自来奉。颍恃年老，苦请琼，遂便为留。乃致于厅事梁上，竟不割。人闻受赵颍饷瓜，欲贡新果，至门，问知颍瓜犹在，相顾而去。

有百姓乙普明，兄弟争田，积年不断，各相援据，乃至百人。琼召普明兄弟，对众人谕之曰："天下难得者兄弟，易求者田地。假令得地失兄弟心，如何？"因而下泪，诸证人莫不洒泣。普明兄弟叩头，乞外更思，分异十年，遂还同住。

每年春，总集大儒卫觊隆、田元凤等讲于郡学，朝吏文案之暇，悉令受书。时人指吏曹为学生屋。禁断淫祠，婚姻丧葬，皆教令俭而衷礼。又蚕月预下绵绢度样于部内，其兵赋次第，并立明式。至于调役，事必先办，郡县吏长，恒无十杖稽失。当时州郡，无不遣人至境，访其政术。

文宣帝时，郡界大水，人灾，绝食者千馀家。琼普集郡中有粟家，自从贷粟，悉以给付饥者。州计户征租，复欲推其贷粟，纲纪谓琼曰："虽矜饥馁，恐罪累府君。"琼曰："一身获罪且活千室，何所怨乎？"遂上表陈状，使检皆免，人户保安。此等相抚儿子，咸言"府君生汝"。在郡六年，人庶怀之。遭忧解职，故人赠遗，一无所受。

《北史》卷八六

二二三　高洋令道士剃发为沙门

北齐主高洋以佛道二教不同，欲去其一，集二家论难于前，遂敕道士皆剃发为沙门。有不从者，杀四人，乃奉命。于是齐境皆无道士。

《通鉴》卷一六六

二二四　高洋肆行狂暴

高洋以功业自矜，遂嗜酒淫泆，肆行狂暴。或身自歌舞，尽日通宵，或散发胡服，袒露形体，或游行市里，街坐巷宿，或盛夏日中暴身，或隆冬去衣驰走，从者不堪，帝居之自若。尝于道上问妇人曰："天子何如？"对曰："颠颠痴痴，何成天子！"帝杀之。

高氏妇女，不问亲疏，多与之乱，或以赐左右，又多方苦辱之。

作大镬、长锯、剉、碓之属，陈之于庭，每醉辄手杀人，以为戏乐。所杀者多令支解，或焚之于火，或投之以水。

《通鉴》卷一六六

二二五　高洋斩高德政

高洋末年，纵酒酗醉，所为不法。尚书右仆射高德政屡进忠言。召德政饮，不从，帝不悦。德政惧，乃称疾屏居佛寺，兼学坐禅，为退身之计。帝谓杨愔曰："我大忧德政，其病何似？"愔答云："陛下若用作冀州刺史，病即自差。"帝从之，德政见除书而起。帝大怒，召德政谓之曰："闻尔病，我为尔针。"亲以刀子刺之，血流沾地。又使曳下，斩去其趾。刘桃枝捉刀不敢下。帝起临阶砌，因索大刀自带，欲下阶。桃枝乃斩足之三指。帝怒不解，禁德政于门下，其夜开城门，以毡舆送还家。旦日，德政妻出宝物满四床，欲以寄人。帝奄至其宅，见而怒曰："我府藏犹无此物！"遂曳出斩之。

《北齐书》卷三〇

南北朝（公元 420 年至 588 年）

二二六　李集比高洋为桀纣

典御丞李集面谏高洋，比之于桀纣。洋令缚置流水中，沉没久之，复令引出，谓曰："吾何如桀纣？"集曰："向来弥不及矣！"又令沉之，引出，更问，如此数四，集对如初。洋大笑曰："天下有如此痴人，方知龙逄、比干未是俊物！"遂释之。顷之，又被引入见，似有所谏，洋令腰斩之。其或斩或赦，莫能测焉。

《通鉴》卷一六六

二二七　魏恺不受长史而任刺史

魏恺，迁青州长史，固辞不就。高洋大怒，云："何物汉子，我与官不肯就！明日将过，我自共语。"是时高洋已失德，朝廷皆为之惧，而恺情貌坦然。洋切责之，仍云："死与长史孰优，任卿选一处。"恺答云："能杀臣者是陛下，不受长史者是愚臣，伏听明诏。"洋谓杨愔云："何虑无人作官职，苦用此汉何为，放其还家，永不收采。"由是积年沉废。后遇杨愔于路，微自披陈。杨答曰："发诏授官，咸由圣旨，非选曹所悉，公不劳见诉。"恺应声曰："虽复零雨自天，终待云兴四岳。公岂得言不知？"杨欣然曰："此言极为简要，更不须多语。"数日，除霍州刺史。在职有治方，为边民悦服。大宁中，卒于胶州刺史。

《北齐书》卷二三

二二八　杨愔绝私交轻货财

尚书左仆射杨愔，典选二十馀年，奖擢人伦，以为己任。然取士多以言貌，时致谤言，以为愔之用人，似贫士市瓜，取其大者。愔闻，不屑焉。聪记强识，半面不忘。

高洋丧德，杨愔维持匡救，实有赖焉。自居大位，门绝私交。轻货财，重仁义，前后赏赐，积累巨万，散之九族，架箧之中，唯有书数千卷。平原王隆之与愔邻宅，愔尝见其门外有富胡数人，谓左右曰："我门前幸无此物。"性周密畏慎，恒若不足。

《北齐书》卷三四

二二九　辛术取士循名责实

北齐主高欢时，辛术任吏部尚书。杨愔风流辨给，取士失于浮华。术性尚贞明，取士以才器，循名责实，新旧参举，管库必擢，门阀不遗。考之前后铨衡，在术最为折衷，甚为当时所称举。天保末，高洋尝令术选百员官，参选者二三千人，术题目士子，人无谤讟，其所旌擢，后亦皆致通显。

术清俭，寡嗜欲。勤于所职，未尝暂懈。少爱文史，晚更修学，虽在戎旅，手不释卷。及定淮南，凡诸资物，一毫无犯，唯大收典籍，多是宋、齐、梁时佳本，鸠集万馀卷，并顾陆之徒名画、二王以下法书数亦不少，俱不上王府，唯入私门。及还朝，颇以馈遗权要。

《北齐书》卷三八

二三〇　卢斐残忍非人情

卢斐，范阳涿人也。斐性残忍，以强断知名。天保中，迁尚书左丞，别典京畿诏狱，酷滥非人情所为。无问事之大小，拷掠过度，于大棒车辐下死者非一。或严冬至寒，置囚于冰雪之上；或盛夏酷热，曝之日下。枉陷人致死者，前后百数。又伺察官人罪失，动即奏闻，朝士见之，莫不重迹屏气。

《北齐书》卷四七

二三一　赵彦深母子情深

赵彦深，官至司空、司徒，历事累朝，常参机近，温柔谨慎，喜怒不形于色。常逊言恭己，未尝以骄矜待物，所以或出或处，去而复还。母傅氏，雅有操识。彦深三岁，傅便孀居，家人欲以改适，自誓以死。彦深五岁，傅谓之曰："家贫儿小，何以能济？"彦深泣而言曰："若天哀矜，儿大当仰报。"傅感其意，对之流涕。及彦深拜太常卿，还，不脱朝服，先入见母，跪陈幼小孤露，蒙训得至于此。母子相泣久之，然后改服。

《北史》卷五五

二三二　王晞称殿庭非行戮之所

齐高洋卒，卒前曰："人生必有死，何足惜！但忧子幼，人将夺之耳。"谓其弟演曰："夺则任汝，慎勿杀也。"太子殷即位，旋被杀，演自立为帝。

齐主演斩人于前，问王晞曰："是人应死不？"晞曰："应死，但恨死不得其地耳。臣闻，刑人于市，与众弃之。殿庭非行戮之所。"演改容谢曰："自今当为王公改之。"

演欲以王晞为侍郎，苦辞不受。晞曰："我少年以来，阅要人多矣，得志少时，鲜不颠覆。且吾性实疏缓，不堪时务，人主恩私，何由可保！万一披猖，求退无地。非不好作要官，但思之烂熟耳。"

《通鉴》卷一六七、卷一六八

二三三　和士开劝帝极意为乐

北齐主武成帝湛，宠幸侍中和士开，须臾不离。士开或累日不归，或一日数入，或放还之后，俄顷即追，未至之间，连骑督促。奸谄百端，宠爱日隆，前后赏赐，不可胜纪。每侍左右，言辞容止，极诸鄙亵，以夜继日，无复君臣之礼。常谓帝曰："自古帝王尽为灰土，尧舜、桀纣，竟复何异！陛下宜及少壮，极意为乐，纵横行之。一日取快，可敌千年。国事尽付大臣，何虑不办，无为自勤约也。"帝大悦，从之。二年后，传位于太子纬，自为太上皇帝，军国大事咸以闻。

《通鉴》卷一六九

二三四　为和士开尝黄龙汤

和士开为尚书令，威权日盛，朝士不知廉耻者，或为之假子，与富商大贾同在伯仲之列。尝有问候士开疾者，值医云："王伤寒极重，应服黄龙汤。"士开有难色。候之者曰："此物甚易服，不须疑，请为王先尝之。"一举而尽。士开感其意，强服，遂得愈。

《通鉴》卷一七〇

二三五　平鉴送爱妾任刺史

和士开以佞幸势倾朝列，令人求平鉴爱妾刘氏，鉴即送之。仍谓人曰："老公失阿刘，与死何异。要自为身作计，不得不然。"由是除齐州刺史。

《北齐书》卷二六

二三六　崔劼不为子求京官

和士开擅朝，曲求物誉，诸公因此颇为子弟干禄，世门之胄，多处京官。而度支尚书崔劼二子拱、捴并为外任。弟廓之从容谓劼曰："拱、捴幸得不凡，何为不在省府之中、清华之所，而并出外藩，有损家代。"劼曰："立身以来，耻以一言自达，今若进儿，与身何异。"卒无所求。

《北齐书》卷四二

二三七　卢叔武为官清贫

北齐后主高纬时，卢叔武迁太子詹事、右光禄大夫。叔武在乡时有粟千石，每至春夏，乡人无食者令自载取，至秋，任其偿，都不计校。然而岁岁常得倍馀。既在朝通贵，自以年老，儿子又多，遂营一大屋，曰："歌于斯，哭于斯。"魏收曾来诣之，访以洛京旧事，不待食而起，云："难为子费。"叔武留之，良久食至，但有粟飧葵菜，木碗盛之，片脯而已。所将仆从，亦尽设食，一与此同。

《北齐书》卷四二

二三八　袁聿修得民欢心

北齐后主高纬时，袁聿修除信州刺史，即其本乡也。为政清靖，不言而治，长吏以下，爰逮鳏寡孤幼，皆得其欢心。及还京，民庶道俗，追别满道，或将酒脯，涕泣留连，竞欲远送。既盛暑，恐其劳弊，往往为之驻马，随举一酌，示领其意，辞谢令还。还京后，州民郑播宗等七百馀人请为立碑，敛缣布数百匹，托中书侍郎李德林为文以纪功德。

《北齐书》卷四二

二三九　北齐后主号无愁天子

北齐后主纬，言语涩讷，不喜见朝士，非宠私昵狎，未尝交语。性懦，不堪人视，虽三公、令奏事，莫得仰视。后宫皆宝衣玉食，一裙之费，至值万匹，竞为新巧，朝衣夕弊。盛修宫苑，穷极壮丽。好自弹琵琶，为无愁之曲，近侍和之者以百数，民间谓之"无愁天子"。于华林园立贫儿村，帝自衣褴缕之服，行乞其间以为乐。任用奸佞，各引亲党，官由财进，狱以贿成。滥得富贵者，殆将万数，庶姓封王者以百数，竞为贪纵，民不聊生。齐乃为周所灭。

《通鉴》卷一七二

二四〇　崔瞻简傲

崔瞻，性简傲，以才地自矜，所与周旋，皆一时名望。北齐世，在御史台，恒于宅中送食，备尽珍羞，别室独餐，处之自若。有一河东人士姓裴，亦为御史，伺瞻食，便往造焉。瞻不与交言，又不命匕箸。裴坐观瞻食罢而退。明日，裴自携匕箸，恣情饮啖。瞻方谓裴云："我初不唤君食，亦不共君语，君遂能不拘小节。昔刘毅在京口，冒请鹅炙，岂亦异于是乎？君定名士。"于是每与之同食。

《北齐书》卷二三

二四一　李士谦务为赈施

李士谦，家富于财，躬处节俭，每以赈施为务。州里有丧事不办者，士谦辄奔走赴之，随乏供济。有兄弟分财不均，至相阋讼，士谦闻而出财补其少者，令与多者相埒。兄弟愧惧，更相推让，卒为善士。有牛犯其田者，士谦牵置凉处，饲之过于本主。望见盗刈禾黍者，默而避之。其家僮尝执盗粟者，士谦慰喻之曰："穷困所致，义无相责。"遽令放之。其奴尝与乡人董震因醉角力，震扼其喉，毙于手下。震惧请罪，士谦谓曰："卿本无杀心，何为相谢？然可速去，无为吏拘。"后出粟万石以贷乡人，属年谷不登，债家无以偿，皆来致谢。士谦曰："吾家馀粟，本图赈赡，岂求利哉！"于是悉召债家，为设酒食，对之燔契，曰："债了矣，幸勿为念也。"各令罢去。明年大熟，债家争来偿，士谦拒之，一无所受。他年饥，多有死者，士谦罄家资为之糜粥，赖以全活者万计；收埋骸骨，所见无遗；至春，又出田粮种子，分给贫乏。或谓士谦："子多阴德。"士谦曰："夫言阴德，其犹耳鸣，己独知之，人无知者。今吾所作，吾子皆知，何阴德之有？"

《北史》卷三三

二四二　宇文泰识拔苏绰

魏分为东西，西魏都长安，丞相宇文泰，执掌政权。泰用武功苏绰为行台郎中，居岁馀，泰未之知也，而台中皆称其能，有疑事皆就决之。泰与仆射周惠达论事，惠达不能对，请出议之。出，以告绰，绰为之区处，惠达入白之，泰称善，曰："谁与卿为此议者？"惠达以绰对，且称绰有王佐之才。泰乃擢绰为著作郎。

泰与公卿如昆明池观鱼，行至汉仓池，顾问左右，莫有知者，泰召绰问之，具以状对。泰悦，因问天地造化之始，历代兴亡之迹，绰应对如流。泰与绰并马徐行，至池，竟不设网罟而还。

泰遂留绰至夜，问以政事，卧而听之，绰指陈为治之要，泰起，整衣危坐，不觉膝之前席，语遂达曙不厌。及朝，谓周惠达曰："苏绰真奇士，吾方任之以政。"即拜大行台左丞，参典机密，自是宠遇日隆。

绰始制文案程序朱出墨入及计帐、户籍之法，后人多遵用之。

《通鉴》卷一五七

二四三　王罴性俭率

宇文泰属下勇将王罴，与北齐师战屡胜，拜骠骑大将军、待中。罴性俭率，不事边幅。尝有台使，罴为其设食。使乃裂其薄饼缘。罴曰："耕种收获，其功已深；舂爨造成，用力不少。乃尔选择，当是未饥。"命左右撤去之。使者愕然大惭。又有客与罴食瓜，客削瓜侵肤稍厚，罴意嫌之。及瓜皮落地，乃引手就地，取而食之。客甚有愧色。性又严急，尝有吏挟私陈事者，罴不暇命捶扑，乃手自取靴履，持以击之。每至享会，亲自秤量酒肉，分给将士。时人尚其均平，嗤其鄙碎。大统七年卒。

《周书》卷一八

二四四　王思政不私受黄金

西魏王思政，大统年间任骠骑将军、荆州刺史。州境卑湿，城垒多坏。思政命都督蔺小欢督工匠缮治之。掘得黄金三十斤，夜中密送之。至旦，思政召佐吏以金示之，曰"人臣不宜有私"，悉封金送上。宇文泰嘉之，赐钱二十万。泰命思政举代己者，思政乃进所部都督韦孝宽。其后东魏来攻，孝宽卒能全城。时论称其知人。

《周书》卷一八

二四五　蔡佑身先士卒不争功

西魏平原将军蔡佑，率左右十馀人，合声大呼，击东魏兵，杀伤甚众。东魏，围之十馀重，佑弯弓持满，四面拒之。东魏人募厚甲长刀者，直进取之，去佑可三十步，左右劝射之，佑曰："吾曹之命，在此一矢，岂可虚发！"将至十步，佑乃射之，应弦而倒，东魏兵稍却，佑徐行还。

蔡佑追及宇文泰，泰曰："尔来，吾无忧矣。"泰惊不得寝，枕佑股，然后安。佑常为士卒先，战还，诸将皆争功，佑终无所言。泰每叹曰："承先不言勋，我当代为论叙。"

《通鉴》卷一五八

二四六　耿豪骁勇不怕死

西魏大统九年，耿豪从宇文泰战于邙山，豪谓所部曰："大丈夫见贼，须右手拔刀，左手把矛，直刺直斫，慎莫皱眉畏死。"遂大呼独入，敌人锋刃乱下，当时咸谓豪殁。俄然奋刀而还。战数合，当豪前者，死伤相继。又谓左右曰："吾岂乐杀人，但壮士除贼，不得不尔。若不能杀贼，又不为人所伤，何异逐坐人也。"泰嘉之，拜北雍州刺史。

《周书》卷二九

二四七　宇文测以客礼待俘虏

西魏以宇文测为大都督、行汾州事。测，为政简惠，得士民心。地接东魏，东魏人数来寇抄魏，测擒获之，命解缚，引与相见，为设酒殽，待以客礼，并给粮饩，卫送出境。东魏人大惭，不复为寇，汾晋之间，遂通庆吊，时论称之。或告测交通境外者，丞相泰大怒曰："测为我安边，我知其志，何得间我骨肉！"命斩之。

《通鉴》卷一五八

二四八　宇文泰苏绰图治

西魏丞相宇文泰欲革易时政，为强国富民之法。度支尚书兼司农卿苏绰，尽其智能，赞成其事，减官员，置屯田。又为六条诏书：一曰清心，二曰敦教化，三曰尽地利，四曰擢贤良，五曰恤狱讼，六曰均赋役。泰甚重之，尝置坐右，又令百司习诵之，其牧守令长非通六条及计帐，不得居官。

宇文泰于行台置学，取丞郎、府佐德行明敏者充学生，悉令旦治公务，晚就讲习。

置纸笔于阳武门外以求得失。

《通鉴》卷一五八

二四九　宇文泰痛悼苏绰

西魏度支尚书、司农卿苏绰，性忠俭，纪纲庶政，宇文泰推心任之，人莫能间。或出游，常预署空纸以授绰，有须处分，随事施行，及还，启知而已。绰常谓："为国之道，当爱人如慈父，训人如严师。"每与公卿论议，自昼达夜，事无巨细，若指诸掌，积劳成疾而卒，时年四十九。

泰深痛惜之。绰归葬武功，泰与群公步送出郭外，泰于车后酹酒，言曰："尚书平生为事，妻子、兄弟所不知者，吾皆知之。唯尔知吾心，吾知尔志，方与共定天下，遽舍吾去，奈何！"因举声恸哭，不觉卮落于手。

《通鉴》卷一五九

二五〇　贺兰祥禁掘古墓

西魏大统年间，贺兰祥从宇文泰与东魏战于邙山，进位骠骑大将军、加侍中。

后，任荆州刺史，时盛夏亢阳，祥乃亲巡境内，观政得失。见有发掘古冢，暴露骸骨者，乃谓守令曰："此岂仁者之为政耶。"于是命所在收葬之。州境先多古墓，其俗好行发掘，至是遂息。

祥虽宇文泰密戚，性甚清素。州境南接襄阳，西通岷蜀，物产所出，多诸珍异。时既与梁通好，行李往来，公私赠遗，一无所受。梁雍州刺史萧察，钦其节俭，乃以竹屏风、綈绤之属及以经史赠之。祥难违其意，取而付诸所司。

宇文泰以泾渭溉灌之处，渠堰废毁，乃命祥修造富平堰，开渠引水，东注于洛。功用既毕，民获其利。

《周书》卷二〇

二五一　韩褒使贫富渐均

西魏大统年间，韩褒除西凉州刺史。时俗，轻贫弱，尚豪富。豪富之家，侵渔小民，同于仆隶。故贫者日削，豪者益富。褒乃悉募贫人，以充兵士，优复其家，蠲免徭赋。又调富人财物以赈给之。每西域商货至，又先尽贫者市之。于是贫富渐均，户口殷实。

《周书》卷三七

二五二　柳庆冒死直谏

宇文泰尝怒安定国臣王茂，将杀之，而非其罪。朝臣咸知，莫敢谏。尚书右丞柳庆乃进曰："王茂无罪，奈何杀之？"宇文泰愈怒，声色甚厉，谓庆曰："王茂当死，卿若明其无罪，亦须坐之。"乃执庆于前。庆辞气不挠，抗声曰："窃闻君有不达者为不明，臣有不争者为不忠。庆谨竭愚诚，实不敢爱死，但惧公为不明之君耳。愿深察之。"宇文泰乃悟而赦茂，已不及矣。明日，谓庆曰："吾不用卿言，遂令王茂冤死。可赐茂家钱帛，以旌吾过。"

《周书》卷二二

南北朝（公元 420 年至 588 年）

二五三　长孙俭治荆州

宇文泰表长孙俭功绩尤美，宜委东南之任，授荆州刺史。所部郑县令泉璨为民所讼，推治获实。俭即大集僚属而谓之曰："此由刺史教诲不明，信不被物，是我之愆，非泉璨之罪。"遂于厅事前，肉袒自罚，舍璨不问。于是属城肃励，莫敢犯法。俭务广耕桑，兼习武事，故得边境无虞，民安其业。吏民表请为俭构清德楼，树碑刻颂，朝议许焉。

时梁岳阳王萧詧内附，初遣使入朝，至荆州。俭于厅事列军仪，具戎服，与使人以宾主礼相见。俭容貌魁伟，音声如钟，大为鲜卑语，遣人传译以问客。客惶恐不敢仰视。日晚，俭乃着裙襦纱帽，引客宴于别斋。因序梁国丧乱，朝廷招携之意，发言可观。使人大悦，出曰："吾所不能测也。"

《周书》卷二六

二五四　庾季才谓克国当礼贤

西魏宇文泰，得原仕于梁之庾季才，厚遇之，令参掌太史。季才散私财，购亲旧之为奴婢者。泰问："何能如是？"对曰："仆闻克国礼贤，古之道也。今郢都覆没，其君有罪矣，搢绅何咎，皆为皂隶！鄙人羁旅，不敢献言，诚窃哀之，故私购之耳。"泰乃悟曰："吾之过也！微君，遂失天下之望！"

《通鉴》卷一六六

二五五　周闵帝行敬老乞言礼

　　陈霸先于平侯景之乱有功，为丞相，封陈公，旋称帝，国号陈。西魏宇文泰卒，其子觉嗣位太师、柱国，封周公，后称帝，国号周。

　　周闵帝觉以太傅于谨为三老。谨上表固辞，不许，赐以延年杖。帝至太学，谨入门，帝迎拜于门屏之间，谨答拜。谨升席，南面凭几而坐，帝立于西面。有司进馔，帝跪设酱豆，亲为之袒割。谨食毕，帝跪授爵以漱。有司撤讫，帝北面立而访道。

　　谨起，立于席后，对曰："明王虚心纳谏以知得失，天下仍安。"又曰："去食去兵，信不可去，愿陛下守信勿失。"又曰："有功必赏，有罪必罚，则为善者日进，为恶者日止。"又曰："言行者，立身之基，愿陛下三思而言，九虑而行，勿使有过。天子之过，如日月之食，人莫不知，愿陛下慎之。"帝再拜受言，谨答拜。礼成而出。

　　于谨，字思敬，小名巨弥。沉深有识量，略窥经史，尤好《孙子》兵书。屏居未有仕进志。或有劝之者，谨曰："州郡之职，昔人所鄙，台鼎之位，须待时来。"谨有智谋，善于事上。名位虽重，愈存谦抱，每朝参往来，不过从两三骑而已。朝廷凡有军国之务，多与谨决。谨亦竭其智能，故功臣中特见委信，始终若一，人无间言。每诫诸子,务存静退。周武帝时卒,年七十六。

《通鉴》卷一六九;《北史》卷二三

二五六　唐瑾不取财物

周南伐江陵,以唐瑾为元帅府长史,军中谋略,多出瑾焉。江陵既平,衣冠仕伍,并没为仆隶。瑾察其才行有片善者,辄议免之,赖瑾获济者甚众。时论多焉。及军还,诸将多因虏掠,大获财物。瑾一无所取,唯得书两车,载之以归。或白宇文泰曰:"唐瑾大有辎重,悉是梁朝珍玩。"泰初不信之,然欲明其虚实,密遣使检阅之,唯见坟籍而已。乃叹曰:"孤知此人来二十许年,明其不以利干义。向若不令检视,恐常人有投杼之疑。孤所以益明之耳。凡受人委任当如此也。"

《北史》卷六七

二五七　达奚武不持威仪

周闵帝时,达奚武任大司寇,后迁太保。武贱时,奢侈好华饰。及居重位,不持威仪,行常单马,左右止一两人而已。外门不施戟,恒昼掩一扉。或谓武曰:"公位冠群后,功名盖世,出入仪卫,须称具瞻,何轻率若是?"武曰:"子之言,非吾心也。吾在布衣,岂望富贵,不可顿忘畴昔。且天下未平,国恩未报,安可过事威容乎。"

言者惭而退。

其为大司寇也，在库有万钉金带，当时宝之，武因入库，乃取以归。主者白晋公宇文护，以武勋，不彰其过，因而赐之。

《周书》卷一九

二五八　赫连达不战而获城

赫连达从大将军达奚武攻汉中。梁萧循拒守积时，后乃送款。武问诸将进止之宜。贺兰愿德等以其食尽，欲急攻取之。达曰："不战而获城，策之上者。无容利其子女，贪其财帛。穷兵极武，仁者不为。且观其士马犹强，城池尚固，攻之纵克，必将彼此俱损。如其困兽犹斗，则成败未可知。况行师之道，以全军为上。"武曰："公言是也。"乃命将帅各申所见。杨宽等并同达议，武遂受循降。师还，迁骠骑大将军。

《周书》卷二七

二五九　裴侠清慎奉公号独立君

西魏大统年间，裴侠除河北郡守。侠躬履俭素，所食唯菽麦盐菜而已。吏民莫不怀之。此郡旧制，有渔猎夫三十人以供郡守。侠曰："以口腹役人，吾所不为也。"乃悉罢之。又有丁三十人，供郡守役使。侠亦不以入私，并收庸值，为官市马。岁月既积，马遂成群。去职之日，一无所取。民歌之曰："肥鲜不食，丁庸不取，裴公贞惠，为世规矩。"侠尝与诸牧守俱谒宇文泰。泰命侠别立，谓诸牧守曰："裴侠清慎奉公，为天下之最，今众中有如侠者，可与之俱立。"众皆默然，无敢应者。泰乃厚赐侠。朝野叹服，号为独立君。

从弟伯凤、世彦，时并为丞相府佐，笑曰："人生仕进，须身名并裕。清苦若此，竟欲何为？"侠曰："夫清者莅职之本，俭者持身之基。今吾幸以凡庸，滥蒙殊遇，固其穷困，非慕名也。志在自修，惧辱先也。翻被嗤笑，知复何言。"伯凤等惭而退。

闵帝践阼，迁户部中大夫。时有奸吏，主守仓储，积年隐没至千万者，及侠在官，励精发擿，数旬之内，奸盗略尽。转工部中大夫。有大司空掌钱物典李贵乃于府中悲泣，或问其故。对曰："所掌官物，多有费用，裴公清严有名，惧遭罪责，所以泣耳。"侠闻之，许其自首，贵言隐费钱五百万。

《北史》卷三八

二六〇　周武帝行善政

周武帝邕，灭齐后，以齐朝之李德林为内史上士，自是诏诰格式及用山东人物，并以委之。帝从容谓郡臣曰："我常日唯闻李德林名，复见其为齐朝作诏书移檄，正谓是天上人，岂言今日得驱使。"

帝下诏毁撤诸宫殿之壮丽者。郑州获九尾狐，已死，献其骨。周主曰："瑞应之来，必彰有德，四海和平，乃能致此。今无其时，恐非实录。"命焚之。

帝下诏：昔东土之民掠为奴婢者，皆放为良。又诏：后宫唯置妃二人，世妇三人，御妻三人，此外皆减之。

《通鉴》卷一七三

二六一　厍士文孤直清苦

厍士文性孤直，虽邻里至亲，莫与通狎。在齐，袭封章武郡王，位领军将军。周武帝平齐，山东衣冠多来迎，唯士文闭门自守。帝奇之，授开府仪同三司，随州刺史。

性清苦，不受公料，家无馀财。其子尝唊官厨饼，士文枷之于狱累日，杖之二百，步送还京。僮隶无敢出门。所买盐菜，必于外境。凡有出入，皆封署其门，亲故绝迹，庆吊不通。法令严肃，吏人贴服，道不拾遗。凡有细过，必深文陷害之。尝入朝，遇上赐公卿入左藏，任取多少。人皆极重，士文独口衔绢一匹，两手各持一匹。上问其故，士文曰："臣口手俱足，馀无所须。"上异之，别赍遗之。

《北齐书》卷一五

二六二　王褒由梁入周忘其羁旅

王褒，字子渊，琅邪临沂人也。褒识量渊通，志怀沉静。美风仪，善谈笑，博览史传，尤工属文。梁元帝嗣位于江陵，欲待褒以不次之位。乃拜侍中，累迁吏部尚书、左仆射。褒既世胄名家，文学优赡，当时咸相推挹，故旬月之间，位升端右。宠遇日隆。

及周师克江陵，褒与王克、殷不害等数十人，俱至长安。宇文泰喜曰："昔平吴之利，二陆而已。今定楚之功，群贤毕至。可谓过之矣。"褒等并荷恩昫，忘其羁旅焉。

明帝笃好文学。时褒与庾信才名最高，特加亲待。帝每游宴，命褒等赋诗谈论，常在左右。寻加开府仪同三司。武帝时，除内史中大夫。寻出为宜州刺史。卒于位，时年六十四。

《周书》卷四一

二六三　庾信作《哀江南赋》

庾信，字子山，南阳新野人。梁元帝即位，封武康县侯，加散骑常侍，聘于周。属大军南讨，遂留长安。江陵平，寻进车骑大将军、开府仪同三司。明帝、武帝并雅好文学，信特蒙恩礼。王褒颇与信相埒，自馀文人，莫有逮者。信虽位望通显，常有乡关之思。乃作《哀江南赋》以致其意。

《周书》卷四一

二六四　赵文深善碑榜

赵文深，少学楷隶。雅有钟、王之则，笔势可观。当时碑榜，唯文深、冀俊而已。宇文泰以隶书纰缪，命文深与黎季明、沈遐等依《说文》及《字林》，刊定六体，成一万馀言，行于世。

及平江陵之后，王褒入关，贵游等翕然并学褒书。文深之书，遂被遐弃。文深惭恨，形于言色。后知好尚难及，亦改习褒书。然竟无所成，转被讥议，谓之学步邯郸焉。至于碑榜，馀人犹莫之逮。王褒亦每推先之。宫殿楼阁，皆其迹也。明帝令至江陵书景福寺碑，汉南人士，亦以为工。

《北史》卷八二

二六五　韦敻号逍遥公

韦敻，志尚夷简，澹于荣利。前后十见征辟，皆不应命。属宇文泰侧席求贤，闻敻养高不仕，虚心敬悦，遣使辟之，备加礼命。虽情谕甚至，而竟不能屈。弥以重之，亦弗之夺也。所居之宅，枕带林泉，敻对玩琴书，萧然自乐。时人号为居士焉。明帝即位，礼敬逾厚。乃为诗以贻之，号之曰逍遥公。

韦孝宽为延州总管，敻至州与孝宽相见。将还，孝宽以所乘马及错勒与敻。敻以其华饰，心弗欲之。笑谓孝宽曰："昔人不弃遗簪坠履者，恶与之同出，不与同归。吾虽不逮前烈，然舍旧录新，亦非吾志也。"于是乃乘旧马以归。

武帝以佛、道、儒三教不同，诏夐辨其优劣。夐以三教虽殊，同归于善，其迹似有深浅，其致理殆无等级。乃著《三教序》奏之。时宣帝在东宫，亦遗夐书，问以立身之道。夐对曰："《传》不云乎，俭为德之恭，侈为恶之大。欲不可纵，志不可满。并圣人之训也，愿殿下察之。"

《周书》卷三一

二六六　薛慎任刺史易风俗

周武帝时，薛慎任湖州刺史。界既杂蛮夷，恒以劫掠为务。慎乃集诸豪帅，具宣朝旨，仍令首领每月一参，或须言事者，不限时节。慎每见，必殷勤劝诫，及赐酒食。一年之间，翕然从化。诸蛮乃相谓曰："今日始知刺史真人父母也。"莫不欣悦。自是襁负而至者千馀户。

蛮俗，婚娶之后，父母虽在，即与别居。慎谓守令曰："牧守令长是化人者也，岂有其子娶妻，便与父母离析？非唯萌俗之失，亦是牧守之罪。"慎乃亲自诱导，示以孝慈。并遣守令，各喻所部。有数户蛮，别居数年，遂还侍养，及行得果膳，归奉父母。慎以其从善之速，具以状闻，有诏蠲其赋役。于是风化大行，有同华俗。寻为蕃部中大夫。以疾去职，卒于家。

《北史》卷三六

二六七　周宣帝逞欲胡作非为

周武帝之子赟在东宫也，武帝虑其不堪承嗣，遇之甚严。朝见进止，与诸臣无异，虽隆寒盛暑，亦不得休息。性既嗜酒，帝遂禁醪醴不许至东宫。赟每有过，辄加捶扑。尝谓之曰："古来太子被废者几人，余儿岂不堪立耶。"于是遣东宫官属录其言语动作，每月奏闻。赟惮武帝威严，矫情修饰，以是过恶遂不外闻。

赟嗣位为宣帝，乃逞其欲。大行在殡，曾无戚容，即阅视先帝宫人，逼为淫乱。才及踰年，便恣声乐，采择天下子女，以充后宫。好自矜夸，饰非拒谏。耽酗于后宫，或旬日不出。公卿近臣请事者，皆附奄官奏之。

所居宫殿，帷帐皆饰以金玉珠宝，光华炫耀，极丽穷奢。及营洛阳宫，虽未成毕，其规模壮丽，踰于汉魏远矣。散乐杂戏鱼龙烂漫之伎，常在目前。好令京城少年为妇人服饰，入殿歌舞，与后宫观之，以为喜乐。

摈斥近臣，多所猜忌。又吝于财，略无赐与。恐群臣规谏，不得行己之志，常遣左右密伺察之，动止所为，莫不抄录，小有乘违，辄加其罪。自公卿已下，皆被楚挞，其间诛戮黜免者，不可胜言。每笞捶人，皆以百二十为度，名曰天杖。宫人内职亦如之。后妃嫔御，虽被宠嬖，亦多被杖背。于是内外恐惧，人不自安，皆求苟免，莫有固志，重足累息，以逮于终。

《周书》卷七

二六八　沈众吝啬狷急

沈众，吴兴武康人。性吝啬，内治产业，财帛以亿计，无所分遗。其自奉养甚薄，每于朝会之中，衣裳破裂，或躬提冠屦。陈武帝永定二年，兼起部尚书，监起太极殿。恒服布袍芒屩，以麻绳为带，又携干鱼蔬菜饭独啖之，朝士共诮其所为。众性狷急，于是忿恨，遂历诋公卿，非毁朝廷。武帝大怒，以众素有令望，不欲显诛之，后因其休假还武康，遂于吴中赐死。

《陈书》卷一八

二六九　褚玠治山阴

山阴县多豪猾，前后令皆以赃污免，陈宣帝患之，谓中书舍人蔡景历曰："稽阴大邑，久无良宰，卿文士之内，试思其人。"景历进曰："褚玠廉俭有干用。"宣帝乃除褚玠山阴令。县民张次的、王休达等与诸猾吏贿赂通奸，全丁大户，类多隐没。玠乃锁次的等，具状启台，宣帝手敕慰劳，并遣使助玠搜括，所出军民八百馀户。时舍人曹义达为宣帝所宠，县民陈信家富于财，谄事义达，信父显文恃势横暴。玠乃遣使执显文，鞭之一百，于是吏民股栗，莫敢犯者。信后因义达谮玠，竟坐免官。

玠在任岁馀，守禄俸而已，去官之日，不堪自致，因留县境，种蔬菜以自给。或嗤玠以非百里之才，玠答曰：

"吾委输课最，不后列城，除残去暴，奸吏局蹐。若谓其不能自润脂膏，则如来命。以为不达从政，吾未服也。"时人以为信然。皇太子知玠无还装，手书赐粟米二百斛，于是还都。迁御史中丞，卒于官，时年五十二。

玠刚毅有胆决，兼善骑射。尝从司空侯安都于徐州出猎，遇有猛虎，玠引弓射之，再发皆中口入腹，俄而虎毙。及为御史中丞，甚有直绳之称。

《陈书》卷三四

二七〇　萧引善言辞性抗直

萧引善隶书，为当时所重。陈宣帝尝披奏事，指引署名曰："此字笔势翩翩，似鸟之欲飞。"引谢曰："此乃陛下假其羽毛耳。"又谓引曰："我每有所忿，见卿辄意解，何也？"引曰："此自陛下不迁怒，臣何预此恩。"

引性抗直，不事权贵。宣帝每欲迁用，辄为用事者所裁。及吕梁覆师，戎储空匮，转引为库部侍郎，掌知营造。引在职一年，而器械充足。

后主即位，为建康令。时殿内队主吴珽及宦者李善度、蔡脱儿等多所请属，引一皆不许。引族子密，时为黄门郎，谏引曰："李、蔡之权，在位皆惮，亦宜少为身计。"引曰："吾之立身，自有本末，亦安能为李、蔡致屈？就令不平，不过免职耳。"

《陈书》卷二一；《南史》卷一八

南北朝（公元 420 年至 588 年）

二七一　孙玚性奢豪

孙玚，于陈宣帝、后主时历任高官。性通泰，有财物散之亲友。其自居处，颇失于奢豪，庭院穿筑，极林泉之致，歌钟舞女，当世罕俦，宾客填门，轩盖不绝。及出镇郢州，乃合十馀船为大舫，于中立亭池，植荷芰，每良辰美景，宾僚并集，泛长江而置酒，亦一时之胜赏焉。常于山斋设讲肆，集玄儒之士，冬夏资奉，为学者所称。而处己率易，不以名位骄物。

《陈书》卷二五

二七二　顾野王精舆地学

顾野王，吴郡人，幼好学。七岁，读五经，略知大旨。年十二，随父之建安，撰《建安地记》二篇。长而遍观经史，精记默识，天文地理、蓍龟占候、虫篆奇字，无所不通。野王又好丹青，善图写，梁宣城王于东府起斋，令野王画古贤，命王褒书赞，时人称为二绝。

野王以笃学至性知名，在物无过辞失色，观其容貌，似不能言，及其励精力行，皆人所莫及。其所撰著《舆地志》三十卷，《符瑞图》十卷，《顾氏谱传》十卷，《分野枢要》一卷，《续洞冥纪》一卷等并行于世。又撰《通史要略》一百卷，《国史纪传》二百卷，未就而卒。有文集

· 855 ·

二十卷。官至黄门侍郎、光禄卿。卒年六十三。

《陈书》卷三〇

二七三　陈叔宝与狎客游宴酣歌

陈后主叔宝起临春、结绮、望仙三阁，各高数十丈，连延数十间，皆以沉、檀为之，外施珠帘，内有宝床等，近古所未有。每微风至，香闻数里。上与诸妃嫔，迭游其上。以宫人有文学者为女学士。仆射江总、都官尚书孔范，与文士十馀人，侍上游宴后庭，无复尊卑之序，谓之"狎客"。诸妃嫔、女学士与狎客共赋诗，互相赠答，采其尤艳丽者，被以新声，选宫女千馀人习而歌之，分部迭进。其曲有《玉树后庭花》《临春乐》等，大略皆美诸妃嫔之容色。君臣酣歌，自夕达旦，以此为常。

《通鉴》卷一七六

二七四　陈叔宝宠遇张丽华

陈叔宝所宠之贵妃张丽华，发长七尺，其光可鉴，性繁慧，有神彩，每瞻视昐睐，光采溢目，照映左右。善候人主颜色，引荐诸宫女，后宫咸德之，竞言其善。上怠于政事，百司启奏，上置张贵妃于膝上，共决之。宦者所不能记者，贵妃并为条疏，无所遗脱，由是益加宠异，冠绝后庭。

隋军临江，陈后主叔宝从容谓侍臣曰："王气在此。齐兵三来，周师再来，无不摧败，彼何为者邪！"孔范曰："长江天堑，古以为限隔南北，今日虏军岂能飞渡邪！边将欲作功劳，妄言事急。"帝笑以为然，故不为备，奏伎、纵酒、赋诗不辍。

《通鉴》卷一七六

二七五　蔡凝不奉后主诏

陈后主尝置酒会，群臣欢甚，将移宴于弘范宫，众人咸从，唯蔡凝与袁宪不行。后主曰："卿何为者？"凝对曰："长乐尊严，非酒后所过，臣不敢奉诏。"众人失色。后主曰："卿醉矣。"即令引出。他日，后主谓吏部尚书蔡征曰："蔡凝负地矜才，无所用也。"寻迁晋熙王府长史，郁郁不得志，乃喟然叹曰："天道有废兴，夫子云'乐天知命'，斯理庶几可达。"因制《小室赋》以见志，甚有辞理。陈亡入隋，凝卒时年四十七。

《陈书》卷三四

二七六　姚察清廉博学撰梁陈史

姚察，于陈后主时任著作郎、吏部尚书。察自居显要，甚励清洁，且廪赐以外，一不交通。尝有私门生不敢厚饷，止送南布一端，花练一匹。察谓之曰："吾所衣着，止是麻布蒲绑，此物于吾无用。既欲相款接，幸不烦尔。"此人逊请，犹冀受纳，察厉色驱出，因此伏事者莫敢馈遗。

陈灭，入隋，开皇九年，诏授秘书丞，别敕成梁、陈二代史。隋文帝指察谓朝臣曰："闻姚察学行当今无比，我平陈唯得此一人。"

察性至孝，有人伦鉴识。冲虚谦逊，不以所长矜人。终日恬静，唯以书记为乐，于坟籍无所不睹。每有制述，多用新奇，人所未见，咸重富博。且专志著书，白首不倦，手自抄撰，无时暂辍。尤好研核古今，谋正文字，精采流赡，虽老不衰。兼谙识内典，所撰寺塔及众僧文章，特为绮密，在位多所称引，一善可录，无不赏荐。

所著《汉书训纂》三十卷、《说林》十卷等，悉穷该博，并《文集》二十卷，并行于世。察所撰梁、陈史虽未毕功，隋文帝开皇之时，遣内史舍人虞世基索本，且进上，在内殿。梁、陈二史本多是察之所撰，其中序论及纪、传有所阙者，临亡之时，仍以体例诫约子思廉，博访撰续，思廉泣涕奉行。

《陈书》卷二七

隋

（公元 581 年至 617 年）

一　隋文帝信用苏威

北周静帝，禅位于隋王、相国杨坚，坚改国号为隋。

苏威，西魏苏绰之子，少有令名。杨坚为丞相时，高颎荐之，与语，大悦。居月馀，闻将受禅，遁归田里，颎请追之，坚曰："此不欲预吾事耳，置之。"及受禅，文帝坚征拜威为太子少保、兼纳言、度支尚书。

初，苏绰以国用不足，制征税法颇重，尝叹曰："今所为者，譬如张弓，非平世法，后之君子，谁能弛之。"威闻其言，每以为己任。至是，奏减赋役，务从轻简，文帝悉从之，渐见亲重，与高颎参掌朝政。

帝尝怒一人，将杀之，威入阁进谏，帝不纳，将自出斩之，威挡帝前不去，帝避之而出，威又遮止。帝拂衣而入，良久，乃召威谢曰："公能若是，吾无忧矣。"赐马二匹，钱十馀万，寻复兼大理卿、京兆尹、御史大夫，本官悉如故。

治书侍御史梁毗，以威兼领五职，安繁恋剧，无举贤自代之心，抗表劾威。帝曰："苏威朝夕孜孜，志存远大，何遽迫之！"因谓朝臣曰："苏威不值我，无以措其言；我不得苏威，何以行其道。杨素才辩无双，至于斟酌古今，助我宣化，非威之匹也。威若逢乱世，南山四皓，岂易屈哉！"

威尝言于帝曰："臣先人每诫臣云，唯读《孝经》一卷，足以立身治国，何用多为！"

《通鉴》卷一七五

二　郑译与母别居被罢

郑译于隋代周之际有功勋，以上柱国归第，赏赐丰厚。译自以被疏，呼道士祈福，为婢所告，以为巫蛊，译又与母别居，为宪司所劾，由是除名。文帝下诏曰："译若留之于世，在人为不道之臣；戮之于朝，入地为不孝之鬼。有累幽显，无所置之。宜赐以《孝经》，令其熟读。"仍遣与母共居。

《通鉴》卷一七五

三　刘行本称岂能轻臣不顾

文帝尝怒一郎，于殿前答之。谏议大夫刘行本进曰："此人素清，其过又小，愿少宽之。"帝不顾。行本于是正挡帝前曰："陛下不以臣不肖，置臣左右，臣言若是，陛下安得不听，若非，当致之于理，岂得轻臣而不顾。"固置笏于地而退。帝敛容谢，遂原所答者。

《通鉴》卷一七五

四 独孤皇后谦恭俭约好读书

文帝之后独孤，家世贵盛而能谦恭，性俭约。突厥尝与中国交市，有明珠一箧，价值八百万，幽州总管阴寿白后市之。后曰："非我所须也。当今戎狄屡寇，将士疲劳，未若以八百万分赏有功者。"百僚闻而毕贺。

后雅好读书，言事多与帝意合，帝甚宠惮之，宫中称为"二圣"。后辄与帝方辇而进，至阁乃止。使宦官伺帝，政有得失，随即匡谏。候帝退朝，同返燕寝。

有司奏称："周礼百官之妻，命于王后，请依古制。"后曰："妇人与政，或从此渐，不可开其源也。"大都督崔长仁，后之中外兄弟也，犯法当斩，帝以后故，欲免其罪。后曰："国家之事，焉可顾私！"长仁竟坐死。

《通鉴》卷一七五；《隋书》卷三六

五 李雄兼习文武

隋置河北道行台于并州，以晋王杨广为尚书令，以鸿胪卿李雄为兵部尚书。初，雄家世以学业自通，雄独习骑射,其兄子旦让之曰:"非士大夫之素业也。"雄曰:"自古圣贤,文武不备而能成其业者鲜矣。雄虽不敏,颇观前志,但不守章句耳。既文且武,兄何病焉!"及将如并省,文帝谓雄曰:"吾儿更事未多,以卿兼文武才,吾无北顾之忧矣。"

《通鉴》卷一七五

六　隋购求遗书

秘书监牛弘上表,曰:"典籍屡经丧乱,率多散逸,周氏聚书,仅盈万卷。平齐所得,除其重杂,裁益五千。兴集之期,当属盛世。为国之本,莫此为先。岂可使之流落私家,不归王府!必须勒之以天威,引之以微利,则异典必臻,观阁斯积。"文帝从之,诏购求遗书于天下,每献书一卷,赉缣一匹。

《通鉴》卷一七五

七　文帝定新律简要而不失

文帝以为律尚严密,故人多陷罪。敕苏威、牛弘等定新律,除死罪八十一条,流罪一百五十四条,徒杖等千余条,唯定留五百条,凡十二卷。自是刑纲简要,疏而不失。乃置律博士弟子员。

《通鉴》卷一七五

八　善果母教子

郑善果以父死王事，年数岁，拜使持节、大将军，袭爵开封县公，开皇初，进封武德郡公。年十四，授沂州刺史，转景州刺史，寻为鲁郡太守。

母性贤明，有节操，博涉书史，通晓治方。每善果出听事，母恒坐胡床，于鄣后察之。闻其剖断合理，归则大悦，即赐之坐，相对谈笑。若行事不允，或妄瞋怒，母乃还堂，蒙被而泣，终日不食。善果伏于床前，亦不敢起。母方起谓之曰："吾非怒汝，乃愧汝家耳。汝自童子承袭茅土，位至方伯，岂汝身致之邪？安可不思此事而妄加瞋怒，心缘骄乐，堕于公政！内则坠尔家风，或亡失官爵，外则亏天子之法，以取罪戾。吾死之日，亦何面目见汝先人于地下乎？"

母恒自纺绩，夜分而寐。善果曰："儿封侯开国，位居三品，秩俸幸足，母何自勤如是邪？"答曰："汝今此秩俸，乃是天子报尔先人之徇命也。当须散赡六姻，为先君之惠，妻子奈何独擅其利，以为富贵哉！又丝枲纺织，妇人之务，上自王后，下至大夫士妻，各有所制。若堕业者，是为骄逸。吾虽不知礼，其可自败名乎？"

《隋书》卷八〇

九　赵煚制铜斗铁尺于市

文帝时，赵煚出为陕州刺史，俄转冀州刺史，甚有威德。煚尝有疾，百姓奔驰，争为祈祷。冀州俗薄，市井多奸诈，煚为铜斗铁尺，置之于肆，百姓便之。上闻而嘉焉，颁告天下，以为常法。尝有人盗煚田中蒿者，为吏所执。煚曰："此乃刺史不能宣风化，彼何罪也。"慰谕而遣之，令人载蒿一车以赐盗者。盗者愧恶，过于重刑。其以德化民，皆此类也。

《隋书》卷四六

一〇　柳彧称不宜以武将任刺史

时刺史多任武将，类不称职。治书御史柳彧上表曰："昔汉光武与二十八将，披荆棘，定天下，及功成之后，无所任职。伏见诏书，以上柱国和干子为杞州刺史。干子前任赵州，百姓歌之曰：'老禾不早杀，馀种秽良田。'干子弓马武用，是其所长，治民莅众，非其所解。如谓优老尚年，自可厚赐金帛，若令刺举，所损殊大。"帝善之，干子竟免。

《通鉴》卷一七五

一一　长孙平建议置义仓

度支尚书长孙平奏："令民间每秋家出粟麦一石以下，贫富为差，储之当社，以备凶年，名曰'义仓'。"乃下诏郡县置义仓。

《通鉴》卷一七六

一二　李文博不妄受赏

秦王俊之妃生男，文帝喜，颁赐群官。直秘书内省李文博，家素贫，人往贺之，文博曰："赏罚之设，功过所存。会王妃生男，于群官何事，乃妄受赏也！"闻者愧之。

李文博，性贞介鲠直，好学不倦。每读书至治乱得失，忠臣列士，未尝不反复吟玩。开皇中，为吏部侍郎薛道衡所知，恒令在听事帷中披检书史，并察己行事。若遇治政善事，即抄撰记录，如选用疏谬，即委之臧否。道衡每得其语，莫不欣然从之。后直秘书内省，典校坟籍，守道居贫，晏如也。虽衣食乏绝，而清操逾厉，不妄通宾客，恒以礼法自处，侪辈莫不敬惮焉。于时朝政渐坏，人多赃贿，唯文博不改其操。遭离乱播迁，不知所终。

《通鉴》卷一七六；《隋书》卷五八

一三　杨尚希称人主宜举大纲

文帝时，杨尚希历任度支尚书、兵部尚书、礼部尚书。尚希性弘厚，兼以学业自通，甚有雅望，为朝廷所重。上时每旦临朝，日侧不倦，尚希谏曰："周文王以忧勤损寿，武王以安乐延年。愿陛下举大纲，责成宰辅，繁碎之务，非人主所宜亲也。"上欢然曰："公爱我者。"尚希素有足疾，上谓之曰："蒲州出美酒，足堪养病，屈公卧治之。"于是出拜蒲州刺史。尚希在州，甚有惠政，复引瀵水，立堤防，开稻田数千顷，民赖其利。

《隋书》卷四六

一四　高颎谈取陈之策

文帝问取陈之策于尚书左仆射高颎，对曰："江北地寒，田收差晚，江南水田早熟。量彼收获之际，微征士马，声言掩袭，彼必屯兵守卫，便得废其农时。彼既聚兵，我便解甲。再三若此，彼以为常，后更集兵，彼必不信。犹豫之际，我乃济师，登陆而战，兵气益倍。又，江南舍多茅竹，所有储积，皆非地窖。若遣行人因风纵火，待彼修立，复更烧之，不出数年，自可财力俱尽。"文帝用其策，陈人始困。

《通鉴》卷一七六

一五　杨广欲留张丽华

以晋王杨广、秦王杨俊、清河公杨素，皆为行军元帅，将五十馀万兵伐陈。所部贺若弼、韩擒虎克建康。陈后主出后宫景阳殿，自投于井。既而军人窥井，呼之，不应，欲下石，及闻叫声，以绳引之，惊其太重，及出，乃与张贵妃、孔贵嫔同束而上。

高颎先入建康，杨广使人诣颎所，令留张丽华。颎曰："昔太公蒙面以斩妲己，今岂可留丽华。"乃斩之于青溪。广闻之，变色曰："我必有以报高公矣。"后高颎为广所杀。

《通鉴》卷一七七

一六　文帝善待陈叔宝

晋王广班师，献俘于太庙。文帝坐广阳门观，引陈叔宝及太子、诸王、群臣凡二百馀人于前，使内史令宣诏，责以君臣不能相辅，乃至灭亡。叔宝及其群臣并愧惧伏地，屏息不能对。

文帝给赐叔宝甚厚，数得引见，班同三品；每预宴，恐致伤心，为不奏吴音。后监守者奏言："叔宝云，既无秩位，每预朝集，愿得一官号。"帝曰："叔宝全无心肝！"监者又言："叔宝常醉，罕有醒时。"帝问："饮酒几何？"对曰："与其子弟日饮一石。"帝大惊，使节其酒，既而曰："任其性，不尔，何以过日！"

《通鉴》卷一七七

一七　文帝不求虚名

贺若弼撰其所画策上之，谓为《御授平陈七策》。文帝弗省，曰："公欲发扬我名，我不求名，公宜自载家传。"

《通鉴》卷一七七

一八　梁彦光以教育化人

文帝时，梁彦光为相州刺史。豪猾者闻彦光来，莫不嗤笑。彦光下车，发摘奸隐，有若神明，于是狡猾之徒，莫不潜窜，合境大骇。初，齐亡后，衣冠士人多迁关内，由是人情险诐，妄起风谣，诉讼官人，万端千变。彦光欲革其弊，乃用秩俸之物，招致山东大儒，每乡立学，非圣哲之书不得教授。常以季月召集之，亲临策试。有勤学异等、聪令有闻者，升堂设馔，其馀并坐廊下。有好诤讼、惰业无成者，坐之庭中，设以草具。及大比，当举行宾贡之礼，又于郊外祖道，并以财物资之。于是人皆克励，风俗大改。有滏阳人焦通，性酗酒，事亲礼阙，为从弟所讼。彦光弗之罪，将至州学，令观于孔子庙。于时庙中有韩伯瑜，母杖不痛，哀母力弱，对母悲泣之像，通遂感悟，既悲且愧，若无自容。彦光训谕而遣之。后改过励行，卒为善士。

《隋书》卷七三

一九　赵轨为官清如水

赵轨，少好学，有行检。隋文帝受禅，为齐州别驾，有能名。其东邻有桑，葚落其家，轨遣人悉拾还其主，诫其诸子曰："吾非以此求名，意者非机杼物，不愿侵人。汝等宜以为戒。"在州考绩连最。持节使者邰阳公梁子恭上状，文帝赐以米帛甚优，令入朝。父老将送者，各挥涕曰："别驾在官，水火不与百姓交，是以不敢以杯酒相送。公清如水，请酌一杯水奉饯。"轨受饮之。至京，诏与牛弘撰定律令格式。

时卫王爽为原州总管，召为司马。在道夜行，其左右马逸入田中，暴人禾。轨驻马待明，访知禾主，酬值而去。原州人吏闻之，莫不改操。

《北史》卷七〇

二〇　公孙景茂耄耋治州有德政

公孙景茂，年七十八，由息州刺史转任道州刺史。悉以秩俸买牛犊鸡猪，散惠孤弱不自存者。好单骑巡人，家至户入，阅视百姓产业。有修理者，于都会时乃褒扬称述。如有过恶，随即训导，而不彰也。由是人行义让，有无均通，男子相助耕耘，妇人相从纺绩。大村或数百户，皆如一家之务。仁寿中，上明公杨纪出使河北，见景茂神力不衰，还以状奏。于是就拜淄州刺史，赐以马舆，便道之官。前后历职，皆有德政，称为良牧。大业初卒官，年八十七。身死之日，诸州人吏赴丧者数千人，或不及葬，皆望坟恸哭，野祭而去。

《隋书》卷七三

二一　辛公义治病息讼

以辛公义为岷州刺史。岷州俗畏疫，一人病疫，阖家避之，病者多死。公义命皆舆置己之厅，暑月，病人或至数百，厅廊皆满，公义设榻，昼夜处其间，以秩禄具医药，身自省问。病者既愈，乃召其亲戚谕之曰："死生有命，岂能相染，若相染者，吾死久矣！"皆惭谢而去。其后人有病，争就使君，其家亲戚固留养之，始相慈爱，风俗遂变。

公义迁并州刺史，下车，先至狱中，露坐，亲自验问。十馀日间，决遣咸尽，方还厅事受领新讼。事皆立决，若有未尽，必须禁者，公义即宿听事，终不还阁。或谏曰："公事有程，使君何自苦！"公义曰："刺史无德，不能使民无讼，岂可禁人在狱而安寝于家乎！"罪人闻之，或自款服。后有讼者，乡闾父老晓之曰："此小事，何忍勤劳使君！"讼者多两让而止。

《通鉴》卷一七七

二二　文帝性猜忌严以临下

文帝性猜忌，不悦学。既任智以获大位，以文法自矜，明察临下，恒令左右觇视内外，有过失则加以重罪。又患令史赃污，私使人以钱帛遗之，得犯立斩。每于殿庭捶人，一日之中，或至数四。尝怒问事挥楚不甚，即命斩之。殿内置杖，或至杖毙。

《通鉴》卷一七七

二三　杨素能用兵性残忍

杨素用兵多权略，驭众严整。每将临敌，辄求人过失而斩之，流血盈前，言笑自若。及其对阵，先令一二百人赴敌，陷阵则已，如不能陷而还者，无问多少，悉斩之。又令二三百人复进，还如向法。将士股栗，有必死之心，由是战无不胜，称为名将。从素行者，微功必录。故虽残忍，士亦以此愿从。

素任尚书右仆射，其性疏而辩，高下在心，朝臣之内，颇推高颎，敬牛弘，厚接薛道衡，视苏威蔑如也。自馀朝贵，多被陵轹。其才艺风调，优于高颎，至于推诚体国，处物平当，有宰相识度，不如颎远矣。

《通鉴》卷一七七；《隋书》卷四八

二四　刘旷有异政

平乡令刘旷有异政，以义理晓谕，讼者皆引咎而去，狱中草满，庭可罗雀。迁临颍令。高颎荐旷清名善政为天下第一，文帝召见，劳勉之，谓侍臣曰："若不殊奖，何以为劝！"擢为莒州刺史。

《通鉴》卷一七七

二五　建仁寿宫死者万数

诏营仁寿宫于岐州之北，使杨素监之。宇文恺为将作大匠，封德彝为土木监。于是夷山堙谷，以立宫殿，崇台累树，宛转相属。役使严急，丁夫多死，疲顿颠仆，覆以土石，因而筑为平地。死者以万数。天暑，役夫死者相次于道，杨素悉焚除之。及宫成，上令高颎前视，奏称颇伤绮丽，大损人丁，文帝不悦。

文帝至宫，见制度壮丽，怒曰："杨素殚民力为离宫，为吾结怨天下。"素闻之惶恐。封德彝曰："公勿忧，俟皇后至，必有恩诏。"明日，上召素入对，独孤后劳之曰："公知吾夫妇老，无以自娱，盛饰此宫，岂非忠孝！"赐钱百万，锦绢三千段。

杨素负贵持才，多所凌侮，唯重德彝，尝抚其床曰："封郎必据吾此位。"

《通鉴》卷一七八；《隋书》卷四八

二六　文帝因民饥不食酒肉

关中大旱，民饥，文帝遣左右视民食，得豆屑杂糠以献。上流涕以示群臣，深自咎责，为之不御酒肉，殆将一年。上帅民就食于洛阳，敕斥候不得辄有驱逼。遇扶老携幼者，辄引马避之。至艰险之处，见负担者，令左右扶助之。

《通鉴》卷一七八

二七　韦世康有止足之志

韦世康和静谦恕，在吏部任职十馀年，时称廉平。官至吏部尚书、荆州总管。时天下惟有荆、扬、益、并四总管。世康常有止足之志，谓子弟曰："禄岂须多，防满则退；年不待暮，有疾便辞。"

《通鉴》卷一七八

二八　文帝用法益峻不依科律

文帝以盗贼繁多，命盗一钱以上皆弃市，或三人共盗一瓜，事发皆死。于是行旅恐邂逅触罪，皆晏起早宿。有数人劫执事而谓之曰："尔为我奏至尊：自古以来，体国立法，未有盗一钱而死者也。尔不为我以闻，吾更来，而属无类矣！"帝闻之，为停此法。

帝晚年用法益峻。御史于元日不劾武官衣剑之不齐者，帝曰："尔为御史，纵舍自由。"命杀之。谏议大夫毛思祖谏，又杀之。帝既喜怒无常，不复依准科律。

《通鉴》卷一七八

二九　独孤后性妒忌

独孤后性妒忌。文帝幸一女，后伺上听朝，阴杀之。上由是大怒，单骑从苑中出，不由径路，入山谷间二十馀里。高颎等追及，扣马苦谏。上太息曰："吾贵为天子，不得自由。"高颎曰："陛下岂以一妇人而轻天下！"上驻马良久，中夜方还宫。

后闻颎谓己为一妇人，遂衔之，屡谮颎。上由是疏颎，以至削职除名为民。

《通鉴》卷一七八

三〇　贺若弼心有三太猛

右领军大将军贺若弼，自谓功名出朝臣之右，每以宰相自许。既而杨素为仆射，弼甚不平，形于言色，昌言高颎、杨素唯堪啖饭，由怨望甚，下狱。公卿奏弼罪当死。文帝谓弼曰："臣下守法不移，公可自求话理。"弼曰："臣将八千兵渡江，擒陈叔宝，窃以此望活。"上曰："此以格外重赏，何用追论。"弼曰："臣已蒙格外重赏，今还格外望活。"上低回数日，惜其功，特令除名。岁馀，复其爵位，上亦忌之，不复任使，然每赐宴，遇之甚厚。

后，弼复坐事下狱，上数之曰："公有三太猛：嫉妒心太猛，自是非人之心太猛，无上心太猛。"既而释之。

炀帝之在东宫，尝谓弼曰："杨素、韩擒、史万岁三人，俱称良将，优劣如何？"弼曰："杨素是猛将，非谋将；韩擒是斗将，非领将；史万岁是骑将，非大将。"太子曰："然则大将谁也？"弼拜曰："唯殿下所择。"弼意自许为大将。

《通鉴》卷一七八、卷一七九；《隋书》卷五二

三一　太子勇率意任性见疏

文帝使太子勇参决军国政事，时有损益，上皆纳之。勇率意任性，无矫饰之行。勇尝文饰蜀铠，上性节俭，见而不悦，诫之曰："自古帝王未有好奢侈而能久长者，汝为储后，当以俭约为先，乃能奉承宗庙。"后遇冬至，百官皆诣勇，勇张乐受贺。上闻之，下诏曰："礼有等差，君臣不杂。皇太子虽居上嗣，义兼臣子，而诸方岳牧正冬朝贺，任土作贡，别上东宫，事非典则，宜悉停断。"自是恩宠始衰，渐生猜阻。

《通鉴》卷一七九

三二　杨广弥自矫饰成为太子

晋王广弥自矫饰，唯与萧妃居处，独孤后素称广贤。大臣用事者，广皆倾心与交。上及后每遣左右至广所，无贵贱，广必与萧妃迎门接引，为设美馔，申以厚礼，婢仆往来者，无不称其仁孝。文帝与后尝幸其第，广悉屏美姬于别室，唯留老丑者。故绝乐器之弦，不令拂去尘埃。上见之，以为不好声色。由是爱之特异诸子。尝观猎遇雨，左右进油衣，广曰："士卒皆沾湿，我独衣此乎！"乃令持去。

广阴结杨素及其弟约，素因数谮诬太子勇。独孤后亦与素金，使赞上废立。勇被废，立广为皇太子。

《通鉴》卷一七九；《隋书》卷三

三三　房玄龄言隋亡可翘足待

文帝克陈之初，天下皆以为将太平。监察御史房彦谦私谓所亲曰："主上忌刻而苛酷，太子勇卑弱，诸王擅权，天下虽安，方忧危乱。"其子玄龄亦密言曰："主上本无功德，以诈取天下，诸子骄奢不仁，必自相诛夷，今虽承平，其亡可翘足待。"

房玄龄与杜如晦皆预选，吏部侍郎高孝基名于知人，见玄龄，叹曰："仆阅人多矣，未见如此郎者，异日必为伟器，恨不见其成耳。"见如晦，谓曰："君有应变之才，必任栋梁之重。"俱以子孙托之。

《通鉴》卷一七九

三四　王伽令流囚自至京师

行参军王伽，送流囚李参等七十馀人诣京师。行至荥阳，哀其辛苦，悉呼谓曰："卿辈自犯国刑，身婴缧绁，固其职也，重劳援送之卒，岂不愧心哉！"参等辞谢。伽乃悉脱其枷锁，停援卒，与约曰："某日当至京师，如致前却，吾当为汝受死。"遂舍之而去。流人感悦，如期而至，一无离叛。文帝闻而惊异，悉召流人，令携负妻子俱入，赐宴于殿庭而赦之。

《通鉴》卷一七九

三五　柳彧以得罪杨素被除名

杨素尝以少谴敕送南台，命治书待御史柳彧治之。素恃贵，坐彧床。彧从外来，于阶下端笏整容谓素曰："奉敕治公之罪！"素遽下。彧据案而坐，立素于庭，辨诘事状。素由是衔之。蜀王秀尝从彧求李文通所撰《治道集》，彧与之，秀遗彧奴婢十口。及蜀王秀得罪，杨素奏彧以内臣交通诸侯，除名为民，配戍怀远镇。

《通鉴》卷一七九

三六　梁毗不纳赠金感悟酋长

梁毗为西宁州刺史，凡十一年。诸酋长以争金，递相攻夺，略无宁岁，毗患之。后因诸酋长相帅以金遗毗，毗置金坐侧，对之痛哭，曰："此物饥不可食，寒不可衣，汝等以此相灭，不可胜数。今此来，将欲杀我邪！"一无所纳。于是诸酋长感悟，遂不相攻击。毗被征为大理卿，处法公平。

《通鉴》卷一七九

三七　燕荣暴虐鞭笞无辜

幽州总管燕荣，性严酷，鞭挞左右，动至千数。人或自陈无罪，荣曰："后有罪，当免汝。"既而有犯，将杖之，人曰："前日被杖，使君许以有罪宥之。"荣曰："无罪尚尔，况有罪邪！"

元弘嗣迁幽州长史，惧为荣所辱，固辞。文帝敕荣曰："弘嗣杖十已上罪，皆须奏闻。"荣忿曰："竖子何敢玩我！"于是遣弘嗣监纳仓粟，飏得一糠一粃，皆罚之。每笞虽不满十，然一日之中，或至三数。如是历年，怨隙日构。荣遂收弘嗣付狱，禁绝其粮，弘嗣抽絮杂水咽之。其妻诣阙称冤，上遣使按验，奏荣暴虐，赃秽狼籍，征还，赐死。元弘翮代荣为政，酷又甚之。

《通鉴》卷一七九

三八　崔弘度诫僚属无得欺诳

仁寿中，崔弘度检校太府卿。每诫其僚吏曰："人当诚恕，无得欺诳。"皆曰："诺。"后尝食鳖，侍者八九人，弘度一一问之曰："鳖美乎？"人惧之，皆云："鳖美。"弘度大骂曰："佣奴何敢诳我？汝初未食鳖，安知其美？"俱杖八十。官属百工见之者，莫不流汗，无敢欺隐。

《隋书》卷七四

三九　何妥难苏威元善

何妥，文帝时除国子博士。性劲急，有口才，好是非人物。时纳言苏威尝言于上曰："臣先人每诫臣云，唯读《孝经》一卷，足可立身治国，何用多为！"上亦然之。妥进曰："苏威所学，非止《孝经》。厥父若信有此言，威不从训，是其不孝。若无此言，面欺陛下，是其不诚。不诚不孝，何以事君！且夫子有云：'不读《诗》无以言，不读《礼》无以立。'岂容苏绰教子独反圣人之训乎？"威时兼领五职，上甚亲重之，妥因奏威不可信任。后威定考文学，又与妥更相诃诋。威勃然曰："无何妥，不虑无博士！"妥应声曰："无苏威，亦何忧无执事！"由是与威有隙。

国子祭酒元善，洛阳人。文帝尝命善讲《孝经》。于是敷陈义理，兼之以讽谏。上大悦赍绢百匹，衣一袭。善之通博，在何妥之下，然以风流酝藉，俯仰可观，音韵清朗，听者忘倦，由是为后进所归。妥每怀不平，心欲屈善。因善讲《春秋》，初发题，诸儒毕集。善私谓妥曰："名望已定，幸无相苦。"妥然之。及就讲肆，妥遂引古今滞义以难，善多不能对。善深衔之。

《隋书》卷七五

四〇 翟普林事亲以孝

翟普林，楚丘人也。性仁孝，事亲以孝闻。州郡辟命，皆固辞不就，躬耕色养，乡邻谓为楚丘先生。后，父母疾，亲易燥湿，不解衣者七旬。大业初，父母俱终，哀毁殆将灭性。庐于墓侧，负土为坟，盛冬不衣缯絮，唯着单缞而已。家有一乌犬，随其在墓，若普林哀临，犬亦悲号，见者嗟异焉。

《隋书》卷七二

四一 文中子王通不愿出仕

龙门王通献太平十二策，不能用，罢归。通遂教授于河汾之间，弟子自远至者甚众，累征不起。杨素劝之仕，通曰："通有先人之弊庐足以蔽风雨，薄田足以具饔粥，读书谈道足以自乐。愿明公正身以治天下，时和岁丰，通也受赐多矣，不愿仕也。"

弟子贾琼问息谤，通曰："无辩。"问止怨，曰："不争。"通尝称："无赦之国，其刑必平；重敛之国，其财必削。"大业末，卒于家。门人谥曰文中子。

《通鉴》卷一七九

四二　文帝勤政节俭

文帝垂危欲立勇，太子广弑文帝。帝旦听朝，日昃忘倦。爱养百姓，劝课农桑，轻徭薄赋。其自奉养，务为俭素，乘舆御物，故弊者随宜补用；自非享宴，所食不过一肉；后宫皆服浣濯之衣。天下化之，故衣食滋殖、食库盈溢。然猜忌苛察，信受谗言，功臣故旧，罕始终保全者，乃至子弟，皆如仇敌，此其所短也。

太子广继位，是为炀帝。

《通鉴》卷一八〇

四三　炀帝开通济渠

隋炀帝营显仁宫，开通济渠。渠自洛阳西苑达于河，至于淮，入长江。发河南、淮北诸郡民前后百馀万。渠广四十步，渠旁皆筑御道，树以柳。自长安至江都，置离宫四十馀所。于江南造龙舟及杂船数万艘。官吏督役严急，死者什四五。

《通鉴》卷一八〇

四四　炀帝筑西苑

炀帝筑西苑，周二百里，其内为海，周十馀里。为蓬莱、方丈、瀛洲诸山，高出水百馀尺，台观殿阁，罗络山上，向背如神。北有龙鳞渠，缘渠作十六院，每院以四品夫人主之。宫树秋冬雕落，则剪绿为花叶，缀于枝条，色渝则易以新者，常如阳春。十六院竞以殽馐精丽相高，求市恩宠。上好以月夜从宫女数千骑游西苑，作《清夜游曲》，于马上奏之。

《通鉴》卷一八〇

四五　裴矩撰《西域图记》拓地千里

炀帝即位，营建东都，裴矩职修府省，九旬而就。时西域诸蕃，多至张掖，与中国交市。帝令矩掌其事。矩知帝方勤远略，诸商胡至者，矩诱令言其国俗山川险易，撰《西域图记》三卷，入朝奏之。帝大悦，赐物五百段，每日引矩至御坐，亲问西方之事。矩盛言胡中多诸宝物，吐谷浑易可并吞。帝由是甘心，将通西域，四夷经略，咸以委之。

任黄门侍郎。帝复令矩往张掖，引致西蕃，至者十馀国。大业三年，帝有事于恒岳，咸来助祭。帝将巡河右，复令矩往敦煌。矩遣使说高昌王、伊吾设等，啗以厚利，导使入朝。及帝西巡，次燕支山，高昌王、伊吾设等及西蕃胡二十七国，谒于道左。皆令佩金玉，被锦罽，焚香奏乐，歌舞喧噪。复令武威、张掖士女盛饰纵观，骑乘填咽，周亘数十里，以示中国之盛。帝见而大悦。竟破吐谷浑，拓地数千里，并遣兵戍之。每岁委输巨亿万计，诸蕃慑惧，朝贡相续。帝谓矩有绥怀之略，进位银青光禄大夫。

于时皇纲不振，人皆变节，左翊卫大将军宇文述、内史侍郎虞世基等用事，文武多以贿闻。唯矩守常，无赃秽之响，以是为世所称。

《隋书》卷六七

四六　炀帝下扬州

炀帝乘龙舟至江都。龙舟四重，高四十五尺，长二百丈。上重有正殿、内殿、东西朝堂，中二重有百二十房，皆饰以金玉，下重内侍处之。皇后乘翔螭舟，制度差小，而装饰无异。别有浮景九艘，三重，皆水殿也。其馀船只数千艘，后宫、诸王、公主、百官、僧尼、道士、蕃客乘之。共用挽船士八万馀人。舳舻相接二百馀里，照耀川陆，骑兵翊两岸而行，旌旗蔽野。所过州县五百里内，皆令献食，多者一州至百舆。极水陆珍奇，后宫厌饫，将发之际，多弃埋之。

《通鉴》卷一八〇

四七　高颎等以诽谤朝政坐诛

炀帝欲夸示突厥，令宇文恺为大帐，其下可坐数千人。帝于城东御大帐，备仪卫，宴启民可汗及其部落。诸胡骇悦，争献牛羊驼马数千万头。帝赐启民帛无数，又赐路车乘马，鼓吹幡旗，赞拜不名，位在诸侯王上。

诏发丁男百馀万筑长城。

高颎以帝遇启民过厚，与人曰："近来朝廷殊无纲纪。"礼部尚书宇文㢸私谓颎曰："长城之役，幸非急务。"贺若弼亦私议宴可汗太侈。并为人所奏，帝以为诽谤朝政，高颎、宇文㢸、贺若弼皆坐诛。

颎有文武大略，明达世务，竭诚尽节，进引贤良，以天下为己任。苏威、杨素、贺若弼、韩擒虎皆颎所荐，自馀立功立事者不可胜数。当朝执政二十年，朝野推服，海内富庶，颎之力也。及死，天下莫不伤之。

《通鉴》卷一八〇

四八　炀帝唯恐杨素不死

仁寿初，杨素代高颎为尚书左仆射。素贵宠日隆，其弟约、从父文思、弟文纪，及族父异，并尚书列卿。诸子无汗马之劳，位至柱国、刺史。家僮数千，后庭妓妾曳绮罗者以千数。第宅华侈，制拟宫禁。

素虽有建立之策及军功，然特为炀帝所猜忌，外示殊礼，内情甚薄。素寝疾之日，帝每令名医诊候，赐以上药。然密问医人，恒恐不死。素又自知名位已极，不肯服药，亦不将慎，每语弟约曰："我岂须更活耶？"素贪冒财货，营求产业。东、西二京，居宅侈丽，朝毁夕复，营缮无已。爰及诸方都会处，邸店、水硙并利田宅以千百数。

《隋书》卷四八

四九　炀帝令造观风行殿

炀帝发榆林，历云中，泝金河，甲士五十馀万，马十万匹，旌旗辎重，千里不绝。令宇文恺造观风行殿，上容侍卫数百人，离合为之，下施轮轴，倏忽推移。又作行城，周二千步，以板为干，衣之以布，饰以丹青，楼橹悉备。胡人惊以为神，每望御营，十里之外，屈膝稽颡，无敢乘马。

《通鉴》卷一八〇

五〇　薛道衡赞美先朝被杀

内史侍郎薛道衡以才学有盛名，久当枢要。文帝末，出为襄州总管。炀帝即位，召之，欲用为秘书监。道衡既至，上《高祖文皇帝颂》，帝览之，以斯文致美先朝，不悦，将置之罪。房彦谦劝道衡杜绝宾客，卑辞下气，道衡不听。会议新令久不决，道衡谓朝士曰："向使高颎不死，令决当久行。"有人奏之，帝怒曰："汝忆高颎邪！"遂杀之。

《通鉴》卷一八一

五一　邀胡客酒食例不取值

炀帝以诸蕃酋长毕集洛阳，于正月十五元宵，在端门街盛陈百戏，戏场周围五千步，执丝竹者万八千人，声闻数十里，自昏至旦，灯火光烛天地，终月而罢，所费巨万。自是岁以为常。

诸蕃请入市交易，上许之。先令整饰店肆，檐宇如一，盛设帷帐，珍货充积，卖菜者亦籍以龙须席。胡客或过酒食店，悉令邀延就坐，醉饱而散，不取其值。绐之曰："中国丰饶，酒食例不取值。"胡客皆惊叹。其黠者见以缯帛缠树，曰："中国亦有贫者，衣不盖形，何如以此物与之，缠树何为？"市人惭不能答。

《通鉴》卷一八一

五二　炀帝宴游酒酣靡所不至

炀帝临朝凝重，发言降诏，其辞可观，而内存声色。光禄大夫郭衍以谄谀有宠，尝谓帝曰："无效高祖，空自勤苦。"帝以为忠，曰："唯有郭衍，心与朕同。"

　　帝在两都及巡游，常以僧尼、道士、女官自随，谓之四道场。每日于苑中林亭间盛陈酒馔，敕燕王等与文帝嫔御为一席，僧尼、道士、女官为一席，帝与诸宠姬为一席，略相连接，罢朝即从之，酒酣骰乱，靡所不至，以是为常。妃嫔、公主时有丑闻，帝亦不之罪。

《通鉴》卷一八一

五三　炀帝命刻能动木偶以像柳䛒

　　晋王杨广好文雅，招引才学之士虞世南、王胄、朱瑒等百馀人以充学士，而柳䛒为之冠。王以师友处之，每有文什，必令其润色，然后示人。尝朝京还，作《归藩赋》，命䛒为序，词甚典丽。初王属文，效庾信体，及见䛒后，文体遂变。

　　仁寿初，引为东宫学士，加通直散骑常侍，检校洗马，甚见亲重。每召入卧内，与之宴谑。有所顾问，应答如响。性嗜酒，言杂诽谐。由是弥为太子所亲狎。以其好内典，令撰《法华玄宗》，为二十卷上之。太子大悦，赏赐优洽，侪辈莫比。

　　炀帝嗣位，退朝后，便命入阁，言宴讽读，终日而罢。常每与嫔后对酒，时逢兴会，辄遣命之至，与同榻共席，恩比友朋。帝犹恨不能夜召，乃命匠刻木为偶人，施机关，能坐起拜伏，以像䛒。帝每月下对饮酒，辄令宫人置于座，与相酬酢，而为欢笑。从幸扬州，卒，帝伤惜者久之。

《北史》卷八三

五四　裴矩为将士娶妻

裴矩素勤谨，未尝忤物，又见天下方乱，恐为身祸，其待遇人，多过其所望，故虽至厮役，皆得其欢心。炀帝至江都，从驾骁果数有逃散，帝忧之，以问矩。矩答曰："方今车驾留此，已经二年。骁果之徒，尽无家口，人无匹合，则不能久安。臣请听兵士于此纳室。"帝大喜曰："此奇计也。"因令矩检校，为将士等娶妻。矩召江都境内寡妇及未嫁女，皆集宫监，又召将帅及兵等恣其所取。因听自首，先有奸通妇女及尼、女冠等，并即配之。由是骁果等悦，咸相谓曰："裴公之惠也。"

《隋书》卷六七

五五　牛弘宽厚恭俭

礼部尚书、太常卿牛弘，宽厚恭俭，学术精博。隋室旧臣，始终信任，唯弘一人而已。时杨素恃才矜贵，轻侮朝臣，唯见弘未尝不改容自肃。素将击突厥，诣太常与弘言别。弘送素至中门而止，素谓弘曰："大将出征，故来叙别，何相送之近也？"弘遂揖而退。素笑曰："奇章公可谓其智可及，其愚不可及也。"亦不以屑怀。

弘弟弼尝因醉射杀弘驾车牛，其妻谓弘曰："叔射杀牛。"弘无所怪问，直答云："作脯。"妻又曰："叔忽射杀牛，大是异事。"弘曰："已知之矣。"颜色自若，读书不辍。

《隋书》卷四九；《通鉴》卷一八一

五六　虞世基唯诺取容

虞世基，会稽馀姚人也。博学有高才，兼善草隶。炀帝重其才，亲礼甚厚，专典机密，参掌朝政。于时天下多事，四方表奏日有百数。帝方凝重，事不庭决，入阁之后，始召世基口授节度。世基至省，方为敕书，日且百纸，无所遗谬。

炀帝至江都，天下大乱，世基知帝不可谏止，又以高颎、张衡等相继诛戮，惧祸及己，虽居近侍，唯诺取容，不敢忤意。起义者日甚，郡县多没。世基知帝恶数闻之，有告败者，乃抑损表状，不以实闻。是后外间有变，帝弗之知也。太仆杨义臣于河北降贼数十万，列状上闻。帝叹曰："我初不闻贼顿如此，义臣降贼何多也！"世基对曰："鼠窃虽多，未足为虑。义臣克之，拥兵不少，久在阃外，此最非宜。"帝曰："卿言是也。"遽追义臣，放其兵散。

世基貌沉审，言多合意，是以特见亲爱，朝臣无与为比。其继室孙氏，性骄淫，世基惑之，恣其奢靡。雕饰器服，无复素士之风。孙复携前夫子夏侯俨入世基舍，而顽鄙无赖，为其聚敛。鬻官卖狱，贿赂公行，其门如市，金

· 889 ·

宝盈积。其弟世南，素国士，而清贫不立，未曾有所赡。朝野咸共疾怨。及宇文化及之乱，世基被杀焉。

《隋书》卷六七

五七　裴蕴增乐人至三万

文帝不好声技，遣牛弘定乐，非正声清商及九部四儛之色，皆罢遣从民。炀帝继位，裴蕴揣知帝意，奏括天下周、齐、梁、陈乐家子弟，皆为乐户。其六品已下，至于民庶，有善音乐及倡优百戏者，皆值太常。是后异技淫声咸萃乐府，皆置博士弟子，递相教传，增益乐人至三万馀。炀帝大悦，迁民部侍郎。

未几，擢授御史大夫，与裴矩、虞世基参掌机密。蕴善候伺人主微意，若欲罪者，则曲法顺情，锻成其罪。所欲宥者，则附从轻典，因而释之。是后大小之狱皆以付蕴，宪部大理莫敢与夺，必禀承进止，然后决断。蕴亦机辩，所论法理，言若悬河，或重或轻，皆由其口，剖析明敏，时人不能致诘。

《隋书》卷六七

五八　炀帝攻高丽天下骚动

下诏讨高丽。敕幽州总管元弘嗣往东莱海口，造船三百艘，官吏督役，昼夜立水中，自腰以下皆生蛆，死者什三四。诏总征天下兵，无问远近，俱会于涿。诏发民夫运粮至涿，往还在道常数十万人，填咽于道，昼夜不绝，死者相枕，臭秽盈路，天下骚动。耕稼失时，田畴多荒。重以官吏贪残，因缘侵渔，百姓困穷。安居则不胜冻馁，死期交急，剽掠则犹得延生，于是相聚起事，不可胜数。徒众多者至万馀人，攻陷城邑。

邹平民王薄拥众据长白山，自称知世郎，作《无向辽东浪死歌》以相感劝，避征者多往归之。

与高丽大战于辽水，高丽兵大败，炀帝渡辽。后，隋军大败于萨水（今朝鲜平壤西）而还。

《通鉴》卷一八一

五九　李密乘黄牛读《汉书》

礼部尚书杨玄感，骁勇，便骑射，好读书，喜宾客，与蒲山公李密善。密少有才略，轻财好士，尝乘黄牛读《汉书》。杨素遇而异之，与语，大悦，谓其子玄感等曰："李密识度如此，汝等不及也。"后，玄感反，不听李密之策，败死。

《通鉴》卷一八二

六〇　炀帝谓天下人不欲多

炀帝谓御史大夫裴蕴曰："玄感一呼而从者十万，益知天下人不欲多，多则相聚为盗耳。"玄感之围洛阳也，开仓赈给百姓。凡受米者，皆被坑之于都城之南。

帝善属文，不欲人出其右。薛道衡死，帝曰："更能作'空梁落燕泥'否！"及玄感所善文士王胄被诛，帝诵其佳句曰："'庭草无人随意绿'，复能作此语邪！"帝自负才学，每骄天下之士，尝谓侍臣曰："天下皆谓朕承藉绪馀而有四海，设令朕与士大夫高选，亦当为天子矣。"

《通鉴》卷一八二

六一　苏威据实而言

炀帝问侍臣盗贼，左翊卫大将军宇文述曰："渐少。"帝曰："比从来少几何？"对曰："不能什一。"纳言苏威引身隐柱，帝呼前问之，对曰："臣非所司，不知多少，但患渐近。"帝曰："何谓也？"威曰："他日贼据长白山，今近在汜水。"帝问威以伐高丽事，威欲帝知天下多盗，对曰："但赦群盗，自可得数十万，遣之东征，高丽可灭。"帝不怿，未忍即杀，除名。

《通鉴》卷一八三

六二　李密李渊起兵

翟让起兵于瓦岗，徐世勣、王伯当等归之。李密说让攻荥阳，密称魏公，略取河南诸郡。李渊听从其子世民及刘文静之说，起兵太原，克长安，称唐王，悉除隋苛禁。

《通鉴》卷一八三、卷一八四

六三　隋炀帝之死

炀帝在江都，荒淫益甚。宫中为百馀房，各盛供张，实以美人，日令一房为主人，帝与萧后及幸姬，历就宴饮，酒卮不离口，从姬千馀人亦常醉。帝见天下危乱，意亦不自安，退朝则策杖步游，遍历台馆，非夜不止，汲汲顾景，唯恐不足。

帝以吴语谓萧后曰："外间大有人图侬，然侬不失为长城公，卿不失为沈后，且共乐饮耳！"又尝谓萧后曰："好头颈，谁当斫之！"后惊问故，帝笑曰："贵贱苦乐，更迭为之，亦复何伤！"

有宫人白萧后曰："外间人欲反。"后曰："任汝奏之。"宫人言于帝，帝大怒，以为非所宜言，斩之。其后宫人复白后，后曰："天下事一朝至此，无可救者，何用言之，徒令帝忧耳！"自是无复言者。

宇文化及等至帝寝殿，拔白刃侍立，帝曰："吾实负百姓，至于尔辈，荣禄兼极，何乃如是！"帝自解练巾，被缢杀。

《通鉴》卷一八五

唐（上）
（公元618年至756年）

一　萧瑀绳违举过不盲从

李渊称帝，是为高祖。国号唐，都长安，色尚黄。以世民为尚书令，以隋民部尚书萧瑀为内史令。上委萧瑀以庶政，事无大小，无不关掌。瑀孜孜尽力，绳违举过，人皆惮之，毁之者众，终不自理。上尝有敕而内史不时宣行，上责其迟，瑀对曰："大业之世，内史宣敕，或前后相违，有司不知所从。臣在省日久，备见其事。今王业经始，事系安危，故臣每受一敕必勘审，使与前敕不违，始敢宣行，绩缓之愆，实由于此。"上曰："卿用心如是，吾复何忧！"

后，太宗世民尝从容谓房玄龄曰："萧瑀大业之日，进谏隋主，出为河池郡守。应遭割心之祸，翻见太平之日，北叟失马，事亦难常。"瑀顿首拜谢。太宗又曰："武德六年以后，太上皇有废立之心而不之定也，我当此日，不为兄弟所容，实有功高不赏之惧。此人不可以厚利诱之，不可以刑戮惧之，真社稷臣也。"因赐瑀诗曰："疾风知劲草，板荡识诚臣。"又谓瑀曰："卿之守道耿介，古人无以过也。然而善恶太明，亦有时而失。"

《通鉴》卷一八五、卷一九四

二　高祖与贵臣同榻而坐

高祖每视事，自称名，引贵臣同榻而坐。纳言刘文静谏曰："昔王导有言：'若太阳俯同万物，使群生何以仰照。'今贵贱失位，非常久之道。"上曰："昔光武与严子陵共寝，子陵加足于帝腹。今诸公皆名德旧齿，平生亲友，宿昔之欢，何可忘也。公勿以为嫌！"

《通鉴》卷一八五

三　李密开洛口仓散米

隋东都洛阳皇泰主，册李密为太尉、尚书令、行军元帅、魏国公，令先平宇文化及，然后入朝辅政，下诏称密忠款，且曰："用兵机略，一禀魏公节度。"

密将秦叔宝、徐世勣等击化及，化及败。苏威时在东郡，随众降密，密以其隋氏大臣，虚心礼之。威见密，再三舞蹈，称"不图今日复睹圣明"！

密开洛口仓散米，无防守典当，又无文券，取之者随意多少，或离仓之后，力不能致，委弃衢路，为车马所践，来就食者并家属近百万口。密喜，谓贾闰甫曰："此可谓足食矣！"对曰："国以民为本，民以食为天。窃恐一旦米尽民散，明公孰与成大业！"

密与王世充战，不听裴仁基、魏徵之计，大败。密与王伯当、魏徵等二万人，入关降唐。

《通鉴》卷一八五、卷一八六

四　徐世勣不背德不邀功

徐世勣据李密旧境，未有所属。魏徵自请安集山东，高祖以为秘书丞，至黎阳劝世勣降。世勣谓长史郭孝恪曰："此民众土地，皆魏公有也。吾若上表献之，是利主之败，自为功以邀富贵也，吾实耻之。今宜籍郡县户口士马之数以启魏公，使自献之。"乃遣孝恪诣长安，无表，只有启与密，高祖甚怪之。孝恪具言世勣意，上乃叹曰："徐世勣不背德，不邀功，真纯臣也。"赐姓李。使经略虎牢以东，所得州县，委之选补。

李密骄贵日久，又自负归唐之功，朝廷待之不副本望，郁郁不乐。尝遇大朝会，密为光禄卿，掌进食，深以为耻。乃与王伯当谋归山东，叛唐被杀。李世勣在黎阳，高祖遣使以密首示之。世勣北面拜伏号恸，表请收葬，诏归其尸。世勣备君臣之礼，举军缟素，葬密于黎阳山南。密素得士心，哭者多呕血。

《通鉴》卷一八六

五　李素立守法不奉诏

有犯法不至死者，高祖特命杀之。监察御史李素立谏曰："三尺法，王者所与天下共也。法一动摇，人无所措手足，陛下甫创洪业，奈何弃法！臣忝法司，不敢奉诏。"上从之。擢授侍御史。

《通鉴》卷一八六

六　王世充求人才而不能用

王世充专总隋政，悉取隋朝显官、名士为太尉府官属，事无大小，悉关太尉府，台省监署，莫不阒然。世充立三牌于府门外：一求文学才识堪济时务者，一求勇武智略能摧锋陷敌者，一求身有冤滞拥抑不申者。于是上书陈事，日有百数，世充悉引见，躬自省览，殷勤慰谕，人人自喜，以为言听计从，然终无所施行。

世充以秦叔宝、程知节为将军，待之皆厚。然二人疾世充多诈，于阵前公然拜别世充，投唐而去。

《通鉴》卷一八七

七　李元吉骄侈横行

并州总管齐王元吉，性骄侈，奴客婢妾数百人，好使之被甲，戏为攻战，前后死伤甚众。其乳母苦谏，元吉醉，怒，命壮士殴杀之。性好田猎，载网罟三十车，尝言："我宁三日不食，不能一日不猎。"又纵左右夺民物，当衢射人，观其避箭。百姓愤怒，元吉坐免官。

《通鉴》卷一八七

八　王世充门不设禁不清道

　　王世充称帝。世充于阙下、玄武门等数处皆设榻，坐无常所，亲受章表。或轻骑历街市，亦不清道，民但避路而已。世充按辔徐行，语曰："昔时天子深居九重，在下事情无由闻达。今世充非贪天位，但欲救恤时危，正如一州刺史，亲览庶务，当与士庶共评朝政，尚恐门有禁限，今于门外设坐听朝，宜各尽情。"又令西朝堂纳冤抑，东朝堂纳直谏。于是献策上书者日有数百，条流既烦，省览难遍，数日后，不复更出。

　　世充每听朝，殷勤诲谕，言词重复，千端万绪，侍卫之人不胜倦弊，百司奏事疲于听受。御史大夫苏良谏曰："陛下语太多而无领要，计云尔即可，何烦许辞也！"世充默然良久，亦不罪良，然性如是，终不能改。

　　李世民率部讨王世充，围洛阳。城中乏食，绢一匹值粟三升，布十匹值盐一升，服饰珍玩，贱如土芥。民食草根木叶皆尽，相与澄取浮泥，投米屑作饼食之，皆病，身肿脚弱，死者相枕倚于道。尚书郎以下，亲自负载，往往馁死。

唐（上）（公元618年至756年）

窦建德将兵救世充，大败，被擒。王世充降。世民入洛阳城，收世充之党罪尤大者十馀人，斩于洛水之上。

《通鉴》卷一八七、卷一八九

九　裴寂陷刘文静死

民部尚书刘文静，自以才略功勋在裴寂之右而位居其下，意甚不平。每庭议，寂有所是，文静必非之，数侵侮寂，由是有隙。文静有妾无宠，告静谋反。李纲、萧瑀、秦王世民，皆明其不反。裴寂言于高祖曰："文静才略实冠时人，性复粗险，今天下未定，留之必贻后患。"上素亲寂，卒用寂言，文静坐死，籍没其家。

《通鉴》卷一八七

一〇　李纲屡谏不听乃乞骸骨

太子建成昵近小人，疾秦王世民功高。礼部尚书领太子詹事李纲，屡谏不听，乃乞骸骨。高祖骂之曰："卿为何潘仁长史，乃耻为朕尚书邪！且方使卿辅导建成，乃固求去，何也。"纲顿首曰："潘仁，贼也，每欲妄杀人，臣谏之则止，为其长史，可以无愧。陛下创业明主，臣不才，所言如水投石，言于太子亦然，臣何敢久污天台、辱东朝乎！"上曰："知公直士，勉留辅吾儿。"以纲为太子少保，尚书。

《通鉴》卷一八七

一一　李世民义释尉迟敬德

秦王李世民大败宋金刚、刘武周，河南州县相继降。武周骁将尉迟敬德降唐。诸将疑敬德将叛，囚之军中。或谓世民曰："敬德骁勇绝伦，今既囚之，心必怨望，留之恐为后患，不如杀之。"世民曰："不然。"遽命释之，引入卧内，赐之金，曰："丈夫意气相期，勿以小嫌介意，吾终不信谗言以害忠良，公宜体之。必欲去者，以此金相资，表一时共事之情也。"

未几，世民以五百骑行战地，王世充率步骑万馀猝至，围之，单雄信引槊直趋世民，敬德横刺雄信坠马，翼世民出围。世民谓敬德曰："公何相报之速也！"由是宠遇日隆。

《通鉴》卷一八八

一二　李世勣割肉啖单雄信

初，李世勣与单雄信友善，誓同生死。及洛阳平，世勣言雄信骁健绝伦，请尽输己之官爵，求免雄信死，李世民不许。世勣固请不能得，涕泣而退。雄信曰："我固知汝不办事。"世勣曰："吾不惜馀生，与兄俱死，但既以此身许国，事无两遂。且吾死之后，谁复视兄之妻子乎？"乃割股肉以啖雄信，曰："使此肉随兄为土，庶几不负昔誓！"

《通鉴》卷一八九

一三　李世民谴责苏威

李世民进洛阳，苏威请见，称老病不能拜。世民遣人数之曰："公隋室宰相，危不能扶，使君弑国亡。见李密、王世充皆拜伏舞蹈。今既老病，无劳相见。"及至长安又请见，不许。苏威无官爵，卒于家，年八十二。

《通鉴》卷一八九

一四　苏世长智讽高祖

高祖与隋右仆射苏世长有旧，招以为谏议大夫。世长尝从逐猎，大获禽兽，上顾群臣曰："今日畋，乐乎？"世长对曰："陛下游猎，薄废万机，不满旬日，未足为乐！"上变色，既而笑曰："狂态复发邪？"对曰："于臣则狂，于陛下甚忠。"

世长尝侍宴披香殿，酒酣，谓上曰："此殿炀帝之所为邪？"上曰："卿谏似直而实多诈，岂不知此殿朕所为，而谓之炀帝乎？"对曰："臣实不知，但见其华侈如倾宫、鹿台，非兴王之所为故也。若陛下为之，诚非所宜。臣昔侍陛下于武功，见所居宅仅庇风雨，当时亦以为足。今因隋之宫室，已极侈矣，而又增之，将何以矫其失乎！"上然之。

《通鉴》卷一八九

一五　李世民开文学馆

高祖以秦王世民功大，特置天策上将，位在王公上。领司徒，开天策府，置官属。世民以海内渐平，乃开馆于宫西，延四方文学之士，以王府属杜如晦、记室房玄龄、虞世南、文学褚亮、苏世长、孔颖达、许敬宗等并以本官兼文学馆学士，分三番，更日值宿，供给珍膳，恩礼优厚。世民公事之暇，辄至馆中，引诸学士讨论文籍，或夜分乃寝。又使库直阎立本图像，褚亮为赞，号十八学士。士大夫得预其选者，时人谓之"登瀛州"。

《通鉴》卷一八九

一六　房玄龄收采人才

杜如晦初为秦王府参军，俄迁陕州长史。时府僚多补外官。房玄龄曰："馀人不足惜，至于杜如晦，王佐之才，大王欲经营四方，非如晦不可"世民惊曰："微公言，几失之。"即奏为府属。与玄龄常从世民征伐，参谋帷幄，军中多事，如晦剖决如流。世民每破军克城，诸将争取宝货，玄龄独收采人才，致之幕府。又将佐有勇略者，玄龄必与之深相结，使为世民尽死力。

《通鉴》卷一八九

一七　皇甫无逸过于审慎

皇甫无逸原系隋代旧臣,高祖时拜民部尚书,累转益州大都督府长史。闭门自守,不通宾客,左右不得出门。凡所货易,皆往他州。每按部,樵采不犯于人。尝夜宿人家,遇灯炷尽,主人将续之,无逸抽佩刀断衣带以为炷。然过于审慎,所上表奏,惧有误失,必读之数十遍,仍令官属再三披省。使者就路,又追而更审,每遣一使,辄连日不得上道。母在长安疾笃,太宗令驿召之。无逸性至孝,承问惶惧,不能饮食,因道病卒。

《旧唐书》卷六二

一八　高祖待世民渐疏

李渊之起兵晋阳,皆世民之谋。尝谓世民曰:"若事成,则天下皆汝所致,当以汝为太子。"及为唐王,将佐亦请以世民为世子,上将立之,世民固辞而止。太子建成,性宽简,喜酒色游畋;齐王元吉,多过失,皆无宠于上。世民功名日盛,上常有意以代建成。建成内不自安,乃与元吉协谋共倾世民。

上晚年多内宠。建成与元吉曲意事诸妃嫔,世民独不与。诸妃嫔乃争誉建成、元吉而短世民。世民以淮安王神通有功,给田数十顷。张婕妤之父求之于上,上手敕赐之,神通以世民教给在先,不与。婕妤诉之于上曰:"敕赐妾父田，秦王夺之与神通。"上遂发怒，责世民曰："我手敕不如汝教邪！"他日谓斐寂曰："此儿久典兵在外，为书生所教，非复昔日子也。"

世民每侍宴宫中，对诸妃嫔，思窦皇后早终，不得见上有天下，或歔欷流涕，上顾之不乐。诸妃嫔因共譖世民曰："陛下春秋高，唯宜相娱乐，而秦王独涕泣，正是憎疾妾等。陛下万岁后，妾母子必不为秦王所容，无孑遗矣。"且曰："皇太子仁孝，陛下以妾母子属之，必能保全。"上为之怆然，由是无易太子意。待世民渐疏，而建成、元吉日亲矣。

《通鉴》卷一九〇

一九　李世民谏止迁都

突厥侵并州。或说高祖曰："突厥所以屡犯关中者，以子女玉帛皆在长安故也。若焚长安而不都，则胡寇自息矣。"上以为然，将徙都。建成、元吉、斐寂皆赞成，萧瑀等虽知其不可而不敢谏。世民谏曰："陛下以圣武龙兴，光宅中夏，精兵百万，所征无敌，奈何以胡寇扰边，遽迁都以避之，贻四海之羞，为百世之笑乎！彼霍去病汉廷一将，欲灭匈奴，愿假数年之期，系颉利之头，致之阙下。若其不效，迁都未晚。"上曰："善。"

《通鉴》卷一九一

二〇　李袭誉修水利不喜财

高祖时，李袭誉任太府少卿。累迁扬州大都督府长史、江南巡察大使。扬州，江、吴大都会，俗喜商贾，不事农。袭誉为引雷陂水，筑勾城塘，溉田八百顷，以尽地利，民多归本。召为太府卿。为人严悫，以威肃闻。居家俭，厚于宗亲，禄禀随多少散之。以馀资写书，罢扬州，书遂数车载。尝谓子孙曰："吾性不喜财，遂至窭乏。然负京有赐田十顷，能耕之，足以食；河内千树桑，事之可以衣；江都书，力读可进求宦。吾殁后，能勤此，无资于人矣。"

《新唐书》卷九一

二一　张镇周治舒州境内肃然

张镇周为舒州都督，到州，就故宅多市酒肴，召亲戚故人与之酣宴，散发箕踞，如为布衣时，凡十日。既而分赠金帛，泣，与之别，曰："今日张镇周犹得与故人欢饮，明日之后，则舒州都督治百姓耳，君民礼隔，不得复为交游。"自是亲戚故人犯法，一无所纵，境内肃然。

《通鉴》卷一九一

二二　玄武门之变

太子建成与元吉屡设计谋害秦王世民。秦府僚属忧惧。房玄龄、长孙无忌、杜如晦共劝世民诛建成、元吉。乃伏兵于玄武门，世民射杀建成，尉迟敬德杀元吉。高祖立世民为太子，旋传位，世民即皇帝位，是为太宗。高祖为太上皇。世民十八岁起兵，至是年三十。

《通鉴》卷一九一

二三　张公谨云不疑何卜

太宗为隐太子建成、巢王元吉所忌，因召张公谨，问以自安之策，对甚合旨，渐见亲遇。及太宗将讨建成、元吉，遣卜者灼龟占之，公谨自外来见，遽投于地而进曰："凡卜筮者，将以决嫌疑，定犹豫，今既事在不疑，何卜之有？纵卜之不吉，势不可已。愿大王思之。"太宗深然其言。乃伏兵于玄武门，斩建成、元吉。

《旧唐书》卷六八

二四　李世民重用魏徵

魏徵，字玄成，钜鹿曲城人也。徵少孤贫，落拓有大志，不事生业，出家为道士。好读书，多所通涉，见天下渐乱,尤属意纵横之说。大业末,李密召征使典书,徵进十策以干密,虽奇之而不能用。

后归唐,任太子洗马。徵常劝建成早除秦王,及建成败,世民召徵谓曰:"汝何为离间我兄弟!"众为之危惧。徵举止自若,对曰:"先太子早从徵言,便无今日之祸。"世民素重其才,改容礼之,引为詹事主簿,后拜谏议大夫。

太宗新即位,励精政道,数引徵入卧内,访以得失。徵雅有经国之才,性又抗直,无所屈挠。太宗与之言,未尝不欣然纳受。徵亦喜逢知己之主,思竭其用,知无不言。太宗尝劳之曰:"卿所陈谏,前后二百馀事,非卿至诚奉国,何能若是?"

贞观二年,迁秘书监,参预朝政。徵以丧乱之后,典章纷杂,奏引学者校定四部书。数年之间,秘府图籍,粲然毕备。

时高昌王麹文泰将入朝,西域诸国咸欲因文泰遣使贡献,太宗令文泰使人厌怛纥干往迎接之。徵谏曰:"中国始平,疮痍未复,若微有劳役,则不自安。往年文泰入朝,所经州县,犹不能供,况加于此辈。若任其商贾来往,边人则获其利;若为宾客,中国即受其弊矣。今若许十国入贡,其使不下千人,欲使缘边诸州何以取济?人心万端,后虽悔之,恐无所及。"上善其议。时厌怛纥干已发,遽追还之。

魏徵貌不逾中人,而有胆略,善回人主意,每犯颜苦谏,或逢太宗怒甚,徵神色不移,上亦为霁威。尝言于上曰:"人言陛下欲幸南山,外皆严装已毕,而竟不行,何也?"上笑曰:"初实有此心,畏卿嗔,故中辍耳。"上尝得佳鹞,自臂之,望见徵来,匿怀中,徵奏事固久不已,鹞竟死怀中。

濮州刺史庞相寿坐贪污解任,自陈尝在秦王幕府,太宗怜之,欲听还旧任。魏徵谏曰:"秦王左右,中外甚多,恐人人皆恃恩私,定使为善者惧。"上欣然纳之。谓相寿曰:"我昔为秦王,乃一府之主,今居大位,乃四海之主,不得独私故人。大臣所执如是,朕何敢违。"赐帛遣之,相寿流涕而去。

《旧唐书》卷七一;《通鉴》卷一九三

二五　太宗用兵之方

太宗引诸卫将卒习射于显德殿庭,谕之曰:"戎狄侵扰,自古有之,患在边境少安,则人主逸游忘战,是以寇来莫之能御。今朕不使汝曹穿池筑苑,专习弓矢,居闲无事,则为汝师,突厥入寇,则为汝将,庶几中国之民,可以少安乎!"群臣多谏曰:"于律,以兵刃至御在所者,绞。今使卑碎之人张弓挟矢于轩陛之侧,万一有狂夫窃发,出于不意,非所以重社稷也。"上不听,曰:"王者视四海如一家,封域之内,皆朕赤子,朕一一推心置其腹中,奈何宿卫之士,亦加猜忌乎!"由于人思自励,数年之间,悉为精锐。

上尝言:"吾自少经略四方,颇知用兵之要,每观敌阵,则知其强弱,常以吾弱当其强,强当其弱。彼乘吾

唐（上）（公元618年至756年）

弱，逐奔不过数十百步，吾乘其弱，必出其阵后反击之，无不溃败，所以取胜，多在此也！"

《通鉴》卷一九二

二六　太宗称设官为民

太宗论功行赏，房玄龄称秦府旧人未迁官者皆嗟怨，曰："吾属奉事左右，几何年矣，今除官，反出前宫、齐府人之后。"上曰："王者至公无私，故能服天下之心。朕与卿辈日所衣食皆取诸民者也。故设官分职，以为民也，当择贤而用之，岂以新旧为先后哉！必也新而贤，旧而不肖，安可舍新而取旧乎！今不论其贤不肖而直言嗟怨，岂为政之体乎！"

贞观元年，太宗谓侍臣曰："神仙事本虚妄，空有其名。秦始皇非分爱好，遂为方士所诈，乃遣童男女数千人随徐福入海求仙药，方士避秦苛虐，因留不归。始皇犹海侧踟蹰以待之，还至沙丘而死。汉武帝为求仙，乃将女嫁道术人，事既无验，便行诛戮。据此二事，神仙不烦妄求也。"

《通鉴》卷一九二；《旧唐书》卷二

二七　太宗评隋文帝

太宗谓房玄龄、萧瑀曰："隋文何等主？"对曰："克己复礼，勤劳思政，每一坐朝，或至日昃。五品已上，引之论事。宿卫之人，传餐而食。虽非性体仁明，亦励精之主也。"上曰："公得其一，未知其二。此人性至察而心不明。夫心暗则照有不通，至察则多疑于物。自以欺孤寡得之，谓群下不可信任，事皆自决，虽劳神苦形，未能尽合于理。朝臣既知上意，亦复不敢直言，宰相已下，承受而已。朕意不然。以天下之广，岂可独断一人之虑？朕方选天下之才，为天下之务，委任责成，各尽其用，庶几于理也。"因令有司："诏敕不便于时，即宜执奏，不得顺旨施行。"

李世民尝观隋宫殿，叹曰："逞侈心，穷人欲，无亡得乎！"命撤端门楼，焚乾阳殿，毁则天门及阙。废诸道场，城中僧尼，留有名德者各三十人，馀皆返俗。

《通鉴》卷一八九；《旧唐书》卷三

二八　太宗与学士讲论

太宗于弘文殿聚四部书二十馀万卷，置弘文馆于殿侧，精选天下文学之士虞世南、褚亮、欧阳询、蔡允恭等，以本官兼学士，听朝之隙，引入内殿，讲论前言往行，商榷政事。又取三品以上子孙充弘文馆学士。

上谓侍臣曰："朕观炀帝文辞奥博，亦知是尧舜而非桀纣，然行事何其相反也！"魏徵对曰："人君虽圣哲，犹当虚己以受人，故智者献其谋，勇者竭其力。炀帝恃其俊才，骄矜自用，故口诵尧舜之言，而身为桀纣之行，曾不自知，以至覆亡也。"上曰："前事不远，吾属之师也。"

上问孔颖达曰："《论语》云：'以能问于不能，以多问于寡，有若无，实若虚。'何谓也？"颖达具释其义以对，且曰："非独匹夫如是，帝王内蕴神明，外当玄默，若位居尊极，炫耀聪明，以才陵人，饰非拒谏，则下情不通，取亡之道也。"

上曰："朕每临朝，欲发一言，未尝不三思，恐为民害，是以不多言。"

《通鉴》卷一九二；《新唐书》卷一九八

二九　颜师古精于训诂学

颜师古，名籀，少博览，精故训学，善属文。

太宗尝叹五经去圣远，传习渐讹，诏师古于秘书省考定，多所厘正。既成，悉诏诸儒议，于是各执所习，共非诘师古。师古辄引晋、宋旧文，随方晓答，谊据该明，出其悟表，人人叹服。寻加通直郎、散骑常侍。帝因颁所定书于天下，学者赖之。

俄拜秘书少监，专刊正事，古篇奇字世所惑者，讨析申熟，必畅本源。然多引后生与雠校，抑素流，先贵势，虽商贾富室子，亦窜选中，由是素议薄之。

多藏古图画、器物、书帖，亦性所笃爱。与撰《五礼》成，又为太子承乾注班固《汉书》，卒年六十五。其所注《汉书》《急就章》大显于时。

《新唐书》卷一九八

三〇　欧阳询父子皆善书

欧阳询，潭州临湘人，貌丑陋。询初仿王羲之书，后险劲过之，因自名其体。尺牍所传，人以为法。高丽尝遣使求之，太宗叹曰："彼观其书，固谓形貌魁梧邪？"尝行见索靖所书碑，观之，去数步复返，及疲，乃布坐，至宿其傍，三日乃得去。贞观初，历太子率更令、弘文馆学士，封渤海男。卒，年八十五。

子通，母徐教以父书，惧其堕，尝遗钱使市父遗迹，通乃刻意临仿以求售，数年，书亚于询，父子齐名，号"大小欧阳体"。

褚遂良亦以书自名，尝问虞世南曰："吾书何如智永？"答曰："吾闻彼一字值五万，君岂得此？"曰："孰与询？"曰："吾闻询不择纸笔，皆得如志，君岂得此？"遂良曰："然则何如？"世南曰："君若手和笔调，固可贵尚。"遂良大喜。

通晚自矜重，以狸毛为笔，覆以兔毫，管皆象犀，非是未尝书。

《新唐书》卷一九八

三一　太宗治国理政之道

太宗曰："朕为天子，所以养百姓也，岂可劳百姓以养己之宗族乎！"降宗室郡王皆为县公，惟有功者数人不降。

上与群臣论止盗。或请重法以禁之，上哂之曰："民之所以为盗者，由赋繁役重，官吏贪求，饥寒切身。朕当去奢省费，轻徭薄赋，选用廉吏，使民衣食有馀，则自不为盗，安用重法邪！"自是数年之后，海内升平，路不拾遗，外户不闭，商旅野宿焉。

上又尝谓侍臣曰："君依于国，国依于民。刻民以奉君，犹割肉以充腹。腹饱而身毙，君富而国亡。故人君之患，不自外来，常由身出。夫欲盛则费广，费广则赋重，赋重则民愁，民愁则国危，国危则君丧矣。朕常以此思之，故不敢纵欲也。"

上召见景州录事参军张玄素，问以政道，对曰："隋主好自专庶务，不任群臣，群臣恐惧，唯知禀受奉行而已，莫之敢违。以一人之智决天下之务，借使得失相半，乖谬已多，下谀上蔽，不亡何待！陛下诚能谨择群臣而分任以事，高拱穆清而考其成败，以施刑赏，何忧不治！"上善其言，擢为侍御史。

上谓裴寂曰："比多上书言事者，朕皆粘之屋壁，得出入省览，每思治道，或深夜方寝。公辈亦当恪勤职业，副朕此意。"

太宗宴群臣，奏《秦王破阵乐》，上曰："朕昔受专征，民间遂有此曲，虽非文德之雍容，然功业由兹而成，不敢忘本。"封德彝曰："陛下以神武平海内，岂文德之足比。"上曰："戡乱以武，守成以文，文武之用，各随其时。卿谓文不及武，斯言过矣。"

《通鉴》卷一九二

三二　裴矩不面从而力争

太宗患吏多受贿，密使左右试赂之。有司门令史受绢一匹，上欲杀之。民部尚书裴矩谏曰："为吏受赂，罪诚当死，但陛下使人遗之而受，乃陷人于法也，恐非所谓'道之以德，齐之以礼'。"上悦："裴矩能当官力争，不为面从，倘每事皆然，何忧不治。"

《通鉴》卷一九二

三三　长孙顺德受辱改过

右骁卫大将军长孙顺德受人馈绢，事觉，太宗曰："顺德果能有益国家，朕与之共有府库，何至贪冒如是乎！"犹惜其有功，不之罪，但于殿庭赐绢数十匹。大理少卿胡演曰："顺德枉法受财，罪不可赦，奈何复赐之绢？"上曰："彼有人性，得绢之辱，甚于受刑，如不知愧，一禽兽耳，杀之何益！"

后，召拜泽州刺史。顺德素多放纵，不遵法度，及此折节为政，号为明肃。先是，长吏多受百姓馈饷，顺德纠擿，一无所容，称为良牧。前刺史张长贵、赵士达并占境内膏腴之田数十顷，顺德并劾而追夺，分给贫户。

《通鉴》卷一九二；《旧唐书》卷五八

唐（上）（公元618年至756年）

三四　太宗自知不能尽识天下务

太宗谓太子少师萧瑀曰："朕少好弓矢，得良弓十数，自谓无以加，近以示弓工，乃曰皆非良材。朕问其故，工曰：'木心不直，则脉理皆邪，弓虽劲而发矢不直。'朕始悟向者辨之未精也。朕以弓矢定四方，识之犹未能尽，况天下之务，其能遍知乎！"乃令京官五品以上，更宿中书内省，数延见，问以民间疾苦，政事得失。

《通鉴》卷一九二

三五　唐俭谏猎

唐俭拜礼部尚书、天策府长史，尝从太宗幸洛阳苑射猛兽，群豕突出林中，太宗引弓四发，殪四豕，有雄彘突及马镫，俭投马搏之，太宗拔剑断豕，顾笑曰："天策长史，不见上将击贼耶！何惧之甚？"对曰："汉祖以马上得之，不以马上治之；陛下以神武定四方，岂复逞雄心于一兽。"太宗纳之，因为罢猎。

《旧唐书》卷五八

三六　长孙无忌固辞宰相

吏部尚书长孙无忌，与太宗为布衣交，加以外戚，有佐命功，上委以腹心，其礼遇群臣莫及，欲用为宰相者数。文德皇后固请曰："妾备位椒房，家之贵宠极矣，诚不愿兄弟复执朝政。"上不听，以无忌为右仆射。方半年，无忌自惧满盈，固求逊位，皇后又为之力请，上乃许之。

《通鉴》卷一九二

三七　杜淹答太宗诘问

御史大夫杜淹，荐刑部员外郎邸怀道，太宗问其行能，对曰："炀帝将幸江都，怀道为吏部主事，独言不可，臣亲见之。"上曰："卿称怀道为是，何为自不正谏？"对曰："臣尔时不居重任，知谏不从，徒死无益。"上曰："卿仕隋，容可云位卑，后仕王世充，尊显矣，何得亦不谏？"对曰："臣于世充非不谏，但不从耳。"上曰："世充若贤而纳谏，不应亡国。若暴而拒谏，卿何得免祸？"淹不能对。上曰："今日可谓尊任矣，可以谏未？"对曰："愿尽死。"上笑。

《通鉴》卷一九二

三八　魏徵愿为良臣勿为忠臣

或告右丞魏徵私其亲戚，太宗使御史大夫温彦博按之，无状。彦博言于上曰："徵不存形迹，远避嫌疑，心虽无私，亦有可责。"上令彦博让徵，且曰："自今宜存形迹。"他日，徵入见，言于上曰："臣闻君臣同体，宜相与尽诚，若上下俱存形迹，则国之兴丧尚未可知，臣不敢奉诏。"上瞿然曰："吾已悔之。"徵再拜曰："臣幸得奉事陛下，愿使臣为良臣，勿为忠臣。"上曰："忠、良有以异乎？"对曰："稷、契、皋陶，君臣协心，俱享尊荣，所谓良臣。龙逄、比干，面折廷争，身诛国亡，所谓忠臣。"

太宗神采英毅，群臣进见者，皆失举措。上知之，每见人奏事，必假以辞色，冀闻规谏。尝谓公卿曰："人欲自见其形，必资明镜，君欲自知其过，必待忠臣。苟其君愎谏自贤，其臣阿谀顺旨，君既失国，臣岂能独全。事有得失，毋惜尽言。"

《通鉴》卷一九二

三九　太宗止建宫殿裁减官员

太宗谓公卿曰："秦始皇营宫室，而人怨叛者，病人以利己故也。夫靡丽奇珍，固人之所欲，若纵之不已，则危亡立至。朕欲营一殿，材用已具，鉴秦而止。王公已下，宜体朕此意。"由是三十年间，风俗素朴，衣无锦绣，公私富给。

太宗谓房玄龄曰："官在得人，不在员多。"命玄龄并省，留文武总六百四十三人。

太宗曰："妇人幽闭深宫，诚为可愍。洒扫之馀，亦何所用，宜皆出之，任求伉俪。"前后所出三千馀人。

《通鉴》卷一九二、卷一九三

四〇　刘子翼常面责人过

隋秘书监刘子翼，有学行，性刚直，朋友有过，常面责之。虽时骂人，人终不恨。诏征之，辞以母老，不至。

《通鉴》卷一九二

四一　太宗称悲喜非由乐

太宗曰："礼乐者，盖圣人缘情以设教耳，治之隆替，岂由于此。"杜淹曰："齐之将亡，作伴侣曲，陈之将亡，作《玉树后庭花》，其声哀思，行路闻之皆悲泣，何言治之隆替不在乐也。"上曰："不然。夫乐能感人，故乐者闻之则喜，忧者闻之则悲，悲喜在人心，非由乐也。将亡之政，民必愁苦，故闻乐而悲耳。今二曲具存，朕为公奏之，公岂悲乎？"右丞魏徵曰："乐诚在人和，不在声音。"

《通鉴》卷一九二

四二　太宗称瑞在得贤

太宗曰："比见群臣屡上表贺祥瑞。家给人足而无瑞，不害为尧舜；百姓怨愁而多瑞，不害为桀纣。"尝有白鹊构巢于寝殿槐上，合欢如腰鼓，左右称贺，上曰："我常笑隋炀帝好祥瑞。瑞在得贤，此何足贺！"命毁其巢，纵鹊于野外。

上曰："为朕养民者，唯在刺史、都督，朕常疏其名于屏风，坐卧观之，得其在官善恶之迹，皆注于名下，以备黜陟。县令尤为亲民，不可不择。"乃命内外五品已上，各举堪为县令者，以名闻。

太宗欲分遣大臣为诸道黜陟大使，未得其人。李靖荐魏徵，上曰："徵箴规朕失，不可一日离左右。"乃命靖与萧瑀等凡十三人分行天下，察长吏贤不肖，问民间疾苦，礼高年穷乏，起淹滞。

《通鉴》卷一九三、卷一九四

四三　玄龄善谋如晦能断

房玄龄明达政事，辅以文学，夙夜尽心，惟恐一物失所，用法宽平，闻人有善，若己有之，不以求备取人，不以己长格物。与杜如晦引拔士类，常如不及。至于台阁规模，皆二人所定。太宗与玄龄谋事，必曰："非如晦不能决。"及如晦至，卒用玄龄之策。盖玄龄善谋，如晦能断故也。二人深相得，同心徇国，故唐世称贤相，推房、杜焉。

玄龄监修国史，上语之曰："比见《汉书》载《子虚》《上林》赋，浮华无用。其上书论事，词理切直者，朕从与不从，皆当载之。"

杜如晦疾笃，上遣太子问疾，又自临视之。如晦卒后，上每得佳物，辄思如晦，遣使赐其家。久之，语及如晦，必流涕，谓玄龄曰："公与如晦同佐朕，今独见公，不见如晦矣！"

《通鉴》卷一九三

四四　太宗识拔马周

马周，博州茌平人。少孤，家窭狭。嗜学，善《诗》《春秋》。资旷迈，乡人以无细谨，薄之。武德中，补州助教，不治事。刺史达奚恕数笞让，周乃去，舍新丰，逆旅主人不之顾，周命酒一斗八升，悠然独酌，众异之。

至长安，舍中郎将常何家。何武人不学，周代何陈便宜二十馀条。太宗怪其能，以问何，对曰："此非臣所能，家客马周为臣具草耳。"上即召之，未至，遣使督促者数辈。及谒见，与语，甚悦，除监察御史。上以常何为知人，赐绢三百匹。周后迁治书侍御史、谏议大夫、中书令。贞观二十二年卒，年四十八。

先是，京师晨暮传呼以警众，后置鼓代之，俗曰"冬冬鼓"；品官旧服止黄紫，于是三品服紫，四品五品朱，六品七品绿，八品九品青；城门入由左，出由右；飞驿以达警急，皆周建白。自周亡，太宗思之甚，将假方士术求见其仪形。

《新唐书》卷九八；《通鉴》卷一九三

唐（上）（公元618年至756年）

四五　王珪品藻诸宰相

诸宰相侍宴，太宗谓王珪曰："卿识鉴精通，复善谈论，玄龄以下，卿宜悉加品藻，且自谓与数子何如？"对曰："孜孜奉国，知无不为，臣不如玄龄。才兼文武，出将入相，臣不如李靖。敷奏详明，出纳惟允，臣不如温彦博。处繁治剧，众务必举，臣不如戴胄。耻君不及尧舜，以谏争为己任，臣不如魏徵。至于激浊扬清，嫉恶好善，臣于数子，亦有微长。"上深以为然，众亦服其确论。

《通鉴》卷一九三

四六　魏徵称中国安四夷服

贞观元年，关中饥，米斗值绢一匹；二年，天下蝗；三年，大水。民虽东西就食，未尝嗟怨。四年，天下大稔，流散者咸归故里，米斗不过三、四钱，终岁断死刑仅二十九人。东至于海，南极五岭，皆外户不闭，行旅不赍粮，取给于道路焉。太宗谓长孙无忌曰："贞观之初，上书者皆云人主当独运权威，不可委之臣下。又云宜震耀威武，征讨四夷。唯魏徵劝朕偃武修文，中国既安，四夷自服。朕用其言。今颉利成擒，其酋长并带刀宿卫，部落皆袭衣冠，徵之力也。"徵再拜谢曰："皆陛下威德，臣何力焉！"上曰："朕能任公，公能称所任，则其功岂独在朕乎！"

《通鉴》卷一九三

四七　太宗不求虚名居安思危

康居国求内附，太宗曰："前代帝王，好招来绝域，以求服远之名，无益于用而糜弊百姓。今康国内附，倘有急难，于义不得不救。师行万里，岂不疲劳。劳百姓以取虚名，朕不为也。"遂不受。

谓侍臣曰："治国如治病，病虽愈，犹宜将护，倘遽自放纵，病复作，则不可救矣。今中国幸安，四夷俱服，诚自古所希，然朕日慎一日，唯惧不终，故欲数闻卿辈谏争也。"魏徵曰："内外治安，臣不以为喜，唯喜陛下居安思危耳。"

林邑献五色鹦鹉，新罗献美女二人，魏徵以为不宜受。上喜曰："林邑鹦鹉犹能自言苦寒，思归其国，况二女远别亲戚乎！"各付使者而归之。

《通鉴》卷一九三

四八　长孙皇后赞主明臣直

太宗尝罢朝，怒曰："会须杀此田舍翁。"长孙皇后问为谁？曰："魏徵每廷辱我。"后退，具朝服立于庭，上惊问其故。后曰："妾闻主明臣直，今魏徵直，由陛下之明故也。妾敢不贺！"上乃悦。

魏徵曰："昔舜诫群臣'尔无面从，退有后言'。臣心知其非而口应陛下，乃面从也，岂稷、契事舜之意邪！"上大笑曰："人言魏徵举止疏慢，我视之更觉妩媚，正为此耳。"徵起，拜谢曰："陛下开臣使言，故臣得尽其愚，若陛下拒而不受，臣何敢数犯颜色乎！"

《通鉴》卷一九四

四九　太宗诫尉迟敬德

太宗设宴庆善宫。同州刺史尉迟敬德与宴，有班在其上者，敬德怒曰："汝何功，坐我上！"任城王道宗次其下，谕解之。敬德拳殴道宗，目几眇。上不怿，谓敬德曰："朕见汉高祖诛灭功臣，意常尤之，故欲与卿等共保富贵。然卿居官数犯法，乃知韩、彭菹醢，非高祖之罪也。国家纲纪，唯赏与罚，非分之恩，不可数得，勉自修饬，无贻后悔！"敬德由是始惧而自戢。

《通鉴》卷一九四

五〇　太宗之政与贞观初有异

贞观六年，太宗与侍臣论安危之本。中书令温彦博曰："伏愿陛下常如贞观初，则善矣。"帝曰："朕比来怠于为政乎？"魏徵曰："贞观之初，陛下志在节俭，求谏不倦。比来营缮微多，谏者颇有忤旨，此其所以异耳。"上笑曰："诚有是事。"

上谓魏徵曰："为官择人，不可造次。用一君子，则君子皆至；用一小人，则小人竞进矣。"

太宗谓魏徵曰："朕政事何如往年？"对曰："威德所加，比贞观之初则远矣，人悦服，则不逮也。"上曰："远方畏威慕德，故来服，若其不逮，何以致之？"对曰"陛下往以未治为忧，故德义日新，今以既治为安，故不逮。"上曰："今所为，犹往年也，何以异？"对曰："陛下贞观之初，恐人不谏，常导之使言，中间悦而从之。今则不然，虽勉从之，犹有难色。所以异也。"魏徵并举实事以明之。上曰："非公不能及此。人苦不自知耳！"

《通鉴》卷一九四、卷一九五

五一　李靖大破突厥

李靖，雍州三原人也。贞观初，屡大破突厥，遂复定襄、常安之地，斥土界自阴山北至于大漠。太宗闻靖破颉利可汗，大悦，谓侍臣曰："朕闻主忧臣辱，主辱臣死。往者国家草创，太上皇以百姓之故，称臣于突厥，朕未尝不痛心疾首，志灭匈奴，坐不安席，食不甘味。今者暂动偏师，无往不捷，单于款塞，耻其雪乎！"于是大赦天下。后又率兵败吐谷浑。因被诬谋反，乃阖门自守，杜绝宾客，虽亲戚不得妄进。贞观十一年，封卫国公。二十三年卒于家，年七十九。

《旧唐书》卷六七

五二　魏徵谈臣见帝失次之故

太宗问魏徵曰："群臣上书可采，及召对多失次，何也？"对曰："臣观百司奏事，常数日思之，及至上前，三分不能道一。况谏者拂意触忌，非陛下借以辞色，岂敢尽其情哉！"上由是接群臣辞色愈温。

《通鉴》卷一九四

五三　长孙皇后临终遗言

贞观十年，长孙皇后疾甚，太子请赦罪人及度人入道以祈福，后曰："死生有命，非智力所移。若为善有福，则吾不为恶，如其不然，妄求何益。赦者国之大事，不可数下。道、释异端，蠹国病民，皆上素所不为，奈何以吾一妇人，使上为所不为乎！必行汝言，吾不如速死。"

及疾笃，与太宗诀。时房玄龄以谴归第，后言于帝曰："玄龄事陛下久，小心慎密，奇谋秘计，未尝宣泄，苟无大故，愿勿弃之。妾之本宗，因姻亲以致禄位，既非德举，易致颠危，欲使其子孙保全，慎勿处之权要，但以外戚奉朝请足矣。妾生无益于人，不可以死害人，愿勿以丘垄劳费天下，但因山为坟，器用瓦木而已。仍愿陛下亲君子，远小人，纳忠谏，屏谗慝，省作役，止游畋，妾虽没于九泉，诚无所恨。儿女辈不必令来，见其悲哀，徒乱人意。"

后尝采自古妇人得失事为《女则》三十卷，上览之悲恸，以示近臣曰："皇后此书，足以垂范百世。朕非不知天命而为无益之悲，但入宫不复闻规谏之言，失一良佐，故不能忘怀耳！"乃召房玄龄，使复其位。

葬皇后于昭陵，帝为文刻之石。于苑中作层观，以望昭陵，尝引魏徵同登，使视之。徵熟视之曰："臣昏眊，不能见。"上指示之，徵曰："臣以为陛下望献陵，若昭陵，则臣固见之矣。"为之毁观。

《通鉴》卷一九四

五四　魏徵称善始多克终寡

贞观十一年，魏徵上疏，以为："人主善始者多，克终者寡，岂取之易而守之难乎？盖以殷忧则竭诚以尽下，安逸则骄恣而轻物，尽下则胡越同心，轻物则六亲离德，虽震之以威怒，亦皆貌从而心不服故也。人主诚能见可欲则思知足，将兴缮则思知止，处高危则思谦降，临满盈则思挹损，遇逸乐则思樽节，在宴安则思后患，防壅蔽则思延纳，疾谗邪则思正己，行爵赏则思因喜而僭，施刑罚则思因怒而滥。兼是十思，而选贤任能，固可以无为而治，何必劳神苦体以代百司之任哉！"

魏徵又上疏曰："陛下欲善之志不及于昔时，闻过必改少亏于曩日，谴罚积多，威怒微厉。乃知贵不期骄，富不期侈，非虚言也。且以隋之府库、仓廪、人口、甲兵之盛，考之今日，安得拟伦。昔隋之未乱也，自谓必无乱；其未亡也，自谓必无亡。故赋役无穷，征伐不息，以至祸将及身而尚未之寤也。夫鉴形莫如止水，鉴败莫如亡国。伏愿取鉴于隋，去奢从约，亲忠远佞，以当今之无事，行畴昔之恭俭，则尽善尽美矣。夫取之甚难，守之甚易，陛下能得其所难，岂不能保其所易乎！"

《通鉴》卷一九四、卷一九五

五五　太宗不准为己出文集

著作佐郎邓世隆表请集太宗文章。上曰："朕之辞令，有益于民者，史皆书之，足为不朽。若为无益，集之何用！梁武帝父子、陈后主、隋炀帝皆有文集行于世，何救于亡！为人主患无德政，文章何为！"遂不许。

《通鉴》卷一九五

五六　虞世南有五绝

秘书少监虞世南上《圣德论》，上赐手诏，称："卿论太高。朕何敢拟上古，但比近世差胜耳。然卿适睹其始，未知其终。若朕能慎终如始，则此论可传；如或不然，恐徒使后世笑卿也。"

弘文馆学士虞世南，外和柔而内忠直。太宗尝命写《列女传》于屏风，于时无本，世南暗疏之，无一字谬。帝每称其五绝：一曰德行，二曰忠直，三曰博学，四曰文词，五曰书翰。世南始学书于浮屠智永，究其法，为世秘爱。卒年八十一。

帝手诏魏王泰曰："世南于我犹一体，拾遗补阙，无日忘之，盖当代名臣，人伦准的。今其云亡，石渠、东观中无复人矣！"后，帝为诗一篇，述古兴亡，既而叹曰："钟子期死，伯牙不复鼓琴。朕此诗将何所示邪？"敕起居郎褚遂良即其灵坐焚之。

《新唐书》卷一〇二

五七　刘玄平称无短何以称长

霍王元轨好读书，恭谨自守，举措不妄。与处士刘玄平为布衣交。人问玄平霍王之所长，玄平曰："无长。"问者怪之。玄平曰："夫人有所短乃见所长，至于霍王，无所短，吾何以称其长哉！"

《通鉴》卷一九五

五八　尉迟敬德富不易妻

太宗欲以女嫁尉迟敬德。敬德叩头谢曰："臣妻虽鄙陋，相与共贫贱久矣。臣虽不学，闻古人富不易妻，此非臣所愿也。"上乃止。

《通鉴》卷一九五

五九　太宗崇儒学者云集

太宗至国子监，命祭酒孔颖达讲《孝经》。征天下名儒为学官，学生能明一大经已上皆得补官。筑学舍千二百间，增学生满二千二百六十员。于是四方学者云集京师，乃至高丽、新罗、百济、高昌、吐蕃诸酋长亦遣子弟请入国学。上命孔颖达与诸儒撰定五经疏，谓之正义，令学者习之。

《通鉴》卷一九五

六〇　傅奕编辑《高识传》

太史令傅奕精究术数之书，而终不之信。有僧自西域来，善咒术，能令人死，复咒之使苏。傅奕曰："此邪术也。请使咒臣，必不能行。"试之，果然。又有婆罗门僧，言得佛齿，所击前无坚物。奕时卧疾，谓其子曰："吾闻有金刚石，性至坚，物莫能伤，唯羚羊角能破之，汝往试焉。"其子往见佛齿，出角击之，应手而碎。

奕病，未尝问医，忽酣卧，蹶然悟曰："吾死矣乎！"即自志曰："傅奕，青山白云人也。以醉死，呜乎！"遗言诫子："六经名教言，若可习也；妖胡之法，慎勿为。吾死当裸葬。"又注《老子》，并集晋、魏以来与佛议驳者为《高识篇》。卒年八十五。

《通鉴》卷一九五；《新唐书》一〇七

六一　侯君集平高昌

以交河行军大总管、吏部尚书侯君集，将兵击高昌，其王智盛降。君集分兵略地，下其二十二城，户八千四十六，口一万七千七百，地东西八百里，南北五百里。各置属县，置安西都护府于交河城，留兵镇之。

于是唐地东极于海，西至焉耆，南尽林邑，北抵大漠，皆为州县，凡东西九千五百一十里，南北一万九百一十八里。

侯君集立功于高昌，自负其才，潜有异志。礼部尚书江夏王道宗尝因侍宴，从容言曰："君集智小言大，举止不伦，以臣观之，必为戎首。"太宗曰："何以知之？"对曰："见其恃有微功，深怀矜伐，耻在房玄龄、李靖之下。虽为吏部尚书，未满其志，非毁时贤，常有不平之语。"太宗曰："不可亿度，浪生猜贰。其功勋才用，无所不堪，朕岂惜重位？第未到耳。"俄而君集谋反诛，太宗笑谓道宗曰："君集之事，果如公所揣。"

《通鉴》卷一九五；《旧唐书》卷六〇

六二　文成公主进藏

礼部尚书江夏王道宗持节送文成公主于吐蕃。赞普大喜，见道宗，尽子婿礼，慕中国衣服、仪卫之美，为公主别筑城郭宫室而处之，自服纨绮以见公主。其国人皆以赭涂面，公主恶之，赞普下令禁止，遣子弟入国学，受诗书。

《通鉴》卷一九六

六三　魏徵称臣爱身故不言

太宗问魏徵："比来朝臣何殊不论事？"对曰："陛下虚心采纳，必有言者。凡臣徇国者寡，爱身者多，彼畏罪，故不言耳。"上曰："然。人臣关说忤旨，动及刑诛，与夫蹈汤火冒白刃者亦何异哉！"

上尝临朝谓侍臣曰："朕为人主，常兼将相之事。"给事中张行成退而上书，以为："禹不矜伐，而天下莫与之争。陛下拨乱反正，群臣诚不足望清光，然不必临朝言之。以万乘之尊，乃与群臣校功争能，臣窃为陛下不取。"上甚善之。

《通鉴》卷一九六

六四　褚遂良拒太宗观起居注

褚亮之子遂良，于贞观十年自秘书郎迁起居郎。遂良博涉文史，尤工隶书，父友欧阳询甚重之。太宗尝谓侍中魏徵曰："虞世南死后，无人可以论书。"徵曰："褚遂良下笔遒劲，甚得王逸少体。"太宗即日召令侍书。太宗尝出御府金帛购求王羲之书迹，天下争赍古书诣阙以献，当时莫能辩其真伪，遂良备论所出，一无舛误。

十五年，诏有事太山，遂良谏止之，迁谏议大夫。太宗尝问曰："卿犹知起居注，所书可观乎？"对曰："史官书人君言动，备记善恶，庶几人君不敢为非，未闻自取而观之也！"上曰："朕有不善，卿亦记之邪？"对曰："臣职专当载笔，不敢不记。"黄门侍郎刘洎曰："借使遂良不记，天下亦皆记之。"

《旧唐书》卷八〇；《通鉴》卷一九六

六五　魏徵谏太宗毋欲盖弥彰

魏徵有疾，太宗手诏问之，且言："若有闻见，可封状进来。"徵上言："陛下临朝，常以至公为言，退而行之，未免私僻。或畏人知，横加威怒，欲盖弥彰，竟有何益！"

上问："自古或君乱而臣治，或君治而臣乱，二者孰愈？"魏徵对曰："君治则善恶赏罚当，臣安得而乱之！苟为不治，纵暴愎谏，虽有良臣，将安所施！"

贞观十七年正月，魏徵寝疾，上遣使者问讯，赐以药饵，相望于道。徵卒，上登苑西楼，望哭尽哀，自制碑文，并为书石。上思徵不已，谓侍臣曰："人以铜为镜，可以正衣冠；以古为镜，可以见兴替；以人为镜，可以知得失。魏徵没，朕亡一镜矣。"又曰："徵亡后，朕遣人至宅，就其书函得表一纸，始立表草，字皆难识，唯前有数行，稍可分辩，云：'天下之事，有善有恶，任善人则国安，用恶人则国乱。公卿之内，情有爱憎，憎者唯见其恶，爱者唯见其善。爱憎之间，所宜详慎，若爱而知其恶，憎而知其善，去邪勿疑，任贤勿贰，可以兴矣。'其遗表如此，然在朕思之，恐不免斯事。公卿侍臣，可书之于笏，知而必谏也。"

是年七月，太宗闻魏徵自录前后谏辞以示起居郎褚遂良，不悦，踣所撰碑。

《通鉴》卷一九六

六六　杨师道性行纯善情实怯懦

贞观七年，杨师道代魏徵为侍中。性周慎谨密，未尝漏泄内事，亲友或问禁中之言，乃更对以他语。师道退朝后，必引当时英俊，宴集园池，而文会之盛，当时莫比。雅善篇什，又工草隶，酣赏之际，援笔直书，有如宿构。太宗每见师道所制，必吟讽嗟赏之。后转中书令、吏部尚书。师道贵家子，四海人物，未能委练，所署用多非其才，而深抑贵势及其亲党，以避嫌疑，时论讥之。太宗尝从容谓侍臣曰："杨师道性行纯善，自无愆过。而情实怯懦，未甚更事，缓急不可得力。"

《旧唐书》卷六三

六七　李大亮忠勤俭约不忘旧恩

　　李大亮，隋末为行军兵曹。在东都与李密战，败，同辈百馀人皆就死，张弼见而异之，独释与语，遂定交于幕下。

　　大亮自东都归唐，后拜左卫大将军，兼领太子普王之右卫率，俄兼工部尚书，身居三职，宿卫两宫，甚为亲信。大亮每当宿值，必通宵假寐。太宗尝劳之曰："至公宿值，我便通夜安卧。"太宗每有巡幸，多令居守。

　　大亮虽位望通显，而居处卑陋，衣服俭率。至性忠谨，外若不能言，而内刚烈，不可干非其义。对天子争是非，无回挠。虽妻子不见其惰容。事兄嫂有同于父母。每怀张弼之恩，而久不能得。弼时为将作丞，自匿不言。大亮尝遇诸途而识之，持弼而泣，恨相得之晚。多推家产以遗弼，弼拒而不受。大亮言于太宗曰："臣有今日之荣，张弼力也。所有官爵请回授。"太宗遂迁弼为中郎将，俄代州都督。时人皆贤大亮不背恩，而多弼不自伐也。

　　寻遇疾，太宗亲为调药，驰驿赐之。临终上表，请停辽东之役，又言京师宗庙所在，愿深以关中为意。时年五十九。死之日，家无珠玉可以为含，唯有米五石、布三十端。亲戚孤遗为大亮所鞠养，服之如父者十五人。太宗为举哀于别次，哭之甚恸，废朝三日。

　　　　　　　　　　　　　　《旧唐书》卷六二；《新唐书》卷九九

六八　高士廉治蜀

贞观元年，高士廉拜侍中。士廉明辩，善容止，出为安州都督，转益州大都督府长史。蜀俗，畏鬼而恶疾，父母病有危殆者，多不亲扶侍，杖头挂食，遥以哺之。士廉随方训诱，风俗顿改。秦时李冰守蜀，导引汶江，创浸灌之利，地居水侧者，须值千金，富强之家，多相侵夺。士廉乃于故渠外别更疏决，蜀中大获其利。又因暇日汲引辞人，以为文会，兼命儒生讲论经史，勉励后进，蜀中学校粲然复兴。

蜀人朱桃椎者，淡泊为事，隐居不仕，披裘带索，沉浮人间。窦轨之镇益州也，闻而召见，遗以衣服，逼为乡正。桃椎口竟无言，弃衣于地，逃入山中，结庵涧曲。夏则裸形，冬则树皮自覆，人有赠遗，一无所受。每为芒履，置之于路，人见之者，曰："朱居士之履也"。为粝米置于本处，桃椎至夕而取之，终不与人相见。士廉下车，以礼致之，及至，降阶与语，桃椎不答，直视而去。士廉每令存问，桃椎见使者，辄入林自匿。时多轻隐逸，士廉独加褒礼，蜀中以为美谈。

贞观五年，入为吏部尚书，奖鉴人伦，雅谙姓氏，凡所署用，莫不人地俱允。后，拜尚书右仆射。

《旧唐书》卷六五

六九　戴胄守法不从太宗言

戴胄，太宗时任大理少卿。时选者盛集，有诡资荫冒牒取调者，诏许自首，不首，罪当死。俄有诈得者，狱具，胄以法当流。帝曰："朕诏不首者死，而今当流，是示天下不以信，卿卖狱邪？"胄曰："陛下杀之，非臣所及。既属臣，敢亏法乎？"帝曰："卿自守法，而使我失信，奈何？"胄曰："法者，布大信于人，言乃一时喜怒所发。陛下以一朝忿，将杀之，既知不可而置于法，此忍小忿存大信也。若阿忿违信，臣为陛下惜之。"帝大感寤，从其言。胄犯颜据正数矣，参处法意，至析秋毫，随类指摘，言若泉涌，帝益重之。迁尚书左丞，拜谏议大夫。

《新唐书》卷九九

七〇　王珪规谏太宗

贞观二年，王珪代高士廉为侍中。太宗尝闲居，与珪宴语，时有美人侍侧，本庐江王瑗之姬，瑗败籍没入宫，太宗指示之曰："庐江不道，贼杀其夫而纳其室。暴虐之甚，何有不亡者乎！"珪避席曰："陛下以庐江取此妇人为是耶，为非耶？"太宗曰："杀人而取其妻，卿乃问朕是非，何也？"对曰："今此妇人尚在左右，窃以圣心为是之，陛下若以为非，此谓知恶而不去也。"太宗虽不出此美人，而甚重其言。

时太常少卿祖孝孙以教宫人声乐不称旨，为太宗所让。珪及温彦博谏曰："孝孙妙解音律，非不用心，且孝孙雅士，陛下忽为教女乐而怪之，臣恐天下怪愕。"太宗怒曰："卿皆我之腹心，当进忠献直，何乃附下罔上，反为孝孙言也！"彦博拜谢，珪独不拜，曰："臣本事前宫，罪已当死。陛下矜恕性命，不以不肖，置之枢近，责以忠直。今臣所言，岂是为私？不意陛下忽以疑事诮臣，是陛下负臣，臣不负陛下。"帝默然而罢。翌日，帝谓房玄龄曰："昨责彦博、王珪，朕甚悔之，公等勿以此而不进直言也。"

珪少孤且贫，人或馈遗，初无让。及贵，厚报之，虽已亡，必酬赡其家。性不苛察，临官务举纲维，去甚不可者，至仆妾亦不见喜愠。奉寡嫂，家事咨而后行。教抚孤侄，虽其子不过也。宗族匮乏，周恤之，薄于自奉。卒年六十九。

《旧唐书》卷七〇；《新唐书》卷九八

七一　杜正伦愿君慎言

贞观二年，杜正伦拜给事中，兼知起居注。太宗尝谓侍臣曰："朕每日坐朝，欲出一言，即思此言于百姓有利益否，所以不能多言。"正伦进曰："君举必书，言存左史。臣职当修起居注，不敢不尽愚直。陛下若一言乖于道理，则千载累于圣德，非直当今损于百姓，愿陛下慎之。"

《旧唐书》卷七〇

七二　张玄素论隋之危亡

太宗闻张玄素名，及即位，召见，访以政道。对曰："臣观自古以来，未有如隋室丧乱之甚，岂非其君自专，其法日乱。向使君虚受于上，臣弼违于下，岂至于此？且万乘之重，又欲自专庶务，日断十事而五条不中，中者信善，其如不中者何？况一日万机，已多亏失，以日继月，乃至累年，乖谬既多，不亡何待！如其广任贤良，高居深视，百司奉职，谁敢犯之？陛下若近览危亡，日慎一日，尧、舜之道，何以能加！"太宗善其对，擢拜侍御史，寻迁给事中。

《旧唐书》卷七五

七三　阎立本工于写真

阎立本，虽有应务之才，而尤善图画，工于写真。《秦府十八学士图》及贞观中《凌烟阁功臣图》，并立本之迹也，时人咸称其妙。太宗尝与侍臣学士泛舟于春苑，池中有异鸟，随波容与。太宗击赏，数诏座者为咏，召立本令写焉。时阁外传呼云："画师阎立本。"时已为主爵郎中，奔走流汗，俯伏池侧，手挥丹粉，瞻望座宾，不胜愧赧。退诫其子曰："吾少好读书，幸免面墙，缘情染翰，颇及侪流。唯以丹青见知，躬厮役之务，辱莫大焉！汝宜深诫，勿习此末伎。"然性所好，虽被訾屈，有不能罢也。

立本后官至工部尚书。

《旧唐书》卷七七

七四　柳范逆折太宗

柳范，贞观中为侍御史。时吴王恪好畋猎，损居人，范奏弹之。太宗因谓侍臣："权万纪事我儿，不能匡正，其罪合死。"范进曰："房玄龄事陛下，犹不能谏止畋猎，岂可独罪万纪？"太宗大怒，拂衣而入。久之，独引范谓曰："何得逆折我？"范曰："臣闻主圣臣直，陛下仁明，臣敢不尽愚直。"太宗意乃解。范，高宗时历位尚书右丞、扬州大都督府长史。

《旧唐书》卷七七

七五　张行成谏太宗毋自矜

太宗尝临轩谓侍臣曰："朕所以不能恣情欲，取乐当年，而励节苦心，卑宫菲食者，正为苍生耳。我为人主，兼行将相之事，岂不是夺公等名？昔汉高祖得萧、曹、韩、彭，天下宁宴；舜、禹、汤、武有稷、契、伊、吕，四海乂安。此事朕并兼之。"给事中张行成退而上书谏曰："陛下圣德含光，规模弘远，虽文武之烈，实兼将相，何用临朝对众与其较量，以万乘至尊，共臣下争功哉？臣闻'天何言哉，四时行焉'；又闻'汝惟不矜，天下莫与汝争能'。"太宗深纳之。转刑部侍郎、太子少詹事。

《旧唐书》卷七八

七六　太宗剪须疗世勣病

李世勣尝得暴疾，方云"须灰可疗"。太宗自剪须，为之和药。世勣顿首出血泣谢。上曰："为社稷，非为卿也，何谢之有！"世勣尝侍宴，上从容谓曰："朕求群臣可托幼孤者，无以逾公，公往不负李密，岂负朕哉！"世勣流涕辞谢，啮指出血，因饮沉醉，上解御服以覆之。

《通鉴》卷一九七

七七　太宗称民可载舟可覆舟

太宗谓左庶子于志宁等曰："朕年十八，犹在民间，民之疾苦情伪，无不知之。及居大位，区处世务，犹有差失。况太子生长深宫，百姓艰难，耳目所未涉，能无骄逸乎！卿等不可不极谏。"

太宗谓侍臣曰："朕自立太子，遇物则诲之，见其饭，则曰：'汝知稼穑之艰难，则常有斯饭矣。'见其乘马，则曰：'汝知其劳逸，不竭其力，则常得乘之矣。'见其乘舟，则曰：'水所以载舟，亦所以覆舟，民犹水也，君犹舟也。'"

贞观二十二年太宗作《帝范》十二篇以赐太子，且曰："修身治国，备在其中。一旦不讳，更无所言矣。"又曰："汝当更求古之哲王以为师，如吾，不足法也。夫取法于上，仅得其中；取法于中，不免为下。吾居位已来，不善多矣，锦绣珠玉不绝于前，宫室台榭屡有兴作，犬马鹰隼无远不致，行游四方，供顿烦劳，此皆吾之深过，勿以为是而法之。顾我弘济苍生，其益多；肇造区夏，其功大。益多损少，故人不怨；功大过微，故业不堕，然比之尽美尽善，固多愧矣。汝无我之功勤而承我之富贵，竭力为善，则国家仅安；骄惰奢纵，则一身不保。且成迟败速者，国也；失易得难者，位也。可不惜哉！可不惜哉！"

《通鉴》卷一九四、卷一九七、卷一九八

七八　太宗评群臣

太宗谓司徒长孙无忌等曰："人苦不自知其过，卿可为朕明言之。"对曰："陛下武功文德，臣等将顺之不暇，又何过之可言！"上曰："朕问公以己过，公等乃曲相谀悦，朕欲面举公等得失以相戒而改之，何如？"皆拜谢。上曰："长孙无忌善避嫌疑，应物敏速，决断事理，古人不过，而总兵攻战，非其所长。高士廉涉猎古今，心术明达，临难不改节，当官无朋党，所乏者骨鲠规谏耳。岑文本性质敦厚，文章华赡，而持论恒据经远，自当不负于物。刘洎性最坚贞，有利益，然其意尚然诺，私于朋友。马周见事敏速，性甚贞正，论量人物，直道而言，朕比任使，多能称意。褚遂良学问稍长，性亦坚正，每写忠诚，亲附于朕，譬如飞鸟依人，人自怜之。"

《通鉴》卷一九七

七九　程名振举止自若

太宗闻洺州刺史程名振善用兵，召问方略，嘉其才敏，劳勉之，曰："卿有将相之器，朕方将任使。"名振失不拜谢，上试责怒，以观其所为，曰："山东鄙夫，得一刺史，以为富贵极邪！敢于天子之侧，言语粗疏，又复不拜！"名振谢曰："疏野之臣，未尝亲奉圣问，适方心思所对，故忘拜耳。"举止自若，应对愈明辩。上乃叹曰："房玄龄处朕左右二十余年，每见朕谴责馀人，颜色无主。名振平生未尝见朕，朕一旦责之，曾无震慑，辞理不失，真奇士也！"即日拜右骁卫将军。

《通鉴》卷一九七

八〇　太子承乾宠称心

李承乾，太宗长子也，性聪敏，太宗甚爱之。太宗居谅暗，庶政皆令听断，颇识大体。及长，好声色，慢游无度，然惧太宗知之，不敢见其迹。每临朝视事，必言忠孝之道，退朝后，便与群小褻狎。宫臣或欲进谏者，承乾必先揣其情，便危坐敛容，引咎自责。枢机辨给，智足饰非，群臣拜答不暇，故在位者初皆以为明而莫之察也。

有太常乐人年十馀岁，美姿容，善歌舞，承乾特加宠幸，号曰称心。太宗知而大怒，收称心杀之，坐称心死者又数人。承乾痛悼称心不已，于宫中奠祭。承乾数至其处，徘徊流涕。仍于宫中起冢而葬之，并赠官树碑，以申哀悼。承乾自此托疾不朝参者辄逾数月。常命户奴数十百人专习伎乐，学胡人椎髻，翦彩为舞衣，寻橦跳剑，昼夜不绝，鼓角之声，日闻于外。

时左庶子于志宁、右庶子孔颖达受诏辅导，志宁撰《谏苑》二十卷讽之，颖达又多所规奏。太宗并嘉之。

《旧唐书》卷七六

八一　太宗论曹操

太宗至邺，自为文祭魏太祖，曰："临危制变，料敌设奇，一将之智有馀，万乘之才不足。"

《通鉴》卷一九七

八二　岑文本忧任中书令

岑文本出自书生，及拜中书令，归家有忧色。其母怪而问之，文本曰："非勋非旧，滥荷宠荣，责重位高，所以忧惧。"亲宾有来庆贺，辄曰："今受吊，不受贺也。"又有劝其营产业者，文本叹曰："南方一布衣，徒步入关，畴昔之望，不过秘书郎、一县令耳。而无汗马之劳，徒以文墨致位中书令，斯亦极矣。荷俸禄之重，为惧已多，何得更言产业乎？"言者叹息而退。

及将伐辽，凡所筹度，一皆委之。文本受委既深，神情顿竭，言辞举措，颇异平常。太宗见而忧之，谓左右曰："文本今与我同行，恐不与我同返。"及至幽州，遇暴疾，太宗亲自临视，抚之流涕。寻卒，年五十一。

《旧唐书》卷七〇

八三　太宗至生日而伤感

贞观二十年十二月癸未，太宗谓长孙无忌等曰："今日吾生日，世俗皆为乐，在朕翻成伤感。今君临天下，富有四海，而承欢膝下，永不可得，此子路所以有负米之恨也。《诗》云：'哀哀父母，生我劬劳。'奈何以劬劳之日更为宴乐乎！"因泣数行下，左右皆悲。

《通鉴》卷一九八

八四　太宗故黜李世勣

太宗谓太子曰："李世勣才智有余，然汝与之无恩，恐不能怀服。我今黜之，若其即行，俟我死，汝于后用为仆射，亲任之；若徘徊顾望，当杀之耳。"五月，戊午，以同中书门下三品李世勣为叠州都督，世勣受诏，不至家而去。

《通鉴》卷一九九

八五　玄奘取经撰《西域记》

僧玄奘，姓陈氏，洛州偃师人。大业末出家，博涉经论。尝谓翻译者多有讹谬，故就西域，广求异本以参验之。贞观初，随商人往游西域。玄奘既辩博出群，所在必为讲释论难，蕃人远近咸尊伏之。在西域十七年，经百馀国，悉解其国之语，仍采其山川谣俗，土地所有，撰《西域记》十二卷。贞观十九年，归至京师。太宗见之，大悦，与之谈论。于是诏将梵本六百五十七部于弘福寺翻译，仍敕右仆射房玄龄、太子左庶子许敬宗，广召硕学沙门五十馀人，相助整比。

显庆元年，高宗又令左仆射于志宁、侍中许敬宗、中书令来济等，共润色玄奘所定之经。凡成七十五部。奏上之。后以京城人众竞来礼谒，玄奘乃奏请逐静翻译，敕乃移于宜君山故玉华宫。六年卒，时年五十六，归葬于白鹿原，士女送葬者数万人。

《旧唐书》卷一九一

八六　高宗永徽之政

贞观二十三年太宗卒，年五十二。太子李治即位，是为高宗，长孙无忌、褚遂良受遗诏辅之。无忌、遂良同心辅政，上亦尊礼二人，故永徽之政，百姓阜安，有贞观遗风。

上尝出畋，遇雨，问谏议大夫谷那律曰："油衣若为则不漏？"对曰："以瓦为之必不漏。"上悦，为之罢猎。

《通鉴》卷一九九

八七　唐临性宽恕

唐临任侍御史、累转黄门侍郎。临俭薄寡欲，不治第宅，服用简素，宽于待物。尝欲吊丧，令家童自归家取白衫，家僮误将馀衣，惧未敢进。临察知之，使召谓曰："今日气逆，不宜哀泣，向取白衫，且止之也。"又尝令人煮药，失制。潜知其故，谓曰："阴暗不宜服药，宜即弃之。"竟不扬言其过。

高宗即位，迁大理卿。高宗尝曰："为国之要，在于刑法，法急则人残，法宽则失罪，务令折中，称朕意焉。"高宗又尝亲录死囚，前卿所断者号叫称冤，临所入者独无言。帝怪问状，囚曰："罪实自犯，唐卿所断，既非冤滥，所以绝意耳。"帝叹息良久曰："为狱者不当如此耶！"

《旧唐书》卷八五

八八　张文瓘执法允当

高宗咸亨三年，张文瓘迁大理卿。文瓘至官旬日，决遣疑事四百馀条，无不允当，自是人有抵罪者，皆无怨言。文瓘常有疾，系囚相与斋祷，愿其视事。上元二年，拜侍中，兼太子宾客。大理诸囚闻文瓘改官，一时恸哭，其感人心如此。

《旧唐书》卷八五

八九　赵弘智称天子需诤臣

永徽初，赵弘智为陈王师。讲《孝经》百福殿，于是宰相、弘文馆学士、太学生皆在，弘智举五孝，诸儒更诘辩，随问酬悉，舌无留语。高宗喜曰："试为我陈经之要，以辅不逮。"对曰："'天子有诤臣七人，虽无道，不失天下。'愿以此献。"帝悦，进国子祭酒，仍为学士。卒年八十二。

《新唐书》卷一〇六

九〇　贾敦颐兄弟皆有惠政

贾敦颐，贞观中历迁沧州刺史。在职清洁，每入朝，尽室而行，唯弊车一乘，羸马数匹，羁勒有阙，以绳为之，见者不知其刺史也。转瀛州刺史。州界滹沱河及滱水，每岁泛溢，漂流居人，敦颐奏立堤堰，自是无复水患。永徽五年，累迁洛州刺史。时豪富之室，皆籍外占田，敦颐都括获三千馀顷，以给贫乏。又发奸擿伏，有若神明。寻卒。

弟敦实，高宗咸亨元年，累转洛州长史，甚有惠政。时洛阳令杨德干杖杀人吏，以立威名，敦实曰："政在养人，义须存抚，伤生过多，虽能亦不足贵也。"

《旧唐书》卷一八五上

九一　田仁会强力执法

高宗麟德二年，田仁会任右金吾将军，所得禄俸，估外有馀，辄以纳官，时人颇讥其邀名。仁会强力疾恶，昼夜巡警，自宫城至于衢路，丝毫越法，无不立发。每日庭引百馀人，躬自阅罚，略无宽者。京城贵贱，咸畏惮之。

时有女巫蔡氏，以鬼道惑众，自云能令死者复生，市里以为神明，仁会验其假妄，奏请徙边。高宗曰："若死者不活，便是妖妄；若死者得生，更是罪过。"依仁会所奏。

《旧唐书》卷一八五上

九二　高宗立武氏为后

高宗为太子时，入侍太宗，见才人武氏而悦之。太宗卒，武氏随众感业寺为尼。永徽五年，高宗诣寺行香，见之，召入宫，大受宠，拜为昭仪。昭仪生女，潜扼杀之，诬王皇后所为，后无以自明。上由是有废立之意，中书舍人李义府、卫尉卿许敬宗，皆附昭仪。

上一日退朝，召长孙无忌、李勣、于志宁、褚遂良入内殿。遂良曰："今日之召，多为中宫，上意既决，逆之必死。太尉元舅，司空功臣，不可使上有杀元舅及功臣之名。遂良起于草茅，无汗马之劳，致位至此，且受顾托，不以死争之，何以下见先帝！"勣称疾不入。

无忌等至内殿，上顾谓无忌曰："今欲立昭仪为后，何如？"遂良对曰："先帝临崩，执陛下手谓臣曰：'朕佳儿佳妇，今以付卿。'言犹在耳。皇后未闻有过，岂可轻废！臣不敢曲从陛下！"上不悦而罢。明日又言之，遂良曰："臣今忤陛下，罪当死！"因置笏于殿阶，解巾叩头流血曰："还陛下笏，乞放归田里。"上大怒，命引出。昭仪在帘中大言曰："何不扑杀此獠！"无忌曰："遂良受先朝顾命，有罪不可加刑！"于志宁不敢言。

它日，李勣入见，上问之曰："朕欲立武昭仪为后，遂良固执以为不可。遂良既顾命大臣，事当且已乎？"对曰："此陛下家事，何必更问外人！"上意遂决。许敬宗宣言于朝曰："田舍翁多收十斛麦，尚欲易妇。况天子欲立一后，何豫诸人事而妄生异议乎！"昭仪令左右以闻。贬遂良为潭州都督。

许敬宗，杭州新城人。太宗闻其名，召署文学馆学士。贞观中，除著作郎，兼修国史，喜谓所亲曰："仕宦不为著作，无以成门户。"

武曌立为皇后以后，囚王后、萧妃于别院，断去手足，投酒瓮中，曰："令二妪骨醉。"数日而死。

《通鉴》卷一九九、卷二〇〇

九三　李义府笑中有刀

中书侍郎李义府参知政事。义府容貌温恭，与人语，必嬉怡微笑，而狡险忌克，故时人谓"义府笑中有刀"。又以其柔而害物，谓之"李猫"。

李义府有宠于上，官至中书令，诸子孩抱者并列清贵。而义府贪冒无厌，母、妻及诸子、女婿，卖官鬻狱，其门如市，多树朋党，倾动朝野。

李义府典选，恃中宫之势，专以卖官为事，铨综无次，怨讟盈路，高宗颇闻之，从容谓义府曰："卿子及婿颇不谨，多为非法。我尚为卿掩覆，卿宜戒之！"义府勃然变色，颈颊俱张，曰："谁告陛下？"上曰："但我言如是，何必就我索其所从得邪！"义府殊不引咎，缓步而去。上由是不悦。

望气者杜元纪谓义府所居第有狱气，宜积钱二十万缗以厌之，义府信之，聚敛尤急。义府居母丧，朔望给哭假，辄微服与元纪出城东，登古冢，候望气色，或告义府窥觎灾眚，阴有异图。下义府狱，遣司刑太常伯刘祥道与御史共鞫之，命司空李勣监焉。事皆有实，诏义府除名，流巂州，诸子及婿并除名，流庭州。朝野莫不称庆。

《通鉴》卷二〇〇、卷二〇一

九四　来济借老翁言养民之道

高宗谓侍臣曰："朕思养人之道，未得其要，公等为朕陈之。"来济对曰："昔齐桓公出游，见老而饥寒者，命赐之食，老人曰：'愿赐一国之饥者。'赐之衣，曰：'愿赐一国之寒者。'公曰：'寡人之廪府安足以周一国之饥寒！'老人曰：'君不夺农时，则国人皆有馀食矣；不夺蚕要，则国人皆有馀衣矣！'故人君之养人，在省其征役而已。今山东役丁，岁别数万，臣愿陛下量公家所须外，馀悉免之。"上从之。

《通鉴》卷二〇〇

九五　员半千论天地人三阵

高宗御武成殿，召诸州举人，亲问曰："兵书所云天阵、地阵、人阵，各何谓也？"员半千越次而进曰："臣观载籍，此事多矣。或谓：天阵，星宿孤虚；地阵，山川向背；人阵，偏伍弥缝。以臣愚见，谓不然矣。夫师出以义，有若时雨，得天之时，此天阵也；兵在足食，且耕且战，得地之利，此地阵也；善用兵者，使三军之士，如父子兄弟，得人之和，此人阵也。三者去矣，其何以战！"高宗甚嗟赏之。及对策，擢为上第。

《旧唐书》卷一九〇中

九六　李晦听民意毁私楼

宗室李晦，高宗时累除营州都督，以善政闻。转右金吾将军，兼检校雍州长史，纠发奸豪，无所容贷，为人吏畏服。晦私第有楼，下临酒肆，其人尝候晦言曰："微贱之人，虽则礼所不及，然家有长幼，不欲外人窥之。家迫明公之楼，出入非便，请从此辞。"晦即日毁其楼。

《旧唐书》卷六〇

九七　刘审礼甚孝悌

刘审礼，少丧母，为祖母元氏所养。元氏若有疾，审礼必亲尝汤药，元氏顾谓孙曰："我儿孝顺，贯彻幽微，吾一顾念，宿疾顿轻。"贞观中，历左骁卫郎将。丁父忧去职。及葬，跣足随车，流血洒地。服阕当袭爵，累表让弟，朝议不许。永徽中，累迁将作大匠。审礼父殁虽久，犹悲慕不已，每见父时僚旧，必呜咽流涕。母郑氏早亡，事继母平寿县主，稍疾辄忧惧形于容色，终夕不寐。抚继母男延景，友爱甚笃。所得禄俸，皆送母处，以资延景之费；而审礼妻子处饥寒，晏然未尝介意。再从同居，家无异爨，合门二百馀口，人无间言。稍迁工部尚书。

《旧唐书》卷七七

九八　韦思谦见王公不屈礼

韦思谦任侍御史，高宗贤之，每召与语，虽甚倦，徙倚轩槛，犹数刻罢。疑狱剧事，多与参裁。累迁御史大夫。性謇谔，颜色庄重，不可犯。见王公，未尝屈礼。或以为讥，答曰："耳目官固当特立。雕、鹗、鹰、鹯，岂众禽之偶，奈何屈以狎之？"

《新唐书》卷一一六

九九　武后垂帘听政

显庆五年，高宗初苦风眩头重，目不能视，百司奏事，上或使武皇后决之。后性明敏，涉猎文史，处事皆称旨。由是始委以政事，权与人主侔矣。

初，武后能屈身忍辱，奉顺高宗意，故上排群议而立之。及得志，专作威福，上欲有所为，动为后所制，上不胜其忿。密召西台侍郎上官仪议之。仪因言："皇后专恣，海内所不与，请废之。"上意亦以为然，即命仪草诏。

左右奔告于后，后遽诣上自诉。诏草犹在上所，上羞缩不忍，复待之如初，犹恐后怨怒，因绐之曰："我初无此心，皆上官仪教我。"仪下狱，籍没其家。时为麟德元年。

自是上每视事，则后垂帘于后，政无大小皆与闻之。天下大权，悉归中宫，黜陟、生杀，决于其口，天子拱手而已，中外谓之二圣。

《通鉴》卷二〇〇、卷二〇一

一〇〇 李弘李贤之死

李弘，高宗与武后之子，显庆元年立为皇太子。高宗幸东都，诏监国。时关中饥，弘视庑下兵食有榆皮、蓬实者，悄然命家令寺给米。萧淑妃之女义阳、宣城二公主以母故幽掖廷，四十不嫁，弘闻眙恻，建请下降。武后怒，即以卫士配之，由是失爱。又请以同州沙苑分假贫民。帝尝语侍臣："弘仁孝，宾礼大臣，未尝有过。"而后将骋志，弘奏请数忤旨。上元二年，从幸合璧宫，遇酖卒，年二十四。

贤继立为皇太子。俄诏监国，贤于处决尤明审，朝廷称焉。贤又招集诸儒，共注范晔《后汉书》。宫人或传贤乃后姊韩国夫人所生，贤疑，而后撰《少阳政范》《孝子传》赐贤，数以书让勒，愈不安。后遣人发太子阴事，诏薛元超、裴炎等杂治之，获甲数百首于东宫。帝素爱贤，薄其罪，后曰："贤怀逆，大义灭亲，不可赦。"乃废为庶人，焚甲天津桥。武后得政逼令自杀，年三十四。

《新唐书》卷八一

唐（上）（公元618年至756年）

一〇一　安金藏剖腹安睿宗

安金藏，在太常工籍。睿宗为皇嗣，少府监裴匪躬、中官范云仙坐私谒皇嗣，皆殊死，自是公卿不复见，唯工优给使得进。俄有诬皇嗣异谋者，武后诏来俊臣问状，左右畏惨楚，欲引服。金藏大呼曰："公不信我言，请剖心以明皇嗣不反也。"引佩刀自刺腹中，肠出被地，眩而仆。后闻大惊，舆致禁中，命高医内肠，褫桑鈌之，阅夕而苏。后临视，叹曰："吾有子不能自明，不如尔之忠也。"即诏停狱，睿宗乃安。当是时，朝廷士大夫翕然称其谊，自以为弗及也。

《新唐书》卷一九一

一〇二　李勣称高宗所为尽善

高宗语及隋炀帝，谓侍臣曰："炀帝拒谏而亡，朕常以为戒，虚心求谏，而竟无谏者，何也？"李勣对曰："陛下所为尽善，群臣无得谏。"

上至濮阳，窦德玄骑从。上问："濮阳谓之帝丘，何也？"德玄不能对。许敬宗自后跃马而前曰："昔颛顼居此，故谓之帝丘。"上称善。敬宗退，谓人曰："大臣不可以无学，吾见德玄不能对，心实羞之。"德玄闻之，曰："人各有能有不能，吾不强对以所不知，此吾所能也。"李勣曰："敬宗多闻，信美矣，德玄之言亦善也。"

《通鉴》卷二〇一

一〇三　张公艺因忍得九世同居

寿张人张公艺九世同居，齐、隋、唐皆旌表其门。高宗过寿张，幸其宅，问所以能共居之故，公艺书"忍"字百馀以进。上善之，赐以缣帛。

《通鉴》卷二〇一

一〇四　李安期称至诚方能得贤

高宗屡责侍臣不进贤，众莫敢对。少常伯李安期对曰："天下未尝无贤，亦非群臣敢蔽贤也。比来公卿有所荐引，为谗者已指为朋党，滞淹者未获伸，而在位者先获罪矣，是以各务杜口耳。陛下果推至诚以待之，其谁不愿举所知！此在陛下，非在群臣也。"

《通鉴》卷二〇一

一〇五　李勣临终遗言

司空、太子太师李勣寝疾，高宗悉召其子弟在外者，使归侍疾。上及太子所赐药，勣则饵之。子弟为之迎医，皆不听进，曰："吾本山东田夫，遭值圣明，致位三公，年将八十，岂非命邪！修短有期，岂能复就医工求活！"

一旦，谓其弟弼曰："吾今日小愈，可共置酒为乐。"于是子孙悉集，酒阑，谓弼曰："吾自度必不起，故欲与汝曹为别耳。汝曹勿悲泣。我见房、杜平生勤苦，仅能立门户，遭不肖子，荡覆无馀。吾有此子孙，今悉付汝。抚养孤幼，谨察视之。其有志气不伦，交游非类者，皆先挝杀，然后以闻。"自是不复更言，至卒。上闻之悲泣。

勣为将，有谋善断；与人议事，从善如流。战胜则归功于下，所得金帛，悉散之将士，故人思致死，所向克捷。

闺门雍睦而严。其姊尝病，勣已为仆射，亲为之煮粥。风回，爇其须鬓。姊曰："仆妾幸多，何自苦如是！"勣曰："非为无人使令也，顾姊老，勣亦老，虽欲久为姊煮粥，其可得乎！"

渭南尉刘延佑，弱冠登进士第，政事为畿县最。李勣尝谓之曰："足下春秋甫尔，遽擅大名，宜稍自贬抑，无为独出人右也。"

《通鉴》卷二〇一

一〇六　卢承庆屡改考评

以雍州长史卢承庆为司刑太常伯。承庆尝考内外官，有一官督运，遭风失米，承庆考之曰："监运损粮，考中下。"其人容色自若，无言而退。承庆重其雅量，改注曰：

"非力所及，考中中。"既无喜容，亦无愧词。又改曰："宠辱不惊，考中上。"

《通鉴》卷二〇一

一〇七　刘晓称取士应德行为先

有刘晓者，上疏论选，以为："今选曹以检勘为公道，书判为得人，殊不知考其德行才能。况书判借人者众矣。又，礼部取士，专用文章为甲乙，故天下之士，皆舍德行而趋文艺，有朝登甲科而夕陷刑辟者，虽日诵万言，何关理体！文成七步，未足化人。况尽心卉木之间，极笔烟霞之际，以斯成俗，岂非大谬！夫人之慕名，如水趋下，上有所好，下必甚焉。陛下若取士以德行为先，文艺为末，则多士雷奔，四方风动矣！"

《通鉴》卷二〇二

一〇八　则天后与北门学士

则天后多引文学之士著作郎元万顷、左史刘祎之等，使之撰《列女传》《臣轨》《百僚新戒》《乐书》，几千馀卷。朝廷奏议及百司表疏，时密令参决，以分宰相之权，时人谓之北门学士。

《通鉴》卷二〇二

一〇九　李嗣真觅得黄钟

太常缺黄钟，铸不能成。太常丞李嗣真居崇业里，疑土中有之，弗得其所。道上逢一车，有铎声甚厉，嗣真曰："宫声也。"市以归，振于空地，若有应者，掘之得钟，众乐遂和。尝引工展器于廷，武后奇其风度应对，召相王府参军阎玄静图之，吏部郎中杨志诚为赞，秘书郎殷仲容书，时以为宠。

《新唐书》卷九一

一一〇　刘仁轨为解事仆射

以戴至德为右仆射，刘仁轨为左仆射。刘、戴日受牒诉。仁轨常以美言许之，至德必据理难诘，未尝与夺，实有冤结者，密为奏辨。由是时誉皆归仁轨。或问其故，至德曰："威福者人主之柄，人臣安得盗取之！"高宗闻，深重之。有老妪欲诣仁轨陈牒，误诣至德，至德览之未终，妪曰："本谓是解事仆射，乃不解事仆射邪！归我牒！"至德笑而授之。时人称其长者。

少府监裴匪舒，善营利，奏卖苑中马粪，岁得钱二十万缗。高宗以问刘仁轨，对曰："利则厚矣，恐后代称唐家卖马粪，非嘉名也。"乃止。匪舒又为上造镜殿，成，上与仁轨观之，仁轨惊趋下殿。上问其故，对曰："天无二日,土无二王,适视四壁有数天子,不祥孰甚焉!"上遽令剔去。

《通鉴》卷二〇二

一一一 狄仁杰谏应执法取信

左威卫大将军权善才、右监门中郎将范怀义误斫昭陵柏,罪当除名,高宗特命杀之。大理丞太原狄仁杰奏:"二人罪不当死。"上曰:"善才等斫陵柏,我不杀则为不孝。"仁杰固执不已,上作色,令出,仁杰曰:"犯颜直谏,自古以为难。臣以为遇桀、纣则难,遇尧、舜则易。今法不至死而陛下特杀之,是法不信于人也,人何所措其手足!以一株柏杀二将军,后代谓陛下为何如矣?臣不敢奉诏者,恐陷陛下于不道也。"上怒解,二人除名,流岭南。后数日,擢仁杰为侍御史。

初,仁杰为汴州参军,为吏诬诉,黜陟使阎立本召讯,异其才,谢曰:"仲尼称观过知仁,君可谓沧海遗珠矣。"荐授并州法曹参军。亲在河阳,仁杰登太行山,反顾,见白云孤飞,谓左右曰:"吾亲舍其下。"瞻怅久之,云移乃得去。同僚郑崇质当使绝域。崇质母老且病,仁杰曰:"彼母如此,岂可使之有万里之忧!"诣长史蔺仁基,请代之行。仁基素与司马李孝廉不协,因相谓曰:"吾辈岂可不自愧乎!"遂相与辑睦。

《通鉴》卷二〇二;《新唐书》卷一一五

唐（上）（公元 618 年至 756 年）

一一二　狄仁杰秉公奏劾朝廷肃然

司农卿韦弘机作宿羽、高山、上阳等宫，制度壮丽。上阳宫临洛水，为长廊亘一里。宫成，上移御之。侍御史狄仁杰劾奏弘机导上为奢泰，弘机坐免官。左司郎中王本立恃恩用事，朝廷畏之。仁杰奏其奸，请付法司，上特原之，仁杰曰："国家虽乏英才，岂少本立辈！陛下何惜罪人，以亏王法。必欲曲赦本立，请弃臣于无人之境，为忠贞将来之诫！"本立竟得罪，由是朝廷肃然。

《通鉴》卷二〇二

一一三　裴行俭文武兼资明于知人

裴行俭为西州长史，佯为畋猎，率部背道西进，克都支部落，筑碎叶城。高宗宴裴行俭，谓之曰："卿有文武兼资，今授卿二职。"乃除礼部尚书兼检校右卫大将军。行俭将兵三十万，大破突厥于黑山、代州等地。

裴行俭有知人之鉴，初为吏部侍郎，前进士王勮、咸阳尉苏味道皆未知名。行俭一见，谓之曰："二君后当相次掌铨衡，仆有弱息，愿以为托。"是时勮弟勃与华阴杨炯、范阳卢照邻、义乌骆宾王皆以文章有盛名，少常伯李敬玄尤重之，以为必显达。行俭曰："士之致远者，当先器识而后才艺。勃等虽有文华，而浮躁浅露，岂享爵禄之器邪！杨子稍沉静，应至令长，馀得令终幸矣。"既而勃渡海堕水，炯终于盈川令，照邻恶疾不愈，赴水死，宾王反诛，勔、味道皆典选，如行俭言。行俭为将帅，所引偏裨如程务挺、张虔勖、王方翼、刘敬同、李多祚、黑齿常之，后多为名将。

行俭尝命左右取犀角、麝香而失之。又敕赐马及鞍，令史辄驰骤，马倒，鞍破。二人皆逃去，行俭使人召还，谓曰："尔曹皆误耳，何相轻之甚邪！"待之如故。

破阿史那都支，得马脑盘，广二尺馀，以示将士，军吏王休烈捧盘升阶，跌而碎之，惶恐，叩头流血。行俭笑曰："尔非故为，何至于是！"不复有追惜之色。诏赐都支等资产金器三千馀物，杂畜称是，并分给亲故及偏裨，数日而尽。

行俭工草隶，名家。帝尝以绢素诏写《文选》，览之，秘爱其法，赍物良厚。行俭每曰："褚遂良非精笔佳墨，未尝辄书，不择笔墨而妍捷者，余与虞世南耳。"所撰《选谱》《草字杂体》数万言。又为营阵、部伍、料胜负、别器能等四十六诀，武后诏武承嗣就第取去，不复传。

《通鉴》卷二〇二、卷二〇三；《新唐书》卷一〇八

一一四 李敬玄能于典选

高宗总章二年，李敬玄任西台侍郎，典选累年，铨综有序。自永徽以后，选人转多，当其任者，罕闻称职，及

敬玄掌选，天下称其能。预选者岁有万馀人，每于街衢见之，莫不知其姓名。其被放有诉者，即口陈其书判失错及身负殿累，略无差殊。时人咸服其强记，莫之敢欺。

选人有杭州参军徐太玄者，初在任时，同僚有张惠犯赃至死，太玄哀其母老，乃诣狱自陈与惠同受。惠赃数既少，遂得减死，太玄亦坐免官，不调十馀年。敬玄知而大嗟赏之，擢授郑州司功参军，太玄由是知名，后官至秘书少监。

《旧唐书》卷八一

一一五　李义琰不营美宅

李义琰，高宗上元中累迁中书侍郎、同中书门下三品。义琰宅无正寝，弟义琎为司功参军，乃市堂材送焉。及义琎来觐，义琰谓曰："以吾为国相，岂不怀愧？更营美室，是速吾祸，此岂爱我意哉！"义琎曰："凡人仕为丞尉，即营第宅，兄官高禄重，岂宜卑陋以逼下也？"义琰曰："事难全遂，物不两兴。既有贵仕，又广其宇，若无令德，必受其殃。吾非不欲之，惧获戾也。"竟不营构，其木为霖雨所腐而弃之。

《旧唐书》卷八一

一一六　李善感凤鸣朝阳

监察御史里行李善感谏曰："数年已来，菽粟不稔，饿殍相望，四夷交侵，兵车岁驾。陛下宜恭默思道以禳灾谴，乃更广营宫室，劳役不休，天下莫不失望。臣忝备国家耳目，窃以此为忧！"高宗虽不纳，亦优容之。自褚遂良、韩瑗之死，中外以言为讳，无敢逆意直谏，几二十年。及善感始谏，天下皆喜，谓之"凤鸣朝阳"。

上遣宦者缘江徙异竹，欲植苑中。宦者科舟载竹，所在纵暴。过荆州，荆州长史苏良嗣囚之，上疏切谏，以为："致远方异物，烦扰道路，恐非圣人爱人之意。又小人窃弄威福，亏损皇明。"上谓天后曰："吾约束不严，果为良嗣所怪。"手诏慰谕良嗣，令弃竹江中。

《通鉴》卷二〇三

一一七　秦鸣鹤天子头刺血

高宗苦头重，不能视，召侍医秦鸣鹤诊之，鸣鹤请刺头出血，可愈。天后在帘中，不欲上疾愈，怒曰："此可斩也，乃欲于天子头刺血！"鸣鹤叩头请命。上曰："但刺之，未必不佳。"乃刺百会、脑户二穴。上曰："吾目似明矣。"后举手加额曰："天赐也！"自负彩百匹以赐鸣鹤。

《通鉴》卷二〇三

一一八　中宗昏庸被废

高宗卒，太子显即位，是为中宗，尊天后为皇太后，政事咸取决焉。

中宗欲以韦后之父玄贞为侍中，又欲授乳母之子五品官。裴炎固争，中宗怒曰："我以天下与韦玄贞，何不可！而惜侍中邪！"炎惧，白太后，密谋废立。太后集百官于乾元殿，裴炎与中书侍郎刘祎之、羽林将军程务挺、张虔勖勒兵入宫，宣太后令，废中宗为庐陵王，扶下殿。中宗曰："我何罪？"太后曰："汝欲以天下与韦玄贞，何得无罪！"乃幽于别所。立雍州牧豫王旦，政事决于太后，居于别殿，不得有所预。

有飞骑十馀人饮于坊曲，一人言："向知别无勋赏，不若奉庐陵。"一人起，出诣北门告之。座未散，皆捕得，系羽林狱，言者斩，馀以知反不告皆绞，告者除五品官。告密之端自此兴矣。

《通鉴》卷二〇三

一一九　平定徐敬业之乱

时诸武用事，唐宗室人人自危。眉州刺史英公徐敬业、长安主簿骆宾王、詟厔尉魏思温皆会于扬州，乃谋作乱，以匡复庐陵王为辞。

思温为之谋主，敬业自称匡复府上将，领扬州大都督。旬日间得胜兵十馀万。移檄州县，略曰："伪临朝武氏者，人非温顺，地实寒微。昔充太宗下陈，尝以更衣入侍，洎乎晚节，秽乱春宫。密隐先帝之私，阴图后庭之嬖，践元后于翚翟，陷吾君于聚麀。"又曰："包藏祸心，窃窥神器。君之爱子，幽之于别宫；贼之宗盟，委之以重任。"又曰："一抔之土未干，六尺之孤安在！"又曰："试观今日之域中，竟是谁家之天下！"则天太后见檄，问曰："谁所为？"或对曰："骆宾王。"太后曰："宰相之过也。人有如此才，而使之流落不偶乎！"

以大将军李孝逸为扬州道大总管，将兵三十万，讨敬业，平之。

《通鉴》卷二〇三

一二〇　初唐四杰王杨卢骆

王勃，字子安，绛州龙门人。六岁善文辞，九岁得颜师古注《汉书》读之，作《指瑕》以摘其失。年未及冠，授朝散郎，数献颂阙下。沛王闻其名，召署府修撰。是时，诸王斗鸡，勃戏为文檄英王鸡，高宗怒，斥出府。勃既废，客剑南。尝登葛愦山旷望，慨然思诸葛亮之功，赋诗见情。闻虢州多药草，求补参军。倚才陵藉，为僚吏共嫉。官奴曹达抵罪，匿勃所，惧事泄，辄杀之。事觉当诛，会赦除名。父福畤，左迁交址令。勃往省，度海溺水卒，年二十九。

初，道出钟陵，九月九日都督大宴滕王阁，宿命其婿作序以夸客，因出纸笔遍请客，莫敢当，至勃，沉然不辞。都督怒，起更衣，遣吏伺其文辄报。一再报，语益奇，乃矍然曰："天才也！"请遂成文，极欢罢。勃属文，初不精思，先磨墨数升，则酣饮，引被覆面卧，及寤，援笔成篇，不易一字，时人谓勃为"腹稿"。

勃与杨炯、卢照邻、骆宾王皆以文章齐名，天下称"王、杨、卢、骆"四杰。

炯尝曰："吾愧在卢前，耻居王后。"议者谓然。

炯，华阴人。举神童，授校书郎，充崇文馆学士。俄坐从父弟神让与徐敬业乱，迁盈川令，张说以箴赠行，诫其苛。至官，果以严酷称，吏稍忤意，榜杀之，不为人所多。卒于官。

照邻，字升之，范阳人。任新都尉，病去官。客东龙门山，布衣藜羹，裴瑾之、韦方质、范履冰等时时供衣药。疾甚，足挛，一手又废，乃去具茨山下，买园数十亩，疏颍水周舍，复豫为墓，偃卧其中。病既久，与亲属诀，自沉颍水。

宾王，义乌人。七岁能赋诗。武后时，数上疏言事。下除临海丞，鞅鞅不得志，弃官去。徐敬业乱，署宾王为府属，为敬业传檄天下，斥武后罪。后读，但嘻笑，至"一抔之土未干，六尺之孤安在"，矍然曰："谁为之？"或以宾王对，后曰："宰相安得失此人！"敬业败，宾王亡命。

《新唐书》卷二〇一

一二一　裴炎被诛

及徐敬业举兵，则天太后问计于裴炎，对曰："皇帝年长，不亲政事，故竖子得以为辞。若太后返政，则不讨自平矣。"监察御史崔察闻之，上言："炎受顾托，大权在己，若无异图，何故请太后归政？"太后命收炎下狱。炎被收，辞气不屈。或劝炎逊辞以免，炎曰："宰相下狱，安有全理！"遂斩裴炎于都亭。

炎将死，顾兄弟曰："兄弟官皆自致，炎无分毫之力，今坐炎流窜，不亦悲乎！"籍没其家，无甔石之储。

炎之下狱也，郎将姜嗣宗使至长安，刘仁轨问以东都事，嗣宗曰："嗣宗觉裴炎有异于常久矣。"仁轨曰："使人觉之邪？"嗣宗曰："然。"仁轨曰："仁轨有奏事，愿附使人以闻。"嗣宗曰："诺。"明日，受仁轨表而还，表言："嗣宗知裴炎反不言。"太后览之，命拉嗣宗于殿庭，绞于都亭。

《通鉴》卷二〇三

一二二　则天太后赐刘祎之死

朝士有左迁诣宰相自诉者，内史骞味道曰："此太后处分。"同中书门下三品刘祎之曰："缘坐改官，由臣下奏请。"则天太后闻之，贬味道为青州刺史，加祎之太中大夫。谓侍臣曰："君臣同体，岂得归恶于君，引善自取乎！"

后祎之尝窃谓凤阁舍人贾大隐曰："太后既能废昏立明，何用临朝称制？不如返政，以安天下之心。"大隐密奏其言。则天不悦，谓左右曰："祎之我所引用，乃有背我之心，岂复顾我恩也！"垂拱三年，或诬告祎之受金，兼与许敬宗妾有私，则天特令王本立推鞫其事。本立宣敕示祎之，祎之曰："不经凤阁鸾台，何名为敕？"则天大怒，以为拒捍制使，乃赐死于家，时年五十七。

初，祎之既下狱，睿宗为之抗疏申理，祎之亲友咸以为必见原宥，窃贺之。祎之曰："吾必死矣。太后临朝独断，威福任己，皇帝上表，徒使速吾祸也。"祎之在狱时，尝上疏自陈。及临终，既洗沐，而神色自若，命其子执笔草谢表，其子将绝，殆不能书。监刑者促之。祎之乃自操数纸，援笔立成，词理恳至，见者无不伤痛。

《通鉴》卷二〇三；《旧唐书》卷八七

一二三　则天后宠幸僧怀义

则天太后修故白马寺，以僧怀义为寺主。怀义，本姓冯，名小宝，卖药洛阳市，因千金公主以进，得幸于太后，太后欲令出入禁中，乃度为僧，名怀义。出入乘御马，宦者十馀人侍从，士民遇之者皆奔避，有近之者，辄挝其首流血，委之而去，任其生死。见道士则极意殴之，仍髡其发而去。朝贵皆匍匐礼谒，武承嗣、武三思皆执僮仆之礼以事之，为之执辔，怀义视之若无人。

《通鉴》卷二〇三

一二四　则天后命铸铜匦

则天太后命铸铜为匦，置之朝堂，以受天下表疏铭。

其东曰"延恩",献赋颂、求仕进者投之;南曰"招谏",言朝政得失者投之;西曰"伸冤",有冤抑者投之;北曰"通玄",言天象灾变及军机秘计者投之。命正谏、补阙、拾遗一人掌之。

太后自徐敬业之反,疑天下人多图己,又自以久专国事,且内行不正,知宗室大臣怨望、心不服,欲大诛杀以威之。乃盛开告密之门,有告密者,臣下不得问,皆给驿马,供五品食,使诣行在。虽农夫樵人,皆得召见,廪于客馆,所言或称旨,则不次除官,无实者不问。于是四方告密者蜂起,人皆重足屏息。

《通鉴》卷二〇三

一二五　则天后重用酷吏

有胡人索元礼,知则天太后意,因告密召见,擢为游击将军,令案制狱。元礼性残忍,推一人必令引数十百人,太后数召见赏赐以张其权。于是尚书都事周兴、来俊臣之徒效之,纷纷继起。兴累迁至秋官侍郎,俊臣累迁至御史中丞,相与私畜无赖数百人,专以告密为事,欲陷一人,辄令数处俱告,事状如一。俊臣与司刑评事万国俊共撰《罗织经》数千言,教其徒网罗无辜,织成反状,构造布置,皆有支节。太后得告密者,辄令元礼等推之,竞为讯囚酷法,作大枷,有"定百脉""突地吼""死猪愁""求破家""反是实"等名号。每得囚,辄先陈其械具以示之,皆战栗流汗,望风自诬。每有赦令,俊臣辄令狱卒先

唐（上）（公元618年至756年）

杀重囚，然后宣示。太后以为忠，益宠任之。中外畏此数人，甚于虎狼。

《通鉴》卷二〇三

一二六　陈子昂谏止冤狱

麟台正字陈子昂上疏，以为："执事者疾徐敬业首乱倡祸，将息奸源，究其党与，遂使陛下大开诏狱，重设严刑，有迹涉嫌疑，辞相逮引，莫不穷捕考按。臣窃观当今天下，百姓思安久矣，故扬州构逆，殆有五旬，而海内晏然，纤尘不动。陛下不务玄默以救疲人，而反任威刑以失其望。伏见诸方告密，囚累百千辈，乃其究竟，百无一实。陛下仁恕，又屈法容之，遂使奸恶之党快意相仇，睚眦之嫌即称有密，一人被讼，百人满狱，使者推捕，冠盖如市。天下喁喁，莫知宁所。"

《通鉴》卷二〇三

一二七　苏良嗣怒殴僧怀义

苏良嗣遇僧怀义于朝堂，怀义偃蹇不为礼。良嗣大怒，命左右捽曳，批其颊数十。怀义诉于则天太后，太后曰："阿师当于北门出入，南牙宰相所往来，勿犯也。"

《通鉴》卷二〇三

· 971 ·

一二八　魏玄同不作告密人

检校纳言魏玄同，素与裴炎善，时人以其终始不渝，谓之耐久朋。周兴奏诬玄同言："太后老矣，不若奉嗣君为耐久。"则天太后怒，赐死于家。监刑御史房济谓玄同曰："丈人何不告密，冀得召见，可以自直！"玄同叹曰："人杀鬼杀，亦复何殊，岂能作告密人邪！"乃就死。

《通鉴》卷二〇四

一二九　侯思止不识字为大夫

醴泉人侯思止，始以卖饼为业，后事游击将军高玄礼为仆，素诡谲无赖。时告密者往往得五品，思止求为御史，则天太后曰："卿不识字，岂堪御史！"对曰："獬豸何尝识字？但能触邪耳。"太后悦，即以为朝散大夫、侍御史。他日，太后以先所籍没宅赐之，思止不受，曰："臣恶反逆之人，不愿居其宅。"太后益赏之。

《通鉴》卷二〇四

一三〇　徐有功平恕正直

时置制狱于丽景门内，入是狱者，非死不出。朝士人人自危，相见莫敢交言，道路以目。或因入朝密遭掩捕，每朝，辄与家人诀曰："未知复相见否？"

法官竞为深酷，唯司刑丞徐有功、杜景俭独存平恕，被告者皆曰："遇来、侯必死，遇徐、杜必生。"有功，初为蒲州司法，以宽为治，不施敲扑。迨官满，不杖一人，职事亦修。累迁司刑丞，酷吏所诬构者，有功皆为直之，前后所活数十百家。尝廷争狱事，太后厉色诘之，左右为战栗，有功神色不挠，争之弥切。则天太后虽好杀，知有功正直，甚敬惮之。景俭，武邑人也。

《通鉴》卷二〇四

一三一　傅游艺等上表请则天称皇帝

侍御史傅游艺帅关中百姓九百馀人诣阙上表，请改国号曰周，赐皇帝姓武氏。则天太后不许，擢游艺为给事中。于是百官及帝室宗戚、远近百姓、四夷酋长、沙门、道士合六万馀人，俱上表如游艺所请，皇帝亦上表自请赐姓武氏。

未几，太后可皇帝及群臣之请。御则天楼，赦天下，以唐为周，改元。尊号为圣神皇帝。

太后虽滥以禄位收天下人心，然不称职者，寻亦黜之，或加刑诛。挟刑赏之柄以驾御天下，政由己出，明察善断，故当时英贤亦竞为之用。

《通鉴》卷二〇四、卷二〇五

一三二　来俊臣审周兴

或告周兴与丘神勣通谋，则天太后命来俊臣鞫之，俊臣与兴方推事对食，谓兴曰："囚多不承，当为何法？"兴曰："此甚易取。取大瓮，以炭四周炙之，令囚入中，何事不承！"俊臣乃索大瓮，火围如兴法，因起谓兴曰："有内状推兄，请兄入此瓮。"兴惶恐，叩头服罪。法当死，太后原之。二月，流行岭南，在道，为仇家所杀。

兴与索元礼、来俊臣竞为暴刻，兴、元礼所杀各数千人，俊臣所破千馀家。元礼残酷尤甚，太后亦杀之以慰人望。

《通鉴》卷二〇四

一三三　狄仁杰不愿知谮者名

以狄仁杰为地官侍郎，与冬官侍郎裴行本并同平章事。则天太后谓仁杰曰："卿在汝南，甚有善政，卿欲知谮卿者名乎！"仁杰谢曰："陛下以臣为过，臣请改之；知臣无过，臣之幸也，不愿知谮者名。"太后深叹美之。

《通鉴》卷二〇四

一三四　来俊臣诬告狄仁杰

来俊臣罗告同平章事狄仁杰、裴行本、御史中丞魏元忠等谋反。先是，来俊臣奏请降敕，一问即承反者得减死。及仁杰等下狱，俊臣以此诱之，仁杰对曰："大周革命，万物惟新，唐室旧臣，甘从诛戮。反是实！"俊臣乃少宽之。仁杰裂衾帛书冤状，置绵衣中，谓判官王德寿曰："天时方热，请授家人去其绵。"德寿许之。仁杰子光远得书，持之称变，得召见。则天览之，以问俊臣，对曰："仁杰等下狱，臣未尝褫其巾带，寝处甚安，苟无事实，安肯承反！"则天太后使通事舍人周綝往视之，俊臣暂假仁杰等巾带，罗立于西，使綝视之，綝不敢视，唯东顾唯诺而已。俊臣又诈为仁杰等谢死表，使綝奏之。

太后意稍寤，召见仁杰等，问曰："卿承反何也？"对曰："不承，则已死于拷掠矣。"太后曰："何为作谢死表？"对曰："无之。"出表示之，乃知其诈。贬仁杰彭泽令、元忠涪陵令，流行本于岭南。

《通鉴》卷二〇五

一三五　杜肃与宴后又告密

禁天下屠杀及捕鱼虾。江淮旱，饥，民不得采鱼虾，饿死者甚众。右拾遗张德，生男三日，私杀羊会同僚，补阙杜肃怀一胾，上表告之。明日，则天太后对仗，谓德曰："闻卿生男，甚喜。"德拜谢。太后曰："何从得肉？"德叩头服罪。太后曰："朕禁屠宰，吉凶不预。然卿自今召客，亦须择人。"出肃表示之。肃大惭，举朝欲唾其面。

《通鉴》卷二〇五

一三六　李德昭揭祥瑞之假

则天太后好祥瑞，有献白石赤文者，执政诘其异，对曰："以其赤心。"李昭德怒曰："此石赤心，他石尽反邪？"左右皆笑。襄州人胡庆以丹漆书龟腹曰："天子万万年。"诣阙献之。昭德以刀刮尽，奏请付法。太后曰："此心亦无恶。"命释之。

太后出梨花一枝以示宰相，宰相皆以为瑞。杜景俭独曰："今草木黄落，而此更发荣，阴阳不时，咎在臣等。"因拜谢。太后曰："卿真宰相也！"

《通鉴》卷二〇五

一三七　娄师德称唾面当不拭自干

以夏官侍郎娄师德同平章事。师德宽厚清慎，犯而不校。与李昭德俱入朝，师德体肥行缓，昭德屡待之不至，怒骂曰："田舍夫！"师德徐笑曰："师德不为田舍夫，谁当为之！"其弟除代州刺史，将行，师德谓曰："吾备位宰相，汝复为州牧，荣宠过盛，人所疾也，将何以自免？"弟长跪曰："自今虽有人唾某面，某拭之而已，庶不为兄忧。"师德愀然曰:"此所以为吾忧也!人唾汝面,怒汝也;汝拭之,乃逆其意,所以重其怒。夫唾,不拭自干,当笑而受之。"

《通鉴》卷二〇五

一三八　万国俊滥杀流人

或告岭南流人谋反,则天太后遣司刑评事万国俊摄监察御史就按之。国俊至广州,悉召流人,矫制赐自尽。流人号呼不服,国俊驱就水曲,尽斩之,一朝杀三百馀人。然后诈为反状,还奏,因言诸道流人,亦必有怨望谋反者,不可不早诛。太后喜,擢国俊为朝散大夫、行侍御史。更遣刘光业、王德寿等,诣诸道按流人。光业等以国俊多杀蒙赏,争效之,光业杀七百人,德寿杀五百人,自馀少者不减百人,其远年杂犯流人亦与之俱毙。太后颇知其滥,制:"六道流人未死者并家属皆听还乡里。"国俊等亦相继死,或得罪流窜。

《通鉴》卷二〇五

一三九　火烧明堂杀怀义

初,明堂既成,则天太后命僧怀义作夹纻大像,其小指中犹容数十人,于明堂北构天堂以贮之。堂始构,为风所摧,更构之,日役万人,采木江岭,数年之间,所费以万亿计，府藏为之耗竭。怀义用财如粪土，太后一听之，无所问。每作无遮会，用钱万缗；士女云集，又散钱十车，使之争拾，相蹈践有死者。所在公私田宅，多为僧有。

怀义颇厌入宫，多居白马寺，所度力士为僧者满千人。侍御史周矩疑有奸谋，固请按之。太后曰："卿姑退，朕即令往。"矩至台，怀义亦至，乘马就阶而下，坦腹于床。矩召吏将按之，遽跃马而去。矩具奏其状，太后曰："此道人病风，不足诘，所度僧，惟卿所处。"悉流远州。

时御医沈南璆亦得幸于太后，怀义心愠，密烧天堂，延及明堂。火照城中如昼，比明皆尽。太后命更造明堂、天堂，仍以怀义充使。又铸铜为九州鼎及十二神，皆高一丈，各置其方。

先是，河内老尼昼食一麻一米，夜则烹宰宴乐，畜弟子百馀人，淫秽靡所不为。及明堂火，尼入唁太后，太后怒叱之，曰："汝常言能前知，何以不言明堂火？"因斥还河内，弟子及老胡等皆逃散。

僧怀义益骄恣，太后恶之，密选宫人有力者百馀人以防之。执之于瑶光殿前树下，使建昌王武攸宁帅壮士殴杀之，送尸白马寺，焚之以造塔。

《通鉴》卷二〇五

一四〇　武攸绪隐于嵩山

安平王武攸绪，少有志行，恬澹寡欲，扈从封中岳还，即求弃官，隐于嵩山之阳。则天太后疑其诈，许之，以观其所为。攸绪遂优游岩壑，冬居茅椒，夏居石室，一如山林之士。太后所赐及王公所遗野服器玩，攸绪皆置之不用，尘埃凝积。买田使奴耕种，与民无异。

《通鉴》卷二〇五

一四一　拒收大食之狮

大食请献狮子。姚璹上疏，以为："狮子专食肉，远道传致，肉既难得，极为劳费。陛下鹰犬不蓄，渔猎悉停，岂容菲薄于身而厚给于兽！"乃却之。

《通鉴》卷二〇五

一四二　陆元方直道而行

陆元方任天官侍郎，或言其荐引皆亲党，则天太后怒，免官，令白衣领职。元方荐人如初，后召让之，对曰："举臣所知，不暇问仇党。"又荐其友崔玄暐有宰相才。后知无它，复拜鸾台侍郎、同凤阁鸾台平章事。后尝问外事，对曰："臣备位宰相，大事当白奏，民间碎务，不敢以闻。"忤旨，下除太子右庶子。

元方从父馀庆，已冠，名未显，兄玄表嗜曰："尔名宦不立，奈何？"馀庆感激，闭户诵书三年，以博学闻。武后圣历初，迁殿中侍御史、凤阁舍人。初，武后时，酷吏用事，中宗朝，幸臣贵主斜封大行，蹈利嗇祸之人，虽亟贵骤用，而戮不反踵。馀庆以道自将，虽仕不赫赫，讫无悔尤。

《新唐书》卷一一六

一四三　徐有功所行甚难

则天太后思徐有功用法平，擢拜左台殿中侍御史，远近闻者无不相贺。主簿宗城潘称有功蹈道依仁，固守诚节，不以贵贱死生易其操履。设客问曰："徐公于今谁与为比？"主人曰："四海至广，人物至多，或匿迹韬光，仆不敢诬，若所闻见，则一人而已，当于古人中求之。"客曰："何如张释之？"主人曰："释之所行者甚易，徐公所行者甚难。张公逢汉文之时，天下无事，至如盗高庙玉环及渭桥惊马，守法而已，岂不易哉！徐公逢革命之秋，属惟新之运，唐朝遗老，或包藏祸心，使人主有疑。如周兴、来俊臣，乃尧年之四凶也，崇饰恶言以诬盛德；而徐公守死善道，深相明白，几陷囹圄，数挂网罗，此吾子所闻，岂不难哉！"

《通鉴》卷二〇五

一四四　张易之张昌宗受宠

尚乘奉御张易之，年少，美姿容，善音律。太平公主荐易之弟昌宗入侍禁中，昌宗复荐易之，兄弟皆得幸于则天太后，常傅朱粉，衣锦绣。昌宗累迁散骑常侍，易之为司卫少卿。武承嗣、三思、懿宗、宗楚客皆候易之门庭，争执鞭辔，谓易之为五郎，昌宗为六郎。

《通鉴》卷二〇六

一四五　来俊臣被诛

来俊臣倚势贪淫，士民妻妾有美者，百方取之；或使人罗告其罪，矫称敕以取其妻，前后罗织诛人，不可胜计。自宰相以下，籍其姓名而取之。自言才比石勒。

俊臣欲罗告武氏诸王及太平公主，又欲诬皇嗣及庐陵王与南北牙同反，冀因此盗国权，河东人卫遂忠告之。诸武及太平公主恐惧，共发其罪，系狱，有司处以极刑。则天太后欲赦之，奏上三日，不出。太后曰："俊臣有功于国，朕方思之。"吉顼曰："国之贼也，何足惜！"太后乃下其奏。

俊臣弃市，仇家争啖俊臣之肉，斯须而尽，抉眼剥面，披腹出心，腾蹋成泥。太后知天下恶之，乃下制数其罪恶，且曰："宜加赤族之诛，以雪苍生之愤，可准法籍没其家。"士民皆相贺于路曰："自今眠者背始贴席矣！"

俊臣方用事，选司受其属请不次除官者，每铨数百人。俊臣败，侍郎皆自首。太后责之，对曰："臣负陛下，死罪！臣乱国家法，罪止一身；违俊臣语，立见灭族。"太后乃赦之。

《通鉴》卷二〇六

一四六　王及善清正自律

来俊臣系狱当死，则天太后欲释不诛，王及善曰："俊臣凶狡不道，引亡命，污戮善良，天下疾之。不剿绝元恶，且摇乱胎祸，忧未既也。"后纳之。

及善不甚文，而清正自将，临事不可夺，有大臣节。时二张怙宠，每侍宴，无人臣礼，及善数裁抑之，后不悦曰："卿年高，不宜侍游燕，但检校阁中。"及善即移病馀月，后不复问。叹曰："中书令可一日不见天子乎？"遂乞骸骨。

《新唐书》卷一一六

一四七　狄仁杰谏立子而不立侄

武承嗣、三思营求为太子，数使人说则天太后，太后意未决。狄仁杰每从容言于太后曰："姑侄之与母子孰亲？陛下立子，则千秋万岁后，配食太庙，承继无穷；立侄，则未闻侄为天子而祔姑于庙者也。"太后曰："此朕家事，卿勿预知。"仁杰曰："王者为四海为家，四海之内，孰非臣妾，何者不为陛下家事！君为元首，臣为股肱，义同一体，况臣备位宰相，岂得不预知乎！"又劝太后召还庐陵王。他日，太后谓仁杰曰："朕梦大鹦鹉两翅皆折，何也？"对曰："武者，陛下之姓，两翼，二子也。陛下起二子，则两翼振矣。"太后由是无立承嗣、三思之意。

唐（上）（公元618年至756年）

太后命宰相各举尚书郎一人，仁杰举其子司府丞光嗣，拜地官员外郎，已而称职。太后喜曰："卿足继祁奚矣！"

《通鉴》卷二〇六

一四八　苏味道摸棱持两端

天官侍郎苏味道同平章事，前后在相位数岁，依阿取容，尝谓人曰："处事不宜明白，但摸棱持两端可矣。"时人谓之"苏摸棱"。

三月，大雪，苏味道以为瑞，帅百官入贺。殿中侍御史王求礼止之曰："三月雪为瑞雪，腊月雷为瑞雷乎？"味道不从。既入，求礼独不贺，进言曰："今阳和布气，草木发荣，而寒雪为灾，岂得诬以为瑞！贺者皆谄谀之士也。"则天太后为之罢朝。

《通鉴》卷二〇六、卷二〇七

一四九　狄仁杰抚慰百姓

以狄仁杰为河北道安抚大使。时河北人为突厥所驱逼者，虏退，惧诛，往往亡匿。仁杰上疏，以为："朝廷议者皆罪契丹、突厥所胁从之人，言其迹虽不同，心则无别。诚以山东近缘军机调发伤重，家道悉破，或至逃亡。重以官典侵渔，因事而起，枷杖之下，痛切肌肤，事迫情危，不循礼义。夫人犹水也，壅之则为泉，疏之则为川，

· 983 ·

通塞随流，岂有常性！今负罪之伍，必不在家，露宿草行，潜窜山泽，赦之则出，不赦则狂，山东群盗，缘兹聚结。臣以为罪之则众情恐惧，恕之则反侧自安。伏愿曲赦河北诸州，一无所问。"制从之。仁杰于是抚慰百姓，得突厥所驱掠者，悉递还本贯。散粮运以赈贫乏，修邮驿以济旋师。恐诸将及使者妄求供顿，乃自食蔬粝，禁其下无得侵扰百姓，犯者必斩。河北遂安。

《通鉴》卷二〇六

一五〇　置控鹤监丞等官

置控鹤监丞、主簿等官，率皆嬖宠之人，颇用才能文学之士以参之。以张易之为控鹤监，张昌宗、吉顼、田归道、李迥秀、薛稷、员半千皆为控鹤监内供奉。半千以古无此官，且所聚多轻薄之士，上疏请罢之，由是忤旨，左迁水部郎中。

《通鉴》卷二〇六

一五一　狄仁杰为娄师德所荐

娄师德在河陇，前后四十馀年，恭勤不怠，民夷安之。性沉厚宽恕，狄仁杰之入相也，师德实荐之；而仁杰不知，意颇轻师德，数挤之于外。则天太后觉之，尝问仁杰曰："师德贤乎？"对曰："为将能谨守边陲，贤则臣不知。"又曰:"师德知人乎?"对曰:"臣尝同僚,未闻其知人也。"太后曰:"朕之知卿,乃师德所荐也,亦可谓知人矣。"仁杰既出,叹曰:"娄公盛德,我为其所包容久矣,吾不得窥其际也。"

《通鉴》卷二○六

一五二　吉顼被贬建言

吉顼善张易之,皆为控鹤内供奉。顼又强敏,故则天太后委以腹心,进天官侍郎、同平章事。顼与武懿宗争功于太后前。顼魁岸辩口,懿宗短小伛偻,顼视懿宗,声气凌厉。太后由是不悦,曰:"顼在朕前,犹卑我诸武,况异时讵可倚邪!"他日,顼奏事,方援古引今,太后怒曰:"卿所言,朕饫闻之,无多言!太宗有马名师子骢,肥逸无能调驭者。朕为宫女侍侧,言于太宗曰:'妾能制之,然须三物,一铁鞭,二铁楇,三匕首。铁鞭击之不服,则以楇楇其首,又不服,则以匕首断其喉。'太宗壮朕之志。今日卿岂足污朕匕首邪!"顼惶惧流汗,拜伏求生,乃止。

张易之兄弟以宠盛,思自全,问顼计安出。顼曰:"公家以幸进,非有大功于天下,势必危。吾有不朽策,愿效之,非止保身,且世世不绝胙。"易之流涕请,顼曰:"天下思唐久矣!庐陵斥外,相王幽闭。上春秋高,武诸王,非海内属意。公何从容请相王、庐陵,以副人望?易吊为贺之资也。"易之、昌宗乘间如顼教,后意乃定。既而知顼与谋,召见问状,顼对:"庐陵、相王皆陛下子,先帝顾托于陛下，当速有所付。"乃还中宗。

及贬官，辞日，得召见，涕泣言曰："臣今远离阙庭，永无再见之期，愿陈一言。"太后命之坐，问之，项曰："合水土为泥，有争乎？"太后曰："无之。"又曰："分半为佛，半为天尊，有争乎？"曰："有争矣。"项顿首曰："宗室、外戚各当其分，则天下安。今太子已立而外戚犹为王。此陛下驱之使他日必争，两不得安也。"太后曰："朕亦知之。然业已如是，不可何如。"

《通鉴》卷二〇六；《新唐书》卷一一七

一五三　张易之任奉宸令

改控鹤为奉宸府，以张易之为奉宸令。则天太后每内殿曲宴，辄引诸武、易之及昌宗饮博嘲谑。太后欲掩其迹，乃命易之、昌宗与文学之士李峤等修《三教珠英》于内殿。武三思奏昌宗乃王子晋后身。太后命昌宗衣羽衣，吹笙，乘木鹤于庭中，文士皆赋诗以美之。

易之、昌宗竞以豪侈相胜。弟昌仪为洛阳令，请属无不从。尝早朝，有选人姓薛，以金五十两并状邀其马而赂之。昌仪受金，至朝堂，以状授天官侍郎张锡。数日，锡失其状，以问昌仪，昌仪骂曰："不了事人！我亦不记，但姓薛者即与之。"锡惧，退，索在铨姓薛者六十馀人，悉留注官。

《通鉴》卷二〇六

一五四　朱敬则高洁守正

朱敬则志尚恢博，好学，重节义然诺，善与人交，振其急难，不责报于人。武后时迁正谏大夫，兼修国史。侍中韦安石尝阅其稿史，叹曰："董狐何以加！世人不知史官权重宰相，宰相但能制生人，史官兼制生死，古之圣君贤臣所以畏惧者也。"时赋敛繁重，民多荡析，后数召入禁中访失得，进同凤阁鸾台平章事。张易之构魏元忠、张说，欲诛之，无敢言者。敬则独奏曰："元忠、说秉心忠一，而所坐无名，杀之失天下望。"乃得不死。

以老疾还政事，俄改成均祭酒、冬官侍郎。易之等集名儒撰《三教珠英》，又绘武三思、李峤、苏味道、李迥秀、王绍宗等十八人像以为图，欲引敬则，固辞不与，世洁其为人。出为郑州刺史，贬授庐州刺史。及还，无淮南一物，所乘止一马，子曹步从以归。卒年七十五。

敬则与三从昆弟居四十年，赀产无异。及执政，每以用人为先，细务不省也。

敬则兄仁轨，隐居养亲。常诲子弟曰："终身让路，不枉百步；终身让畔，不失一段。"

《旧唐书》卷九〇；《新唐书》卷一一五

一五五　王方庆献祖传法书

武后尝求羲之书，同平章事王方庆奏："十世从祖羲之书四十馀番，太宗求之，先臣悉上送，今所存惟一轴。

并上十一世祖导、十世祖洽、九世祖珣、八世祖昙首、七世祖僧绰、六世祖仲宝、五世祖骞、高祖规、曾祖褒并九世从祖献之等凡二十八人书共十篇。"后御武成殿遍示群臣，诏中书舍人崔融序其代阀，号《宝章集》，复以赐方庆。以老乞身，改麟台监，修国史。

李德裕著书称："方庆为相时，子为眉州司士参军。武后曰：'君在相位，何子之远？'对曰：'庐陵是陛下爱子，今尚在远，臣之子庸敢相近？'嗟乎，君子哉！虽造次不忘悟君于善。"

《新唐书》卷一一六

一五六　狄仁杰谏止造大佛像

则天太后欲造大像，使天下僧尼日出一钱以助其功。狄仁杰上疏谏，其略曰："今之伽蓝，制过宫阙。功不使鬼，止在役人，物不天来，终须地出，不损百姓，将何以求！"又曰："游僧皆托佛法，诖误生人，里陌动有经坊，阛阓亦立精舍。化诱所急，切于官征；法事所须，严于制敕。"又曰："虽敛僧钱，百未支一。尊容既广，不可露居，覆以百层，尚忧未遍，自馀廊宇，不得全无。如来设教，以慈悲为主。岂欲劳人，以存虚饰？"又曰："比来水旱不节，当今边境未宁，若费官财，又尽人力，一隅有难，将何以救之！"太后曰："公教朕为善，何得相违！"遂罢其役。

《通鉴》卷二〇七

唐（上）（公元 618 年至 756 年）

一五七　则天后信任狄仁杰

则天太后信重狄仁杰，群臣莫及，常谓之国老而不名。仁杰好面折廷争，太后每屈意从之。尝从太后游幸，遇风吹仁杰巾坠，而马惊不能止，太后命太子追执其鞚而系之。仁杰屡以老疾乞骸骨，太后不许。入见，常止其拜，曰："每见公拜，朕亦身痛。"仍免其宿值，诫其同僚曰："自非军国大事，勿以烦公。"及仁杰卒，太后泣曰："朝堂空矣！"自是朝廷有大事，众或不能决，太后辄叹曰："天夺吾国老何太早邪！"

《通鉴》卷二〇七

一五八　狄仁杰荐张柬之

则天太后尝问仁杰："朕欲得一佳士用之，谁可者？"仁杰曰："未审陛下欲何所用之？"太后曰："欲用为将相。"仁杰对曰："必欲取卓荦奇才，则有荆州长史张柬之，其人虽老，宰相才也。"太后擢柬之为洛州司马。数日，又问仁杰，对曰："前荐柬之，尚未用也。"太后曰："已迁矣。"对曰："臣所荐者可为宰相，非司马也。"乃迁秋官侍郎；久之，卒用为相，时柬之年八十。

仁杰又尝荐夏官侍郎姚元崇、监察御史桓彦范、太州刺史敬晖等数十人，率为名臣。或谓仁杰曰："天下桃李，悉在公门矣。"仁杰曰："荐贤为国，非为私也。"

《通鉴》卷二〇七

一五九　崔玄暐之复职

天官侍郎崔玄暐，性介直，未尝请谒。执政恶之，改文昌左丞。月馀，则天太后谓玄暐曰："自卿改官以来，闻令史设斋自庆。此欲盛为奸贪耳，今还卿旧任。"乃复拜天官侍郎，仍赐彩七十段。

《通鉴》卷二〇七

一六〇　张循宪荐贤

侍御史张循宪为河东采访使，有疑事不能决，问侍吏曰："此有佳客，可与议事者乎？"吏言前平乡尉张嘉贞有异才，循宪召见，询以事。嘉贞为条析理分，莫不洗然。循宪因请为奏，皆意所未及。循宪还，见则天太后，太后善其奏，循宪具言嘉贞所为，且请以己之官授之。太后曰："朕宁无一官自进贤邪！"因召嘉贞，入见内殿，与语，大悦，即拜监察御史；擢循宪司勋郎中，赏其得人也。

《通鉴》卷二〇七

唐（上）（公元 618 年至 756 年）

一六一　魏元忠秉公抑诸张

初，左台大夫魏元忠为洛州长史，洛阳令张昌仪恃诸兄之势，直上长史厅听事。元忠到官，叱下之。张易之奴暴乱都市，元忠杖杀之。及为相，则天太后召易之弟岐州刺史昌期，欲以为雍州长史。太后问曰："昌期何如？"诸相皆曰："陛下得人矣。"元忠独曰："昌期不堪！"太后问其故，元忠曰："昌期少年，不闲吏事，向在岐州，户口逃亡且尽。雍州帝京，事务繁剧，不若季昶强干习事。"太后默然而止。元忠又尝面奏："臣自先帝以来，蒙被恩渥，今承乏宰相，不能尽忠死节，使小人在侧，臣之罪也。"太后不悦，诸张深怨之。

《通鉴》卷二〇七

一六二　张说不受赂不诬证

张昌宗恐则天太后一日晏驾，为魏元忠所诛，乃谮元忠与司礼丞高戬私议云"太后老矣，不若挟太子为久长"。太后怒，下元忠、戬狱，将使与昌宗廷辩之。昌宗密引凤阁舍人张说，赂以美官，使证元忠，说许之。明日，太后召太子、相王及诸宰相，使元忠与昌宗参对，往复不决。昌宗曰："张说闻元忠言，请召问之。"

太后召说。说将入，凤阁舍人宋璟谓说曰："名义至重，鬼神难欺，不可党邪陷正以求苟免。若获罪流窜，其荣多矣。若事有不测，璟当叩阁力争，与子同死。努力为之，万代瞻仰，在此举也！"殿中侍御史张廷珪曰："朝闻道，夕死可矣！"左史刘知几曰："无污青史，为子孙累。"及入，太后问之，说未对。昌宗从旁迫促说，使速言。说曰："陛下视之，在陛下前，犹逼臣如是，况在外乎！臣今对广朝，不敢不以实对。臣实不闻元忠有是言，但昌宗逼臣使诬证之耳！"他日，后更引说问，对如前。

贬元忠为高要尉，戬、说皆流岭表。元忠辞日，言于太后曰："臣老矣，今向岭南，十死一生。陛下他日必有思臣之时。"太后问其故，时易之、昌宗皆侍侧，元忠指之曰："此二小儿，终为乱阶。"

《通鉴》卷二〇七

一六三　韦方质不折节事权贵

韦方质，为凤阁侍郎、同凤阁鸾台平章事。尝属疾，武承嗣兄弟往候，方质据床自若。或曰："倨见权贵，且速祸。"答曰："吉凶命也，丈夫岂能折节近戚以苟免邪？"俄为酷吏所陷，流死儋州，没其家。神龙初，复官爵。

《新唐书》卷一〇三

一六四　宋璟不事易之兄弟

太后尝命朝贵宴集，易之兄弟皆为列卿，位三品。时朝列皆呼易之为五郎，昌宗为六郎，不名官，位皆在宋璟上。易之素惮璟，欲悦其意，虚位揖之曰："公方今第一人，何乃下坐？"璟曰："才劣位卑，张卿以为第一，何也？"天官侍郎郑善果谓璟曰："中丞奈何呼五郎为卿？"璟曰："以官言之，正当为卿。足下非张卿家奴，何郎之有！"举坐悚惕。时自武三思以下，皆谨事易之兄弟，璟独不为之礼。诸张积怒，常欲中伤之，太后知之，故得免。

《旧唐书》卷九六；《通鉴》卷二〇七

一六五　李怀远不假荫求官

李怀远，早孤贫好学，善属文。有宗人欲以高荫相假者，怀远拒之，退而叹曰："因人之势，高士不为；假荫求官，岂吾本志？"未几，应四科举擢第，累除司礼少卿。出为邢州刺史，以其本乡，固辞不就，改授冀州刺史、同州刺史。在职以清简称。官至鸾台侍郎，寻同凤阁鸾台平章事。长安四年，以老辞职。

怀远虽久居荣位，而弥尚简率，园林宅室，无所改作。常乘款段马，左仆射豆卢钦望谓曰："公荣贵如此，何不买骏马乘之？"答曰："此马幸免惊蹶，无假别求。"

《旧唐书》卷九〇

一六六　杨再思称两脚狐

杨再思为相，专以谄媚取容。司礼少卿张同休，易之兄也，尝召公卿宴集，酒酣，戏再思曰："杨内史面似高丽。"再思欣然，即剪纸帖巾，反披紫袍，为高丽舞，举坐大笑。时人或誉张昌宗之美曰："六郎面似莲花。"再思独曰："不然。"昌宗问其故，再思曰："乃莲花似六郎耳。"

御史大夫李承嘉、中丞桓彦范奏："张同休兄弟赃共四千馀缗，张昌宗法应免官。"昌宗奏："臣有功于国，所犯不至免官。"则天太后问诸宰相："昌宗有功乎？"杨再思曰："昌宗合神丹，圣躬服之有验，此莫大之功。"太后悦，赦昌宗罪，复其官。左补阙戴令言作《两脚狐赋》，以讥再思，再思出令言为长社令。

《通鉴》卷二〇七

一六七　阎朝隐愿以身代则天疾病

阎朝隐，赵州栾城人也。朝隐文章虽无《风》《雅》之体，善构奇，甚为时人所赏。累迁给事中，预修《三教珠英》。张易之等所作篇什，多是朝隐及宋之问潜代为之。圣历二年，则天不豫，令朝隐往少室山祈祷。朝隐乃曲申悦媚，以身为牺牲，请代上所苦。及将康复，赐绢彩百匹、金银器十事。俄转麟台少监。易之伏诛，坐徙岭外。

《旧唐书》卷一九〇中

一六八　张易之张昌宗被诛

则天太后寝疾，宰相不得见者累月，惟张易之、昌宗侍侧。宰相张柬之等谋诛之，太子许之。至玄武门，斩关而入，柬之等斩易之、昌宗于庑下，进至太后所寝长生殿，环绕侍卫。太后惊起，问曰："乱者谁邪？"对曰："张易之、昌宗谋反，臣等奉太子令诛之！"太后见太子曰："乃汝邪？小子既诛，可还东宫！"司刑少卿桓彦范进曰："太子安得更归！昔天皇以爱子托陛下，今年齿已长，久居东宫，天意人心，久思李氏。愿陛下传位太子，以顺天人之望。"

李显即位，是为中宗。

《通鉴》卷二〇七

一六九　韦后干预朝政

立韦氏为皇后，追赠后父玄贞为上洛王。左拾遗贾虚己上疏，以为："异姓不王，古今通制。今中兴之始，万姓喁喁以观陛下之政，而先王后族，非所以广德美于天下也。"中宗不听。

初，上之迁房陵也，安乐公主生于道中，上特爱之。上在房陵与后同幽闭，备尝艰危，情爱甚笃。上每闻敕使至，辄惶恐欲自杀，后止之曰："祸福无常，宁失一死，何遽如是！"上尝与后私誓曰："异时幸复见天日，当惟卿所欲，不相禁御。"及再为皇后，遂干预朝政，如武后在高宗之世。

《通鉴》卷二〇八

一七〇　张柬之除草不去根

二张之诛也，洛州长史薛季昶谓张柬之、敬晖曰："二凶虽除，产、禄犹在，去草不去根，终当复生。"二人曰："大事已定，彼犹机上肉耳，夫何能为！所诛已多，不可复益也。"季昶叹曰："吾不知死所矣！"朝邑尉刘幽求亦谓桓彦范、敬晖曰："武三思尚存，公辈终无葬地，若不早图，噬脐无及。"不从。

《通鉴》卷二〇八

一七一　上官婉儿党于武氏

中宗女安乐公主适三思子崇训。上官婉儿者，仪之女孙也，仪死，没入掖庭，辩慧善属文，明习吏事。则天爱之，百司表奏多令参决；及中宗即位，又使专掌制命，益委任之，拜为婕妤，用事于中。三思通焉，故党于武氏，又荐三思于韦后，引入禁中，上遂与三思图议政事，张柬之等皆受制于三思矣。上使韦后与三思双陆，而自居旁为之点筹，三思遂与后通，由是武氏之势复振。

《通鉴》卷二〇八

一七二　杨元琰称功成不退将危

卫尉卿杨元琰知三思渐用事，请弃官为僧，上不许。敬晖闻之，笑曰："使我早知，劝上许之，髡去胡头，岂不妙哉！"元琰多须，类胡，故晖戏之。元琰曰："功成名遂，不退将危。此乃由衷之请，非徒然也。"晖知其意，瞿然不悦。

《通鉴》卷二〇八

一七三　中宗欲斩告武三思者

处士韦月将上书告武三思潜通宫掖，必为逆乱，中宗大怒，命斩之。黄门侍郎宋璟奏请推按，上益怒，不及整巾，屣履出侧门，谓璟曰："朕谓已斩，乃犹未邪！"命趋斩之。璟曰："人言中宫私于三思，陛下不问而诛之，臣恐天下必有窃议。"固请按之，上不许。璟曰："必欲斩月将，请先斩臣！不然，臣终不敢奉诏！"上怒少解。乃命流岭南。后，广州都督周仁轨斩之。

《通鉴》卷二〇八

一七四　武三思流杀五大臣

武三思阴令人疏皇后秽行，榜于天津桥，请加废黜。中宗大怒，命御史大夫李承嘉穷核其事。承嘉奏言："敬晖、桓彦范、张柬之、袁恕己、崔玄暐使人为之，虽云废后，实谋大逆，请族诛之。"三思又使安乐公主谮之于内，侍御史郑愔言之于外，上命法司结竟。大理丞李朝隐奏称："晖等未经推鞫，不可遽就诛夷。"大理丞裴谈奏称："晖等宜据制书处斩籍没，不应更加推鞫。"上以晖等尝赐铁券，许以不死，乃长流晖于琼州，彦范于瀼州，柬之于泷州，恕己于环州，玄暐于古州，子弟年十六以上，皆流岭外。

中书舍人崔湜说三思曰："晖等异日北归，终为后患，不如遣使矫制杀之。"三思问谁可使者，湜荐大理正周利用。利用先为五王所恶，贬嘉州司马，乃以利用奉使岭外。比至，柬之、玄暐已死，遇彦范于贵州，令左右缚之，曳于竹槎之上，肉尽至骨，然后杖杀。得晖，剐而杀之。恕己，利用逼之使饮野葛汁，尽数升不死，不胜毒愤，掊地，爪甲殆尽，仍捶杀之。利用还，擢拜御史中丞。

三思既杀五王，权倾人主，常言："我不知代间何者谓之善人，何者谓之恶人，但于我善者则为善人，于我恶者则为恶人耳。"

《通鉴》卷二〇八

一七五　太子重俊杀武三思

太子重俊与左羽林大将军李多祚、将军李思冲等，矫制发羽林千骑兵三百馀人，杀武三思、崇训于其第，并亲党十馀人。太子与多祚引兵自肃章门斩关而入，叩阁索上官婕妤。中宗乃与韦后、安乐公主、上官婕妤登玄武门楼以避兵锋，使左羽林大将军刘景仁帅飞骑百馀人屯于楼下以自卫。杨再思等拥兵二千馀人屯太极殿前，闭门自守。宫闱令杨思勖在上侧，请击之。多祚婿野呼利为前锋总管，思勖挺刃斩之，多祚军夺气。上据槛俯谓多祚所将千骑曰："汝辈皆朕宿卫之士，何为从多祚反？苟能斩反者，勿患不富贵。"于是千骑斩多祚等，馀众皆溃。太子以百骑走终南山，能属者才数人，憩于林下，为左右所杀。

《通鉴》卷二〇八

一七六　安乐公主骄横侈丽

安乐公主恃宠骄恣，卖官鬻狱，势倾朝野。或自为制敕，掩其文，令中宗署之，上笑而从之，竟不视也。自请为皇太女，上虽不从，亦不谴责。

上官婕妤及后宫多立外第，出入无节，朝士往往从之游处，以求进达。安乐公主尤骄横，宰相以下多出其门。与长乐公主竞起第舍，以侈丽相高，拟于宫掖，而精巧过之。安乐公主请昆明池，中宗以百姓蒲鱼所资，不许。公主不悦，乃更夺民田作定昆池，延袤数里，累石像华山，引水像天津，欲以胜昆明，故名定昆。上好击毬，由是风俗相尚，驸马武崇训、杨慎交洒油以筑毬场。

《通鉴》卷二〇八、卷二〇九

一七七　中宗为窦从一娶妇

敕中书、门下与学士、诸王、驸马入阁守岁，设庭燎，置酒，奏乐。酒酣，中宗谓御史大夫窦从一曰："闻卿久无伉俪，朕每忧之。今夕岁除，为卿成礼。"从一但唯唯拜谢。俄而内侍引烛笼、步障、金缕罗扇自西廊而上，扇后有人衣礼衣，花钗，令与从一对坐。上命从一诵却扇诗数首。扇却，去花易服而出，徐视之，乃皇后老乳母王氏，本蛮婢也。上与侍臣大笑。诏封莒国夫人，嫁为从一妻。从一欣然有自负之色。

《通鉴》卷二〇九

一七八　中宗置学士二十四员

中宗景龙二年，始于修文馆置大学士四员、学士八员、直学士十二员，象四时、八节、十二月。于是李峤、宗楚客等为大学士，李适、刘宪、崔湜、郑愔等为学士，薛稷、马怀素、宋之问、沈佺期、阎朝隐为直学士，又召徐坚、韦元旦、徐彦伯、刘允济等满员。其后被选者不一。凡天子飨会游豫，唯宰相及学士得从。春幸梨园，并渭水祓除，则赐细柳圈避疠；夏宴蒲萄园，赐朱樱；秋登慈恩浮图，献菊花酒称寿；冬幸新丰，历白鹿观，上骊山，赐浴汤池，给香粉兰泽，从行给翔麟马，品官黄衣各一。帝有所感即赋诗，学士皆属和，当时人所歆慕，然皆狎猥佻佞，忘君臣礼法，惟以文华取幸。

《新唐书》卷二〇二

一七九　宋之问之丑行

沈佺期，相州内黄人。及进士第，中宗时拜起居郎兼修文馆直学士。既侍宴，帝诏学士等舞《回波》，佺期为弄辞悦帝。开元初卒。

宋之问，汾州人。之问伟仪貌，雄于辩。甫冠，武后召与杨炯分值习艺馆。累转左奉宸内供奉。武后游洛南龙门，诏从臣赋诗，左史东方虬诗先成，后赐锦袍，之问俄顷献，后览之嗟赏，更夺袍以赐。于时张易之等烝昵宠甚，之问与阎朝隐、沈佺期、刘允济倾心媚附，易之所赋诸篇，尽之问、朝隐所为，至为易之奉溺器。及败，贬泷州。之问逃归洛阳，匿张仲之家。会武三思复用事，仲之与王同皎谋杀三思安王室，之问得其实，令兄子昙与冉祖雍上急变，因丐赎罪，由是擢鸿胪主簿，天下丑其行。景龙中，谄事太平公主，故见用。及安乐公主权盛，复往谐结，故太平深疾之。中宗将用为中书舍人，太平发其知贡举时赇饷狼藉，下越州长史。颇自力为政。穷历剡溪山，置酒赋诗，流布京师。睿宗立，诏流岭南，并赐死桂州。

《新唐书》卷二〇二

一八〇　山恽讽群臣乱舞

山恽，善治《礼》。中宗景龙中，累迁国子司业。帝昵宴近臣及修文学士，诏遍为伎。工部尚书张锡为《谈容娘舞》，将作大匠宗晋卿为《浑脱舞》，左卫将军张洽为《黄麞舞》，给事中李行言歌《驾车西河曲》，馀臣各有所陈，皆鄙黩。而山恽奏："我所习，惟知诵诗。"乃诵《鹿鸣》《蟋蟀》二篇，未毕，中书令李峤以其近规讽，止之。帝嘉其直，下诏褒咨。其后与祝钦明僻论阿世，不能终其守。

《新唐书》卷一〇九

一八一　唐休璟依托求进

中宗时，唐休璟官至中书令，累封宋国公。休璟在任，无所弘益。景龙二年，致仕于家，年力虽衰，进取弥锐。时尚宫贺娄氏颇关预国政，凭附者皆得宠荣，休璟乃为其子娶贺娄氏养女为妻，因以自达。由是起为太子少师、同中书门下三品，监修国史，仍封宋国公。休璟年逾八十，而不知止足，依托求进，为时所讥。

《旧唐书》卷九三

一八二　随驾隐士卢藏用

卢藏用，神龙中官至黄门侍郎，工草隶、大小篆、八分，善琴、弈，思精远，士贵其多能。始隐山中时，有意当世，人目为"随驾隐士"。晚乃徇权利，务为骄纵，素节尽矣。

《新唐书》卷一二三

一八三　太平公主权倾人主

安乐公主欲韦后临朝，自为皇太女，与合谋，于饼餤中进毒，中宗崩于神龙殿。相王旦即位，是为睿宗，立隆基为太子。

太平公主沉敏多权略，武后以为类己，故于诸子中独爱幸，颇得预密谋，然尚畏武后之严，未敢招权势。及诛张易之，公主有力焉。中宗之世，韦后、安乐公主皆畏之，又与太子共诛韦氏。既屡立大功，益尊重，睿宗常与之图议大政，每入奏事，坐语移时。或时不朝谒，则宰相就第咨之。每宰相奏事，上辄问："尝与太平议否？"又问："与三郎议否？"然后可之。三郎，谓太子也。公主所欲，上无不听，自宰相以下，进退系其一言，其馀荐士骤历清显者不可胜数，权倾人主，趋附其门者如市。子薛崇行、崇敏、崇简皆封王，田园遍于近甸，收市营远诸器玩，远至岭、蜀，输送者相属于路，居处奉养，拟于宫掖。

《通鉴》卷二〇九

一八四　司马承祯谈无为

睿宗召天台山道士司马承祯，问以阴阳数术，对曰："道者，损之又损，以至于无为，安肯劳心以学术数乎！"上曰："理身无为则高矣，如理国何？"对曰："国犹身也，顺物自然而心无所私，则天下理矣。"上叹曰："广成之言，无以过也。"承祯固请还山，上许之。

尚书左丞卢藏用指终南山谓承祯曰："此中大有佳处，何必天台！"承祯曰："以愚观之，此乃仕宦之捷径耳！"藏用尝隐终南，则天时征为左拾遗，故承祯言之。

《通鉴》卷二一〇

一八五　宋璟姚元之选举以公

中宗之末，嬖幸用事，选举混淆，无复纲纪。至睿宗时，以宋璟为吏部尚书，李乂、卢从愿为侍郎，皆不畏强御，请谒路绝。集者万馀人，留者三铨不过二千，人服其公。以姚元之为兵部尚书，陆象先、卢怀慎为侍郎，武选亦治。

《通鉴》卷二一〇

一八六　尹知章性和厚不问产业

睿宗时，尹知章任国子博士。每休沐，讲授未始辍。弟子贫者，赒给之。性和厚，人不见有喜愠。未尝问产业，其子欲广市樵米为岁中计，知章曰："如而计，则贫人何以取资？且吾乌应夺民利邪？"所注传颇多，行于时。

《新唐书》卷一九九

一八七　李峤附势饰非

同平章事李峤，坐附会张易之贬豫州刺史，未行，改通州。数月，以吏部侍郎召，俄迁尚书。中宗神龙二年，代韦安石为中书令。峤在吏部时，阴欲藉时望复宰相，乃奏置员外官数千。既吏众猥，府库虚耗，乃上书归咎于时，因盖向非。睿宗立，罢政事，下除怀州刺史，致仕。

峤富才思，有所属缀，人多传讽。武后时，汜水获瑞石，峤为御史，上《皇符》一篇，为世讥薄。然其仕前与王勃、杨盈川接，中与崔融、苏味道齐名，晚诸人没，而为文章宿老，一时学者取法焉。

《新唐书》卷一二三

一八八　玄宗诛太平公主

太平公主惮太子隆基英武，欲害之。睿宗不听，传位于隆基，是为玄宗。

上之为太子也，王琚至廷中，故徐行高视，宦者曰："殿下在帘内。"琚曰："何谓殿下？当今独有太平公主耳！"太子遽召见，与语，琚曰："韦庶人弑逆，人心不服，诛之易耳。太平公主，武后之子，凶猾无比，大臣多为之用，琚窃忧之。"太子引与同榻坐，泣曰："主上同气，唯有太平，言之恐伤主上之意，不言为患日深，为之奈何？"琚曰："天子之孝，异于匹夫，当以安宗庙社稷为事。为天下者，岂顾小节！"太子悦，及即位，以为中书侍郎。

上因取闲厩马及兵三百馀人，与同谋十馀人，自武德殿入虔化门，执太平公主党羽之在宫中者捕杀之。太平公主逃入山寺，三日乃出，赐死于家。籍公主家，财货山积，珍物侔于御府，厩牧羊马、田园息钱，收之数年不尽。

初，太平公主与其党谋废立，窦怀贞、萧至忠、崔湜皆以为然，陆象先独以为不可。上既诛怀贞等，召象先谓曰："岁寒知松柏，信哉！"时穷治公主枝党，当坐者众，象先密为申理，所全甚多，然未尝自言，当时无知者。百官素为公主所善及恶之者，或黜或陟，终岁不尽。

《通鉴》卷二一〇

一八九　崔日用适时而变取富贵

崔日用，武后时迁监察御史。阴附安乐公主，得稍迁。中宗神龙中，诸武若三思、延秀及楚客等权宠交煽，日用多所结纳，骤拜兵部侍郎。宴内殿，酒酣，起为《回波舞》，求学士，即诏兼修文馆学士。

中宗卒，韦后专制，畏祸及，更因僧普润、道士王晔私谒临淄王以自托，且密赞大计。王曰："谋非计身，直纾亲难尔。"日用曰："至孝动天，举无不克。然利先发，不则有后忧。"及韦氏平，夜诏权雍州长史，以功授黄门侍郎，参知机务。

后，又进言："太平公主逆节有萌，陛下往以宫府讨有罪，臣、子势须谋与力，今据大位，一下制书定矣。"玄宗曰："畏惊太上皇，奈何？"日用曰："庶人之孝，承顺颜色；天子之孝，惟安国家、定社稷。若令奸宄窃发，以亡大业，可为孝乎？"帝纳之。及讨逆，进吏部尚书。

日用才辩绝人，而敏于事，能乘机反祸取富贵。尝谓人曰"吾平生所事，皆适时制变，不专始谋。然每一反思，若芒刺在背"云。

《新唐书》卷一二一

一九〇　李元纮不改所判

李元纮，早修谨，仕为雍州司户参军。时太平公主势震天下，百司顺望风指，尝与民竞碾硙，元纮还之民。长史窦怀贞大惊，促改之，元纮大署判后曰："南山可移，判不可摇也。"改好畤令，迁润州司马，以办治得名。开元初，为万年令，赋役称平，擢京兆少尹。诏决三辅渠，时王、主、权家皆旁渠立硙，潴竭争利，元纮敕吏尽毁之，分溉渠下田，民赖其恩。三迁吏部侍郎。

《新唐书》卷一二六

一九一　李日知用法宽平

李日知，郑州荥阳人也。举进士。武后天授中，累迁司刑丞。时用法严急，日知独宽平，无冤滥。尝免一死囚，少卿胡元礼请断杀之，与日知往复至于数四。元礼怒，曰："元礼不离刑曹，此囚终无生理。"答曰："日知不离刑曹，此囚终无死法。"因以两状列上，日知果直。

李日知在官，不行捶挞而事集。刑部有令史，受敕三日，忘不行。日知怒，索杖，集群吏，欲捶之，既而谓曰："我欲捶汝，天下人必谓汝能撩李日知嗔，受李日知杖，不得比于人，妻子亦将弃汝矣。"遂释之。吏皆感悦，无敢犯者，脱有稽失，众共谪之。

日知事母至孝。时母老，尝疾病，日知取急，调侍数日而鬓发变白。后，迁同中书门下平章事，转御史大夫，知政事如故，进拜侍中。玄宗先天元年，频乞骸骨，许之。

初，日知将有陈请，而不与妻谋，归家而使左右饰装，将出居别业。妻惊曰："家产屡空，子弟名宦未立，何为遽辞职也？"日知曰："书生至此，已过本分。人情无厌，若恣其心，是无止足之日。"及归田园，不事产业，但葺构池亭，多引后进，与之谈宴。开元三年卒。

《旧唐书》卷一八八；《通鉴》卷二一〇

一九二　神秀慧能传禅宗

僧神秀，姓李氏，汴州尉氏人。少遍览经史，隋末出家为僧。后遇蕲州双峰山东山寺僧弘忍，以坐禅为业，乃叹伏曰："此真吾师也。"便往事弘忍，专以樵汲自役，以求其道。

昔后魏末，有僧达摩者，本天竺王子，以护国出家，入南海，得禅宗妙法，云自释迦相传，有衣钵为记，世相付授。达摩赍衣钵航海而来，至梁，诣武帝。帝问以有为之事，达摩不悦。乃之魏，隐于嵩山少林寺，遇毒而卒。达摩传慧可，慧可尝断其左臂，以求其法，慧可传璨，璨传道信，道信传弘忍。

弘忍以咸亨五年卒，神秀乃往荆州，居于当阳山。则天闻其名，追赴都，肩舆上殿，亲加跪礼，敕当阳山置度门寺以旌其德。时王公已下及京都士庶，闻风争来谒见，望尘拜伏，日以万数。中宗即位，尤加敬异。中书舍人张说尝问道，执弟子之礼，退谓人曰："禅师身长八尺，庞眉秀耳，威德巍巍，王霸之器也。"

初，神秀同学僧慧能者，新州人也。与神秀行业相埒。弘忍卒后，慧能住韶州广果寺。韶州山中，旧多虎豹，一朝尽去，远近惊叹，咸归伏焉。神秀尝奏则天，请追慧能赴都，慧能固辞。神秀又自作书重邀之，慧能谓使者曰："吾形貌短陋，北土见之，恐不敬吾法。又先师以吾南中有缘，亦不可违也。"竟不度岭而死。天下乃散传其道，谓神秀为北宗，慧能为南宗。

《旧唐书》卷一九一

一九三　玄宗以姚元之为相

姚元之吏事明敏，三为宰相，皆兼兵部尚书，缘边屯戍斥候，士马储械，无不默记。玄宗初即位，励精为治，每事访于元之。元之应答如响，同僚皆唯诺而已，故上专委任之。元之请抑权幸，爱爵赏，纳谏诤，却贡献，不与群臣褒狎，上皆纳之。

姚元之尝奏请序进郎吏，上仰视殿屋，元之再三言之，终不应，元之惧，趋出。罢朝，高力士谏曰："陛下新总万机，宰臣奏事，当面加可否，奈何一不省察！"上曰："朕任元之以庶政，大事当奏闻共议之，郎吏卑秩，乃一一以烦朕邪？"会力士宣事至省中，为元之道上语，元之乃喜。闻者皆服上识君人之体。

薛王业之舅王仙童，侵暴百姓，御史弹奏，业为之请，敕紫微、黄门覆按。姚崇（即姚元之）、卢怀慎等奏：

"仙童罪状明白，御史所言无所枉，不可纵舍。"玄宗从之。由是贵戚束手。

申王成义请以其府录事阆楚珪为其府参军，上许之。姚崇、卢怀慎上言："先尝得旨，云王公、驸马有所奏请，非墨敕皆勿行。臣窃以量材授官，当归有司，若缘亲故之恩，得以官爵为惠，踵习近事，实紊纪纲。"事遂寝。由是请谒不行。

《通鉴》卷二一〇、卷二一一

一九四　魏知古告姚崇之子

黄门监魏知古，本起小吏，因姚崇引荐，以至同为相。崇意轻之，请知古摄吏部尚书、知东都选事，知古衔之。崇二子分司东都，恃其父有德于知古，颇招权请托，知古归，悉以闻。他日，玄宗从容问崇："卿子才性何如？今何官也？"崇揣知上意，对曰："臣有三子，两在东都，为人多欲而不谨，是必以事干魏知古，臣未及问之耳。"上始以崇必为其子隐，及闻崇奏，喜问："卿安从知之？"对曰："知古微时，臣卵而翼之。臣子愚，以为知古必德臣，容其为非，故敢干之耳。"上于是以崇为无私，而薄知古负崇，欲斥之。姚崇固请曰："臣子无状，挠陛下法，陛下赦其罪，已幸矣。苟因臣逐知古，天下必以陛下为私于臣，累圣政矣。"上久乃许之。后，知古罢为工部尚书。

《通鉴》卷二一一

一九五　玄宗教曲于梨园

旧制，雅俗之乐，皆隶太常。玄宗精晓音律，以太常礼乐之司，不应典倡优杂伎，乃更置左右教坊以教俗乐，命右骁卫将军范及为之使。又选乐工数百人，自教法曲于梨园，谓之"皇帝梨园弟子"。又教宫女使习之。又选伎女，置宜春院，给赐其家。

《通鉴》卷二一一

一九六　玄宗为长枕大被与兄弟同寝

宋王成器，申王成义，上之兄也；岐王范，薛王业，上之弟也；豳王守礼，上之从兄也。上素友爱，初即位，为长枕大被，与兄弟同寝。诸王每旦朝于侧门，退则相从宴饮、斗鸡、击球，或猎于近郊，游赏别墅。于殿中设五幄，与诸王更处其中，谓之五王帐。或讲论赋诗，间以饮酒、博弈、游猎；或自执丝竹，成器善笛，范善琵琶，与上共奏之。

诸王或有疾，上为之终日不食，终夜不寝。业尝疾，上亲为业煮药，回飙吹火，误爇上须，左右惊救之。上曰："但使王饮此药而愈，须何足惜！"

成器尤恭慎，未尝议及时政、与人交结，上愈信重之，故谗间之言无自而入。然专以衣食声色畜养娱乐之，不任以职事。群臣请循故事出刺外州。乃以宋王成器兼岐州刺史，申王成义兼豳州刺史，豳王守礼兼虢州刺史，令到官但领大纲，自馀州务，皆委上佐主之。是后诸王为都护、都督、刺史者并准此。

《通鉴》卷二一一

一九七　伴食宰相卢怀慎清谨俭素

以卢怀慎检校吏部尚书兼黄门监。怀慎清谨俭素，不营资产，虽贵为卿相，所得俸赐，随散亲旧。妻子不免饥寒，所居不蔽风雨。

姚崇尝有子丧，谒告十馀日，政事委积。怀慎不能决，惶恐入谢于玄宗。上曰："朕以天下事委姚崇，以卿坐镇雅俗耳。"崇既出，须臾，裁决俱尽，颇有得色，顾谓紫微舍人齐澣曰："余为相，可比何人？"澣未对，崇曰："何如管、晏？"澣曰："管、晏之法虽不能施于后，犹能没身。公所为法，随复更之，似不及也。"崇曰："然则竟如何？"澣曰："公可谓救时之相耳。"崇喜，投笔曰："救时之相，岂易得乎！"

怀慎与崇同为相，自以才不及崇，每事推之，时人谓之"伴食宰相"。

怀慎清俭不营产，服器无金玉文绮之饰，虽贵而妻子犹寒饥，所得禄赐，于故人亲戚无所计惜，随散辄尽。赴东都掌选，奉身之具，止一布囊。既属疾，宋璟、卢从愿候之，见敝箦单藉，门不施箔。会风雨至，举席自障。日晏设食，蒸豆两器、菜数杯而已。临别，执二人手曰：

"上求治切，然享国久，稍倦于勤，将有憸人乘间而进矣。公第志之！"及治丧，家无留储，惟老苍头，请自鬻以办丧事。

《通鉴》卷二一一；《新唐书》卷一二六

一九八　玄宗师事侍读之士

玄宗谓宰相曰："朕每读书有所疑滞，无从质问，可选儒学之士，日使入内侍读。"卢怀慎荐太常卿马怀素。上以怀素为左散骑常侍，使与右散骑常侍褚无量更日侍读。每至阁门，令乘肩舆以进，或在别馆道远，听于宫中乘马。亲送迎之，待以师傅之礼。以无量羸老，特为之造腰舆，在内殿令内侍舁之。

《通鉴》卷二一一

一九九　班生为京官何异登仙

玄宗虽欲重都督、刺史，选京官才望者为之，然当时士大夫犹轻外任。扬州采访使班景倩入为大理少卿，过大梁，汴州刺史倪若水饯之行，立望其行尘，久之乃返，谓官属曰："班生此行，何异登仙！"

《通鉴》卷二一一

二〇〇　姚崇请避相位

姚崇无居第，寓居罔极寺，以病疟疾谒告。上遣使问饮食起居状，日数十辈。源乾曜奏事或称旨，上辄曰："此必姚崇之谋也。"或不称旨，辄曰："何不与姚崇议之！"乾曜常谢实然。每有大事，上常令乾曜就寺问崇。乾曜请迁崇于四方馆，仍听家人入侍疾，上许之。崇以四方馆有簿书，非病者所宜处，固辞。上曰："设四方馆，为官吏也；使卿居之，为社稷也。恨不可使卿居禁中耳，此何足辞！"

主书赵诲为崇所亲信，受胡人赂，事觉，上亲鞫问，下狱当死。崇营救，上由是不悦。敕特标诲名，杖之一百，流岭南。崇由是忧惧，数请避相位，荐广州都督宋璟自代。

《通鉴》卷二一一

二〇一　宋璟为相

姚崇罢为开府仪同三司，以刑部尚书宋璟守吏部尚书兼黄门监，紫微侍郎苏颋同平章事。

璟为相，务在择人，随材授任，使百官各称其积，刑赏无私，敢犯颜正谏。玄宗甚敬惮之，虽不合意，亦曲从之。

姚、宋相继为相，崇善应变成务，璟善守法持正，二人志操不同，然协心辅佐，使赋役宽平，刑罚清省，百姓富庶。唐世贤相，前称房、杜，后称姚、宋，他人莫得比焉。二人每进见，玄宗辄为之起，去则临轩送之。及李林甫为相，虽宠任过于姚、宋，然礼遇殊卑薄矣。

广州吏民为宋璟立遗爱碑。璟上言："臣在州无它异迹，今以臣光宠，成彼谄谀。欲革此风，望自臣始，请敕下禁止。"玄宗从之。于是它州皆不敢立。

有荐山人范知璿文学者，并献其所为文，宋璟判之曰："观其《良宰论》，颇涉佞谀。山人当极言谠议，岂宜偷合苟容！文章若高，自宜从选举求试，不可别奏。"

《通鉴》卷二一一、卷二一二

二〇二　宋璟称君子耻言浮于行

五月朔，日有食之。玄宗素服以俟变，彻乐减膳，命中书、门下察系囚，赈饥乏，劝农功。宋璟等奏曰："陛下勤恤人隐，此诚苍生之福。然臣闻日食修德，月食修刑。亲君子，远小人，绝女谒，除谗慝，所谓修德也。君子耻言浮于行，苟推至诚以行之，不必数下制书也。"

玄宗以岐山令王仁琛藩邸故吏，墨敕令与五品官。宋璟奏："故旧恩私，则有大例，除官资历，非无公道。仁琛向缘旧恩，已获优改，今若再蒙超奖，遂于诸人不类，又是后族，须杜舆言。乞下吏部检勘，苟无负犯，于格应留，请依资稍优注拟。"从之。

《通鉴》卷二一二

二〇三　源乾曜出二子于京外

源乾曜上言："形要之家多任京官，使俊乂之士沉废于外。臣三子皆在京，请出其二人。"玄宗从之。因下制称乾曜之公，命文武官效之，于是出者百馀人。

《通鉴》卷二一二

二〇四　陆象先政尚宽简

蒲州刺史陆象先政尚宽简，吏民有罪，多晓谕遣之。州录事言于象先曰："明公不施棰挞，何以示威！"象先曰："人情不远，此属岂不解吾言邪？必欲棰挞以示威，当从汝始！"录事惭而退。象先尝谓人曰："天下本无事，但庸人扰之耳。苟清其源，何忧不治！"

《通鉴》卷二一二

二〇五　韦景骏所治有政绩

韦景骏，神龙中，任肥乡令。县北界漳水，连年泛溢。旧堤迫近水漕，虽修筑不息，而漂流相继。景骏审其地势，拓南数里，因高筑堤。暴水至，堤南以无患，水去而堤北称为腴田。漳水旧有架柱长桥，每年修葺，景骏又改造为浮桥。自是无复水患。时河北饥，景骏躬抚合境，村间必通赡恤，贫弱独免流离。及去任，人吏立碑颂德。

开元中，为贵乡令。县人有母子相讼者，景骏谓之曰："吾少孤，每见人养亲，自恨终天无分，汝幸在温清之地，何得如此？锡类不行，令之罪也。"因垂泣呜咽，仍取《孝经》付令习读之。于是母子感悟，各请改悔，遂称慈孝。

累转赵州长史，路由肥乡，人吏惊喜，竞来犒饯，留连经日。有童稚数人，年甫十馀岁，亦在其中，景骏谓曰："计吾为此令时，汝辈未生，既无旧恩，何殷勤之甚也？"咸对曰："此间长宿传说，县中廨宇、学堂、馆舍、堤桥，并是明公遗迹。将谓古人，不意亲得瞻睹，不觉欣恋倍于常也。"

十七年，迁房州刺史。州带山谷，好淫祀而不修学校。景骏始开贡举，悉除淫祀。又通狭路，并造传馆，行旅甚以为便。二十年，转奉先令，未行而卒。

《旧唐书》卷一八五上

二〇六　孔若思知足止足

孔若思，少孤，母褚氏亲自教训，遂以学行知名。年少时，有人赍褚遂良书迹数卷以遗若思，唯受其一卷。其人曰："此书当今所重，价比黄金，何不总取？"若思曰："若价比金宝，此为多矣！"更截去半以还之。以明经举，累迁库部郎中。若思常谓人曰："仕至郎中足矣！"至是持一石止水，置于座右，以示有止足之意。开元十七年卒。

《旧唐书》卷一九○上

二○七　僧一行之言行著述

僧一行，姓张氏，先名遂，魏州昌乐人。一行少聪敏，博览经史，尤精历象、阴阳、五行之学。武三思慕其学行，就请与结交，一行逃匿以避之。寻出家为僧，隐于嵩山。睿宗即位，敕东都留守韦安石以礼征。一行固辞以疾，不应命。后步往荆州当阳山，依沙门悟真以习梵律。

开元五年，玄宗令礼部郎中张洽赍敕书就荆州强起之。一行至京，置于光太殿，数就之，访以安国抚人之道，言皆切直，无有所隐。开元十年，永穆公主出降，敕有司优厚发遣，依太平公主故事。一行以为高宗末年，唯有一女，所以特加其礼。又太平骄僭，竟以得罪，不应引以为例。上纳其言，遽追敕不行，但依常礼。

一行尤明著述，撰《大衍论》三卷、《摄调伏藏》十卷、《天一太一经》及《太一局遁甲经》《释氏系录》各一卷。

初，一行求访师资，以穷大衍，至天台山国清寺，见一院，古松十数，门有流水。一行立于门屏间，闻院僧于庭布算声，而谓其徒曰："今日当有弟子自远求吾算法，已合到门，岂无人导达也？"即除一算。又谓曰："门前水当却西流，弟子亦至。"一行承其言而趋入，稽首请法，尽受其术焉，而门前水果却西流。

《旧唐书》卷一九一

二〇八　刘知几著《史通》

刘子玄，名知几。年十二，父为授《古文尚书》，业不进，父怒，楚督之。及闻为诸兄讲《春秋左氏》，冒往听，退辄辨析所疑，叹曰："书如是，儿何怠！"父奇其意，许授《左氏》。逾年，遂通览群史。与兄知柔俱以善文词知名。擢进士第。

累迁凤阁舍人，兼修国史。自以为见用于时而志不遂，乃著《史通》内外四十九篇，讥评今古。徐坚读之，叹曰："为史氏者宜置此座右也。"又尝自比扬雄："雄好雕虫小伎，老而为悔；吾幼喜诗赋而壮不为，期以述者自名。"

子玄领国史且三十年，官虽徙，职常如旧。礼部尚书郑惟忠尝问："自古文士多，史才少，何耶？"对曰："史才须三长：才、学、识，世罕兼之，故史者少。夫有学无才，犹愚贾操金，不能殖货；有才无学，犹巧匠无楩柟斧斤，弗能成室。善恶必书，使骄君贼臣知惧，此为无可加者。自复古以来，能应斯目者，罕见其人。"时以为笃论。子玄善持论，辩据明锐，视诸儒皆出其下。

《新唐书》卷一三二

二〇九　韦述著《开元谱》

韦述，家厨书二千卷，述为儿时，诵忆略遍。父景骏，中宗景龙中为肥乡令，述从到官。元行冲，景骏姑子也，为时儒宗，常载书数车自随。述入其室观书，不知寝食，行冲异之，试与语前世事，熟复详谛，如指掌然。使属文，受纸辄就。举进士，时述方少，仪质陋侻，考功员外郎宋之问曰："童子何业？"述曰："性嗜书，所撰《唐春秋》三十篇，恨未毕，它唯命。"之问曰："本求茂才，乃得迁、固。"

述好谱学，见柳冲所撰《姓族系录》，每私写怀之，还舍则又繕录，故于百氏源派为详，乃撰《开元谱》二十篇。

述典掌图书，馀四十年，任史官二十年，淡荣利，为人纯厚长者，当世宗之。接士无贵贱与均。蓄书二万卷，皆手校定，黄墨精谨，内秘书不逮也。古草隶帖、秘书、古器图谱无不备。安禄山乱，剽失皆尽，述独抱国史藏南山。

《新唐书》卷一三二

二一〇　孙思邈精医药

孙思邈，京兆华原人。通百家说，善言老子、庄周。及长，居太白山。太宗初，召诣京师，年已老，而听视聪嘹。帝叹曰："有道者！"欲官之，不受。高宗显庆中，复召见，拜谏议大夫，固辞、称疾还山，高宗赐良马。

思邈精于医药，撰《千金方》三十卷，行于世。永淳初卒，年百馀岁，遗令薄葬。

《新唐书》卷一九六

二一一　张说裁兵二十万

先是，缘边戍兵常六十馀万，张说以时无强寇，奏罢二十馀万使还农。玄宗以为疑，说曰："臣久在疆场，具知其情，将帅苟以自卫及役使营私而已。若御敌制胜，不必多拥冗卒以妨农务。陛下若以为疑，臣请以阖门百口保之。"上乃从之。

初，诸卫府兵，自成丁从军，六十而免，其家又不免杂徭，渐以贫弱，逃亡略尽，百姓苦之。张说建议，请召募壮士充宿卫，不问色役，优为之制，逋逃者必争出应募，上从之。旬日，得精兵十三万，分隶诸卫，更番上下。兵农之分，从此始矣。

玄宗置丽正书院，聚文学之士。秘书监徐坚、太常博士贺知章、监察御史赵冬曦等，或修书，或侍讲，以张说为修书使以总之，有司供给优厚。中书舍人陆坚以为此属无益于国，徒为糜费，欲悉奏罢之。张说曰："自古帝王于国家无事之时，莫不崇宫室，广声色。今天子独延礼文儒，发挥典籍，所益者大，所损者微。陆子之言，何不达也！"上闻之，重说而薄坚。

《通鉴》卷二一二

二一二　杜暹清慎

监察御史杜暹因按事至突骑施，突骑施馈之金，暹固辞。左右曰："君寄身异域，不宜逆其情。"乃受之，埋于幕下，出境，移牒令取之。虏大惊，度碛追之，不及。及安西都护阙，或荐暹往使安西，人服其清慎。

《通鉴》卷二一二

二一三　吕向能为连锦书

吕向，字子回，少孤，托外祖母隐陆浑山。工草隶，能一笔环写百字，若萦发然，世号"连锦书"。强志于学，每卖药，即市阅书，遂通古今。玄宗开元十年，召入翰林，兼集贤院校理，侍太子及诸王为文章。

始，向之生，父岌客远方不还。少丧母，失墓所在，将葬，巫者求得之。不知父在亡，招魂合诸墓。后有传父犹在者，访索累年不获。它日自朝还，道见一老人，物色问之，果父也。下马抱父足号恸，行人为流涕。帝闻，咨叹，官岌朝散大夫，赐锦彩，给内教坊乐工，娱怿其心。

《新唐书》卷二〇二

二一四　制成水运浑天

作水运浑天成，上具列宿，注水激轮，令其自转，昼夜一周。别置二轮，络在天外，缀以日月，逆天而行，淹速合度。置木匮为地平，令仪半在地下，又立二木人，每刻击鼓，每辰击钟，机械皆藏匮中。

《通鉴》卷二一二

二一五 宋璟刚直老而弥笃

王毛仲有宠于玄宗，百官附之者辐凑。毛仲嫁女，上问何须。毛仲顿首对曰："臣万事已备，但未得客。"上曰："张说、源乾曜辈岂不可呼邪？"对曰："此则得之。"上曰："知汝所不能致者一人耳，必宋璟也。"对曰："然。"上笑曰："朕明日为汝召客。"明日，上谓宰相："朕奴毛仲有婚事，卿等宜与诸达官悉诣其第。"既而日中，众客未敢举箸，待璟。久之，方至，先执酒西向拜谢，饮不尽卮，遽称腹痛而归。璟之刚直，老而弥笃。

《通鉴》卷二一二

二一六 李元恺不受无妄之财

李元恺，邢州人。博学，善天步律历，性恭慎，未尝敢语人。宋璟尝师之，既当国，厚遗以束帛，将荐之朝，拒不答。洺州刺史元行冲邀致之，问经义毕，赠衣服，辞曰："吾躯不可服新丽，惧不称以速咎也。"行冲垢蔑复与之，不获已而受。俄报身所蚕素丝，曰："义不受无妄财也。"先是，定州崔元鉴善礼学，用张易之力，授朝散大夫，家居给半禄。元恺诮曰："无功而禄，灾也。"卒，年八十馀。

《新唐书》卷一九六

二一七　张说遭弹劾

张说有才智而好贿，百官白事有不合者，好面折之，至于叱骂。恶御史中丞宇文融之为人，且患其权重，融所建白，多抑之。中书舍人张九龄言于说曰："宇文融承恩用事，辩给多权数，不可不备。"说曰："鼠辈何能为！"

御史大夫崔隐甫、宇文融及御史中丞李林甫共奏弹说"引术士占星，徇私僭侈，受纳贿赂"。敕源乾曜及刑部尚书韦抗、大理少卿明珪与隐甫等同于御史台鞫之。

源乾曜等鞫张说，事颇有状，玄宗使高力士视说，力士还奏："说蓬首垢面，席稿，食以瓦器，惶惧待罪。"上意怜之。力士因言说有功于国，上以为然。但罢说中书令，馀如故。后，说以尚书右丞相致仕，仅为集贤院学士。说虽罢政事，专文史之任，朝廷每有大事，上常遣中使访之。

说敦气节，立然诺，喜推藉后进，于君臣朋友大义甚笃。朝廷大述作多出其手，玄宗好文辞，有所为必使视草。善用人之长，多引天下知名士，以佐佑王化，粉泽典章。玄宗尊尚经术，开馆置学士，修太宗之政，皆说倡之。为文属思精壮，长于碑志，世所不逮。

始，帝欲授说大学士，辞曰："学士本无大称，中宗崇宠大臣，乃有之，臣不敢以为称。"固辞乃免。后宴集贤院，故事，官重者先饮，说曰："吾闻儒以道相高，不以官阀为先后。太宗时修史十九人，长孙无忌以元舅，每宴不肯先举爵。长安中，与修《珠英》，当时学士亦不以品秩为限。"于是引觞同饮，时伏其有体。

《通鉴》卷二一三；《新唐书》卷一二五

二一八　张嘉贞不营家产

工部尚书张嘉贞不营家产，有劝其市田宅者，嘉贞曰："吾贵为将相，何忧寒馁！若其获罪，虽有田宅，亦无所用。比见朝士广占良田，身没之日，适足为无赖子弟酒色之资，吾不取也。"闻者是之。

《通鉴》卷二一三

二一九　席豫性谨慎

席豫，襄阳人，进士及第。天宝初，官至尚书左丞。豫以词藻见称，性谨，虽与子弟书疏及吏曹簿领，未尝草书。谓人曰："不敬他人，是自不敬也。"或曰："此事甚细，卿何介意？"豫曰："细犹不谨，而况巨耶！"疾笃，谓其子曰："吾亡三日敛，敛日即葬，勿更久留，贻公私之烦。家无馀财，可卖所居，聊备葬礼。"

《旧唐书》卷一九〇中

二二〇　宇文融善聚敛

宇文融，性精敏，应对辩给，以治财赋得幸于玄宗，始广置诸使，竞为聚敛，由是百官渐失其职而上心益侈，百姓皆怨苦之。为人疏躁多言，好自矜伐，在相位，谓人曰："使吾居此数月，则海内无事矣。"融为相百日而罢。是后言财利以取贵仕者，皆祖于融。

融以隐没官钱巨万，坐流岩州，卒于道。

《通鉴》卷二一三

二二一　宦官杨思勖性残忍

杨思勖，本姓苏。为内官杨氏所养，以阉，从事内侍省。随李隆基诛韦氏，迁右监门卫将军。以军功累加辅国大将军、骠骑大将军，封虢国公。

思勖性残忍，所得俘囚，多生剥其面，或劓发际，掣去头皮，将士已下，望风慑惮，莫敢仰视。内给事牛仙童使幽州，受张守珪厚赂。玄宗怒，命思勖杀之。思勖缚架之数日，乃探取其心，截去手足，割肉而啖之，其残酷如此。

《旧唐书》卷一八四

二二二　高力士权倾朝野

高力士，本姓冯，少阉。玄宗在藩，力士倾心奉之，接以恩顾。开元初，加右监门卫将军，知内侍省事。

玄宗尊重宫闱，中官稍称旨，即授三品将军，门施棨戟，故杨思勖、黎敬仁、林招隐、尹凤祥等，贵宠与力士等。杨则持节讨伐，黎、林则奉使宣传，尹则主书院。监军则权过节度，出使则列郡辟易。其郡县丰赡，中官一至军，则所冀千万计，修功德，市鸟兽，诣一处，则不啻千贯，皆在力士可否。故帝城中甲第，畿甸上田、果园池沼，中官参半于其间矣。

每四方进奏文表，必先呈力士，然后进御，小事便决之。玄宗常曰："力士上直，我寝则稳。"故常止于宫中，稀出外宅。若附会者，想望风彩，以冀吹嘘，竭肝胆者多矣。宇文融、李林甫、杨国忠、安禄山、安思顺、高仙芝因之而取将相高位，其馀职不可胜纪。肃宗在春宫，呼为二兄，诸王公主皆呼"阿翁"，驸马辈呼为"爷"。力士谨慎无大过，然自宇文融已下，用权相噬，以紊朝纲，皆力士之由。

瀛州吕玄晤作吏京师，女有姿色，力士娶之为妇，擢玄晤为少卿、刺史。吕夫人卒，葬城东，葬礼甚盛。中外争致祭赠，充溢衢路，自第至墓，车马不绝。

天宝初，加力士冠军大将军、右监门卫大将军，进封渤海郡公。七载，加骠骑大将军。力士资产殷厚，非王侯能拟。于来庭坊造宝寿佛寺、兴宁坊造华封道士观，宝殿珍台，侔于国力。于京城西北截澧水作碾，并转五轮，日破麦三百斛。初，宝寿寺钟成，力士斋庆之，举朝毕至。凡击钟者，一击百千，有规其意者，击至二十杵，少尚十杵。

而王毛仲视宦官贵近者若无人，甚卑品者小忤意，辄詈辱如僮仆。力士等皆害其宠而未敢言。会毛仲妻产子，三日，上命力士赐之酒馔、金帛甚厚，且授其儿五品官。力士还，上问："毛仲喜乎？"对曰："毛仲抱其襁中儿示臣曰：'此儿岂不堪作三品邪！'"上大怒曰："今日乃敢以赤子怨我！"力士因言："北门奴，官太盛，相与一心，不早除之，必生大患！"上贬毛仲为瀼州别驾，毛从行至永州，追赐死。

《旧唐书》卷一八四；《通鉴》卷二一三

二二三　韩休守正不阿

以韩休为黄门侍郎、同平章事。休为人峭直，不干荣利，及为相，甚允时望。始，萧嵩以休恬和，谓其易制，故引之。及与共事，休守正不阿，嵩渐恶之。宋璟叹曰："不意韩休乃能如是！"玄宗或宫中宴乐及后苑游猎，小有过差，辄谓左右曰："韩休知否？"言终，谏疏已至。上尝临镜默然不乐，左右曰："韩休为相，陛下殊瘦于旧，何不逐之！"上叹曰："吾貌虽瘦，天下必肥。萧嵩奏事常顺指，既退，吾寝不安。韩休常力争，既退，吾寝乃安。吾用韩休，为社稷耳，非为身也。"

《通鉴》卷二一三

二二四　萧嵩从容引退

韩休数与萧嵩争论于玄宗前，面折嵩短，上颇不悦。嵩因乞骸骨，上曰："朕未厌卿，卿何为遽去！"对曰："臣蒙厚恩，待罪宰相，富贵已极，及陛下未厌臣，故臣得从容引去；君已厌臣，臣首领且不保，安能自遂！"因泣下。上为之动容，曰："卿且归，朕徐思之。"嵩罢为左丞相，休罢为工部尚书。以京兆尹裴耀卿为黄门侍郎，前中书侍郎张九龄时居母丧，起复中书侍郎，并同平章事。

《通鉴》卷二一三

二二五　元德秀不以糜费求赏

元德秀，河南人。质厚少缘饰。少孤，事母孝，举进士，不忍去左右，自负母入京师。既擢第，母亡，庐墓侧，食不盐酪，藉无茵席。服除，以婆困调南和尉，有惠政。后，任鲁山令。

玄宗在东都，酺五凤楼下，命三百里县令、刺史各以声乐集。是时颇言帝且第胜负，加赏黜。河内太守辇优伎数百，被锦绣，或作犀象，瑰谲光丽。德秀惟乐工数十人，联袂歌《于蔿于》。《于蔿于》者，德秀所为歌也。帝闻，异之，叹曰："贤人之言哉！"谓宰相曰："河内人其涂炭乎？"乃黜太守，德秀益知名。

所得奉禄，悉衣食人之孤遗者。岁满，笥馀一缣，驾柴车去。爱陆浑佳山水，乃定居。不为墙垣扃钥，家无仆妾。岁饥，日或不爨。嗜酒，陶然弹琴以自娱。人以酒肴从之，不问贤鄙为酬饮。卒，家惟枕履箪瓢而已。

《新唐书》卷一九四

二二六　李林甫深结宦官妃嫔

吏部侍郎李林甫，柔佞多狡数，深结宦官及妃嫔家，侍候上动静，无不知之。由是每奏对，常称旨，玄宗悦之。时武惠妃宠幸倾后宫，生寿王清，诸子莫得为比，太子渐疏薄。林甫乃因宦官言于惠妃，愿尽力保护寿王，惠妃德之，阴为内助，由是擢黄门侍郎。以裴耀卿为侍中，张九龄为中书令，林甫为礼部尚书、同中书门下三品。

李林甫欲蔽塞人主视听，自专大权，明召诸谏官谓曰："今明主在上，群臣将顺之不暇，乌用多言！"补阙杜琎尝上书言事，明日，黜为下邽令。

《通鉴》卷二一四

二二七　安禄山史思明皆骁勇

张守珪使左骁卫将军安禄山讨奚、契丹叛者，禄山恃勇轻进，败。守珪奏请斩之。禄山临刑呼曰："大夫不欲灭奚、契丹邪！奈何杀禄山！"守珪亦惜其骁勇，欲活之，乃更执送京师。玄宗惜其才，敕令免官，以白衣将领。九龄争曰："禄山失律丧师，于法不可不诛。且臣观其貌有反相，不杀必为后患。"上曰："卿勿以王夷甫识石勒，枉害忠良。"竟赦之。

有史窣干者，与禄山同里闬，先后一日生。及长，相亲爱，皆为互市牙郎，以骁勇闻。张守珪以窣干有功，奏为果毅，累迁将军。后入奏事，上与语，悦之，赐名思明。

安禄山，倾巧，善事人，人多誉之。上左右至平卢者，禄山皆厚赂之，由是上益以为贤。御史中丞张利贞为河北采访使，至平卢。禄山曲事利贞，乃至左右皆有赂。利贞入奏盛称禄山之美。以禄山为营州都督，充平卢军使，两蕃、勃海、黑水四府经略使。

《通鉴》卷二一四

二二八　张九龄力谏招怒与忌

朔方节度使牛仙客，前在河西，能节用度，勤职业，仓库充实，器械精利，玄宗闻而嘉之，欲加尚书。张九龄曰："不可。尚书，古之纳言，唐兴以来，惟旧相及扬历中外有德望者乃为之。仙客本河湟使典，今骤居清要，恐羞朝廷。"上曰："然则但加实封可乎？"对曰："不可。封爵所以劝有功也。边将实仓库，修器械，乃常务耳，不足为功。陛下赏其勤，赐之金帛可也，裂土封之，恐非其宜。"上默然。李林甫言于上曰："仙客，宰相才也，何有于尚书！九龄书生，不达大体。"上悦。明日，复以仙客实封为言，九龄固执如初。上怒，变色曰："事皆由卿邪？"九龄顿首谢曰："陛下不知臣愚，使待罪宰相，事有未允，臣不敢不尽言。"上曰："卿嫌仙客寒微，如卿有何阀阅！"九龄曰："臣岭海孤贱，不如仙客生于中华，然臣出入台阁，典司诰命有年矣。仙客边隅小吏，目不知书，若大任之，恐不惬众望。"林甫退而言曰："苟有才识，何必辞学！天子用人，有何不可！"及九龄罢，故以工部尚书、同中书门下三品，知门下事，遥领河东节度副大使。仙客为相谨身无它，与时沉浮，唯唯恭愿。前后赐与，缄庋不敢用。百司咨决，无所处可，辄曰："如令式。"

初，上欲以李林甫为相，问于张九龄，九龄对曰："宰相系国安危，陛下相林甫，臣恐异日为庙社之忧。"上不从。时九龄方以文学为上所重，林甫虽恨，犹曲意事之。侍中裴耀卿与九龄善，林甫并疾之。是时，上在位岁久，渐肆奢欲，怠于政事。而九龄遇事无细大皆力争，林甫巧伺上意，日思所以中伤之。

《通鉴》卷二一四；《新唐书》卷一三三

二二九　张九龄罢政事

李林甫引萧炅为户部侍郎。炅素不学，尝对中书侍郎严挺之读"伏腊"为"伏猎"。挺之言于九龄曰："省中岂容有'伏猎侍郎'！"由是出炅为岐州刺史，故林甫怨挺之。九龄与挺之善，欲引以为相，尝谓之曰："李尚书方承恩，足下宜一造门，与之款昵。"挺之素负气，薄林甫为人，竟不之诣，林甫恨之益深，谮于玄宗。上谓宰相曰："挺之为罪人请属所由。"九龄曰："此乃挺之出妻，不宜有情。"上曰："虽离乃复有私。"于是九龄被罢政事。以林甫兼中书令，严挺之贬洺州刺史。

玄宗即位以来，所用之相，姚崇尚通，宋璟尚法，张嘉贞尚吏，张说尚文，李元纮、杜暹尚俭，韩休、张九龄尚直，各其所长也。九龄既得罪，自是朝廷之士，皆容身保位，无复直言。

初，千秋节，群臣皆献宝镜。张九龄以为以镜自照见形容，以人自照见吉凶，乃述前世兴废之源，为书五卷，谓之《千秋金镜录》，上之，上赐书褒美。

《通鉴》卷二一四

二三〇　李守礼因伤能测气候

司空邠王守礼庸鄙无才识，每天将雨及霁，守礼必先言之，已而皆验。岐、薛诸王言于玄宗曰："邠兄有术。"上问其故，对曰："臣无术。则天时以章怀之故，幽闭宫中十馀年，岁赐敕杖者数四，背瘢甚厚，将雨则沉闷，将霁则轻爽，臣以此知之耳。"因流涕沾襟，上亦为之惨然。

《通鉴》卷二一四

二三一　李林甫口蜜腹剑

李林甫为相，凡才望功业出己右及为上所厚、势位将逼己者，必百计去之，尤忌文学之士，或佯与之善，啖以甘言而阴陷之。世谓李林甫"口有蜜，腹有剑"。

玄宗尝问林甫以"严挺之今安在？是人亦可用"。挺之时为绛州刺史。林甫退，召挺之弟损之，谕以"上待尊兄意甚厚，盍为见上之策，奏称风疾，求还京师就医"。挺之从之。林甫以其奏白上云："挺之衰老得风疾，宜且授以散秩，使便医药。"上叹咤久之，以为詹事，又以汴州刺史、河南采访使齐澣为少詹事，于东京养疾。澣亦朝廷宿望，故并忌之。

左相李适之性疏率，李林甫尝谓适之曰："华山有金矿，采之可以富国，主上未之知也。"他日，适之因奏事言之。上以问林甫，对曰："臣久知之，但华山陛下本命，王气所在，凿之非宜，故不敢言。"上以林甫为爱己，薄适之虑事不熟，谓曰："自今奏事，宜先与林甫议之，无得轻脱。"适之由是束手矣。

《通鉴》卷二一五

二三二　李邕才高气方直

李邕，扬州江都人。邕少知名，既冠，见特进李峤，自言"读书未遍，愿一见秘书"。峤曰："秘阁万卷，岂时日能习邪？"邕固请，乃假值秘书。未几辞去，峤惊，试问奥篇隐帙，了辩如响。峤为内史，荐邕文高气方直，才任谏诤，乃召拜左拾遗。

御史中丞宋璟劾张昌宗等反状，武后不应，邕立阶下大言曰:"璟所陈社稷大计,陛下当听。"后色解,即可璟奏。邕出,或让曰:"子位卑,一忤旨,祸不测。"邕曰:"不如是,名亦不传。"

邕屡被贬,流岭南等地。邕久斥外,不与士大夫接。既入朝,人间传其眉目瑰异,至阡陌聚观,后生望风内谒,门巷填隘。中人临问,索所为文章,且进上。以谗媚不得留,出为汲郡、北海太守。宰相李林甫素忌邕,因傅以罪。于天宝中诏刑部吏就郡杖杀之,时年七十。

邕之文,于碑颂是所长,人奉金帛请其文,前后所受巨万计。邕虽诎不进,而文名天下,时称李北海。卢藏用尝谓:"邕如干将、莫邪,难与争锋,但虞伤缺耳。"后卒如言。杜甫知邕负谤死,作《八哀诗》,读者伤之。

《新唐书》卷二〇二

二三三　玄宗登望春楼观新潭

韦坚引浐水抵苑东望春楼下为潭,以聚江、淮运船,役夫匠通漕渠,发人丘垄,自江、淮至京城,民间萧然愁怨,二年而成。玄宗上望春楼观新潭。坚以新船数百艘,匾榜郡名,各陈郡中珍货于船背。陕尉崔成甫居前船唱《得宝歌》,使美妇百人盛饰而和之,连樯数里。坚跪进诸郡轻货,仍上百牙盘食。上置宴,竟日而罢,观者山积。

《通鉴》卷二一五

二三四　吴筠不谈神仙冶炼法

吴筠，华州华阴人，美文辞，举进士不中。性高鲠，不耐沉浮于时，去居南阳倚帝山。天宝初，召至京师，请隶道士籍，乃入嵩山，南游天台，观沧海，与有名士相娱乐，文辞传京师。玄宗遣使召见大同殿，与语甚悦，敕待诏翰林。帝尝问道，对曰："深于道者，无如《老子》五千文，其馀徒丧纸札耳。"复问神仙治炼法，对曰："此野人事，积岁月求之，非人主宜留意。"

筠每开陈，皆名教世务，以微言讽天子，天子重之。筠知天下将乱，恳求还嵩山，诏为立道馆。

《新唐书》卷一九六

二三五　贺知章性旷达

贺知章，字季真，越州永兴人。性旷夷，善谈说，与族姑子陆象先善。象先尝谓人曰："季真清谈风流，吾一日不见，则鄙吝生矣。"擢进士，开元十三年迁礼部侍郎、兼集贤院学士。

知章晚节尤诞放，遨嬉里巷。每醉，辄属辞，笔不停书，咸有可观，未始刊饬。善草隶，好事者具笔研从之，意有所惬，不复拒，然纸才十数字，世传以为宝。

天宝初，请为道士，还乡里，诏许之，以宅为千秋观而居。又求周宫湖数顷为放生池，有诏赐镜湖剡川一曲。

卒，年八十六。

《新唐书》卷一九六

二三六　玄宗纳寿王妃杨太真

初，武惠妃薨，玄宗悼念不已，后宫数千，无当意者。或言寿王妃杨玉环之美，绝世无双。上见而悦之，乃令妃自以其意乞为女官，号太真，更为寿王娶左卫郎将韦昭训女，潜纳太真宫中。太真肌态丰艳，晓音律，性警颖，善承迎上意，不期岁，宠遇如惠妃，宫中号曰"娘子"，凡仪体皆如皇后。

杨贵妃方有宠，每乘马则高力士执辔授鞭，织绣之工专供贵妃院者七百人，中外争献器服珍玩。岭南经略使张九章，广陵长史王翼，以所献精美，九章加三品，翼入为户部侍郎，天下从风而靡。民间歌之曰："生男勿喜女勿悲，君今看女作门楣。"妃欲得生荔枝，岁命岭南驰驿致之。比至长安，色味不变。

妃尝以妒悍不逊，上怒，命送归兄铦之第。是日，上不怿，比日中，犹未食。左右动不称旨，横被棰挞。及夜，高力士伏奏请迎贵妃归院，遂开禁门而入。自是恩遇愈隆，后宫莫得进矣。

杨贵妃复忤旨，送归私第。上悔之，遣中使赐以御膳。妃对使者涕泣曰："妾罪当死，陛下幸不杀而归之。今当永离掖庭，金玉珍玩，皆陛下所赐，不足为献，惟发者父母所与，敢以荐诚。"乃剪发一缭而献之。上遽使高力士召还，宠待益深。

《通鉴》卷二一五、卷二一六

二三七　杨钊以贿进

富民鲜于仲通，以字行，颇读书，有材智，剑南节度使章仇兼琼引为采访支使，委以心腹。尝从容谓仲通曰："今吾独为上所厚，苟无内援，必为李林甫所危。闻杨妃新得幸，人未敢附之。子能为我至长安与其家相结，吾无患矣。"仲通曰："仲通蜀人，未尝游上国，恐败公事。"因言荐贵妃之从兄钊。兼琼引见钊，往来渐亲密。乃使之献春彩于京师，将别，谓曰："有少物在郫，以具一日之粮，子过，可取之。"钊至郫，兼琼使亲信大赍蜀货精美者遗之，可值万缗。钊大喜过望，昼夜兼行，至长安，历抵诸妹，以蜀货遗之，曰："此章仇公所赠也。"于是诸杨日夜誉兼琼，且言钊善樗蒲，引之见上，得随供奉官出入禁中。后，钊赐名为国忠。

《通鉴》卷二一五

二三八　安禄山称腹中只有赤心

安禄山入朝，玄宗宠待甚厚，谒见无时。禄山奏言："去秋营州虫食苗，臣焚香祝天云：'臣若操心不正，事君不忠，愿使虫食臣心，若不负神祇，愿使虫散。'即有群鸟从北来，食虫立尽。请宣付史官。"从之。

禄山体充肥，腹垂过膝，尝自称重三百斤。外若痴直，内实狡黠，应对敏给，杂以诙谐。玄宗尝戏指其腹曰："此胡腹中何所有，其大乃尔！"对曰："更无馀物，正有赤心耳！"上悦。

又尝命见太子，禄山不拜。左右促之拜，禄山拱立曰："臣胡人，不习朝仪，不知太子者何官？"上曰："此储君也，朕千秋万岁后，代朕君汝者也。"禄山曰："臣愚，向者惟知有陛下一人，不知乃更有储君。"不得已，然后拜。上以为信然，益爱之。

上尝宴勤政楼，百官列坐楼下，独为禄山于御座东间设金鸡障，置榻使坐其前，仍命卷帘以示荣宠。命杨铦、杨锜、贵妃三姊皆与禄山叙兄弟。禄山得出入禁中，因请为贵妃儿。上与贵妃共坐，禄山先拜贵妃。上问何故，对曰："胡人先母而后父。"上悦。

安禄山入新第，置酒，乞降墨敕请宰相至第。是日，上欲于楼下击球，遽为罢戏，命宰相赴之。日遣诸杨与之选胜游宴，侑以梨园教坊乐。上每食一物稍美，或后苑校猎获鲜禽，辄遣中使走马赐之，络绎于路。

甲辰，禄山生日，上及贵妃赐衣服、宝器、酒馔甚厚。后三日，召禄山入禁中，贵妃以锦绣为大襁褓，裹禄山，使宫人以彩舆舁之。上闻后宫喧笑，问其故，左右以贵妃三日洗禄儿对。上自往观之，喜，赐贵妃洗儿金银钱，复厚赐禄山，尽欢而罢。自是禄山出入宫掖不禁，或与贵妃对食，或通宵不出，颇有丑声闻于外，上亦不疑也。

《通鉴》卷二一五、卷二一六

二三九　王忠嗣不以万人易一官

玄宗欲使陇右节度使王忠嗣攻吐蕃石堡城，忠嗣上言："石堡险固，吐蕃举国守之。今顿兵其下，非杀数万人不能克。臣恐所得不如所亡，不如且厉兵秣马，俟其有衅，然后取之。"上意不快。将军董延光自请将兵，上命忠嗣分兵助之。忠嗣不得已奉诏，而不尽副延光所欲，延光怨之。

李光弼言于忠嗣曰："大夫以爱士卒之故，不欲成延光之功，彼无功，必归罪于大夫。"忠嗣曰："今以数万之众争一城，得之未足以制敌，不得亦无害于国，故忠嗣不欲为之。忠嗣今受责天子，不过以金吾、羽林一将军归宿卫，其次不过黔中上佐，忠嗣岂以数万人之命易一官乎！李将军，子诚爱我矣，然吾志决矣，子勿复言！"光弼曰："向者恐为大夫之累，故不敢不言。今大夫能行古人之事，非光弼所及也。"遂趋出。

三司按王忠嗣，劾忠嗣沮挠军功。哥舒翰之入朝也，或劝多赍金帛以救忠嗣。翰曰："若直道尚存，王公必不冤死，如其将丧，多赂何为！"遂单囊而行。三司奏忠嗣罪当死。翰始遇知于上，力陈忠嗣之冤，且请以己官爵赎忠嗣罪。上起，入禁中，翰叩头随之，言与泪俱。上感寤，贬忠嗣汉阳太守。

《通鉴》卷二一五

二四〇　李林甫养成天下之乱

玄宗命百官阅天下岁贡物于尚书省，既而悉以车载赐李林甫家。上或时不视朝，百司悉集林甫第门，台省为空。

林甫子岫为将作监，颇以满盈为惧，尝从林甫游后园，指役夫言于林甫曰："大人久处钧轴，怨仇满天下，一朝祸至，欲为此，得乎？"林甫不乐曰："势已如此，将若之何？"

先是，宰相皆以德度自处，不事威势，驺从不过数人，士民或不之避。林甫自以多结怨，常虞刺客，出则步骑百馀人为左右翼，金吾静街，前驱在数百步外，公卿走避；居则重关复壁，以石甃地，墙中置板，如防大敌，一夕屡徙床，虽家人莫知其处。宰相驺从之盛，自林甫始。

玄宗晚年自恃承平，以为天下无复可忧，遂深居禁中，专以声色自娱，悉委政事于林甫。林甫媚事左右，迎合上意，以固其宠；杜绝言路，掩蔽聪明，以成其奸；妒贤疾能，排抑胜己，以保其位；屡起大狱，诛逐贵臣，以张其势。自皇太子以下，畏之侧足。凡在相位十九年，养成天下之乱，而上不之寤也。

林甫卒，玄宗以杨国忠为右相，兼文部尚书。

《通鉴》卷二一五、卷二一六

二四一　封杨贵妃三姊为韩虢秦夫人

以杨贵妃姊适崔氏者为韩国夫人，适裴氏者为虢国夫人，适柳氏者为秦国夫人。三人皆有才色，玄宗呼之为姨，出入宫掖，并承恩泽，势倾天下。每命妇入见，玉真公主等皆让不敢就位。三姊与铦、锜五家，凡有请托，府县承迎，峻于制敕，四方赂遗，辐凑其门，惟恐居后，朝夕如市。上所赐与及四方献遗，五家如一。竞开第舍，极其壮丽，一堂之费，运逾千万。既成，见它人有胜己者，辄毁而改为。

杨国忠与虢国夫人居第相邻，昼夜往来，无复期度，或并辔走马入朝，不施障幕，道路为之掩目。三夫人将从车驾幸华清宫，会于国忠第，车马仆从，充溢数坊，锦绣珠玉，鲜华夺目。国忠谓客曰："吾本寒家，一旦缘椒房至此，未知税驾之所，然念终不能致令名，不若且极乐耳。"杨氏五家，队各为一色衣以相别，五家合队，粲若云锦，国忠仍以剑南旌节引于其前。

或劝陕郡进士张彖谒国忠，曰："见之，富贵立可图。"彖曰："君辈依杨右相如泰山，吾以为冰山耳！若皎日既出，吾辈得无失所恃乎！"遂隐居嵩山。

《通鉴》卷二一六

二四二　杨国忠言禄山必反

安禄山入朝。是时杨国忠言禄山必反，且曰："陛下试召之，必不来。"玄宗使召之，禄山闻命即至。见上于华清宫，泣曰："臣本胡人，陛下宠擢至此，为国忠所疾，臣死无日矣！"上怜之，赏赐巨万，由是益亲信禄山，国忠之言不能入矣。太子亦知禄山必反，言于上，上不听。

唐初，诏敕皆中书、门下官有文者为之。乾封以后，始召文士元万顷、范履冰等草诸文辞，常于北门候进止，时人谓之"北门学士"。中宗之世，上官昭容专其事。上即位，始置翰林院，密迩禁廷，延文章之士，下至僧、道、书、画、琴、棋、数术之工皆处之，谓之"待诏"。刑部尚书张均及弟太常卿垍皆翰林院供奉。上欲加安禄山同平章事，已令张垍草制。杨国忠谏曰："禄山虽有军功，目不知书，岂可为宰相！制书若下，恐四夷轻唐。"上乃止。

《通鉴》卷二一七

二四三　高力士直言谏玄宗

玄宗尝谓高力士曰："朕今老矣，朝事付之宰相，边事付之诸将，夫复何忧！"力士对曰："臣闻云南数丧师，又边将拥兵太盛，陛下将何以制之！臣恐一旦祸发，不可复救，何谓无忧也！"上曰："卿勿言，朕徐思之。"

时水旱相继，关中大饥。杨国忠恶京兆尹李岘不附己，以灾沴归咎于岘，贬长沙太守。上忧雨伤稼，国忠取禾之善者献之，曰："雨虽多，不害稼也。"上以为然。扶风太守房琯言所部水灾，国忠使御史推之。是岁，天下无敢言灾者。高力士侍侧，上曰："淫雨不已，卿可尽言。"对曰："自陛下以权假宰相，赏罚无章，阴阳失度，臣何敢言！"上默然。

《通鉴》卷二一七

二四四　颜真卿抗击禄山兵

安禄山发所部兵凡十五万众，号二十万，反于范阳。出蓟城南，大阅誓众，以讨杨国忠为名，榜军中曰："有异议扇动军人者，斩及三族！"于是引兵而南。禄山乘铁舆，步骑精锐，烟尘千里，鼓噪震地。时海内久承平，百姓累世不识兵革，猝闻范阳兵起，远近震骇。河北皆禄山统内，所过州县，望风瓦解。

平原太守颜真卿知禄山且反，完城浚壕，料丁壮，实食廪。禄山以其书生，轻之。及禄山反，真卿遣李平间道奏之，玄宗始闻禄山反，曰："朕不识颜真卿作何状，乃能如是！"

颜真卿召募勇士，旬日至万馀人，谕以举兵讨安禄山，继以涕泣，士皆感愤。禄山使其党段子光徇河北诸郡，至平原，真卿执子光，腰斩以徇。禄山以海运使刘道玄摄景城太守，清池尉贾载、盐山尉河内穆宁共斩道玄，送道玄首至平原。共推真卿为盟主，军事皆禀焉。

《通鉴》卷二一七

二四五　颜杲卿被擒就义

颜真卿之从兄常山太守颜杲卿，起兵抗禄山，守备未完，史思明、蔡希德引兵皆至城下。杲卿昼夜拒战，粮尽矢竭，城陷。贼纵兵杀万馀人，执杲卿等送洛阳。

杲卿至洛阳，禄山数之曰："汝自范阳户曹，我奏汝为判官，不数年超至太守，何负于汝而反邪？"杲卿瞋目骂曰："汝本营州牧羊羯奴，天子擢汝为三道节度使，恩幸无比，何负于汝而反？我世为唐臣，禄位皆唐有，虽为汝所奏，岂从汝反邪！我为国讨贼，恨不斩汝，何谓反也！何不速杀我！"禄山大怒，颜氏一门死于刀锯者三十馀人。

《通鉴》卷二一七

二四六　玄宗仓皇出长安

安禄山攻克潼关，玄宗下制，云欲亲征，闻者莫之信。玄宗命龙武大将军陈玄礼整比六军，厚赐钱帛，选闲厩马九百馀匹，外人皆莫之知。黎明，上独与贵妃姊妹、皇子、妃、主、皇孙、杨国忠、韦见素、魏方进、陈玄礼及亲近宦官、宫人出延秋门。妃、主、皇孙之在外者，皆委之而去。上过左藏，杨国忠请焚之，曰："无为贼守。"上愀然曰："贼来不得，必更敛于百姓，不如与之，无重困吾赤子。"是日，百官犹有入朝者，至宫门，犹闻漏声，三卫立仗俨然。门既启则宫人乱出，中外扰攘，不知上所之。于是王公、士民四出逃窜，山谷细民争入宫禁及王公第舍，盗取金宝，或乘驴上殿。又焚左藏大盈库。

《通鉴》卷二一八

二四七　杨贵妃死于马嵬驿

玄宗等至马嵬驿，将士饥疲，皆愤怒。陈玄礼以祸由杨国忠，欲诛之。国忠走至西门内，军士追杀之。军士围驿，上闻喧哗，问外何事，左右以国忠反对。上杖屦出驿门，慰劳军士，令收队，军士不应。上使高力士问之，玄礼对曰："国忠谋反，贵妃不宜供奉，愿陛下割恩正法。"上曰："朕当自处之。"入门，倚杖倾首而立。久之，京兆司录韦谔前言曰："今众怒难犯，安危在晷刻，愿陛下速决！"因叩头流血。上曰："贵妃常居深宫，安知国忠反谋！"高力士曰："贵妃诚无罪，然将士已杀国忠，而贵妃在陛下左右，岂敢自安！愿陛下审思之，将士安，则陛下安矣。"上乃命力士引贵妃于佛堂，缢杀之。舆尸置驿庭，召玄礼等入视之。玄礼等乃免胄释甲，顿首请罪，上慰劳之，令晓谕军士。玄宗率馀众入蜀。

太子亨即位于灵武，是为肃宗。

《通鉴》卷二一八

二四八　谪仙李白

李白，字太白。其先隋末以罪徙西域，神龙初，遁还，客巴西。白十岁通诗书，既长，隐岷山。州举有道，不应。喜纵横术，击剑，为任侠，轻财重施。天宝初，南入会稽，与吴筠善，筠被召，故白亦至长安。往见贺知章，知章见其文，叹曰："子，谪仙人也！"言于玄宗，召见金銮殿，论当世事，奏颂一篇。

帝赐食，亲为调羹，有诏供奉翰林。白与饮徒醉于市。帝坐沉香亭子，意有所感，欲得白为乐章。召入，而白已醉，左右以水靧面，稍解，援笔成文，婉丽精切无留思。帝爱其才，数宴见。白尝侍帝，醉，使高力士脱靴。力士素贵，耻之，擿其诗以激杨贵妃，帝欲官白，妃辄沮止。白自知不为亲近所容，益骜放不自修，与知章、李适之、王琎、崔宗之、苏晋、张旭、焦遂为"酒八仙人"。恳求还山，帝赐金放还。白浮游四方，尝乘舟与崔宗之自采石至金陵，着宫锦袍坐舟中，旁若无人。

安禄山反，转侧宿松、匡庐间，永王璘辟为府僚佐。璘起兵败，白当诛。初，白游并州，见郭子仪，奇之。子仪尝犯法，白为救免。至是子仪请解官以赎，有诏长流夜郎。会赦，还寻阳。李阳冰为当涂令，白依之。代宗立，以左拾遗召，而白已卒，年六十馀。白晚好黄老，度牛渚矶至姑孰，悦谢家青山，欲终焉。及卒，葬东麓。

《新唐书》卷二〇二

二四九　张旭大醉乃下笔

张旭，苏州吴人。嗜酒，每大醉，呼叫狂走，乃下笔，或以头濡墨而书，既醒自视，以为神，不可复得也，世呼"张颠"。

初，仕为常熟尉，有老人陈牒求判，宿昔又来，旭怒其烦，责之。老人曰："观公笔奇妙，欲以藏家尔。"旭因问所藏，尽出其父书，旭视之，天下奇笔也，自是尽其法。旭自言，始见公主担夫争道，又闻鼓吹，而得笔法意，观倡公孙舞《剑器》，得其神。后人论书，欧、虞、褚、陆皆有异论，至旭，无非短者。传其法，惟崔邈、颜真卿云。

《新唐书》卷二〇二

二五〇　王维善诗书画

王维，字摩诘。九岁知属辞，与弟缙齐名，资孝友。开元初，擢进士，擢右拾遗。历监察御史。母丧，毁几不生。服除，累迁给事中。

安禄山反，玄宗西狩，维为贼得，以药下利，伪瘖。禄山素知其才，迎置洛阳，迫为给事中。禄山大宴凝碧池，悉召梨园诸工合乐，诸工皆泣，维闻悲甚，赋诗悼痛，曰"万户伤心生野烟，百官何日再朝天？秋槐花落空宫里，凝碧池头奏管弦"。贼平，皆下狱。或以诗闻行在，时缙位已显，请削官赎维罪，肃宗亦自怜之，下迁太子中允。久之，迁尚书右丞。

缙为蜀州刺史未还，维自表："己有五短，缙五长，臣在省户，缙远方，愿归所任官，放田里，使缙得还京师。"议者不之罪。久乃召缙为左散骑常侍。上元初卒，年六十一。

维工草隶，善画，名盛于开元、天宝间，豪英贵人虚左以迎，宁、薛诸王待若师友。画思入神，至山水平远，云势石色，绘工以为天机所到，学者不及也。客有以《按乐图》示者，无题识，维徐曰："此《霓裳》卷三叠最初拍也。"客未然，引工按曲，乃信。

兄弟皆笃志奉佛，食不荤，衣不文彩。别墅在辋川，地奇胜，有华子冈、欹湖、竹里馆、柳浪、茱萸沜、辛夷坞，与裴迪游其中，赋诗相酬为乐。丧妻不娶，孤居三十年。母亡，表辋川第为寺，终葬其西。

宝应中，代宗语缙曰："朕尝于诸王座闻维乐章，今传几何？"遣中人王承华往取，缙裒集数十百篇上之。

《新唐书》卷二〇二

二五一　孟浩然失出仕良机

孟浩然，襄州襄阳人。少好节义，喜振人患难，隐鹿门山。年四十，乃游京师。尝于太学赋诗，一座嗟伏，无敢抗。张九龄、王维雅称道之。维私邀入内署，俄而玄宗至，浩然匿床下，维以实对，帝喜曰："朕闻其人而未见也，何惧而匿？"诏浩然出。帝问其诗，浩然再拜，自诵所为，至"不才明主弃"之句，帝曰："卿不求仕，而朕未尝弃卿，奈何诬我？"因放还。采访使韩朝宗约浩然偕至京师，欲荐诸朝。会故人至，剧饮欢甚，或曰："君与韩公有期。"浩然叱曰："业已饮，遑恤他！"卒不赴。朝宗怒，辞行，浩然不悔也。张九龄为荆州，辟置于府。开元末，病疽背卒。

开元、天宝间，同知名者王昌龄、崔颢。

昌龄，江宁人，第进士，补秘书郎。不护细行，贬龙标尉。以世乱还乡里，为刺史闾丘晓所杀。

崔颢，亦擢进士第，有文无行。好蒱博，嗜酒。娶妻惟择美者，俄又弃之，凡四五娶。终司勋员外郎。

《新唐书》卷二〇三

二五二　郑虔长于地理

郑虔，郑州荥阳人。善图山水，好书，常苦无纸，于是慈恩寺贮柿叶数屋，遂往日取叶肄书，岁久殆遍。

尝自写其诗并画以献，玄宗大署其尾曰："郑虔三绝"。迁著作郎。

虔学长于地理，山川险易、方隅物产、兵戍众寡无不详。尝为《天宝军防录》，言典事该。诸儒服其善著书，时号"郑广文"。在官贫约甚，澹如也。杜甫尝赠以诗曰"才名四十年，坐客寒无毡"云。

《新唐书》卷二〇二

唐（下）
（公元756年至906年）

一　张巡守雍丘

玄宗至成都，从官及六军至者千三百人而已。

令狐潮围张巡于雍丘，相守四十馀日，朝廷声问不通。潮闻玄宗已幸蜀，复以书招巡。有大将六人，官皆开府、特进，白巡以兵势不敌，且上存亡不可知，不如降贼。巡佯许诺。明日，堂上设天子画像，帅将士朝之，人人皆泣。巡引六将于前，责以大义，斩之。士心益劝。

城中矢尽，巡缚稿为人千馀，被以黑衣，夜缒城下，潮兵争射之，久乃知其稿人，得矢数十万。其后复夜缒人，贼笑不设备，乃以死士五百斫潮营。潮军大乱，焚垒而遁，追奔十馀里。潮惭，益兵围之。

巡使郎将雷万春于城上与潮相闻，语未绝，贼弩射之，面中六矢而不动。潮疑其木人，使谍问之，乃大惊，遥谓巡曰："向见雷将军，方知足下军令矣，然其如天道何！"巡谓之曰："君未识人伦，焉知天道！"未几，出战，擒贼将十四人，斩首百馀级。贼乃夜遁，收兵入陈留，不敢复出。

《通鉴》卷二一八

二 安禄山杀乐工雷海清

初，玄宗皇每酺宴，先设太常雅乐坐部、立部，继以鼓吹、胡乐、教坊、府县散乐、杂戏；又以山车、陆船载乐往来；又出宫人舞《霓裳羽衣》；又教舞马百匹，衔杯上寿；又引犀、象入场，或拜，或舞。安禄山见而悦之，既克长安，命搜捕乐工，运载乐器、舞衣，驱舞马、犀、象皆诣洛阳。

禄山宴其群臣于凝碧池，盛奏众乐，梨园弟子往往歔欷泣下，贼皆露刃睨之。乐工雷海清不胜悲愤，掷乐器于地，西向恸哭。禄山怒，缚于试马殿前，支解之。

《通鉴》卷二一八

三 肃宗重用李泌

初，京兆李泌，幼以才敏著闻，玄宗欲官之，不可，使与太子为布衣交，太子常谓之先生。杨国忠恶之，奏徙蕲春，后得归隐，居颍阳。肃宗自马嵬北行，遣使召之，谒见于灵武，上大喜，出则联辔，寝则对榻，如为太子时，事无大小皆咨之，言无不从，至于进退将相亦与之议。上欲以泌为右相，泌固辞曰："陛下待以宾友，则贵于宰相矣，何必屈其志！"上乃止。

上与泌出行军，军士指之，窃言曰："衣黄者，圣人也。衣白者，山人也。"上闻之，以告泌，曰："艰难之际，不敢相屈以官，且衣紫袍以绝群疑。"泌不得已受之，服之入谢。上笑曰："既服此，岂可无名称！"出怀中敕，以泌为侍谋军国、元帅府行军长史。泌固辞，上曰："朕非敢相臣，以济艰难耳。俟贼平，任行高志。"泌乃受之。

泌言于上曰："诸将畏惮天威，在陛下前敷陈军事，或不能尽所怀，万一小差，为害甚大。乞先令与臣等熟议，从容奏闻，可者行之，不可者已之。"上许之。时军旅务繁，四方奏报，自昏至晓无虚刻，上悉使送府，泌先开视，有急切者及烽火，重封，隔门通进，馀则待明。

上尝从容与泌语及李林甫，欲敕诸将克长安，发其冢，焚骨扬灰。泌曰："陛下方定天下，奈何仇死者！彼枯骨何知，徒示圣德之不弘耳。且方今从贼者皆陛下之仇也，若闻此举，恐阻其自新之心。"上不悦，曰："此贼昔日百方危朕，当是时，朕不保朝夕。朕之全，特天幸耳！林甫亦恶卿，但未及害卿而死耳，奈何矜之！"对曰："臣岂不知！所以言者，上皇有天下向五十年，太平娱乐，一朝失意，远处巴蜀。南方地恶，上皇春秋高，闻陛下此敕，内惭不怿，万一感愤成疾，是陛下以天下之大，不能安君亲。"言未毕，上流涕被面，降阶，仰天拜曰："朕不及此，是天使先生言之也。"遂抱泌颈泣不已。

《通鉴》卷二一八

四　张兴斥史思明

饶阳裨将张兴，力举千钧，性复明辩，贼攻饶阳，弥年不能下。及诸郡皆陷，史思明并力围之，外救俱绝，太守李系窘迫，赴火死，城遂陷。思明擒兴，立于马前，谓曰："将军真壮士，能与我共富贵乎？"兴曰："兴，唐之忠臣，固无降理，今数刻之人耳，愿一言而死。"思明曰："试言之。"兴曰："主上待禄山，恩如父子，群臣莫及，不知报德，乃兴兵指阙，涂炭生人，大丈夫不能翦除凶逆，乃北面为之臣乎！仆有短策，足下能听之乎？足下所以从贼，求富贵耳，譬如燕巢于幕，岂能久安！何如乘间取贼，转祸为福，长享富贵，不亦美乎！"思明怒，命张于木上，锯杀之，詈不绝口，以至于死。

《通鉴》卷二一九

五　安禄山被刺杀

安禄山自起兵以来，目渐昏，至是不复睹物，又病疽，性益躁暴，左右使令，小不如意，动加棰挞，或时杀之。既称帝，深居禁中，大将希得见其面，皆因严庄白事。庄虽贵用事，亦不免棰挞，阉竖李猪儿被挞尤多，左右人不自保。禄山嬖妾段氏，生子庆恩，欲以代庆绪为后。庆绪常惧死，不知所出。庄谓庆绪曰："事有不得已者，时不可失。"庆绪曰："兄有所为，敢不敬从。"谓猪儿曰："汝前后受挞，宁有数乎！不行大事，死无日矣！"猪儿亦许诺。庄与庆绪夜持兵立帐外，猪儿执刀直入帐中，斫禄山腹。禄山撼帐竿，曰："必家贼也。"肠已流出数斗，遂死。掘床下深数尺，以毡裹其尸埋之。旦，庄宣言于外，云禄山疾亟。立晋王庆绪为帝，然后发丧。

《通鉴》卷二一九

六　张巡守睢阳

安庆绪以尹子奇为汴州刺史、河南节度使。子奇领兵十三万趋睢阳。许远告急于张巡，巡自宁陵引兵入睢阳。巡有兵三千人，与远兵合六千八百人。贼悉众逼城，巡督励将士，昼夜苦战，或一日至二十合，凡十六日，擒贼将六十馀人，杀士卒二万馀。远谓巡曰："远懦，不习兵，公智勇兼济，远请为公守，请公为远战。"自是之后，远但调军粮，修战具，居中应接而已，战斗筹画一出于巡。贼遂夜遁。

尹子奇复引大兵攻睢阳。张巡谓将士曰："吾受国恩，所守，正死耳。但念诸君捐躯命，膏草野，而赏不酬勋，以此痛心耳！"将士皆激励请奋。巡遂椎牛，大飨士卒，尽军出战。贼望见兵少，笑之。巡执旗，帅诸将直冲贼阵。贼乃大溃，斩将三十馀人，杀士卒三千馀人，逐之数十里。明日，贼又合军至城下，巡出战，昼夜数十合，屡摧其锋，而贼攻围不辍。

尹子奇益兵围睢阳益急，张巡于城中夜鸣鼓严队，若

唐（下）（公元756年至906年）

将出击者，贼闻之，达旦儆备。既明，巡乃寝兵绝鼓。贼以飞楼瞰城中，无所见，遂解甲休息。巡与将军南霁云、郎将雷万春等十馀将各将五十骑开门突出，直冲贼营，至子奇麾下，营中大乱，斩贼将五十馀人，杀士卒五千馀人。巡欲射子奇而不识，乃剡蒿为矢，中者喜，谓巡矢尽，走白子奇，乃得其状，使霁云射之，丧其左目，几获之。子奇乃收军退还。

睢阳城食尽。将士人廪米日一合，杂以茶纸、树皮为食，而贼粮运通，兵败复征。睢阳将士死不加益，诸军馈救不至，士卒消耗至一千六百人，皆饥病不堪斗，遂被围。

《通鉴》卷二一九

七　张镐称未闻饭僧可致太平

以谏议大夫张镐为中书侍郎、同平章事。肃宗常使僧数百人为道场于内，晨夜诵佛。镐谏曰："帝王当修德以弭乱安人，未闻饭僧可致太平也！"上然之。

张镐性简澹，不事中要，闻史思明请降，上言："思明凶险，因乱窃位，力强则众附，势夺则人离，彼虽人面，心如野兽，难以德怀，愿勿假以威权。"肃宗不听。后史思明果复叛。

《通鉴》卷二一九、卷二二〇

八　李俶拜求回纥军毋俘掠

广平王俶与郭子仪籍回纥兵之助收复长安。

初，肃宗欲速得京师，与回纥约曰："克城之日，土地、士庶归唐，金帛、子女皆归回纥。"至是，怀仁可汗之子叶护欲如约。广平王俶拜于叶护马前曰："今始得西京，若遽俘掠，则东京之人皆为贼固守，不可复取矣，愿至东京乃如约。"叶护惊跃下马答拜，跪捧王足，曰："当为殿下径往东京。"即与仆固怀恩引回纥、西域之兵自城南过，营于浐水之东。百姓、军士、胡虏见俶拜，皆泣曰："广平王真华、夷之主！"肃宗闻之，喜曰："朕不及也！"俶整众入城，百姓老幼夹道欢呼悲泣。

《通鉴》卷二二〇

九　李泌草表奉请玄宗还京

肃宗以骏马召李泌于长安。既至，上曰："朕已表请上皇东归，朕当还东宫复修人子之职。"泌曰："表可追乎？"上曰："已远矣。"泌曰："上皇不来矣。"上惊，问故。泌曰："理势自然"。上曰："为之奈何？"泌曰："今请更为群臣贺表，言自马嵬请留，灵武劝进，及今成功，圣上思恋晨昏，请速还京以就孝养之意，则可矣。"上即使泌草表。上读之，泣曰："朕始以至诚愿归万机。今闻先生之言，乃寤其失。"立命中使奉表入蜀，因就泌饮酒，同榻而寝。

《通鉴》卷二二〇

一〇　李泌有五不可留请归山

李泌曰："臣今报德足矣，复为闲人，何乐如之！"上曰："朕与先生累年同忧患，今方相同娱乐，奈何遽欲去乎！"泌曰："臣有五不可留，愿陛下听臣去，免臣于死。"上曰："何谓也？"对曰："臣遇陛下太早，陛下任臣太重，宠臣太深，臣功太高，迹太奇，此其所以不可留也。"上曰："且眠矣，异日议之。"对曰："陛下今就臣榻卧，犹不得请，况异日香案之前乎！陛下不听臣去，是杀臣也。"上曰："不意卿疑朕如此，岂有如朕而办杀卿邪！是直以朕为句践也！"对曰："陛下不办杀臣，故臣求归，若其既办，臣安得复言！且杀臣者，非陛下也，乃'五不可'也。陛下向日待臣如此，臣于事犹有不敢言者，况天下既安，臣敢言乎！"

初，肃王听谗言杀其子建宁，是时又有流言潜构广平王，泌因而言曰："昔天后有四子，长曰太子弘，天后方图称制，恶其聪明，鸩杀之，立次子雍王贤。贤内忧惧，作《黄台瓜辞》，冀以感悟天后。天后不听，贤卒死于黔中。其辞曰：'种瓜黄台下，瓜熟子离离。一摘使瓜好，再摘使瓜稀，三摘犹为可，四摘抱蔓归！'今陛下已一摘矣，慎无再摘！"上愕然曰："安有是哉！卿录是辞，朕当书绅。"对曰："陛下但识之于心，何必形于外也！"泌复固请归山。

《通鉴》卷二二〇

一一　张巡死节睢阳

尹子奇久围睢阳，城中食尽，议弃城东走，张巡、许远谋，以为："睢阳，江、淮之保障，若弃之去，贼必乘胜长驱，是无江、淮也。且我众饥羸，走必不达。古者战国诸侯，尚相救恤，况密迩群帅乎！不如坚守以待之。"茶纸既尽，遂食马；马尽，罗雀掘鼠；雀鼠又尽，巡出爱妾，杀以食士，远亦杀其奴。然后括城中妇人食之，既尽，继以男子老弱。人知必死，莫有叛者，所馀才四百人。

贼登城，将士病，不能战。巡西向再拜曰："臣力竭矣，不能全城，生既无以报陛下，死当为厉鬼以杀贼！"城遂陷，巡、远俱被执。尹子奇问巡曰："闻君每战眦裂齿碎，何也？"巡曰："吾志吞逆贼，但力不能耳！"子奇以刀抉其口视之，所馀才三四。子奇义其所为，欲活之。其徒曰："彼守节者也，终不为吾用。且得士心，存之将为后患。"乃并南霁云、雷万春等三十六人皆斩之。巡且死，颜色不乱，扬扬如常。

巡初守睢阳时，卒仅万人，城中居人亦且数万，巡一见问姓名，其后无不识者。前后大小战凡四百馀，杀贼卒十二万人。巡行兵不依古法教战陈，令本将各以其意教之。人或问其故，巡曰："吾使兵识将意，将识士情，投之而往，如手之使指。兵将相习，人自为战，不亦可乎！"自兴兵，器械、甲仗皆取之于敌，未尝自修。每战，将士或退散，巡立于战所，谓将士曰："我不离此，汝为我还决之。"将士莫敢不还死战，卒破敌。又推诚待人，无所疑隐，临敌应变，出奇无穷，号令明，赏罚信，与众共甘苦寒暑，故下争致死力。

《通鉴》卷二二〇

一二　玄宗定回京李泌得归山

上皇玄宗得肃宗请归东宫表，诰曰："当与我剑南一道自奉，不复来矣。"肃宗忧惧，不知所为。数日后，使者至，言："上皇初得上请归东宫表，彷徨不能食，欲不归，及群臣表至，乃大喜，命食作乐，下诰定行日。"上召李泌告之曰："皆卿力也！"

泌求归山不已，上固留之，不能得，乃听归衡山。敕郡县为之筑室于山中，给三品料。

《通鉴》卷二二〇

一三　甄济有操行

汲郡甄济，有操行，隐居青岩山，安禄山为采访使，奏掌书记。济察禄山有异志，诈得风疾，舁归家。禄山反，使蔡希德引行刑者二人，封刀召之，济引首待刀，希德以实病白禄山。后安庆绪亦使人强舁至东京，月馀，会广平王俶平东京。济起，诣军门上谒，俶遣诣京师，上命馆之于三司，令受贼官爵者列拜以愧其心，以济为秘书郎。

《通鉴》卷二二〇

一四　玄宗得保养馀年

　　上皇言于肃宗曰："天数、人心皆归于汝，使朕得保养馀齿，汝之孝也！"索黄袍为肃宗着之，上不得已受之。父老在仗外，欢呼且拜。上令开仗，纵千馀人入谒上皇，曰："臣等今日复睹二圣相见，死无恨矣！"上皇不肯居正殿，曰："此天子之位也。"上固请，自扶上皇登殿。进食，上品尝而荐之。将发行宫，上皇上马，上亲执鞚。行数步，上皇止之。上乘马前引，不敢当驰道。上皇谓左右曰："吾为天子五十年，未为贵，今为天子父，乃贵耳！"左右皆呼万岁。上皇自开远门入大明宫，御含元殿，慰抚百官，乃诣长东殿谢九庙主，恸哭久之，即日，幸兴庆宫，遂居之。

《通鉴》卷二二〇

一五　李辅国掌禁兵决天下事

　　太子詹事李辅国，时在灵武，判元帅行军司马事，侍直帷幄，宣传诏命，四方文奏，宝印符契，晨夕军号，一以委之。及还京师，专掌禁兵，常居内宅，制敕必经辅国押署，然后施行，宰相百司非时奏事，皆因辅国关白、承旨。常于银台门决天下事，事无大小，辅国口为制敕，写付外施行，事毕闻奏。又置察事数十人，潜令于人间听察细事，即行推按，有所追索，诸司无敢拒者。御史台、大理寺重囚，或推断未毕，辅国追诣银台，一时纵之。三司、府、县鞫狱，皆先诣辅国咨禀，轻重随意，称制敕行之，莫敢违者。

及李岘为相，于肃宗前叩头，具陈辅国专权乱政之状，上感寤，赏其正直，辅国所行事，多所变更，罢其察事。辅国由是忌岘。

《通鉴》卷二二一

一六　韦陟长于鉴裁号为公平

韦陟，中书令张九龄引为舍人，与孙逖、梁涉并司书命，时号得才。迁礼部侍郎。陟于鉴裁尤长。故事，取人以一日试为高下。陟许自通所工，先就其能试之，已乃程考，由是无遗材。迁吏部侍郎，选人多伪集，与正调相冒，陟有风采，摘辨无不伏者，黜正数百员，铨综号为公平。然任威严，或至詈诘，议者訾其峻。又自以门品可坐阶三公，居常简贵，视僚党謷然。其以道谊合，虽后进布衣与均礼。

陟早有名，而为李林甫、杨国忠摈废。及肃宗择相，自谓必得，以后至不用。任事者皆新进，望风惮之，多言其骄倨。及入关，又不许至京师。郁郁不得志，成疾，且卒，叹曰："吾道穷于此乎！"

　　性侈纵，喜饰服马，侍儿阉童列左右常数十，侔于王宫主第。穷治馔馐，每食视庖中所弃，其值犹不减万钱，宴公侯家，虽极水陆，曾不下箸。常以五彩笺为书记，使侍妾主之，以裁答，受意而已，皆有楷法，陟唯署名，自谓所书"陟"字若五朵云，时人慕之，号"郇公五云体"。

《新唐书》卷一二二

一七　王思礼报授马之恩

　　潼关之败，王思礼马中矢而毙，有骑卒张光晟下马授之，问其姓名，不告而去。思礼阴识其状貌，求之不获。及至河东，任太原尹、节度使。或谮代州刺史辛云京，思礼怒之，云京惧，不知所出。光晟时在云京麾下，曰："光晟尝有德于王公，从来不敢言者，耻以此取赏耳。今使君有急，光晟请往见王公，必为使君解之。"云京喜，即遣之。光晟谒思礼，未及言，思礼识之，曰："噫！子非吾故人乎？何相见之晚邪！"光晟以实告，思礼大喜，执其手，流涕曰："吾之有今日，皆子力也，吾求子久矣。"引与同榻坐，约为兄弟。光晟因从容言云京之冤。

思礼曰:"云京过亦不细,今日特为故人舍之。"即日擢光晟为兵马使,赠金帛田宅甚厚。

《通鉴》卷二二一

一八　白孝德智取刘龙仙

史思明引兵攻河阳,使骁将刘龙仙诣城下挑战。龙仙恃勇,举右足加马鬣上,谩骂李光弼。时任河北节度使之光弼顾诸将曰:"谁能取彼者?"仆固怀恩请行。光弼曰:"此非大将所为。"左右言:"裨将白孝德可往。"光弼召问之,孝德请行。光弼问:"须几何兵?"对曰:"请挺身取之。"光弼壮其志,然固问所须。对曰:"愿选五十骑出垒门为后继,兼请大军助鼓噪以增气。"光弼抚其背而遣之。

孝德挟二矛,策马乱流而进。半涉,怀恩贺曰:"克矣。"光弼曰:"锋未交,何以知之?"怀恩曰:"观其揽辔安闲,知其万全。"龙仙见其独来,甚易之,稍近,将动,孝德摇手示之,若非来为敌者,龙仙不测而止。去之十步,乃瞋目谓曰:"贼识我乎?"龙仙曰:"谁也?"曰:"我,白孝德也。"龙仙曰:"是何狗彘!"孝德大呼,运矛跃马搏之。城上鼓噪,五十骑继进。龙仙矢不及发,环走堤上。孝德追及,斩首,携之以归。贼众大骇。孝德,本安西胡人。

《通鉴》卷二二一

一九　李光弼智胜史思明

　　史思明有良马千馀匹，每日出于河南渚浴之，循环不休以示多。李光弼命索军中牝马，得五百匹，絷其驹于城内。俟思明马至水际，尽出之，马嘶不已，思明马悉浮渡河，一时驱之入城。思明怒，列战船数百艘，泛火船于前而随之，欲乘流烧浮桥。光弼先贮百尺长竿数百枚，以巨木承其根，毡裹铁叉置其首，以迎火船而叉之。船不得进，须臾自焚尽。又以叉拒战船，于桥上发炮石击之，中者皆沉没，贼不胜而去。

　　光弼用兵，谋定而后战，能以少覆众。治师训整，天下服其威名，军中指顾，诸将不敢仰视。初，与郭子仪齐名，世称"李郭"，而战功推为中兴第一。其代子仪朔方也，营垒、士卒、麾帜无所更，而光弼一号令之，气色乃益精明云。

　　李光弼在徐州，惟军旅之事自决之，自馀众务，悉委判官张傪。傪吏事精敏，区处如流，诸将白事，光弼多令与傪议之，诸将事傪如光弼，由是军中肃然，东夏以宁。

　　《通鉴》卷二二一、卷二二二；《新唐书》卷一三六

二〇　穆宁克尽职守

　　肃宗上元初，穆宁为殿中侍御史，佐盐铁转运，住埇桥。李光弼屯徐州，饷不至，檄取资粮，宁不与。光弼

怒，召宁欲杀之。或劝宁去，宁曰："避之失守，乱自我始，何所逃罪乎？"即往见光弼。光弼曰："吾师众数万，为天子讨贼，食乏则人散，君闭廪不救，欲溃吾兵耶？"答曰："命宁主粮者，敕也，公可以檄取乎？今公求粮，而宁专馈，宁有求兵，而公亦专与乎？"光弼执其手谢曰："吾固知不可，聊与君议耳。"时重其能守官。

《新唐书》卷一六三

二一　李皋开仓赈灾

肃宗上元初，京师旱，米斗值数千，死者甚多。宗室李皋度俸不足养，亟请外官，不允，乃故抵微法，贬温州长史。无几，摄行州事。岁俭，州有官粟数十万斛，皋欲行赈救，椽吏叩头乞候上旨，皋曰："夫人日不再食，当死，安暇禀命！若杀我一身，活数千人命，利莫大焉。"于是开仓尽散之，以擅贷之罪，飞章自劾。天子闻而嘉之，答以优诏，加少府监。

皋行县，见一媪垂白而泣，哀而问之，对曰："李氏之妇，有二子：钧、锷，宦游二十年不归，贫无以自给。"时钧为殿中侍御史，锷为京兆府法曹，俱以文艺登科，名重于时。皋曰："'入则孝，出则悌，行有馀力，然后可以学文。'若二子者，岂可备于列位！"由是举奏，并除名勿齿。

《旧唐书》卷一三一

二二　张志和隐而有名

张志和，婺州金华人。肃宗时待诏翰林，后坐事贬南浦尉，会赦还，不复仕，居江湖，自称烟波钓徒。著《玄真子》。

兄鹤龄恐其遁世不还，为筑室越州东郭，茨以生草，椽栋不施斤斧。每垂钓不设饵，志不在鱼也。县令使浚渠，执畚无忤色。尝欲以大布制裘，嫂为躬绩织，及成，衣之，虽暑不解。

陆羽常问："孰为往来者？"对曰："太虚为室，明月为烛，与四海诸公共处，未尝少别也，何有往来？"颜真卿为湖州刺史，值志和来谒，真卿以舟敝漏，请更之，志和曰："愿为浮家泛宅，往来苕、霅间。"

善图山水，酒酣，或击鼓吹笛，舐笔辄成。尝撰《渔歌》，宪宗图真求其歌，不能致。李德裕称志和"隐而有名，显而无事，不穷不达，严光之比"云。

《新唐书》卷一九六

二三　李辅国被诛杀

李辅国骄纵日甚，求为宰相。肃宗曰："以卿之功，何官不可为，其如朝望未允何！"辅国乃讽仆射裴冕等荐己。上密谓萧华曰："辅国求为宰相，若公卿表来，不得不与。"华出，问冕，曰："初无此事，吾臂可断，宰相不可得！"华人言之，上大悦，辅国衔之。肃宗崩，辅国引太子素服于九仙门与宰相相见，叙上皇晏驾。太子俶即位，是为代宗。

李辅国明谓代宗曰："大家但居禁中，外事听老奴处分。"上内不能平，以其方握禁兵，外尊礼之。号辅国为尚父而不名，事无大小皆咨之，群臣出入皆先诣，辅国亦晏然处之。以程元振为左监门卫将军。

上不欲显诛辅国，而盗入其第，窃辅国之首及一臂而去。敕有司捕盗，遣中使存问其家，为刻木首葬之，仍赠太傅。

《通鉴》卷二二二

二四　裴谞谓当先问人之疾苦

河东道租庸、盐铁使裴谞入奏事，代宗问："榷酤之利，岁入几何？"谞久之不对。上复问之，对曰："臣自河东来，所过见菽粟未种，农夫愁怨，臣以为陛下见臣，必先问人之疾苦，乃责臣以营利，臣是以未敢对也。"上谢之，拜左司郎中。

《通鉴》卷二二三

二五　严武骄暴然吐蕃畏之

剑南节度使严武三镇剑南，厚赋敛以穷奢侈，梓州刺史章彝小不副意,召而杖杀之。然吐蕃畏之,不敢犯其境。母数戒其骄暴,武不从,及死,母曰:"吾今始免为官婢矣!"

《通鉴》卷二二三

二六　郭子仪单骑说回纥结盟

　　回纥、吐蕃合兵围泾阳,子仪命诸将严设守备而不战。回纥在城西,子仪使牙将李光瓒等往说之,欲与之共击吐蕃。回纥不信,曰:"郭公固在此乎?汝绐我耳。若果在此,可得见乎?"光瓒还报,子仪曰:"今众寡不敌,难以力胜。昔与回纥契约甚厚,不若挺身往说之,可不战而下也。"诸将请选铁骑五百为卫从,子仪曰:"此适足为害也。"郭晞扣马谏曰:"彼虎狼也,大人国之元帅,奈何以身为虏饵!"子仪曰:"今战,则父子俱死而国家危,往以至诚与之言,或幸而见从,则四海之福也!不然,则身没而家全。"以鞭击其手曰:"去!"遂与数骑开门而出,使人传呼曰:"令公来!"回纥大惊。其大帅药葛罗,可汗之弟也,执弓注矢立于阵前。子仪免胄释甲投枪而进,回纥诸酋长相顾曰:"是也!"皆下马罗拜。子仪亦下马,前执药葛罗手,让之曰:"汝回纥有大功于唐,唐之报汝亦不薄,奈何负约,深入吾地,侵逼畿县,弃前功,结怨仇,何其愚也!今吾挺身而来,听汝执我杀之,我之将士必致死与汝战矣。"药葛罗曰:"今知天可汗在上都,令公复总兵于此,怀恩又为天所杀,我曹岂肯与令公战乎!今请为公尽力，击吐蕃以谢过。"

回纥观者左右为两翼，稍前，子仪麾下亦进，子仪挥手却之，因取酒与其酋长共饮。药葛罗使子仪先执酒为誓，子仪酹地曰："大唐天子万岁！回纥可汗亦万岁！两国将相亦万岁！有负约者，身殒阵前，家族灭绝。"杯至药葛罗，亦酹地曰："如令公誓！"于是诸酋长皆大喜曰："向以二巫师从军，巫言此行甚安稳，不与唐战，见一大人而还，今果然矣。"子仪遗之彩三千匹，酋长分以赏巫。子仪竟与定约而还。

吐蕃闻之，夜引兵遁去。回纥遣其酋长石野那等六人入见天子。

《通鉴》卷二二三

二七　颜真卿谏不得塞谏诤之路

元载专权，恐奏事者攻讦其私，乃请："百官凡论事，皆先白长官，长官白宰相，然后奏闻。"仍以代宗旨谕百官曰："比日诸司奏事烦多，所言多谗毁，故委长官、宰相先定其可否。"

刑部尚书颜真卿上疏，以为："郎官、御史，陛下之耳目。今使论事者先白宰相，是自掩其耳目也。而使天下谓陛下厌听览之烦，托此为辞以塞谏诤之路，臣窃为陛下惜之。天宝以后，李林甫为相，深疾言者，上意不下逮，下情不上达，蒙蔽喑呜，卒成幸蜀之祸。陵夷至于今日，其所从来者渐矣。夫人主大开不讳之路，群臣犹莫敢尽言，况令宰相大臣裁而抑之，则陛下所闻见者不过三数人耳。天下之士从此钳口结舌，陛下见无复言者，以为天下无事可论，是林甫复起于今日也！陛下倘不早寤，渐成孤立，后虽悔之，亦无及矣！"宰相元载闻而恨之，奏真卿诽谤，贬峡州别驾。

《通鉴》卷二二四

二八　杜甫为诗律切情深

杜甫，字子美，少贫不自振，客吴越、齐赵间。李邕奇其材，先往见之。举进士不中第，困长安。会禄山乱，天子入蜀，甫避走三川。肃宗立，自鄜州羸服欲奔行在，为贼所得。至德二年，亡走凤翔上谒，拜右拾遗。

时所在寇夺，甫家寓鄜，弥年艰窭，孺弱至饿死，因许甫自往省视。从还京师，出为华州司功参军。关辅饥，辄弃官去，客秦州，负薪采橡栗自给。流落剑南，结庐成都西郭。会严武节度剑南东、西川，往依焉。武表为参谋，检校工部员外郎。

代宗大历中，出瞿唐，下江陵，溯沅、湘以登衡山，因客耒阳。游岳祠，大水遽至，涉旬不得食，县令具舟迎之，乃得还。令尝馈牛炙白酒，大醉，一夕卒，年五十九。

甫旷放不自检，好论天下大事，高而不切。少与李白齐名，时号"李杜"。尝从白及高适过汴州，酒酣登吹台，慷慨怀古，人莫测也。数尝寇乱，挺节无所污，为歌诗，伤时桡弱，情不忘君。

　　唐兴，诗人承陈、隋风流，浮靡相矜。至宋之问、沈佺期等，研揣声音，浮切不差，而号"律诗"，竞相袭沿。逮开元间，稍裁以雅正，然恃华者质反，好丽者壮违，人得一概，皆自名所长。至甫，浑涵汪茫，千汇万状，兼古今而有之，它人不足，甫乃厌馀，残膏剩馥，沾丐后人多矣。故元稹谓："诗人以来，未有如子美者。"甫又善陈时事，律切精深，至千言不少衰，世号"诗史"。昌黎韩愈于文章慎许可，至歌诗，独推曰："李杜文章在，光焰万丈长。"

《新唐书》卷二〇一

二九　常衮言敛怨求媚不可长

　　代宗生日，诸道节度使献金帛、器服、珍玩、骏马为寿，共值缗钱二十四万。中书舍人常衮上言，以为："节度使非能男耕女织，必取之于人。敛怨求媚，不可长也。请却之。"上不听。

《通鉴》卷二二四

三〇　代宗不听闺房之争

　　郭子仪之子暧尝与升平公主争言，暧曰："汝倚乃父为天子邪？我父薄天子不为！"公主恚，奔车奏之。代宗曰："此非汝所知。彼诚如是，使彼欲为天子，天下岂汝家所有邪？"慰谕令归。子仪闻之，囚暧，入待罪。上曰："鄙谚有之：'不痴不聋，不作家翁。'儿女子闺房之言，何足听也！"子仪归，杖暧数十。

《通鉴》卷二二四

三一　代宗君臣奉佛政刑日紊

元载、王缙、杜鸿渐为相，三人皆好佛。缙尤甚，不食荤血，与鸿渐造寺无穷。代宗亦深信之，常于禁中饭僧百馀人，有寇至则令僧讲《仁王经》以禳之，寇去则厚加赏赐。胡僧不空，官至卿监，爵为国公，出入禁闼，势移权贵，京畿良田美利多归僧寺。敕天下无得棰曳僧尼。造金阁寺于五台山，铸铜涂金为瓦，所费巨亿。缙给中书符牒，令五台僧数十人散之四方，求利以营之。载等每侍上从容，多谈佛事，由是中外臣民承流相化，皆废人事而奉佛，政刑日紊矣。

《通鉴》卷二二四

三二　柳子华修华清宫

柳子华，公绰诸父也。代宗将幸华清宫，先命完葺。子华设棘围于市，徇邑中曰："民有得华清瓦石材用，投围中，逾三日不还者死。"不终日，已山积矣，营办略足。

宰相元载有别墅，以奴主务，自称郎将，怙势纵暴，租赋未尝入官。子华因奴入谒，收付狱，劾发宿罪，杖杀之，一邑震伏。载不敢怨，遣吏厚谢。

《新唐书》卷一六三

三三　萧复不狎流俗

萧复，生戚里，姻从豪汰，以服御舆马相夸，复常衣垢弊，居一室，学自力，非名士凤儒不与游，以清操显。推主荫为宫门郎。代宗广德中，岁大饥，家百口，不自振，议鬻昭应墅。宰相王缙欲得之，使弟紘说曰："以君才宜在左右，胡不以墅奉丞相取右职？"复曰："鬻先人墅以济孀单，吾何用美官，使门内馁且寒乎？"缙憾之，由是废。数岁，乃历歙、池二州刺史，后拜吏部尚书。

复望阀高华，厉名节，不通狎流俗。及为相，临事严方，数咈帝意，故居位亟解。然性孝友，既贬晏然，口未尝言所累。

《新唐书》卷一〇一

三四　于休烈称有德之君不忘规过

肃宗立，于休烈奔行在，擢给事中，迁太常少卿，知礼仪事，兼修国史。帝尝谓曰："良史者，君举必书。朕有过失，顾卿何如？"对曰："禹、汤罪己，其兴也勃焉。

有德之君不忘规过。"

代宗嗣位,拜右散骑常侍,兼修国史,累进工部尚书。虽历清要,不治产。性恭俭仁爱,无喜愠之容。乐贤下善,推毂士甚众。年老,笃意经籍,嗜学不厌。卒年八十一。

《新唐书》卷一〇四

三五　徐浩工楷隶

徐浩,字季海,越州人。肃宗即位,召拜中书舍人。时天下事殷,诏令多出于浩。浩属词赡给,又工楷隶,肃宗悦其能,加兼尚书左丞。玄宗传位诰册,皆浩为之,参两宫文翰,宠遇罕与为比。除国子祭酒,坐事贬庐州长史。

代宗征拜中书舍人、集贤殿学士,寻迁岭南节度观察使,又为吏部侍郎。坐以妾弟冒选,为御史大夫所弹,坐贬明州别驾。

初,浩以文雅称,及授广州,典选部,多积货财,又嬖其妾陈氏,颇干政事,为时论所贬。

《旧唐书》卷一二七

三六　郭子仪一语安朝廷

盗发郭子仪父冢,捕之,不获。人以为鱼朝恩素恶子仪，疑其使之。子仪自奉天入朝，朝廷忧其为变，子仪见上，上语及之，子仪流涕曰："臣久将兵，不能禁暴，军士多发人冢，今日及此，乃天谴，非人事也。"朝廷乃安。

郭子仪入朝，鱼朝恩邀之游章敬寺。元载恐其相结，密使子仪军吏告子仪曰："朝恩谋不利于公。"子仪不听。吏亦告诸将，将士请衷甲以从者三百人。子仪曰："我，国之大臣，彼无天子之命，安敢害我！若受命而来，汝曹欲何为！"乃从家僮数人而往。朝恩迎之，惊其从者之约。子仪以所闻告，且曰："恐烦公耳。"朝恩抚膺捧手流涕曰："非公长者，能无疑乎！"

《通鉴》卷二二四

三七　鱼朝恩骄横被缢杀

鱼朝恩，天宝末以宦者入内侍省，初为品官，给事黄门。性黠惠，善宣答，通书计。肃宗至德中，以朝恩为观军容宣慰处置使。观军容使名，自朝恩始也。时郭子仪频立大功，朝恩妒其功高，屡行间谍。子仪悉心奉上，殊不介意。肃宗特察其心，故朝恩之间不行。代宗深加宠异，改为天下观军容宣慰处置使，朝恩专典神策军，出入禁中，赏赐无算。

朝恩性本凡劣，恃勋自伐，靡所忌惮。时引腐儒及轻薄文士于门下，讲授经籍，作为文章，粗能把笔释义，乃大言于朝士之中，自谓有文武才干，以邀恩宠。代宗优遇之，加判国子监事。朝恩赴国子监视事，特诏宰臣、百僚、六军将军送上，京兆府造食，教坊赐乐。大臣群官二百馀人，皆以本官备章服充附学生，列于监之廊下，给钱万贯充食本，以供学生厨料。朝恩恣横，求取无厌，凡有奏请，以先允为度，幸臣未有其比。

朝恩献通化门外赐庄为寺，以资章敬太后冥福，仍请以章敬为名，复加兴造，穷极壮丽。以城中材木不足充费，乃奏坏曲江亭馆、华清宫观楼及百司行廨给其用，土木之役逾万亿。

朝恩每奏事，以必允为期，朝廷政事有不豫者，辄怒曰："天下事有不由我者邪！"代宗闻之，由是不怿。朝恩养子令徽尚幼，为内给使，衣绿，与同列忿争，归告朝恩。朝恩明日见上曰："臣子官卑，为侪辈所陵，乞赐之紫衣。"上未应，有司已执紫衣于前，令徽服之，拜谢。上强笑曰："儿服紫，大宜称。"心愈不平。

元载测知上旨，乘间奏朝恩专恣不轨，请除之。上亦知天下共怨怒，遂令载为方略。寒食，上置酒宴贵近于禁中，载守中书省。宴罢，朝恩将还营，上留之议事，因责其异图。朝恩自辩，语颇悖慢，左右擒而缢杀之，外无知者。上下诏，罢朝恩观军容等使，内侍监如故。诈云"朝恩受诏乃自缢"，以尸还其家，赐钱六百万以葬。

《旧唐书》卷一八四；《通鉴》卷二二四

三八　元载弄权政以贿成

元载既诛鱼朝恩，代宗宠任益厚，载遂志气骄溢，每众中大言，自谓有文武才略，古今莫及，弄权舞智，政以贿成，僭侈无度。吏部侍郎杨绾，典选平允，性介直，不附载。岭南节度使徐浩，贪而佞，倾南方珍货以赂载。载以绾为国子祭酒，引浩代之。

载有丈人自宣州来，从载求官，载度其人不足任事，但赠河北一书而遣之。丈人不悦，行至幽州，私发书视之，书无一言，惟署名而已。丈人大怒，不得已试谒院僚，判官闻有载书，大惊，立白节度使，遣大校以箱受书，馆之上舍，留宴数日，辞去，赠绢千匹。其威权动人如此。

《通鉴》卷二二四

三九 代宗赐元载自尽

元载专横，王缙附之，二人俱贪。载妻王氏及子伯和、仲武，缙弟、妹及尼出入者，争纳贿赂。又以政事委群吏，士之求进者，不结其子弟及主书卓英倩等，无由自达。城中开南北二第，室宇奢广，当时为冠。近郊作观榭，帐帘什器不徙而供。膏腴别墅，疆畛相望，且数十区。名姝异伎，虽禁中不逮。代宗尽得其状，含容累年，载、缙不悛。

上御延英殿，命收载、缙于政事堂，又收仲武及卓英倩等系狱。命吏部尚书刘晏与御史大夫李涵等同鞫之，载、缙皆伏罪。乃赐载自尽。载请主者："愿得快死！"主者曰："相公须受少污辱，勿怪！"乃脱秽袜塞其口而杀之。贬缙括州刺史。载妻王氏及子伯和、仲武皆伏诛。有司籍载家财，胡椒至八百石，它物称是。

《通鉴》卷二二五

四〇　陈少游以行贿得美官

陈少游，博州人也。幼聪辩，初习《庄》《列》《老子》，为崇玄馆学生，众推引讲经。时同列有私习经义者，期升坐日相问难。及会，少游摄齐升坐，音韵清辩，观者属目。所引文句，悉兼他义，诸生不能对。

代宗时，除桂州刺史。少游以岭徼遐远，欲规求近郡。时中官董秀掌枢密用事，少游乃宿于其里，候其下直，际晚谒之，从容曰："七郎家中人数几何？每月所费复几何？"秀曰："久忝近职，家累甚重，又属时物腾贵，一月过千馀贯。"少游曰："据此之费，俸钱不足支数日，其馀常须数求外人，方可取济。倘有输诚供亿者，但留心庇覆之，固易为力耳。少游虽不才，请以一身独供七郎之费，每岁请献钱五万贯。今见有大半，请即受纳，馀到官续送。免贵人劳虑，不亦可乎？"秀既逾于始望，欣惬颇甚，因与之厚相结。少游言讫，泣曰："南方炎瘴，深怆违辞，但恐不生还再睹颜色矣。"秀遽曰："中丞美才，不当远官，请从容旬日，冀竭蹇分。"时少游又已纳贿于元载子仲武矣。秀、载内外引荐，数日，拜宣州刺史。

少游敛积财宝，累巨亿万，多赂遗权贵，视文雅清流之士，蔑如也。初结元载，每年馈金帛约十万贯，又多纳赂于用事中官骆奉先、刘清潭、吴承倩等，由是美声达于中禁。后见元载在相位年深，以过犯渐见疑忌，少游亦稍疏之。无何，载子伯和贬官扬州，少游外与之交结，而阴使人伺其过失，密以上闻。代宗以为忠，待之益厚。

《旧唐书》卷一二六

四一　张延赏治河南扬州有政绩

代宗大历二年，张延赏拜河南尹，充诸道营田副使。河洛久当兵冲，闾井丘墟，延赏勤身率下，政尚简约，疏导河渠，修筑宫庙，数年间流庸归附，邦畿复完。入朝，拜御史大夫。

寻出为扬州刺史、淮南节度观察等使。属岁旱歉，人有亡去他境者，吏或拘之。延赏曰："夫食，人之所恃而生也，此居而坐毙，适彼而可生，得存吾人，又何限于彼也。"乃具舟楫而遣之，俾吏修其庐室，已其逋债，而归者增于其旧。边江之瓜洲，舟航凑会，而县属江南，延赏奏请以江为界，人甚为便。

延赏尝奏议请省官员，曰："旧制官员繁而且费，州县残破，职此之由。臣所管州县阙官员者，少不下十数年，吏部未尝补授，但令一官假摄，公事亦理。以此言之，员可减无疑也。"德宗然之。及减员人众，道路怨叹，日闻于上，由是官员悉复。卒年六十一。

《旧唐书》卷一二九

四二　杨绾性清简俭素

以太常卿杨绾为中书侍郎，礼部侍郎常衮为门下侍郎，并同平章事。绾性清简俭素，制下之日，朝野相贺。郭子仪方宴客，闻之，减坐中声乐五分之四。京兆尹黎干，骑从甚盛，即日省之，止存十骑。中丞崔宽，第舍宏侈，亟毁撤之。它闻风靡然自化者，不可胜纪。

《通鉴》卷二二五；《新唐书》卷一四二

四三　大历十才子宴集赋诗

李端，登进士第，工诗。大历中，与韩翃、钱起、卢纶等文咏唱和，驰名都下，号"大历十才子"。时郭尚父少子暧尚代宗女升平公主，贤明有才思，尤喜诗人，而端等十人，多在暧之门下。每宴集赋诗，公主坐视帘中，诗之美者，赏百缣。暧因拜官，会十子曰："诗先成者赏。"时端先献，警句云："熏香荀令偏怜小，傅粉何郎不解愁。"主即以百缣赏之。钱起曰："李校书诚有才，此篇宿构也。愿赋一韵正之，请以起姓为韵。"端即襞笺而献曰："方塘似镜草芊芊，初月如钩未上弦。新开金埒教调马，旧赐铜山许铸钱。"暧曰："此愈工也。"起等始服。端自校书郎移疾江南，授杭州司马而卒。

贞元末，卢纶为怀旧诗五十韵，叙其事。

《旧唐书》卷一六三

四四　崔佑甫称物反常为妖

陇右节度使朱泚献猫鼠同乳不相害者以为瑞，常衮帅百官称贺。中书舍人崔佑甫独不贺，曰："物反常为妖，猫捕鼠，乃其职也，今同乳，妖也，何乃贺为！宜诫法吏之不察奸、边吏之不御寇者，以承天意。"

自元载用事，非贿谢不与官，划塞公路，纲纪大坏。载诛，杨绾相，未几卒。常衮当国，惩其敝，凡奏请一杜绝之，惟文辞入第乃得进，然无所甄异，贤愚同滞焉。及佑甫，则荐举惟其人，不自疑畏，推至公以行，未逾年，除吏几八百员，莫不谐允。帝尝谓曰："人言卿拟官多亲旧，何邪？"对曰："陛下令臣进拟庶官，夫进拟者必悉其才行，如不与闻知，何由得其实？"代宗以为然。

《通鉴》卷二二五；《新唐书》卷一四二

四五　段秀实努力护农夫

段秀实，汧阳人。初，秀实为营田官。泾州大将焦令谌取人田自占，给与农，约熟归其半。是岁大旱，农告无入，令谌曰："我知入，不知旱也。"责之急，农无以偿，往诉秀实。秀实署牒免之，因使人逊谕令谌。令谌怒，召农责曰："我畏段秀实邪？"以牒置背上，大杖击二十，舆致廷中。秀实泣曰："乃我困汝。"即自裂裳裹疮注药，卖己马以代偿。淮西将尹少荣颇刚鲠，入骂令谌曰："汝诚人乎！泾州野如赭，人饥死，而尔必得谷，击无罪者。段公，仁信大人，惟一马，卖而市谷入汝，汝取之不耻？凡为人傲天灾、犯大人、击无罪者，尚不愧奴隶邪！"令谌闻，大愧流汗，曰："吾终不可以见段公。"一夕，自恨死。

代宗时，拜四镇北庭行军、泾原郑颍节度使。数年，吐蕃不敢犯塞。又按格令，官使二料取其一，非公会不举乐饮酒，室无妓媵，无赢财，宾佐至，议军政，不及私。

大历十三年来朝，代宗问所以安边者，画地以对，件别条陈。帝悦，慰赍良渥，还之镇。德宗立，加检校礼部尚书。建中初，宰相杨炎追元载议，欲城原州，诏中使问状，秀实言："方春不可兴土功，请须农隙。"炎谓沮己，遂召为司农卿。

及朱泚僭位，欲秀实降。秀实勃然起，以笏击泚，唾泚面大骂曰："狂贼！可磔万段，我岂从汝反邪！我不同反，胡不杀我！"遂遇害，年六十五。

初，秀实自泾州被召，诫其家曰："若过岐，泚必致赠遗，慎毋纳。"至岐，泚固致大绫三百，家人拒，不遂。至都，秀实怒曰："吾终不以污吾第。"以置司农治堂之梁间。吏后以告泚，泚取视，其封帕完新。

柳宗元称："世言段太尉，大抵以为武人，一时奋不虑死以取名，非也。太尉为人姁姁，常低首拱手行步，言气卑弱，未尝以色待物，人视之，儒者也。遇不可，必达其志，决非偶然者。"

《新唐书》卷一五三

四六　崔倰废贸易不出境之禁

崔倰，字德长，佑甫从子也。性介洁，矜己之清，视赃负者若仇。以苏州刺史奏课第一，迁湖南观察使。湖南旧法，虽丰年，贸易不出境，邻部灾荒不恤也。倰至，谓属吏曰："此岂人情乎？无闭籴以重困民。"削其禁。自是商贾流通，货物益饶。

《新唐书》卷一四二

四七　德宗禁献祥瑞

代宗卒，太子适即位，是为德宗。德宗诏曰："泽州刺史李鷃上《庆云图》。朕以时和年丰为嘉祥，以进贤显忠为良瑞，如卿云、灵芝、珍禽、奇兽、怪草、异木，何益于人！布告天下，自今有此，无得上献。"内庄宅使上言诸州有官租万四千馀斛，上令分给所在充军储。先是，诸国屡献驯象，凡四十有二，上曰："象费刍养而违物性，将安用之！"命纵于荆山之阳，及豹、貀、斗鸡、猎犬之类，悉纵之，又出宫女数百人。于是中外皆悦，淄青军士，至投兵相顾曰："明主出矣，吾属犹反乎！"

《通鉴》卷二二五

四八　德宗禁宦官求贿

代宗优宠宦官,奉使四方者,不禁其求取。尝遣中使赐妃族,还,问所得颇少,代宗不悦,以为轻我命。妃惧,遽以私物偿之。由是中使公求赂遗,无所忌惮。宰相尝贮钱于阁中,每赐一物,宣一旨,无徒还者,出使所历州县,移文取货,与赋税同,皆重载而归。德宗素知其弊。遣中使邵光超赐李希烈旌节,希烈赠之仆、马及缣七百匹,黄茗二百斤。上引闻之,怒,杖光超六十而流之。于是中使之未归者,皆潜弃所得于山谷,虽与之,莫敢受。

《通鉴》卷二二五

四九　杨炎建言财赋归左藏

旧制,天下金帛皆贮于左藏,太府四时上其数,比部覆其出入。及第五琦为度支、盐铁使,时京师多豪将,求取无节,琦不能制,乃奏尽贮于大盈内库,使宦官掌之,天子亦以取给为便,故久不出。由是以天下公赋为人君私藏,有司不复得窥其多少、校其赢缩,殆二十年。宦官领其事者三百馀员,皆蚕食其中,蟠结根据,牢不可动。宰相杨炎顿首于德宗前曰:"财赋者,国之大本,生民之命,重轻安危,靡不由之,是以前世皆使重臣掌其事,犹或耗乱不集。今独使中人出入盈虚,大臣皆不得知,政之蠹敝，莫甚于此。请出之以归有司。度宫中岁用几何，量数奉入，不敢有乏。如此，然后可以为政。"上即日下诏："凡财赋皆归左藏，一用旧式，岁于数中择精好者三、五千匹，进入大盈。"炎以片言移人主意，议者称之。

又请行两税法，天下利之。自是人不土断而地著，赋不加敛而增入，版籍不造而得其虚实，吏不诚而奸无所取，轻重之权始归朝廷矣。

后为卢杞所诬，贬官，赐死。

《通鉴》卷二二六；《新唐书》卷一四五

五〇 杨炎解救令狐峘

德宗建中初，令狐峘为礼部侍郎。杨炎执政，炎出故宰相杜鸿渐门下，其子封求弘文生，以托峘，峘谢使者曰："得公手署，峘得以识。"炎不疑，署送之。峘即日奏言："宰相迫臣以私，从之负陛下，不从则害臣。"帝以诘炎，炎具道所以然。帝怒曰："此奸人，无可奈何！"欲杀之，炎苦救解，乃贬衡州别驾，迁刺史。

《新唐书》卷一〇二

五一 刘晏善于理财

初，安、史之乱，数年间，天下户口什亡八九，州县多为藩镇所据，贡赋不入，朝廷府库耗竭。中国多故，戎狄每岁犯边，所在宿重兵，仰给县官，所费不赀，皆倚办于晏。晏初为转运使，独领陕东诸道，陕西皆度支领之，末年兼领，未几而罢。

晏有精力，多机智，变通有无，曲尽其妙。常以厚值募善走者，置递相望，觇报四方物价，虽远方，不数日皆达使司，食货轻重之权，悉制在掌握，国家获利，而天下无甚贵甚贱之忧。常以为："办集众务，在于得人，故必择通敏、精悍、廉勤之士而用之。至于勾检簿书、出纳钱谷，事虽至细，必委之士类。吏惟书符牒，不得轻出一言。"常言："士陷赃贿，则沦弃于时，名重于利，故士多清修；吏虽洁廉，终无显荣，利重于名，故吏多贪污。"然惟晏能行之，它人效者终莫能逮。

晏始为转运使，时天下见户不过二百万，其季年乃三百馀万，在晏所统则增，非晏所统则不增也。其初财赋岁入不过四百万缗，季年乃千馀万缗。

晏专用榷盐法充军国之用。时自许、汝、郑、邓之西，皆食河东池盐，度支主之；汴、滑、唐、蔡之东，皆食海盐，晏主之。晏以为官多则民扰，故但于出盐之乡置盐官，收盐户所煮之盐转鬻于商人，任其所之，自馀州县不复置官。其江岭间去盐乡远者，转官盐于彼贮之。或商绝盐贵，则减价鬻之，谓之常平盐，官获其利而民不乏盐。其始江、淮盐利不过四十万缗，季年乃六百馀万缗，由是国用充足而民不困弊。

晏为人勤力，事无闲剧，必于一日中决之，不使留宿，后来言财利者皆莫能及之。

《通鉴》卷二二六

五二　德宗寻母心切

　　高力士有养女嫠居东京，颇能言宫中事，女官李真一意其为安史之乱中失踪多年之沈太后，诣使者具言其状。德宗闻其母在，惊喜。时沈氏故老已尽，无识太后者，上遣宦官、宫人征验视之，年状颇同，宦官、宫人不审识太后，皆言是。高氏辞称实非太后，验视者益疑之，强迎入居上阳宫。上发宫女百馀人，赍乘舆御物就上阳宫供奉。左右诱谕百方，高氏心动，乃自言是。验视者走马入奏，上大喜。诏有司草仪奉迎。高氏弟承悦在长安，恐不言，久获罪，遽自言本末。

　　上命力士养孙樊景超往覆视，景超见高氏居内殿，以太后自处，左右侍卫甚严。景超谓高氏曰："姑何自置身于俎上！"左右叱景超使下，景超抗声曰："有诏，太后诈伪，左右可下。"左右皆下殿。高氏乃曰："吾为人所强，非己出也。"以牛车载还其家。

　　上恐后人不复敢言太后，皆不之罪，曰："吾宁受百欺，庶几得之。"自是四方称得太后者数四，皆非是，而真太后竟不知所之。

《通鉴》卷二二六

五三　郭子仪福禄寿俱全

　　郭子仪尝奏除州县官一人，不报，僚佐相谓曰："以令公勋德，奏一属吏而不从，何宰相之不知体！"子仪闻之，谓僚佐曰："自兵兴以来，方镇武臣多跋扈，凡有所求，朝廷常委曲从之，此无他，乃疑之也。今子仪所奏事，人主以其不可行而置之，是不以武臣相待而亲厚之也。诸君可贺矣，又何怪焉！"闻者皆服。

德宗用法严，百官震悚。以山陵近，禁人屠宰，郭子仪之隶人潜杀羊，载以入城，右金吾将军裴谞奏之。或谓谞曰："郭公有社稷大功，君独不为之地乎？"谞曰："此乃吾所以为之地也。郭公勋高望重，上新即位，以为群臣附之者众，吾故发其小过，以明郭公威权不足畏也。如此，上尊天子，下安大臣，不亦可乎！"

汾阳忠武王郭子仪卒。子仪为上将，拥强兵，程元振、鱼朝恩谗谤百端，诏书一纸征之，无不即日就道，由是谗谤不行。尝遣使至田承嗣所，承嗣西望拜之曰："此膝不屈于人若干年矣！"李灵曜据汴州作乱，公私物过汴者皆留之，惟子仪物不敢近，遣兵卫送出境。校中书令考凡二十四，月入俸钱二万缗，私产不在焉，府库珍货山积。家人三千人，八子、七婿皆为朝廷显官。诸孙数十人，每问安，不能尽辩，颔之而已。仆固怀恩、李怀光、浑瑊辈皆出麾下，虽贵为王公，常颐指役使，趋走于前，家人亦以仆隶视之。天下以其身为安危者殆三十年，功盖天下而主不疑，位极人臣而众不疾，穷奢极欲而人不非之，年八十五而终。

《通鉴》卷二二五、卷二二六、卷二二七

五四　卢杞貌陋心险排斥忠良

御史中丞卢杞，貌丑，色如蓝，有口辩。德宗悦之，擢为大夫，领京畿观察使。郭子仪每见宾客，姬妾不离侧。杞尝往问疾，子仪悉屏侍妾，独隐几待之。或问其故，子仪曰："杞貌陋而心险，妇人辈见之必笑，他日杞得志，吾族无类矣！"

杨炎既杀刘晏，朝野侧目，上恶之，由是有诛炎之志，隐而未发。迁炎中书侍郎，擢卢杞为门下侍郎，并同平章事，不专任炎矣。杞蕞陋，无文学，炎轻之，多托疾不与会食，杞亦恨之。杞阴狡，欲起势立威，小不附者必欲置之死地，引太常博士裴延龄为集贤殿直学士，亲任之。

德宗初即位时，崔佑甫为相，务崇宽大，故当时政声蔼然。及卢杞为相，知上性多忌，因以疑似离间群臣，始劝上以严刻御下。卢杞恶太子太师颜真卿，欲出之于外。真卿谓杞曰："先中丞传首至平原，真卿以舌舐面血。今相公忍不相容乎！"杞矍然起拜，然恨之益甚。

卢杞秉政，知上必更立相，恐其分己权，乘间荐吏部侍郎关播为中书侍郎、同平章事。关播儒厚，政事皆决于杞，播等敛衽无所可否。上尝从容与宰相论事，播意有所不可，起立欲言，杞目之而止。还至中书，杞谓播曰："以足下端悫少言，故相引至此，向者奈何发口欲言邪！"播自是不复敢言。

《通鉴》卷二二六、卷二二七

五五　李希烈杀颜真卿

李希烈自称天下都元帅、建兴王。卢杞说德宗，命真卿诣许州宣慰希烈。诏下，举朝失色。

真卿乘驿至东都，郑叔则曰："往必不免，宜少留，须后命。"真卿曰："君命也，将焉避之！"遂行。李勉表言："失一元老，为国家羞，请留之。"又使人邀真卿于道，不及。真卿与其子书，但敕以"奉家庙，抚诸孤"而已。

至许州，欲宣诏旨，希烈使千馀人环绕谩骂，拔刃拟之，为将剚哜之势。真卿足不移，色不变。希烈遽以身蔽之，麾众令退，馆真卿而礼之，留真卿不遣。

真卿叱之曰："汝知有骂安禄山而死者颜杲卿乎？乃吾兄也。吾年八十，知守节而死耳，岂受汝曹诱胁乎！"希烈乃使甲士十人守真卿于馆舍，掘坎于庭，云欲坑之。真卿怡然，见希烈曰："死生已定，何必多端！亟以一剑相与，岂不快公心事邪！"

李希烈攻李勉于汴州，驱民运土木，筑垒道，以攻城。忿其未就，并人填之，谓之湿薪。勉城守累月，外救不至，将其众万馀人奔宋州。希烈陷大梁。李希烈称帝，杀颜真卿。

《通鉴》卷二二八、卷二二九

唐（下）（公元756年至906年）

五六　陆贽献策

　　陆贽，字敬舆，苏州嘉兴人。贽少孤，特立不群，颇勤儒学。年十八登进士第，东归省母，路由寿州，刺史张镒有时名，贽往谒之。镒遂大称赏，请结忘年之契。及辞，遗贽钱百万，曰："愿备太夫人一日之膳。"贽不纳，唯受新茶一串而已，曰："敢不承君厚意。"迁监察御史。德宗在东宫时，素知贽名，乃召为翰林学士，转祠部员外郎，数问以得失。

　　时两河用兵久不决，赋役日滋，贽以兵穷民困，恐别生内变，乃上奏，其略曰："克敌之要，在乎将得其人；驭将之方，在乎操得其柄。将非其人者，兵虽众不足恃；操失其柄者，将虽材不为用。"又曰："将不能使兵，国不能驭将，非止费财玩寇之弊，亦有不戢自焚之灾。"又曰："今两河、淮西为叛乱之帅者，独四五凶人而已。尚恐其中或傍遭迕误，内蓄危疑。苍黄失图，势不得止。况其馀众，盖并胁从，苟知全生，岂愿为恶！"又曰："无纾目前之虞，或兴意外之患。人者，邦之本也。财者，人之心也。其心伤则其本伤，其本伤则枝干颠瘁矣。"又曰："人摇不宁，事变难测，是以兵贵拙速，不尚巧迟。若不靖于本而务救于末，则救之所为，乃祸之所起也。"上不能用。

《旧唐书》卷一三九；《通鉴》卷二二八

五七　德宗出走奉天乃自责

朱泚作乱，攻克长安。德宗出走奉天，泚攻围奉天经月，城中资粮俱尽。上尝遣健步出城觇贼，其人恳以苦寒为辞，跪奏乞一襦袴。上为之寻求不获，竟悯默而遣之。时供御才有粝米二斛，每伺贼之休息，夜缒人于城外，采芜菁根而进之。上召公卿将吏谓曰："朕以不德，自陷危亡，固其宜也。公辈无罪，宜早降，以救室家。"群臣皆顿首流涕，期尽死力，故将士虽困急而锐气不衰。

《通鉴》卷二二九

五八　卢杞阻德宗见李怀光

李怀光性粗疏，自山东来赴难，数与人言卢杞、赵赞、白志贞之奸佞，且曰："天下之乱，皆此曹所为也！吾见上，当请诛之。"既解奉天之围，自矜其功，谓上必接以殊礼。或说王翃、赵赞曰："怀光缘道愤叹，以为宰相谋议乖方，度支赋敛烦重，京尹犒赐刻薄。致乘舆播迁者，三臣之罪也。今怀光新立大功，上必披襟布诚，询访得失，使其言入，岂不殆哉！"翃、赞以告卢杞。杞惧，从容言于上曰："怀光勋业，社稷是赖，贼徒破胆，皆无守心，若使之乘胜取长安，则一举可以灭贼，此破竹之势也。今听其入朝，必当赐宴，留连累日，使贼入京城，得从容成备，恐难图矣！"上以为然。诏怀光直引军屯便桥。

怀光自以数千里竭诚赴难，破朱泚，解重围，而咫尺不得见天子，意殊怏怏，曰："吾今已为奸臣所排，事可知矣！"遂引兵去。

《通鉴》卷二二九

五九　李晟功成被罢兵柄

德宗时，李晟于平朱泚之乱有大功，位列将相。后，德宗纳张延赏之言，罢晟兵柄。册拜晟为太尉、中书令，奉朝请而已。晟既罢兵权，朝谒之外，罕所过从。晟为相，每当上所顾问，必极言匪躬，尽大臣之节。性沉默，未尝泄于所亲。临下明察，每理军，必曰某有劳，某能其事，虽厮养小善，必记姓名。尤恶下为朋党相构，好善嫉恶，出于天性。尝有恩者，厚报之。理家以严称，诸子侄非晨昏不得谒见，言不及公事。

《旧唐书》卷一三三

六〇　陆贽论应与天下同欲恶

德宗问陆贽以当今切务。贽以向日致乱，由上下之情不通，劝上接下从谏，乃上疏，其略曰："臣谓当今急务，在于审察群情，若群情之所甚欲者，陛下先行之；所甚恶者，陛下先去之。欲恶与天下同而天下不归者，自古及今，未之有也。夫理乱之本，系于人心，况乎当变故动摇之时，在危疑向背之际，人之所归则植，人之所去则倾，陛下安可不审察群情，同其欲恶，使亿兆归趣，以靖邦家乎！此诚当今之所急也。"

又曰："舟即君道，水即人情。舟顺水之道乃浮，违则没；君得人之情乃固，失则危。是以古先圣王之居人上也，必以其欲从天下之心，而不敢以天下之人从其欲。"

又曰："唯信与诚，有失无补。一不诚则心莫之保，一不信则言莫之行。"又曰："驭之以智则人诈，示之以疑则人偷。上行之则下从之，上施之则下报之。若诚不尽于己而望尽于人，众必怠而不从矣。不诚于前而曰诚于后，众心疑而不信矣。是知诚信之道，不可斯须而去身。愿陛下慎守而行之有加，恐非所以为悔者也！"

《通鉴》卷二二九

六一　萧复朴直德宗拒谏

吏部尚书、平章事萧复，尝言于德宗曰："宦官自艰难以来，多为监军，恃恩纵横。此属但应掌宫掖之事，不宜委以兵权国政。"上不悦。又尝言："陛下践祚之初，圣德光被，自用杨炎、卢杞黩乱朝政，以致今日。陛下诚能变更睿志，臣敢不竭力？倘使臣依阿苟免，臣实不能。"又尝与卢杞同奏事，杞顺上旨，复正色曰："卢杞言不正！"上愕然，退，谓左右曰："萧复轻朕！"

复门望高华，志砺名节，与流俗不甚通狎。及登台辅，临事不苟，颇为同列所嫉，以故居位不久。卒年五十七。

《通鉴》卷二二九；《旧唐书》卷一二五

六二　德宗貌从陆贽心不悦

民有献瓜果者，德宗欲以散试官授之，访于陆贽，贽上奏，以为："爵位恒宜慎惜，不可轻用。起端虽微，流弊必大。献瓜果者，止可赐之钱帛，不当酬以官。"上曰："试官虚名，无损于事。"贽又上奏，其略曰："自兵兴以来，财赋不足以供赐，而职官之赏兴焉。青朱杂沓于胥徒，金紫普施于舆皂。当今所病，方在爵轻，设法贵之，犹恐不重，若又自弃，将何劝人！"

贽在翰林，为上所亲信，居艰难中，虽有宰相，大小之事，上必与贽谋之，故当时谓之内相，上行止必与之俱。然贽数直谏，迕上意，卢杞虽贬官，上心庇之。贽极言杞奸邪致乱，上虽貌从，心颇不悦，故贽恩遇虽隆，未得为相。为裴延龄所谗，贬官外放，卒年五十二。

贽所言皆剀拂帝短，恳到深切。或规其太过者，对曰："吾上不负天子，下不负所学，遑它恤乎？"既放荒远，常阖户，人不识其面。又避谤不著书，地苦瘴疠，只为《今古集验方》五十篇示乡人云。

《通鉴》卷二三〇；《新唐书》卷一五七

六三　韩滉强力严毅所用得人

镇海节度使韩滉欲遣使献绫罗四十担诣行在，幕僚何士干请行，滉喜曰："君能相为行，请今日过江。"士干许诺，归别家，则家之薪米储偫已罗门庭矣，登舟，则资装器用已充舟中矣。下至厕筹，滉皆手笔记列，无不周备。又运米百艘以饷李晟，自负囊米至舟中，将佐争举之，须臾而毕。艘置五弩手以为防援，有寇则叩舷相警，五百弩已彀矣。比至渭桥，盗不敢近。时关中兵荒，米斗值钱五百，及滉米至，减五之四。滉为人强力严毅，自奉俭素，夫人常衣绢裙，破，然后易。

滉久在二浙，所辟僚佐，各随其长，无不得人。尝有故人子谒之，考其能，一无所长，滉与之宴，竟席未尝左右视及与并坐交言。后数日，署为随军，使监库门。其人终日危坐，吏卒无敢妄出入者。

《通鉴》卷二三一、卷二三二

六四　韩滉居重位性节俭

韩滉自浙西入觐，朝廷委政待之，至于调兵食，笼盐铁，勾官吏赃罚，锄豪强兼并，德宗悉仗焉。每奏事，或日旰，他相充位而已，公卿救过不能暇，无敢枝梧者。

滉，虽为宰相韩休之子，性节俭，衣裘茵衽，十年一易。甚暑不执扇，居处陋薄，取庇风雨。门当列戟，以父时第门不忍坏，乃不请。堂先无挟庑，弟洄稍增补之，滉见即撤去，曰："先君容焉，吾等奉之，常恐失坠。若摧圮，缮之则已，安敢改作以伤俭德？"居重位，清洁疾恶，不为家人资产。自始仕至将相，乘五马，无不终枥下。好鼓琴，书得张旭笔法，画与宗人干相埒。尝自言："不能定笔，不可论书画。"以非急务，故自晦，不传于人。

《旧唐书》卷一二五；《新唐书》卷一二六

六五　李勉为宗臣表率

宗室李勉少贫狭，客梁、宋，与诸生共逆旅，诸生疾且死，出白金曰："左右无知者，幸君以此为我葬，馀则君自取之。"勉许诺，既葬，密置馀金棺下。后其家谒勉，共启墓出金付之。德宗时，居相二岁，所得奉赐，悉遗亲党，身没，无赢藏。其在朝廷，鲠亮廉介，为宗臣表。礼贤下士有终始。遣戍兵，常视其资粮，春秋存问家室，故能得人死力。善鼓琴，有所自制，天下宝之。

《新唐书》卷一三一

六六　李实为政暴虐聚敛进奉

德宗贞元十九年，李实为京兆尹，恃宠强愎，不顾文法，人皆侧目。二十年春夏旱，关中大歉，实为政猛暴，方务聚敛进奉，以固恩顾，百姓所诉，一不介意。因入对，德宗问人疾苦，实奏曰："今年虽旱，谷田甚好。"由是租税皆不免，人穷无告，乃彻屋瓦木，卖麦苗以供赋敛。优人成辅端因戏作语，为秦民艰苦之状云："秦地城池二百年，何期如此贱田园，一顷麦苗硕五米，三间堂屋二千钱。"实闻之怒，言辅端诽谤国政，德宗遽令决杀。京师无不切齿以怒实。

二十一年，有诏蠲畿内逋租，实违诏征之，百姓大困，官吏多遭笞罚，剥割掊敛，聚钱三十万贯，京师贵贱同苦其暴虐。顺宗在谅阴逾月，实毙人于府者十数，遂议逐之，乃贬通州长史。制出，市人皆袖瓦石投其首。实知之，由月营门自苑西出，人人相贺。

《旧唐书》卷一三五

六七　柳浑称头可断舌不可禁

兵部侍郎、同平章事柳浑与张延赏俱为相，浑议事数异同，延赏使所亲谓曰："相公旧德，但节言于庙堂，则重位可久。"浑曰："为吾谢张公，柳浑头可断，舌不可禁！"由是交恶。德宗好文雅缊藉，而浑质直轻佻，无威仪，于上前时发俚语。上不悦，欲黜为王府长史，李泌言："浑褊直无他。故事，罢相无为长史者。"又欲以为王傅，泌请以为常侍，上曰："苟得罢之，无不可者。"浑罢为左散骑常侍。

《通鉴》卷二三三

六八　赵光奇称诏令不信百姓愁苦

是岁最为丰稔，米斗值钱百五十、粟八十，诏所在和籴。德宗畋于新店，入民赵光奇家，问："百姓乐乎？"对曰："不乐。"上曰："今岁颇稔，何为不乐？"对曰："诏令不信。前云两税之外悉无它徭，今非税而诛求者殆过于税。后又云和籴，而实强取之，曾不识一钱。始云所籴粟麦纳于道次，今则遣致京西行营，动数百里，车摧牛毙，破产不能支。愁苦如此，何乐之有！每有诏书优恤，徒空文耳！恐圣主深居九重，皆未知之也！"上仅命复其家，其馀未有作为。

《通鉴》卷二三三

六九　李泌与德宗论宰相

李泌自陈衰老，独任宰相，精力耗竭，既未听其去，乞更除一相。德宗曰："朕深知卿劳苦，但未得其人耳。"上从容与泌论即位以来宰相，曰："卢杞忠清强介，人言杞奸邪，朕殊不觉其然。"泌曰："人言杞奸邪而陛下独不觉其奸邪，此乃杞之所以为奸邪也。倘陛下觉之，岂有建中之乱乎！杞以私隙杀杨炎，挤颜真卿于死地，激李怀光使叛，赖陛下圣明窜逐之，人心顿喜，天亦悔祸。不然，乱何由弭！"

上曰："杨炎以童子视朕，每论事，朕可其奏则悦，与之往复问难，即怒而辞位，观其意以朕为不足与言故也。以是交不可忍，非由杞也。"

上曰："卢杞小心，朕所言无不从。又无学，不能与朕往复，故朕所怀常不尽也。"对曰："杞言无不从，岂忠臣乎！夫'言而莫予违'，此孔子所谓'一言丧邦'者也！"

上曰："惟卿则异彼。朕言当，卿有喜色；不当，常有忧色。虽时有逆耳之言，朕细思之，皆卿先事而言，如此则理安，如彼则危乱，言虽深切而气色和顺，无杨炎之陵傲。朕问难往复，卿辞理不屈，又无好胜之志，直使朕中怀已尽屈服而不能不从，此朕所以私喜于得卿也。"

《通鉴》卷二三三

七〇　贾耽好地理学

德宗时，贾耽征为右仆射、同中书门下平章事。耽好地理学，凡四夷之使及使四夷还者，必与之从容，讯其山川土地之终始。是以九州之夷险，百蛮之土俗，区分指画，备究源流。耽乃画陇右、山南图，兼黄河经界远近，聚其说为书十卷。

耽性长者，不喜臧否人物。自居相位，凡十三年，虽不能以安危大计启沃于人主，而常以检身厉行以律人。每自朝归第，接对宾客，终日无倦。至于家人近习，未尝见其喜愠之色。

《旧唐书》卷一三八

七一　于頔有政绩而横暴

德宗时，于頔为湖州刺史。因行县至长城方山，其下有水曰西湖，南朝疏凿，溉田三千顷，久堙废。頔命设堤塘以复之，岁获粳稻蒲鱼之利，人赖以济。州境陆地褊狭，其送终者往往不掩其棺椁，頔葬朽骨凡十馀所。改苏州刺史，浚沟渎，整街衢，至今赖之。吴俗事鬼，頔疾其淫祀废生业，神宇皆撤去，唯吴太伯、伍员等三数庙存焉。

虽为政有绩，然横暴已甚。迁陕虢观察使，自以为得志，益恣威虐，官吏日加科罚。掾姚岘不胜其虐，与其弟泛舟于河，遂自投而死。

《旧唐书》卷一五六

七二　裴延龄奸诈媚上

裴延龄奏管官吏太多，自今缺员请且勿补，收其俸以实府库。德宗欲修神龙寺，须五十尺松，不可得。延龄曰："臣近见同州一谷，木数千株，皆可八十尺。"上曰："开元、天宝间求美材于近畿犹不可得，今安得有之？"对曰："天生珍材，固待圣君乃出，开元、天宝何从得之！"

延龄奏："左藏库司多有失落，近因检阅使置簿书，乃于粪土之中得银十三万两，其匹缎杂货百万有馀。此皆已弃之物，即是羡馀，悉应移入杂库以供别敕支用。"太府少卿韦少华不伏，抗表称："此皆每月申奏见在之物，请加推验。"执政请令三司详覆。上不许，亦不罪少华。

延龄每奏对，恣为诡谲，皆众所不敢言，亦未尝闻者，延龄处之不疑。上亦颇知其诞妄，但以其好诋毁人，冀闻外事，故亲厚之。群臣畏延龄有宠，莫敢言，惟盐铁转运使张滂、京兆尹李充、司农卿李铦以职事相关，时证其妄，而陆贽独以身当之，日陈其不可用。贽上书言延龄奸诈，曰："昔赵高指鹿为马，臣谓鹿之与马，物类犹同，岂若延龄掩有为无，指无为有。"又曰："延龄凶妄，流布寰区，上自公卿近臣，下逮舆台贱品，喧喧谈议，亿万为徒，能以上言，其人有几！臣以卑鄙，任当台衡，情激于衷，虽欲罢而不能自默也。"书奏，上不悦，待延龄益厚。

延龄恃得君，谓必辅政，少所降下，至谩骂迩臣，时人侧目。属疾卧第，载度支官物输之家，无敢言。帝念之，使者日三辈往。死，年六十九。人语以相安，唯帝悼不已。

《通鉴》卷二三五；《新唐书》卷一六七

七三　阳城谦恭简素伏阙直谏

阳城，资好学，贫不能得书，求为吏，隶集贤院，窃院书读之，昼夜不出户，六年，无所不通。及进士第，乃去隐中条山。

城谦恭简素，遇人长幼如一。远近慕其行，来学者迹接于道。间里有争讼，不诣官而诣城决之。尝绝粮，遣奴求米，奴以米易酒，醉卧于路。城怪其故，与弟迎之，奴未醒，乃负以归。及觉，痛咎谢，城曰："寒而饮，何责焉？"岁饥，屏迹不过邻里，屑榆为粥，讲论不辍。山东节度府闻城义者，发使遗五百缣，戒使者不令返。城固辞，使者委而去，城置之未尝发。会里人郑俶欲葬亲，贷于人无得，城知其然，举缣与之。

阳城自处士征为谏议大夫，拜官不辞。未至京师，人皆想望风采，曰："城必谏诤，死职下。"及至，诸谏官纷纷言事细碎，天子益厌苦之。而城方与二弟及客日夜痛饮，人莫能窥其际，皆以为虚得名耳。前进士河南韩愈作《争臣论》以讥之，城亦不以屑意。有欲造城而问者，城揣知其意，辄强与酒。客或时先醉仆席上，城或时先醉卧客怀中，不能听客语。及陆贽等坐贬，德宗怒未解，中外惴恐，以为罪且不测，无敢救者。城闻而起曰："不可令天子信用奸臣，杀无罪人。"即帅拾遗王仲舒、右补阙熊执易等守延英门，上疏论延龄奸佞，贽等无罪。上大怒，欲加城等罪。太子为之营救，上意乃解，令宰相谕遣之。阳城曰："脱以延龄为相，城当取白麻坏之，恸哭于庭。"

《新唐书》卷一九四；《通鉴》卷二三五

七四　归登不进趋远权势

归登，德宗贞元初，为右拾遗。时裴延龄得幸，德宗欲遂以相，右补阙熊执易疏论之，以示登，登动容曰："愿窜吾名，雷霆之下，君难独处。"故同列有所谏正，辄联署无所回讳。转右补阙、起居舍人，凡十五年，僚类有出其下而进趋，自喜得显官，惟登与右拾遗蒋武退然远权势，终不以淹晚慨怀。

登性温恕，家僮为马所踢，笞折马足，登知，不加责。有遗金石不死药者，绐曰已尝，及登服几死，讯之，乃未之尝，人皆为怒，而登不为愠。

《新唐书》卷一六四

七五　李益李贺长于歌诗

李益，登进士第，长为歌诗。德宗贞元末，与宗人李贺齐名。每作一篇，为教坊乐人以赂求取。唱为供奉歌词。其《征人歌》《早行篇》，好事者画为屏障；"回乐峰前沙似雪，受降城外月如霜"之句，天下以为歌词。然少有痴病，而多猜忌，防闲妻妾，过为苛酷，而有散灰扃户之谭闻于时，故时谓妒痴为"李益疾"。

李贺，字长吉，宗室郑王之后。手笔敏捷，尤长于歌篇。其文思体势，如崇岩峭壁，万仞崛起，当时文士从而效之，无能仿佛者。其乐府词数十篇，至于云韶乐工，无不讽诵。

《旧唐书》卷一三七

七六　德宗专意聚敛

德宗以奉天窘乏，故还宫以来，尤专意聚敛。藩镇多以进奉市恩，皆云"税外方圆"，亦云"用度羡馀"，其实或割留常赋，或增敛百姓，或减刻吏禄，或贩鬻蔬果，往往私自入，所进才什一二。李兼在江西有月进，韦皋在西川有日进。其后常州刺史裴肃以进奉迁浙东观察使，刺史进奉自肃始。及判官严绶掌留务，竭府库以进奉，征为刑部员外郎，幕僚进奉自绶始。

《通鉴》卷二三五

七七　宦者以宫市夺百姓货

初，宫中市外间物，令官吏主之，随给其值。比岁以宦者为使，谓之宫市，抑买人物，稍不如本估。其后不复行文书，置白望数百人于两市及要闹坊曲，阅人所卖物，但称宫市，则敛手付与，真伪不复可辩，无敢问所从来及论价之高下者，率用值百钱物买人值数千物，多以红紫染故衣、败缯，尺寸裂而给之，仍索进奉门户及脚价钱。人将物诣市，至有空手而归者，名为宫市，其实夺之。商贾有良货，皆深匿之。每敕使出，虽沽浆、卖饼者皆撤业闭门。

尝有农夫以驴负柴，宦者称宫市取之，与绢数尺，又就索门户，仍邀驴送柴至内。农夫啼泣，以所得绢与之，不肯受，曰："须得尔驴。"农夫曰："我有父母妻子，待此然后食。今以柴与汝，不取值而归，汝尚不肯，我有死而已。"遂殴宦者。街吏擒以闻，诏黜宦者，赐农夫绢十匹。然宫市亦不为之改，谏官御史数奏疏谏，不听。

《通鉴》卷二三五

七八　齐映掊敛贡奉以求进

德宗兴元初，御史中丞齐映从幸梁州，每过险，映常执辔。会御马遽骇，奔跳颇甚，帝惧伤映，令舍辔，映坚执久之，乃止。帝问其故，曰："马奔蹶，不过伤臣，如舍之，或犯清尘，虽臣万死，何以塞责？"上嘉奖无已。在梁州，拜给事中。迁同平章事，无所是非。

后，贬官外放。映常以顷为相辅，无大过而罢，冀其复入用，乃掊敛贡奉，及大为金银器以希旨。先是，银瓶高者五尺馀，李兼为江西观察使，乃进六尺者。至是，因帝诞日端午，映为瓶高八尺者以献。

《旧唐书》卷一三六

七九　阳城治民如治家

阳城为道州刺史。至道州，城治民如治家，宜罚罚之，宜赏赏之。月俸取足则已，官收其馀。日炊米二斛，鱼一大鬵，置瓯杓道上，人共食之。州产侏儒，岁贡诸朝，城哀其生离，无所进。帝使求之，城奏曰："州民尽短，若以贡，不知何者可供。"自是罢。州人感之，以"阳"名子。

州之赋税不登，观察使数加诮让，城自署其考曰："征科政拙，考下下。"观察使遣判官督其赋，至州，城先自囚于狱。判官大惊，驰入，谒城于狱曰："使君何罪！某奉命来候安否耳。"留一二日未去，城不复归。馆门外有故门扇横地，城昼夜坐卧其上，判官不自安，辞去。其后又遣它判官往按之，它判官载妻子行中道逸去。

顺宗立，召城，而城已卒，年七十。

《新唐书》卷一九四；《通鉴》卷二三五

八〇　袁滋治州慈惠为本

德宗时，袁滋为华州刺史。政清简，流民至者，给地居之，名其里曰义合。然专以慈惠为本，未尝设条教，民爱向之。有犯令，时时法外纵舍。得盗贼，或哀其穷，出财为偿所亡。召为左金吾卫大将军，以杨于陵代之。滋行，耆老遮道不得去，于陵使谕曰："吾不敢易袁公政。"人皆罗拜，乃得去，莫不流涕。

《新唐书》卷一五一

八一　陆羽著《茶经》

陆羽，复州竟陵人，貌脱陋，口吃而辩。闻人善，若在己，见有过者，规切至忤人。朋友燕处，意有所行辄去，人疑其多嗔。与人期，雨雪虎狼不避也。肃宗上元初，更隐苕溪，自称桑苎翁，阖门著书。或独行野中，诵诗击木，徘徊不得意，或恸哭而归，故时谓今接舆也。德宗贞元末，卒。

羽嗜茶，著经三篇，言茶之原、之法、之具尤备，天下益知饮茶矣。

其后尚茶成风，时回纥入朝，始驱马市茶。

《新唐书》卷一九六

八二　太子诵与王叔文

翰林待诏杭州王伾善书，山阴王叔文善棋，俱出入东宫，娱侍太子诵。叔文自言读书知治道，乘间常为太子言民间疾苦。太子尝与诸侍读及叔文等论及宫市事，太子曰："寡人方欲极言之。"众皆称赞，独叔文无言。既退，太子自留叔文，谓曰："向者君独无言，岂有意邪？"叔文曰："叔文蒙幸太子，有所见，敢不以闻？太子职当视膳问安，不宜言外事。陛下在位久，如疑太子收人心，何以自解！"太子大惊，因泣曰："非先生，寡人无以知此。"遂大爱幸，与王伾相依附。

叔文密结翰林学士韦执谊及当时朝士有名而求速进者陆淳、吕温、李景俭、韩晔、韩泰、陈谏、柳宗元、刘禹锡等。淳，吴人，尝为左司郎中；温，时为左拾遗；景俭，进士及第；宗元、禹锡，时为监察御史。

德宗卒，太子诵即位，是为顺帝。在位八月。

《通鉴》卷二三六

八三　王叔文等之兴衰

时顺宗失音，不能决事。以吏部郎中韦执谊为尚书左丞、同平章事。王叔文欲专国政，首引执谊为相，已用事于中，与相唱和。

王伾寝陋，吴语，上所褻狎。而叔文颇任事自许，微知文义，好言事，上以故稍敬之。叔文入至翰林，每事先下翰林，使叔文可否，然后宣于中书，韦执谊承而行之。韩泰、柳宗元、刘禹锡等主采听外事。谋议唱和，日夜汲汲如狂，互相推奖，曰伊、曰周、曰管、曰葛，偭然自得，谓天下无人。荣辱进退，生于造次，惟其所欲，不拘程序。士大夫畏之，道路以目。素与往还者，相次拔擢，至一日除数人。于是叔文及其党十馀家之门，昼夜车马如市。客候见叔文、伾者，至宿其坊中饼肆、酒垆下，一人得千钱，乃容之。

《通鉴》卷二三六

八四　顺宗禁宫市

顺宗御丹凤门，罢贞元之末政事为人患者，如宫市、五坊小儿之类。先是，五坊小儿张捕鸟雀于闾里者，皆为暴横以取人钱物，至有张罗网于门，不许人出入者，或张井上使不得汲者，近之，辄曰："汝惊供奉鸟雀！"即痛殴之，出钱物求谢，乃去。或相聚饮食于酒食之肆，醉饱而去，卖者或不知，就索其值，多被殴詈。或时留蛇一囊为质，曰："此蛇所以致鸟雀而捕之者，今留付汝，幸善饲之，勿令饥渴。"卖者愧谢求哀，乃携挈而去。上在东官，皆知其弊，故即位首禁之。

《通鉴》卷二三六

八五　李吉甫竭力进贤

以户部侍郎武元衡为门下侍郎，翰林学士李吉甫为中书侍郎，并同平章事。吉甫闻之感泣，谓中书舍人裴垍曰："吉甫流落江、淮，逾十五年，一旦蒙恩至此。思所以报德，惟在进贤，而朝廷后进，罕所接识，君有精鉴，愿悉为我言之。"垍取笔疏三十馀人，数月之间，选用略尽。当时翕然称吉甫为得人。

《通鉴》卷二三七

八六　卢坦不抑米价以引商

以右庶子卢坦为宣歙观察使。苏强以逆党诛，兄弘在晋州幕府，自免归，人莫敢辟。坦奏："弘有才行，不可以其弟故废之，请辟为判官。"宪宗曰："向使苏强不死，果有才行，犹可用也，况其兄乎！"坦到官，值旱饥，谷价日增，或请抑其价。坦曰："宣、歙土狭谷少，所仰四方之来者。若价贱，则商船不复来，益困矣。"既而米斗二百，商旅辐凑，民赖以生。

《通鉴》卷二三七

八七　李藩批敕知无不言

李藩忠谨，好丑必言，宪宗以为无隐。尝问前世所以家给或国匮乏者何致而然，藩具对："俭则足用，敦本则百姓富，反是则匮。"后复问神仙长年事，藩知帝且有所惑，极陈荒妄谩诞不可信。

河东节度使王锷赂权近求兼宰相，密诏中书门下曰："锷可兼宰相。"藩遽取笔灭"宰相"字，署其左曰："不可。"还奏之。宰相权德舆失色曰："有不可，应别为奏，可以笔涂诏邪？"藩曰："势迫矣，出今日便不可止。"既而事得寝。

李藩在门下，制敕有不可者，即于黄纸后批之。吏请更连素纸，藩曰："如此，乃状也，何名批敕！"裴垍荐藩有宰相器。宪宗以门下侍郎、同平章事郑絪循默取容，罢絪为太子宾客，擢藩为门下侍郎、同平章事。藩知无不言，上甚重之。

《通鉴》卷二三七；《新唐书》卷一六九

八八　白居易生平

白居易，字乐天，太原人。居易敏悟绝人，工文章。

德宗贞元中，擢进士、补校书郎。元和元年，对制策乙等，调盩厔尉，为集贤校理，月中，召入翰林为学士。迁左拾遗。后为杭州刺史，始筑堤捍钱塘湖，钟泄其水，溉田千顷。复浚李泌六井，民赖其汲。久之，以太子左庶子分司东都。复拜苏州刺史，病免。

文宗立，迁刑部侍郎。太和初，李宗闵、李德裕党事兴，险利乘之，更相夺移，居易恶缘党人斥，乃移病还东都。武宗会昌初，以刑部尚书致仕。卒年七十五。

居易被遇宪宗时，事无不言，湔剔抉摩，多见听可，然为当路所忌，遂摈斥，所蕴不能施，乃放意文酒。居官辄病去，遂无立功名意。与弟行简、从祖弟敏中友爱。东都所居履道里，疏沼种树，构石楼香山，凿八节滩，自号醉吟先生，为之传。暮节惑浮屠道尤甚，至经月不食荤，称香山居士。

居易于文章精切，然最工诗。初，颇以规讽得失，及其多，更下偶俗好，至数千篇，当时士人争传。初，与元稹酬咏，故号"元白"。稹卒，又与刘禹锡齐名，号"刘白"。

《新唐书》卷一一九

八九　唐衢善哭

唐衢者，应进士，久而不第。能为歌诗，意多感发。见人文章有所伤叹者，读讫必哭，涕泗不能已。每与人言论，既相别，发声一号，音辞哀切，闻之者莫不凄然泣下。尝客游太原，属戎帅军宴，衢得预会。酒酣言事，抗音而哭，一席不乐，为之罢会，故世称唐衢善哭。左拾遗白居易遗之诗曰："贾谊哭时事，阮籍哭路歧。唐生今亦哭，异代同其悲。唐生者何人？五十寒且饥。不悲口无食，不悲身无衣。所悲忠与义，悲甚则哭之。"

《旧唐书》卷一六〇

九〇　李绛谏毋立圣德碑

左军中尉吐突承璀领功德使，盛修安国寺，奏立圣德碑，高大一准华岳碑，先构碑楼，请敕学士撰文，且言"臣已具钱万缗，欲酬之。"宪宗命李绛为之，绛上言："尧、舜、禹、汤，未尝立碑自言圣德，惟秦始皇于巡游所过，刻石高自称述，未审陛下欲何所法！且叙修寺之美，不过壮丽观游，岂所以光益圣德！"上览奏，承璀适在旁，上命曳倒碑楼。承璀言："碑楼甚大，不可曳，请徐毁撤。"冀得延引，乘间再论。上厉声曰："多用牛曳之！"承璀乃不敢言。凡用百牛曳之，乃倒。

《通鉴》卷二三七

九一　徐晦不负杨凭

御史中丞李夷简弹京兆尹杨凭贪污僭侈。贬凭临贺尉。宪宗命尽籍凭资产，李绛谏曰："旧制，非反逆不籍其家。"上乃止。凭之亲友无敢送者，栎阳尉徐晦独至蓝田与别。太常卿权德舆素与晦善，谓之曰："君送杨临贺，诚为厚矣，无乃为累乎！"对曰："晦自布衣蒙杨公知奖，今日远谪，岂得不与之别！借如明公它日为逸人所逐，晦敢自同路人乎！"德舆嗟叹，称之于朝。后数日，李夷简奏为监察御史。晦谢曰："晦平生未尝得望公颜色，公何从而取之！"夷简曰："君不负杨临贺，肯负国乎！"

《通鉴》卷二三八

九二　许孟容不奉诏抑豪强

左神策军吏李昱贷长安富人钱八千缗，满三岁不偿，京兆尹许孟容收捕械系，立期使偿，曰："期满不足，当死。"一军大惊。中尉诉于宪宗，上遣中使宣旨，送本军，孟容不之遣。中使再至，孟容曰："臣不奉诏，当死。然臣为陛下尹京畿，非抑制豪强，何以肃清辇下！钱未毕偿，昱不可得。"上嘉其刚直而许之，京城震栗。

《通鉴》卷二三八

九三　宪宗容纳直言

宪宗每有军国大事，必与诸学士谋之。尝逾月不见学士，李绛等上言："臣等饱食不言，其自为计则得矣，如陛下何！陛下询访理道，开纳直言，实天下之幸，岂臣等之幸！"上遽令："明日三殿对来。"

白居易尝因论事，言"陛下错"。上色庄而罢，密召承旨李绛，谓："白居易小臣不逊，须令出院。"绛曰："陛下容纳直言，故群臣敢竭诚无隐。居易言虽少思，志在纳忠。陛下今日罪之，臣恐天下各思箝口，非所以广聪明、昭圣德也。"上悦，待居易如初。

上尝欲近猎苑中，至蓬莱池西，谓左右曰："李绛必谏，不如且止。"

《通鉴》卷二三八

九四　权德舆谏止王锷为相

以王锷为河东节度使。锷有吏才，工于完聚。锷到镇之初，兵不满三万人，马不过六百匹，岁馀，兵至五万，马有五千匹，器械精利，仓库充实，又进家财三十万缗。宪宗左右受锷厚赂，多称誉之。宪宗命锷兼平章事，李藩固执以为不可。权德舆曰："宰相非序进之官。唐兴以来，方镇非大忠大勋，则跋扈者朝廷或不得已而加之。今锷既无忠勋，朝廷又非不得已，何为遽以此名假之！"李绛谏曰："锷在太原，虽颇著绩效，今因献家财而命之，若后世何！"上乃止。

《通鉴》卷二三八

九五　李绛不以库藏进奉

李绛尝极言宦官骄横，侵害政事，谗毁忠贞。宪宗曰："此属安敢为谗！就使为之，朕亦不听。"绛曰："此属大抵不知仁义，不分枉直，唯利是嗜，得赂则誉跂、蹻为廉良，怫意则毁龚、黄为贪暴，能用倾巧之智，构成疑似之端，朝夕左右浸润以入之，陛下必有时而信之矣。自古宦官败国者，备载方册，陛下岂得不防其渐乎！"

宦官恶李绛在翰林，以为户部侍郎，判本司。宪宗问绛："故事，户部侍郎皆进羡馀，卿独无进，何也？"对曰："守土之官，厚敛于人以市私恩，天下犹共非之。况户部所掌，皆陛下府库之物，给纳有籍，安得羡馀！若自左藏输之内藏以为进奉，是犹东库移之西库，臣不敢踵此弊也。"上嘉其直，益重之。

王播为盐铁使，而事月进。绛曰："比禁天下正赋外不得有它献，而播妄名羡馀，不出禄廪家赀，愿悉付有司。"帝曰："善。"讫绛在位，献不入禁中。

《通鉴》卷二三八；《新唐书》卷一五二

九六　李惟简治边之方

以金吾大将军李惟简为凤翔节度使。陇州地与吐蕃接，旧常朝夕相伺，更入攻抄，人不得息。惟简以为边将当谨守备，蓄财谷以待寇，不当睹小利，起事盗恩，禁不得妄入其地。益市耕牛，铸农器，以给农之不能自具者，增垦田数十万亩。属岁屡稔，公私有馀，贩者流及他方。

《通鉴》卷二三八

九七　李吉甫李绛为相之不同

宪宗御延英殿，李吉甫言："天下已太平，陛下宜为乐。"李绛曰："汉文帝时兵木无刃，家给人足，贾谊犹以为厝火积薪之下，不可谓安。今法令所不能制者，河南、北五十馀州。犬戎腥膻，近接泾、陇，烽火屡惊。加之水旱时作，仓廪空虚，此正陛下宵衣旰食之时，岂得谓之太平，遽为乐哉！"上欣然曰："卿言正合朕意。"退，谓左右曰："吉甫专为悦媚，如李绛，真宰相也！"

李吉甫尝言："人臣不当强谏，使君悦臣安，不亦美乎！"李绛曰："人臣当犯颜苦口，指陈得失，若陷君于恶，岂得为忠！"上曰："绛言是也。"吉甫至中书，卧不视事，长吁而已。李绛或久不谏，上辄诘之曰："岂朕不能容受邪，将无事可谏也？"

李吉甫又尝言于上曰："赏罚，人主之二柄，不可偏废。陛下践祚以来，惠泽深矣，而威刑未振，中外懈惰，愿加严以振之。"上顾李绛曰："何如？"对曰："王者之政，尚德不尚刑，岂可舍成、康、文、景而效秦始皇父子乎！"上曰："然。"

上尝与宰相论治道于延英殿，日旰，暑甚，汗透御服，宰相恐上体倦，求退。上留之曰："朕入禁中，所与处者独宫人、宦官耳，故乐与卿等共谈为理之要，殊不知倦也。"

《通鉴》卷二三八

九八　李绛论任贤及朋党

宪宗称："前世任贤以致治，今无贤可任，何耶？"李绛对曰："圣王选当代之人，极其才分，自可致治。岂借贤异代，治今日之人哉？天子不以己能盖人，痛折节下士，则天下贤者乃出。"帝曰："何知其必贤而任之？"对曰："知人诚难，尧、舜以为病。然循其名，验以事，所得十七。夫任官而辨廉，措事不阿容，无希望依违之辞，无邪媚愉悦之容，此近于贤矣。贤则当任，任则当久。贤者中立而寡助，举其类则不肖者怨，杜邪径则怀奸者疾，一制度则贵戚毁伤，正过失则人君疏忌。夫然，用贤岂容易哉？"帝曰："卿言得之矣。"

宪宗问宰相："人言外间朋党大盛，何也？"李绛对曰："自古人君所甚恶者，莫若人臣为朋党，故小人谮君子者必曰朋党。何则？朋党言之则可恶，寻之则无迹故也。东汉之末，凡天下贤人君子，宦官皆谓之党人而禁锢之，遂以亡国。此皆群小欲害善人之言，愿陛下深察之！夫君子固与君子合，岂可必使之与小人合，然后谓之非党邪！"

《新唐书》卷一五二；《通鉴》卷二三九

九九　刘禹锡改任连州刺史

　　王叔文之党坐谪官者，凡十年不量移，执政有怜其才欲渐进之者，召至京师。谏官争言其不可，宪宗亦恶之，皆以为远州刺史，官虽进而地益远。永州司马柳宗元为柳州刺史，朗州司马刘禹锡为播州刺史。宗元曰："播州非人所居，而梦得亲在堂，万无母子俱往理。"欲请于朝，愿以柳易播。会中丞裴度亦为禹锡言曰："禹锡诚有罪，然母老，与其子为死别，良可伤！"上曰："为人子尤当自谨，勿贻亲忧，此则禹锡重可责也。"度曰："陛下方侍太后，恐禹锡在所宜矜。"上良久，乃曰："朕所言，以责为人子者耳，然不欲伤其亲心。"退，谓左右曰："裴度爱我终切。"明日，改禹锡连州刺史。州接夜郎诸夷，风俗陋甚，家喜巫鬼，每祠，歌《竹枝》，鼓吹裴回，其声伧伫。禹锡谓屈原居沅、湘间作《九歌》，使楚人以迎送神，乃倚其声，作《竹枝辞》十馀篇。于是武陵夷俚悉歌之。

　　禹锡晚年与白居易友善，诗笔文章，时无在其右者。常与禹锡唱和往来，因集其诗而序之曰："彭城刘梦得，诗豪者也。其锋森然，少敢当者。梦得梦得，文之神妙，莫先于诗。若妙与神，则吾岂敢？如梦得'雪里高山头白早，海中仙果子生迟'，'沉舟侧畔千帆过，病树前头万木春'之句之类，真谓神妙矣！"其为名流许与如此。梦得尝为《西塞怀古》《金陵五题》等诗，江南文士称为佳作，虽名位不达，公卿大僚多与之交。卒年七十一。

《通鉴》卷二三九；《新唐书》卷一六八；《旧唐书》卷一六〇

一〇〇　柳宗元在柳州

柳宗元善王叔文、韦执谊，二人者奇其才。及叔文得政，引内禁近，与计事，擢礼部员外郎，欲大进用。俄而叔文败，宗元贬永州司马。既窜斥，地又荒疠，因自放山泽间，其堙厄感郁，一寓诸文，仿《离骚》数十篇，读者咸悲恻。

徙柳州刺史。柳人以男女质钱，过期不赎，子本均，则没为奴婢。宗元设方计，悉赎归之。尤贫者，令书庸，视值足相当，还其质。已没者，出己钱助赎。南方为进士者，走数千里从宗元游，经指授者，为文辞皆有法。有文集四十卷，卒年四十七。

《新唐书》卷一六八；《旧唐书》卷一六〇

一〇一　李愬取蔡州擒吴元济

李晟之子愬，字符直，有筹略，善骑射。宪宗讨吴元济，唐邓节度使高霞寓既败，以袁滋代将，复无功。愬求自试，宰相李逢吉亦以愬可用，遂检校左散骑常侍，为随唐邓节度使。

愬以其军初伤夷，士气未完，乃不为斥候部伍。或有言者，愬曰："贼方安袁公之宽，吾不欲使震而备我。"乃令于军曰："天子知愬能忍耻，故委以抚养。战，非吾事也。"众信而安之。乃斥倡优，未尝嬉乐。士伤夷病疾，亲为营护。蔡人以尝败辱霞寓等，又愬名非夙所畏者，易之，不为备。愬沉鸷，务推诚待士，故能张其卑弱而用之。贼来降，辄听其便，或父母与孤未葬者，给粟帛遣还，劳之曰："而亦王人也，无弃亲戚。"众愿为愬死，故山川险易与贼情伪，一能晓之。

居半岁，知士可用，乃缮铠厉兵，攻马鞍山，取炉冶城，披楚城，袭朗山，再执守将。平青陵城，擒骁将丁士良，异其才不杀，署捉生将。士良谢曰："吴秀琳以数千兵不可破者，陈光洽为之谋也。我能为公取之。"乃擒以献。于是秀琳举文城栅降。

秀琳降，愬单骑抵栅下与语，亲释缚，署以为将。秀琳为愬策曰："必破贼，非李佑无与成功者。"佑，贼健将也，守兴桥栅，其战尝易官军。愬候佑护获于野，遣史用诚以壮骑三百伏其旁，见羸卒若将燔聚者，佑果轻出，用诚擒而还。诸将素苦佑，请杀之，愬不听，以为客。待间，召佑及李忠义屏人语，至夜艾。忠义，亦贼将。军中多谏此二人不可近，愬待益厚。

元和十一年十月己卯。师夜起，佑以突将三千为前锋，李忠义副之，愬率中军三千，田进诚以下军殿。出文城栅，令曰："引而东。"六十里止，袭张柴，歼其戍。敕士少休，益治鞍铠，发刃彀弓。会大雨雪，天晦，凛风偃旗裂肤，马皆缩栗，士抱戈冻死于道十一二。张柴之东，陂泽阻奥，众未尝蹈也，皆谓投不测。始发，吏请所向，愬曰："入蔡州取吴元济！"士失色，监军使者泣曰："果落佑计。"然业从愬，人人不敢自为计。行七十里，夜半至悬瓠城，雪甚，城旁皆鹅鹜池，愬令击之，以乱军声。

贼恃吴房、朗山戍，晏然无知者。佑等克之，杀门者，留持柝传夜自如。黎明，雪止，愬入驻元济外宅。蔡吏惊曰："城陷矣！"元济尚不信，曰："是洄曲子弟来索褚衣尔。"及闻号令曰："常侍传语。"始惊曰："何常侍得在此！"率左右登牙城，田进诚兵迫之。愬计元济且望救于董重质，乃访其家慰安之，使无怖，以书召重质。重质以单骑白衣降，愬待以礼。进诚火南门，元济请罪，梯而下，槛送京师。

乃屯兵鞠场以俟裴度。至，愬以櫜鞬见，度将避之，愬曰："此方废上下分久矣，请因示之。"度以宰相礼受愬谒，蔡人耸观。乃还屯文城栅。有诏进检校尚书左仆射、山南东道节度使，封凉国公。

始，晟克复京城，市不改肆，及愬平淮蔡，复踵其美。父子仍建大勋，虽昆仲皆领兵符，而功业不侔于愬。加以行己有常，俭不违礼，弟兄席父勋宠，率以仆马第宅相矜，唯愬六迁大镇，所处先人旧宅一院而已。

《新唐书》卷一五四；《旧唐书》卷一三三

一〇二　皇甫镈进羡馀成宰相

裴度、李愬擒吴元济，平淮西。宪宗渐骄侈。户部侍郎判度支皇甫镈、盐铁转运使程异晓其意，数进羡馀以供其费，由是有宠。铸又厚赂结吐突承璀。铸以本官、异以工部侍郎并同平章事，判使如故。制下，朝野骇愕，至于市井负贩者亦嗤之。裴度、崔群极陈其不可，上不听。度耻与小人同列，表求自退。不许。度复上疏，以为："铸、异皆钱谷吏，佞巧小人，陛下一旦置之相位，中外无不骇笑。况铸在度支，专以丰取刻与为务，凡中外仰给度支之人无不思食其肉。"

铸自知不为众所与，益为巧诡以自固，奏减内外官俸以助国用。给事中崔植封还敕书，极论之，乃止。

时内出积年缯帛付度支令卖，铸悉以高价买之，以给边军。其缯帛朽败，随手破裂，边军聚而焚之。度因奏事言之，铸于上前引其足曰："此靴亦内库所出，臣以钱二千买之，坚完可久服。度言不可信。"上以为然。由是铸益无所惮。

《通鉴》卷二四〇

一〇三　外戚吴凑谨慎得寿终

吴凑，章敬皇后弟也。由布衣与兄溆一日赐官封皆等，而凑畏太盛，乞解太子詹事，换检校宾客兼家令。进左金吾卫大将军。

及病，门不纳医巫，不尝药，家人泣请。对曰："吾以庸谨起田亩，位三品，显仕四十年，年七十，尚何求？自古外戚令终者可数，吾得以天年归侍先人地下，足矣！"卒年七十一。

先是，街樾稀残，有司莳榆其空，凑曰："榆非人所荫玩。"悉易以槐，及槐成而凑已亡，行人指树怀之。唐兴，后族退居奉朝请者，犹以事失职，而凑任中外，未尝以罪过罢，为世外戚表云。

《新唐书》卷一五九

一〇四　崔戎理政得民拥护

宪宗时，崔戎持节剑南为宣抚使。奏罢税外姜芋钱，当赋钱者率三之，以其一准缯布，优其估以与民，绥招流亡。还拜给事中。出为华州刺史。吏以故事置钱万缗为刺史私用，戎不取。及去，召吏曰："籍所置钱享军，吾重矫激以夸后人也。"徙兖海沂密观察使，民拥留于道不得行，乃休传舍，民至抱持取其靴。时诏使尚在，民泣诣使，请白天子丐戎还，使许诺。戎患责其下，众曰："留公而天子怒，不过斩吾二三老人，则公不去矣。"戎夜单骑亡去，民追不及乃止。至兖州，鉏灭奸吏十馀辈，民大喜。岁馀卒，年五十五。

《新唐书》卷一五九

一〇五　方士柳泌任台州刺史

山人柳泌言于宪宗曰："天台山神仙所聚，多灵草，臣虽知之，力不能致，诚得为彼长吏，庶几可求。"上信之。以泌权知台州刺史，仍赐服金紫。谏官争论奏，以为："人主喜方士，未有使之临民赋政者。"上曰："烦一州之力而能为人主致长生，臣子亦何爱焉！"由是群臣莫敢言。

泌驱吏民采药山谷间，鞭笞苛急，岁馀无所获。惧诈穷，举族遁去。帝饵泌药，渐躁怒不常，宦侍惧。宦者王守澄等，弑帝于中和殿。

《通鉴》卷二四〇；《新唐书》卷一六七

一〇六　韩愈谏迎佛骨被贬

韩愈，字退之，邓州南阳人。生三岁而孤，嫂郑鞠之。愈自知读书，日记数千百言，比长，通六经、百家学，登进士第。宪宗元和初，任国子博士，其间作《进学解》。

元和十二年，宰臣裴度为淮西宣慰处置使，兼彰义军节度使，请愈为行军司马。淮、蔡平，随度还朝，以功授刑部侍郎，仍诏愈撰《平淮西碑》，其辞多叙裴度事。时先入蔡州擒吴元济，李愬功第一，愬不平之。愬妻出入禁中，因诉碑辞不实，诏令磨愈文。宪宗命翰林学士段文昌重撰文勒石。

宪宗遣使迎佛骨至京师，留禁中三日，乃历送诸寺，王公士民瞻奉舍施，惟恐弗及，有竭产充施者。韩愈时任刑部侍郎，上表切谏，以为："佛本夷狄之人，口不言先王之法言，不知君臣之义、父子之恩。假如其身尚在，奉国命来朝京师，陛下容而接之，不过宣政一见，礼宾一设，赐衣一袭，卫而出之于境，不令惑众也。况其身死已久，枯朽之骨，岂宜以入宫禁！群臣不言其非，御史不举其罪，臣实耻之！乞以此骨，投诸水火，永绝根本，断天下之疑，绝后代之惑。佛如有灵，能作祸福，凡有殃咎，宜加臣身。"上得表，大怒，出示宰相，将加愈极刑。裴度、崔群为言："愈虽狂，发于忠恳，宜宽容以开言路。"贬愈为潮州刺史。

后，愈历任京兆尹、兵部侍郎、吏部侍郎等职。穆宗长庆四年卒，年五十七。

愈性明锐，不诡随。与人交，始终不少变。成就后进士，往往知名。经愈指授，皆称"韩门弟子"。凡内外亲若交友无后者，为嫁遣孤女而恤其家。嫂郑丧，为服期以报。

每言文章自汉司马相如、太史公、刘向、扬雄后，作者不世出，故愈深探本元，卓然树立，成一家言。其《原道》《原性》《师说》等数十篇，皆奥衍闳深。至它文，造端置辞，要为不袭蹈前人者。

《新唐书》卷一七六；《旧唐书》卷一六〇；《通鉴》卷二四〇

一〇七　孟郊为诗有理致

孟郊，字东野，少隐嵩山，性介，少谐合。韩愈一见为忘形交。年五十，得进士第，调溧阳尉。县有投金濑、平陵城，林薄蒙翳，下有积水。郊间往坐水旁，裴回赋诗，而曹务多废。令白府，以假尉代之，分其半奉。郊为诗有理致，最为愈所称。

《新唐书》卷一七六

一〇八　地方进奉之名目

宣武节度使韩弘始入朝，宪宗待之甚厚。弘献马三千，绢五千，杂缯三万，金银器千。未几，韩弘又献绢二十五万匹，絁三万匹，银器二百七十。左右军中尉各献钱万缗。自淮西用兵以来，度支、盐铁及四方争进奉，谓之"助军"；贼平又进奉，谓之"贺礼"；后又进奉，谓之"助赏"；上加尊号又进奉，亦谓之"贺礼"。

《通鉴》卷二四一

一〇九　王源中以直谏知名

宪宗时，王源中以直谏知名。是时，中官领禁兵，数乱法，捕台府吏属系军中。源中上言："台宪者，纪纲地；府县，责成之所。设吏有罪，宜归有司，无令北军乱南衙。"帝纳之。累转户部侍郎，进承旨学士。源中嗜酒，帝召之，醉不能见。及寤，忧其慢，不悔不得进也。他日，又如之，遂失帝意。

《新唐书》卷一六四

一一〇　韦贯之曰礼部侍郎重于宰相

宪宗时，韦贯之任吏部员外郎、礼部侍郎，所取士，抑浮华，先行实，于时流竞为息。尝从容奏曰："礼部侍郎重于宰相。"帝曰："侍郎是宰相除，安得重？"曰："然为陛下荐宰相者，得无重乎？"帝美其言。改尚书右丞，俄同中书门下平章事。

《新唐书》卷一六九

一一一　韦丹有善政

韦丹，宪宗时为江南西道观察使。丹计口受俸，委馀于官，罢八州冗食者，收其财。始，民不知为瓦屋，草茨竹椽，久燥则戛而焚。丹召工教为陶，聚材于场，度其费为估，不取赢利。人能为屋者，受材瓦于官，免半赋，徐取其偿，逃未复者，官为为之，贫不能者，畀以财。身往劝督。置南北市，为营以舍军，为衢南北夹两营，东西七里。以废仓为新厩，马息不死。筑堤捍江，长十二里，窦以疏涨。凡为陂塘五百九十八所，灌田万二千顷。有吏主仓十年，丹覆其粮，亡三千斛，丹曰："吏岂自费邪？"籍其家，尽得文记，乃权吏所夺，召诸吏曰："若恃权取于仓，罪也。与若期，一月还之。"皆顿首谢，及期无敢违。卒，年五十八。

《新唐书》卷一九七

一一二　元稹工诗求为宰相

元稹，字微之，河南人。稹聪警绝人，年少有才名，与太原白居易友善。工为诗，善状咏风态物色，当时言诗者称元、白焉。自衣冠士子，至闾阎下俚，悉传讽之，号为"元和体"。既以俊爽不容于朝，宪宗时贬为江陵府士曹参军。俄而白居易亦贬江州司马，稹量移通州司马。虽通、江悬邈，而二人来往赠答。凡所为诗，有自三十、五十韵乃至百韵者。

穆宗在东宫，闻宫人诵稹歌诗而善之。及即位，中人崔潭峻献稹歌诗百馀篇。上问："稹安在？"对曰："今为散郎。"以稹为祠部郎中、知制诰，朝论鄙之。会同僚食瓜于阁下，有青蝇集其上，中书舍人武儒衡以扇挥之曰："适从何来，遽集于此！"同僚皆失色，儒衡意气自若。

元稹与知枢密魏弘简深相结，求为宰相，由是有宠于上，每事咨访焉。稹无怨于裴度，但以度先达重望，恐其复有功大用，妨己进取，故度所奏画军事，多与弘简从中沮坏之。度乃上表极陈其朋比奸蠹之状，表三上，上虽不悦，以度大臣，不得已，以弘简为弓箭库使，稹为工部侍郎。稹虽解翰林，恩遇如故。

稹素无检，望轻，不为公议所右。卒年五十三。

《旧唐书》卷一六六；《通鉴》卷二四一；《新唐书》卷一七四

一一三　穆宗不听忠谏

谏议大夫郑覃、崔郾等五人进言："陛下宴乐过多，畋游无度。今胡寇压境，忽有急奏，不知乘舆所在。又晨夕与近习倡优狎昵，赐与过厚。夫金帛皆百姓膏血，非有功不可与。虽内藏有馀，愿陛下爱之，万一四方有事，不复使有司重敛百姓。"时久无阁中论事者，穆宗始甚讶之，谓宰相曰："此辈何人？"对曰："谏官。"上乃使人慰劳之，曰："当依卿言。"宰相皆贺，然实不能用也。

《通鉴》卷二四一

一一四　刘总削发为僧

卢龙节度使刘总既杀其父兄，心常自疑，数见父兄为祟。常于府舍饭僧数百，使昼夜为佛事，每视事退则处其中，或处他室，则惊悸不能寐。晚年，恐惧尤甚。奏乞弃官为僧。仍乞赐钱百万缗以赏将士，且以其私第为佛寺。诏赐总名大觉，寺名报恩。诏未至，总已削发为僧。夜，以印节授留后，遁去，不知所在。卒于定州之境。

《通鉴》卷二四一

一一五　牛僧孺不受贿赂

宿州刺史李直臣坐赃当死，宦官受其赂，为之请，御史中丞牛僧孺固请诛之。穆宗曰："直臣有才，可惜！"僧孺对曰："彼不才者，无过温衣饱食以足妻子，安足虑！本设法令，所以擒制有才之人。"上从之。

户部侍郎牛僧孺，素为穆宗所厚。初，韩弘之子右骁卫将军公武为其父谋，以财结中外。及公武卒。上尽取弘财簿自阅视，凡中外主权，多纳弘货，独朱句细字曰："某年月日，送户部牛侍郎钱千万，不纳。"上大喜，以示左右曰："果然，吾不缪知人！"以僧孺为中书侍郎、同平章事。

文宗开成初，阉寺弄权，僧孺嫌处重藩，求归散地，累拜章不允，判东都尚书省事、东都留守、东畿汝都防御使。僧孺心居事外，不以细故介怀。洛都筑第于归仁里，馆宇清华，竹木幽邃。常与诗人白居易吟咏其间，无复进取之怀。

《通鉴》卷二四二、卷二四三；《旧唐书》卷一七二

一一六　郑注发迹之径路

翼城人郑注，眇小，目下视，而巧谲倾谄，善揣人意，以医游四方，羁贫甚。尝以药术干徐州牙将，牙将悦之，荐于节度使李愬。愬饵其药颇验，遂有宠，署为牙推，渐预军政，妄作威福，军府患之。监军王守澄以众情白愬，请去之，愬曰："注虽如是，然奇才也，将军试与之语，苟无可取，去之未晚。"守澄见之，坐语未久，恨相见晚，自是又有宠于守澄，权势益张。及守澄入知枢

密，为立居宅，赡给之，遂荐于穆宗，上亦厚遇之。

自上有疾，守澄专制国事，势倾中外。注日夜出入其家，与之谋议，语必通夕，关通赂遗，人莫能窥其迹。始则有微贱巧宦之士，或因以求进，数年之后，达官车马满其门矣。

《通鉴》卷二四三

一一七　柳公绰诛舞文坏法之吏

柳公绰，京兆华原人也。幼聪敏，性谨重，动循礼法。属岁饥，其家虽给，而每饭不过一器，岁稔复初。家甚贫，有书千卷，不读非圣之书，为文不尚浮靡。

宪宗时，公绰为京兆尹。初赴府，有神策小将跃马横冲前导，公绰驻马，杖杀之。明日，入对延英。宪宗色甚怒，诘其专杀之状。对曰："陛下不以臣无似，使待罪京兆。京兆为辇毂师表，今视事之初，而小将敢尔唐突，此乃轻陛下诏命，非独慢臣也。臣知杖无礼之人，不知其为神策军将也。"上曰："何不奏？"对曰："臣职当杖之，不当奏。"上无以罪之，退，谓左右曰："汝曹须作意此人，朕亦畏之。"

穆宗时，柳公绰任礼部尚书，俄检校户部尚书、山南东道节度使。行部至邓，县吏有纳贿、舞文二人同系狱，县令以公绰素持法，谓必杀贪者，公绰判曰："赃吏犯法，法在；奸吏坏法，法亡。"诛舞文者。其厩马害圉人，公绰杀之。或言良马可爱，曰："安有良马而害人乎？"

文宗太和四年，为河东节度。遭岁恶，撙节用度，辍宴饮，衣食与士卒钧。北虏遣梅禄将军李畅以马万匹来市，所过皆厚劳，饬兵以防袭夺。至太原，公绰独使牙将单骑劳问，待以至意，辟牙门，令译官引谒，宴不加常。畅德之，出涕，徐驱道中，不妄驰猎。

陉北沙陀素骁勇，为九姓、六州胡所畏伏。公绰奏以其酋长朱邪执宜为阴山都督、代北行营招抚使，使居云、朔塞下，捍御北边。执宜与诸酋长入谒，公绰与之宴。执宜神彩严整，进退有礼。公绰谓僚佐曰："执宜外严而内宽，言徐而理当，福禄人也。"执宜母妻入见，公绰使夫人与之饮酒，馈遗之。执宜感恩，为之尽力。塞下旧有废府十一，执宜修之，使其部落三千人分守之，自是杂虏不敢犯塞。

《旧唐书》卷一六五；《通鉴》卷二三九、卷二四四；
《新唐书》卷一三六

一一八　柳公权称心正则笔正

柳公权，字诚悬，公绰弟也。擢进士第，李听镇夏州，表为掌书记。因入奏，穆宗曰："朕尝于佛庙见卿笔迹，思之久矣。"即拜右拾遗、侍书学士，帝问公权用笔法，对曰："心正则笔正，笔正乃可法矣。"时帝荒纵，故公权及之。帝改容，悟其以笔谏也。

文宗时，充翰林书诏学士。尝夜召对子亭，烛穷而语未尽，宫人以蜡液濡纸继之。常与六学士对便殿，帝称汉文帝恭俭，因举袂曰："此三浣矣！"学士皆贺，独公权无言。帝问之，对曰："人主当进贤退不肖，纳谏诤，明赏罚。服浣濯之衣，此小节耳，非有益治道者。"

公权博贯经术，其书法结体劲媚，自成一家。文宗尝召与联句，帝曰："人皆苦炎热，我爱夏日长。"公权属曰："熏风自南来，殿阁生微凉。"它学士亦属继，帝独讽公权者，以为词情皆足，命题于殿壁，字率径五寸，帝叹曰："钟、王无以尚也！"

宣宗尝召至御座前，书纸三番，作真、行、草三体，奇秘，赐以器币，且诏自书谢章，无限真、行。当时大臣家碑志，非其笔，人以子孙为不孝。外夷入贡者，皆别署货贝曰："此购柳书。"尝书京兆西明寺《金刚经》，有钟、王、欧、虞、褚、陆诸家法，自为得意。

公权志耽书学，不能治生，为勋戚家碑板，问遗岁时巨万，多为主藏竖海鸥、龙安所窃。别贮酒器杯盂一笥，缄縢如故，其器皆亡。讯海鸥，乃曰："不测其亡。"公权哂曰："银杯羽化耳。"不复更言。所宝唯笔砚图画，自扃鐍之。

《新唐书》卷一六三；《旧唐书》卷一六五

一一九　李逢吉排斥李绅韩愈

李逢吉为相，内结知枢密王守澄，势倾朝野。惟翰林学士李绅每承顾问，常排抑之，拟状至内庭，绅多所臧否。逢吉患之，而穆宗待遇方厚，不能远也。会御史中丞缺，逢吉荐绅清直，宜居风宪之地。上以中丞亦次对官，不疑而可之。会绅与京兆尹兼御史大夫韩愈争台参及它职事，文移往来，辞语不逊。逢吉奏二人不协，以愈为兵部侍郎，绅为江西观察使。

韩愈、李绅入谢，上各令自叙其事，乃寤。复以愈为吏部侍郎。

《通鉴》卷二四三

一二〇 薛放盛称《论语》《孝经》

薛放，端厚寡言，第进士，擢累兵部郎中。穆宗谓曰："先生宜相，以辅不逮。"放叩头曰："臣庸浅，不足尘大任，自有贤能处之。"帝美其诚，进工部侍郎、集贤学士。

帝尝问："朕欲学经与史，何先？"放曰："六经者，圣人之言，孔子所发明，天人之极也。《史记》道成败得失，亦足以鉴，然谬于是非，非六经比。"

帝曰："吾闻学者白首不能通一经，安得其要乎？"对曰："《论语》，六经之菁华也；《孝经》，人伦之本也。汉时《论语》首立于学官。光武令虎贲士皆习《孝经》，玄宗为注训，盖人知孝慈，则气感和乐也。"帝曰："圣人以孝为至德要道，信然。"

《新唐书》卷一六四

一二一　王仲舒治州有政绩

宪宗元和初，王仲舒为吏部员外郎，未几，知制诰。又为婺州刺史，州疫旱，人徒死几空。居五年，里闾增完。徙苏州，堤松江为路，变屋瓦，绝火灾，赋调尝与民为期，不扰自办。

穆宗立，每言仲舒之文可思，最宜为诰，有古风。召为中书舍人。既至，视同列率新进少年，居不乐，曰："岂可复治笔研于其间哉！吾久弃外，周知俗病利，得治之，不自愧。"宰相闻之，除江西观察使。

初，江西榷酒利多他州十八，民私酿，岁抵死不绝，谷数斛易斗酒。仲舒罢酤钱九十万。吏坐失官息钱五十万，悉产不能偿，仲舒焚簿书，脱械不问。水旱，民赋不入，叹曰："我当减燕乐他用可乎！"为出钱二千万代之。有为佛老法、兴浮屠祠屋者，皆驱出境。卒于官，年六十二。

《新唐书》卷一六一

一二二　孔戣治岭南

宪宗时，孔戣拜岭南节度使。既至，免属州逋负十八万缗、米八万斛、黄金税岁八百两。先是，属刺史俸率三万，又不时给，皆取部中自衣食。戣乃倍其俸，约不得为贪暴，稍以法绳之。南方鬻口为货，掠人为奴婢，戣峻为之禁。亲吏得婴儿于道，收育之，戣论以死，由是闾里相约不敢犯。士之斥南不能北归与有罪之后百馀族，才可用，用之，禀无告者，女子为嫁遣之。蕃舶泊步有下碇税，始至有阅货宴，所饷犀琲，下及仆隶，戣禁绝，无所求索。旧制，海商死者，官籍其赀，满三月无妻子诣府，则没入。戣以海道岁一往复，苟有验者不为限，悉推与。

穆宗立，以吏部侍郎召，改右散骑常侍，还为左丞，以老自乞。雅善韩愈，谓曰："公尚壮，上三留，何去之果？"戣曰："吾年，一宜去；吾为左丞，不能进退郎官，二宜去。"愈曰："公无留资，何恃而归？"曰："吾负二宜去，尚奚顾子言？"愈嗟叹，即上疏言："戣为人守节清苦，论议正平。年七十，筋力耳目未衰，忧国忘家，用意至到。如戣辈，在朝不过三数人，陛下不宜苟顺其求，不留自助也。"不报。以礼部尚书致仕，卒年七十三。

《新唐书》卷一六三

一二三　裴度有识量德业

裴度，河东闻喜人。贞元五年进士擢第，累迁御史中丞、刑部侍郎。

宪宗讨蔡，出入四年。吴元济外连奸臣，刺宰相武元衡及裴度，沮骇朝谋。宪宗排群议，任度政事，倚以讨贼。度既受命，召对于延英，奏曰："主忧臣辱，义在必死。贼灭，则朝天有日；贼在，则归阙无期。"上为之恻然流涕。

度赴淮西，名虽宣慰，其实行元帅事，巡抚诸军，宣达上旨，士皆贾勇。时诸道兵皆有中使监阵，进退不由主将，战胜则先使献捷，偶衄则凌挫百端。度至行营并奏去之，兵柄专制之于将，众皆喜悦。军法严肃，号令画一，以是出战皆捷。身督战，与李愬平蔡州淮西。

度既视事，蔡人大悦。旧令："途无偶语，夜不燃烛，人或以酒食相过从者，以军法论。"度乃约法，唯盗贼、斗杀外，馀尽除之，其往来者，不复以昼夜为限。于是蔡之遗黎，始知有生人之乐。

度以蔡卒为牙兵。或以为反侧之子，其心未安，不可自去其备。度笑而答曰："吾受命为彰义军节度使，元恶就擒，蔡人即吾人也。"蔡之父老，无不感泣。

裴度在朝，李逢吉之党百计毁之。穆宗察其诬谤，待度益厚。度初至京师，朝士填门，度留客饮。京兆尹刘栖楚附度耳语，侍御史崔咸举觞罚度曰："丞相不应许所由官呫嗫耳语。"度笑而饮之。

度在中书，左右忽白失印。闻者失色，度饮酒自如。顷之，左右白复于故处得印，度不应。或问其故，度曰："此必吏人盗之以印书券耳，急之则投诸水火，缓之则复还故处。"人服其识量。

文宗太和四年，数引疾不任机重，愿上政事。帝择上医护治，中人日劳问相蹑。度自见功高位极，不能无虑，稍诡迹避祸。于是牛僧孺、李宗闵同辅政，媢度勋业久居上，欲有所逞，乃共訾其迹损短之，度辞位。八年，徙东都留守。

时阉竖擅威，天子拥虚器，搢绅道丧，度不复有经济意，乃治第东都集贤里，沼石林丛，岑缭幽胜。午桥作别墅，具燠馆凉台，号"绿野堂"，激波其下。度野服萧散，与白居易、刘禹锡为文章、把酒，穷昼夜相欢，不问人间事。而帝知度年虽及，神明不衰，每大臣自洛来，必问度安否。

度退然，才中人，而神观迈爽，操守坚正。既有功，名震四夷。使外国者，其君长必问度年今几、状貌孰似、天子用否。其威誉德业比郭汾阳，而用不用常为天下重轻。事宪、穆、敬、文四朝，以全德始终。及殁，天下莫不思其风烈。

《旧唐书》卷一七〇；《通鉴》卷二四三；《新唐书》卷一七三

一二四　不羁之士皇甫湜

皇甫湜，字持正。擢进士第，为陆浑尉，仕至工部郎中，辨急使酒，数忤同省，求分司东都。留守裴度辟为判官。度修福先寺，将立碑，求文于白居易。湜怒曰："近舍湜而远取居易，请从此辞。"度谢之。湜即请斗酒，饮酣，援笔立就。度赠以车马缯彩甚厚，湜大怒曰："自吾为《顾况集序》，未常许人。今碑字三千，字三缣，何遇我薄邪？"度笑曰："不羁之才也。"从而酬之。

《新唐书》卷一七六

· 1141 ·

一二五　穆宗死于宦官之手

　　道士赵归真说穆宗以神仙，僧惟贞、齐贤说上以祷祠求福，皆出入宫禁，上信用其言。山人杜景先请遍历江、岭，求访异人。有润州人周息元，自言寿数百岁，上遣中使迎之。息元至京师，上馆之禁中山亭。

　　上游戏无度，善击球，好手搏，禁军及诸道争献力士，又以钱万缗付内园令召募力士，昼夜不离侧。又好深夜自捕狐狸。性复褊急，力士或恃恩不逊，辄配流、籍没。宦官小过，动遭捶挞，皆怨且惧。上夜猎还宫，与宦官刘克明、田务澄、许文端等二十八人饮酒。上酒酣，入室更衣，殿上烛忽灭，刘克明等弑上于室内。

《通鉴》卷二四三

一二六　李德裕锐于施政

　　李德裕，赵郡人，宪宗时宰相吉甫之子。穆宗即位，召入翰林，充学士，禁中书诏大手笔，多诏德裕草之。后，出德裕为浙西观察使。

　　德裕壮年得位，锐于布政，凡旧俗之害民者，悉革其弊。江、岭之间信巫祝，惑鬼怪，有父母兄弟厉疾者，举室弃之而去。德裕欲变其风，择乡人之有识者，谕之以言，绳之以法，数年之间，弊风顿革。属郡祠庙，按方志，前代名臣贤后则祠之。四郡之内，除淫祠一千一十所。

《旧唐书》卷一七四

一二七　胡证蓄财破家

敬宗宝历二年，胡证任广州刺史、岭南节度使。

广州有海之利，货贝狎至。证善蓄积，务华侈，厚自奉养，童奴数百，于京城修行里起第，连亘间巷。岭表奇货，道途不绝，京邑推为富家。禁军利其财，乃借故破其家。一日之内，家财并尽。

《旧唐书》卷一六三

一二八　王播长于吏事奸贿求进

宪宗元和五年，王播为御史中丞。振举朝章，百职修举。十月，代许孟容为京兆尹。时禁军诸镇布列畿内，军人出入，属鞭佩剑，往往盗发，难以擒奸。布播奏请畿内军镇将卒，出入不得持戎具，诸王驸马权豪之家，不得于畿内按试鹰犬畋猎之具。诏从之，自是奸盗弭息。六年三月，转刑部侍郎，充诸道盐铁转运使。

播长于吏术，虽案牍鞅掌，剖析如流，黠吏诋欺，无不彰败。时天下多故，科条繁杂。播备举前后格条，置之座右。凡有详决，疾速如神。当时属僚，叹服不暇。

穆宗长庆中，以播代裴度为淮南节度使、检校右仆射，领使如故。播至淮南，属岁旱俭，人相啖食，课最不充，设法掊敛，比屋嗟怨。

敬宗即位，任检校司空，罢盐铁转运使。时中尉王守澄用事，播自落利权，广求珍异，令腹心吏内结守澄，以为之助。守澄乘闲启奏，言播有才。明年正月，播复领盐铁转运使。播既得旧职，乃于铜盐之内，巧为赋敛，以事月进。名为羡馀，其实正额，务希奖擢，不恤人言。

文宗太和元年，自淮南入觐，进大小银碗三千四百枚、绫绢二十万匹。六月，拜尚书左仆射、同平章事，领使如故。四年卒，时年七十二。

《旧唐书》卷一六四

一二九　萧俛免相啸咏穷年

穆宗即位之月，拜萧俛中书侍郎、平章事。时王播广以货币赂中人权幸，求为宰相。而宰相段文昌复左右之。俛性嫉恶，延英面言播之纤邪纳贿，喧于中外，不可以污台司。事已垂成，帝不之省，俛三上章求罢相任。长庆元年正月，守左仆射，罢知政事。俛居相位，孜孜正道，重慎名器。每除一官，常虑乖当，故鲜有简拔，然志嫉奸邪，脱屣重位，时论称之。

俛趣尚简洁，不以声利自污。在相位时，穆宗诏撰《故成德军节度使王士真神道碑》，对曰："臣器褊狭，此不能强。王承宗先朝阻命，事无可观，如臣秉笔，不能溢美。臣不愿为之秉笔。"帝嘉而免之。

倪家行尤孝。母韦氏,贤明有礼,理家甚严。倪虽为宰相,侍母左右,不异褐衣时。丁母丧,毁瘠逾制。既致仕于家,以洛都官属宾友,避岁时请谒之烦,乃归济源别墅,逍遥山野,啸咏穷年。

《旧唐书》卷一七二

一三〇 文宗去奢从俭

文宗自为诸王,深知两朝之弊,及即位,励精求治,去奢从俭。诏宫女非有职掌者皆出之,出三千馀人。五坊鹰犬,准元和故事,量留校猎外,悉放之。有司供宫禁年支物,并准贞元故事。省教坊、翰林、总监冗食千二百馀员,停诸司新加衣粮。御马坊场及近岁别贮钱谷所占陂田,悉归之有司。先宣索组绣、雕镂之物,悉罢之。敬宗之世,每月视朝不过一二,上始复旧制,每奇日未尝不视朝,对宰相群臣延访政事,久之方罢。待制官旧虽设之,未尝召对,至是屡蒙延问。中外翕然相贺,以为太平可冀。

文宗性俭素,命中尉以下毋得衣纱縠绫罗。听朝之暇,惟以书史自娱,声乐游畋未尝留意。驸马韦处仁尝着夹罗巾,上谓曰:"朕慕卿门地清素,故有选尚。如此巾服,听其他贵戚为之,卿不须尔。"

《通鉴》卷二四三、卷二四四

一三一　宋申锡约身谨洁

文宗即位，拜宋申锡为户部郎中、知制诰。太和二年，正拜中书舍人，复为翰林学士。文宗察其忠厚，可任以事。尝因召对，与申锡从容言及王守澄，无可奈何，令与外廷朝臣谋去之，且约命为宰相。申锡顿首谢之。逾月，加平章事。事未成，申锡反被贬为开州司马。

申锡既被罪，怡然不以为意，自中书归私第，止于外厅，素服以俟命。其妻出谓之曰："公为宰相，人臣位极于此，何负天子反乎？"申锡曰："吾生被厚恩，擢相位，不能锄去奸乱，反为所罗织，夫人察申锡，岂反者乎？"因相与泣下。

时风侈靡，居要位者尤纳贿赂，遂成风俗。申锡自居内廷，及为宰相，约身谨洁，尤以公廉为己任，四方问遗，悉无所受。既被罪，为有司验劾，多获其四方受领所还问遗之状，朝野为之叹息。七年，卒于开州。

《旧唐书》卷一六七

一三二　刘蕡对策切实却落第

自宪宗元和之末，宦官益横，建置天子在其掌握，威权出人主之右，人莫敢言。文宗时，昌平刘蕡对策，极言其祸，其略曰："陛下宜先忧者：宫闱将变，社稷将危，天下将倾，海内将乱。""陛下何不塞阴邪之路，屏褒狃之臣，制侵陵迫胁之心，复门户扫除之役，戒其所宜戒，忧其所宜忧！""昔秦之亡也失于强暴，汉之亡也失于微弱。强暴则贼臣畏死而害上，微弱则奸臣窃权而震主。伏见敬宗皇帝不虞亡秦之祸，不翦其萌。伏惟陛下深轸亡汉之忧，以杜其渐，则祖宗之鸿业可绍，三、五之遐轨可追矣。"

贤良方正裴休、李合、李甘、杜牧、马植、崔玙、王式、崔慎由等二十二人中第，皆除官。考官左散骑常侍冯宿等见刘蕡策，皆叹服，而畏宦官，不敢取。诏下，物论嚣然称屈。谏官、御史欲论奏，执政抑之。李合曰："刘蕡下第，我辈登科，能无厚颜！"乃上疏，以为："蕡所对策，汉、魏以来无与为比。今有司以蕡指切左右，不敢以闻，恐中良道穷，纲纪遂绝。况臣所对不及蕡远甚，乞回臣所授以旌蕡直。"不报。蕡由是不得仕于朝，终于使府御史。

《通鉴》卷二四三

一三三　殷侑政绩卓著

沧州承丧乱之馀，骸骨蔽地，城空野旷，户口存者什无三四。以卫尉卿殷侑为齐、德、沧、景节度使。侑至镇，与士卒同甘苦，招抚百姓，劝之耕桑，流散者稍稍复业。先是，本军三万人皆仰给度支，侑至一年，租税自能赡其半；二年，请悉罢度支给赐；三年之后，户口滋殖，仓廪充盈。

《通鉴》卷二四四

一三四　崔郾宽严皆宜

以陕虢观察使崔郾为鄂岳观察使。鄂岳地囊山带江，处百越、巴、蜀、荆、汉之会，土多群盗，剽行舟，无老幼必尽杀乃已。郾至，训卒治兵，作战船追讨，岁中，悉诛之。郾在陕，以宽仁为治，或经月不笞一人，乃至鄂，严峻刑罚。或问其故，郾曰："陕土瘠民贫，吾抚之不暇，尚恐其惊；鄂地险民杂，夷俗剽狡为奸，非用威刑，不能致治。政贵知变，盖谓此也。"

《通鉴》卷二四四

一三五　郑注李训阴狡

以太仆卿郑注为工部尚书，充翰林侍讲学士。注好服鹿裘，以隐沦自处，文宗以师友待之。注之初得幸，上尝问翰林学士、户部侍郎李珏曰："卿知有郑注乎？亦尝与之言乎？"对曰："臣岂特知其姓名，兼深知其为人。其人奸邪，陛下宠之，恐无益圣德。臣忝在近密，安敢与此人交通！"贬珏江州刺史。

时注与李训所恶朝士，皆指目为李德裕、李宗闵之党，贬逐无虚日，班列殆空，廷中恟恟，上亦知之。训、注恐为人所摇，劝上下诏："应与德裕、宗闵亲旧及门生故吏，今日以前贬黜之外，馀皆不问。"人情稍安。

遣中使李好古就第赐鸩，杀王守澄。训、注本因守澄进，卒谋而杀之，人皆快守澄之受佞而疾训、注之阴狡。

《通鉴》卷二四五

一三六　李石拒多募兵卫

宦者仇士良等杀李训、郑注等。仇士良等各进阶迁官有差。自是天下事皆决于北司，宰相行文书而已。

时中书惟有空垣破屋，百物皆阙。江西、湖南献衣粮百二十分，充宰相召募从人。李石上言："宰相若忠正无邪，神灵所佑，纵遇盗贼，亦不能伤。若内怀奸罔，虽兵卫甚设，鬼得而诛之。臣愿竭赤心以报国，止循故事，以金吾卒导从足矣。其两道所献衣粮，并乞停寝。"从之。

文宗与宰相语，患四方表奏华而不典，李石对曰："古人因事为文，今人以文害事。"

李石用金部员外郎韩益判度支案，益坐赃三千馀缗，系狱。石曰："臣始以益颇晓钱谷，故用之，不知其贪乃如是！"上曰："宰相但知人则用，有过则惩，如此则人易得。卿所用人不掩其恶，可谓至公。从前宰相用人好曲蔽其过，不欲人弹劾，此大病也。"贬益梧州司户。

《通鉴》卷二四五

一三七　郑覃论诗之工拙

文宗与宰相从容论诗之工拙，郑覃曰："诗之工者，无若三百篇，皆国人作之以刺美时政，王者采之以观风俗耳，不闻王者为诗也。后代辞人之诗，华而不实，无补于事。陈后主、隋炀帝皆工于诗，不免亡国，陛下何取焉！"覃笃于经术，上甚重之。

李固言荐崔球为起居舍人，郑覃再三以为不可，上曰："公事勿相违！"覃曰："若宰相尽同，则事必有欺陛下者矣！"

《通鉴》卷二四五

一三八　文宗自比周赧汉献

文宗疾少间，坐思政殿，召当直学士周墀，赐之酒，因问曰："朕可方前代何主？"对曰："陛下尧、舜之主也。"上曰："朕岂敢比尧、舜！所以问卿者，何如周赧、汉献耳。"墀惊曰："彼亡国之主，岂可比圣德！"上曰："赧、献受制于强诸侯，今朕受制于家奴，以此言之，朕殆不如！"因泣下沾襟，墀伏地流涕，自是不复视朝。

文宗卒，其弟瀍即位，是为武宗。

《通鉴》卷二四六

一三九　李德裕论须辨群臣邪正

武宗立，故杨嗣复、李珏相继罢去，召淮南节度使李德裕入朝。以德裕为门下侍郎、同平章事。德裕言于上曰："致理之要，在于辨群臣之邪正。夫邪正二者，势不相容。正人指邪人为邪，邪人亦指正人为邪，人主辨之甚难。臣以为正人如松柏，特立不倚；邪人如藤萝，非附他物不能自起。故正人一心事君，而邪人竞为朋党。"

武宗好神仙，道士赵归真得幸，谏官屡以为言。李德裕亦谏曰："归真，敬宗朝罪人，不宜亲近！"上曰："朕宫中无事时与之谈道涤烦耳。至于政事，朕必问卿等与次对官，虽百归真不能惑也。"德裕曰："小人见势利所在，则奔趋之，如夜蛾之投烛。闻旬日以来，归真之门，车马辐凑，愿陛下深戒之。"

《通鉴》卷二四六、卷二四七

一四〇　仇士良谈善事天子之法

宦者仇士良，于文宗有拥立功，官至骠骑大将军，封楚国公。武宗时以疾辞。士良之老，中人举送还第，谢曰："诸君善事天子，能听老夫语乎？"众唯唯。

士良曰："天子不可令闲暇，暇必观书，见儒臣，则又纳谏，智深虑远，减玩好，省游幸，吾属恩且薄而权轻矣。为诸君计，莫若殖财货，盛鹰马，日以球猎声色蛊其心，极侈靡，使悦不知息，则必斥经术，阁外事，万机在我，恩泽权力欲焉往哉？"众再拜。士良贪酷二十馀年，亦有术自将，恩礼不衰云。

《新唐书》卷二〇七

一四一　杜悰不为武宗选美女

武宗闻扬州倡女善为酒令，敕淮南监军选十七人献之。监军请节度使杜悰同选，且欲更择良家美女，教而献之。悰曰："监军自受敕，悰不敢预闻！"监军再三请之，不从。监军怒，具表其状，上览表默然。左右请并敕节度使同选，上曰："敕藩方选倡女入宫，岂圣天子所为！杜悰不徇监军意，得大臣体，真宰相才也。朕甚愧之！"遽敕监军勿复选。以悰同平章事，兼度支、盐铁转运使。及悰中谢，上劳之曰："卿不从监军之言，朕知卿有致君之心，今相卿，如得一魏徵矣！"

《通鉴》卷二四七

一四二　李商隐恃才诡激

李商隐，字义山，怀州河内人。商隐幼能为文。令狐楚镇河阳，以所业文干之，年才及弱冠。楚以其少俊，深礼之，令与诸子游。文宗开成二年，方登进士第，释褐秘书省校书郎，调补弘农尉。武宗会昌二年，又以书判拔萃。

商隐善诗，能为古文，不喜偶对。从事令狐楚幕。楚能章奏，遂以其道授商隐，自是始为今体章奏。博学强记，下笔不能自休，尤善为诔奠之辞。文思清丽，恃才诡激，为当途者所薄。名宦不进，坎壈终身。

《旧唐书》卷一九〇

一四三　李德裕禁宦者干预军政

加李德裕太尉、赵国公，德裕固辞。武宗曰："恨无官赏卿耳！卿若不应得，朕必不与卿。"

李德裕尝曰："将帅出征屡败，其弊有三：一者，诏令下军前者，日有三四，宰相多不预闻。二者，监军各以意见指挥军事，将帅不得专进退。三者，每军各有宦者为监使，悉选军中骁勇数百为牙队，其在阵战斗者，皆怯弱之士。每战，监使自有信旗，乘高立马，以牙队自卫，视军势小却，辄引旗先走，阵从而溃。"德裕乃与枢密使杨钦义、刘行深议，约敕监军不得预军政，每兵千人听监使取十人自卫，有功随例沾赏。二枢密皆以为然，白上行之。自御回鹘至泽潞罢兵，皆守此制。号令既简，将帅得以施其谋略。

武宗卒，宪宗子怡即位，是为宣宗。宣宗素恶李德裕之专，曰："每顾我，使我毛发森竖。"翌日，贬为荆南节度使，俄徙东都留守，再贬为崖州司户参军事。卒年六十三。

德裕性孤峭，明辩有风采，善为文章。虽至大位，犹不去书。其谋议援古为质，衮衮可喜。常以经纶天下自为，武宗知而能任之，言从计行。所居安邑里第，有院号"起草"，亭曰"精思"，每计大事，则处其中，虽左右侍御不得豫。不喜饮酒，后房无声色娱。生平所论著多行于世云。

《通鉴》卷二四八；《新唐书》卷一八〇

一四四　李景让母郑氏之教

以右常侍李景让为浙西观察使。

初，景让母郑氏，性严明，早寡，家贫，居于东都。诸子皆幼，母自教之。宅后古墙因雨隤陷，得钱盈船，奴婢喜，走告母。母往，焚香祝之曰："吾闻无劳而获，身之灾也。天必以先君馀庆，矜其贫而赐之，则愿诸孤它日学问有成，乃其志也，此不敢取！"遽命掩而筑之。三子景让、景温、景庄，皆举进士及第。景让官达，发已斑白，小有过，不免捶楚。

景让在浙西，有左都押牙迕景让意，景让杖之而毙。军中愤怒，将为变。母闻之，景让方视事，母出坐听事，立景让于庭而责之曰："天子付汝以方面，国家刑法，岂得以为汝喜怒之资，妄杀无罪之人乎！万一致一方不宁，岂惟上负朝廷，使垂年之母衔羞入地，何以见汝之先人乎！"命左右褫其衣，将挞其背。将佐皆为之请，拜且泣，久乃释之，军中由是遂安。

景庄老于场屋，每被黜，母辄挞景让。然景让终不肯属主司，曰："朝廷取士自有公道，岂敢效人求关节乎！"

《通鉴》卷二四八

一四五　韦澳愿宰相无权

以兵部侍郎周墀、刑部侍郎马植并同平章事。初，墀为义成节度使，辟韦澳为判官，及为相，谓澳曰："力小任重，何以相助？"澳曰："愿相公无权。"墀愕然，不知所措。澳曰："官赏刑罚，与天下共其可否，勿以己之爱憎喜怒移之，天下自理，何权之有！"墀深然之。

《通鉴》卷二四八

一四六　宣宗命公主毋轻夫族

万寿公主适起居郎郑颢。颢，登进士第，为校书郎、右拾遗内供奉，以文雅著称。公主，宣宗之爱女，故选颢尚之。有司循旧制请用银装车，上曰："吾欲以俭约化天下，当自亲者始。"令依外命妇以铜装车。诏公主执妇礼，皆如臣庶之法，诫以毋得轻夫族，毋得预时事。又申以手诏曰："苟违吾戒，必有太平、安乐之祸。"

颢弟顗，尝得危疾，上遣使视之。还，问："公主何在？"曰："在慈恩寺观戏场。"上怒，叹曰："我怪士大夫家不欲与我家为婚，良有以也！"亟命召公主入宫，立之阶下，不之视。公主惧，涕泣谢罪。上责之曰："岂有小郎病，不往省视，乃观戏乎！"

《通鉴》卷二四八

一四七　李君奭得民望

以醴泉令李君奭为怀州刺史。初，宣帝校猎渭上，有父老以十数，聚于佛祠。上问之，对曰："醴泉百姓也。县令李君奭有异政，考满当罢，诣府乞留，故此祈佛，冀谐所愿耳。"及怀州刺史阙，上手笔除君奭，宰相莫之测。君奭入谢，上以此奖励，众始知之。

《通鉴》卷二四九

一四八　宣宗乐闻规谏

以柳仲郢为兵部侍郎，充盐铁转运使。有间阁医工刘集因缘交通禁中，宣宗敕盐铁补场官。仲郢上言："医工术精，宜补医官。若委务铜盐，何以课其殿最！且场官贱品，非特敕所宜亲，臣未敢奉诏！"上遽批："刘集宜赐绢百匹，遣之。"他日，见仲郢，劳之曰："卿论刘集事甚佳。"

上尝若不能食，召医工梁新诊脉，治之数日，良已。新因自陈求官，上不许，但敕盐铁使月给钱三十缗而已。

上以京兆久不理，以翰林学士、工部侍郎韦澳为京兆尹。澳为人公直，既视事，豪贵敛手。郑光庄吏恣横，为闾里患，积年租税不入，澳执而械之。上于延英殿问澳，澳具奏其状。上曰："卿何以处之？"澳曰："欲置于法。"上曰："郑光甚爱之，何如？"对曰："陛下自内庭用臣为京兆，欲以清畿甸之积弊，若郑光庄吏积年为蠹，得宽重辟，是陛下之法独行于贫户耳，臣未敢奉诏。"上曰："诚如此。卿与痛杖，贷其死，可乎？"对曰："臣不敢不奉诏，愿听臣且系之，俟征足乃释之。"上曰："灼然可。朕为郑光故挠卿法，殊以为愧。"澳归府，即杖之。督租数百斛足，乃以吏归光。

上欲幸华清宫，谏官论之甚切，上为之止。上乐闻规谏，凡谏官论事、门下封驳，苟合于理，多屈意从之，得大臣章疏，必焚香盥手而读之。

《通鉴》卷二四九

一四九　郑颢求为宰相遭父谴斥

户部侍郎、判户部、驸马都尉郑颢营求作相甚切。其父祗德闻之，与书曰："闻汝已判户部，是吾必死之年，又闻欲求宰相，是吾必死之日也。"颢惧，累表辞剧务。

《通鉴》卷二四九

一五〇　宣宗畜养艺人

教坊祝汉贞，滑稽敏给，宣宗或指物使之口占，摹咏有如宿构，由是宠冠诸优。一日，在上前抵掌诙谐，颇及外事。上正色谓之曰："我畜养尔曹，正供戏笑耳，岂得辄预朝政邪！"自是疏之。会其子坐赃，杖死，流汉贞于天德军。

乐工罗程，善琵琶，自武宗朝已得幸。上素晓音律，尤有宠。程恃恩暴横，以睚眦杀人，系京兆狱。诸乐工欲为之请，因上幸后苑奏乐，乃设虚坐，置琵琶，而罗拜于庭，且泣。上问其故，对曰："罗程负陛下，万死，然臣等惜其天下绝艺，不复得奉宴游矣！"上曰："汝曹所惜者罗程艺，朕所惜者高祖、太宗法。"竟杖杀之。

《通鉴》卷二四九

一五一　宣宗任命刺史必面察

令狐绹拟李远杭州刺史，宣宗曰："吾闻远诗云'长日惟消一局棋'，安能理人！"绹曰："诗人托此为高兴耳，未必实然。"上曰："且令往试观之。"

上诏刺史毋得外徙，必令至京师，面察其能否，然后除之。令狐绹尝徙其故人为邻州刺史，便道之官。上见其谢上表，以问绹，对曰："以其道近，省送迎耳。"上曰："朕以刺史多非其人，为百姓害，故欲一一见之，访问其所施设，知其优劣以行黜陟。而诏命既行，直废格不用，宰相可谓有权！"时方寒，绚汗透重裘。

《通鉴》卷二四九

一五二　裴休治理漕运

裴休志操坚正。童龀时，兄弟俦、俅同学于济源别墅。休经年不出墅门，昼讲经籍，夜课诗赋。有以鹿赍俦者，俦、俅食之，召休食。休曰："我等穷生，菜食不充，今日食肉，翌日何继？无宜改馔。"独不食。

宣宗大中初，累官户部侍郎，充诸道盐铁转运使。六年，以本官同平章事，判使如故。自文宗太和已来，重臣领使者，岁漕江、淮米不过四十万石，能至渭河仓者十不三四。漕吏狡蠹，败溺百端。官舟沉溺者，岁七十馀只。洎休领使，分命僚佐深按其弊。因是所过地里，悉令县令兼董漕事，能者奖之，巡院无得侵牟。举新法凡十条，奏行之。休典使三岁，漕米至渭、河仓者一百二十万斛，更无沉舟之弊。

休性宽惠，为官不尚瞰察，而吏民畏服。善为文，长于书翰，自成笔法。家世奉佛，休尤深于释典。太原、凤翔近名山，多僧寺。视事之隙，游践山林，讲求佛理。中年后，不食荤血，常斋戒，屏嗜欲。香炉贝典，不离斋中，咏歌赞呗，以为法乐。

《旧唐书》卷一七七

一五三　韦宙治永州有善政

韦丹之子宙，宣宗时为永州刺史。州方灾歉，乃斥官下什用所以供刺史者，得九十馀万钱，为市粮饷。俗不知法，多触罪，宙为书制律并种植为生之宜，户给之。州负岭，转饷艰险，每饥，人辄莩死，宙始筑常平仓，收谷羡馀以待乏。罢冗役九百四十四员。县旧置吏督赋，宙俾民自输，家十相保，常先期。湘源生零陵香，岁市上供，人苦之，宙为奏罢。民贫无牛，以力耕，宙为置社，二十家月会钱若干，探名得者先市牛，以是为准，久之，牛不乏。立学官，取仕家子弟十五人充之。初，俚民婚，出财会宾客，号"破酒"，昼夜集，多至数百人，贫者犹数十，力不足，则不迎，至淫奔者。宙条约，使略如礼，俗遂改。久之，拜江西观察使，政简易，南方以为世官。咸通中卒。

《新唐书》卷一九七

一五四　宣宗时威严时怡然

宣宗临朝，接对群臣如宾客，虽左右近习，未尝见其有惰容。每宰相奏事，旁无一人立者，威严不可仰视。奏事毕，忽怡然曰："可以闲语矣。"因问间阁细事，或谈宫中游宴，无所不至。一刻许，复整容曰："卿辈善为之，朕常恐卿辈负朕，后日不复得再相见。"乃起入宫。令狐绚谓人曰:"吾十年秉政,最承恩遇,然每延英奏事,未尝不汗沾衣也!"

宣宗卒。其子漼即位,是为懿宗。

《通鉴》卷二四九

一五五　懿宗奉佛怠于政事

懿宗敕于两街四寺各置戒坛,度人三七日。上奉佛太过,怠于政事,尝于咸泰殿筑坛为内寺尼受戒,两街僧、尼皆入预。又于禁中设讲席,自唱经,手录梵夹。又数幸诸寺,施与无度。吏部侍郎萧仿上疏谏,上不能从。

《通鉴》卷二五〇

一五六　懿宗称敕命不可复改

敕以阁门使宦官吴德应等为馆驿使。台谏上言:"故事,御史巡驿,不应忽以内臣代之。"懿宗谕以敕命已行,不可复改。左拾遗刘蜕上言:"昔楚子县陈,得申叔一言而复封之,太宗发卒修乾元殿,闻张玄素谏,即日罢之。自古明君所尚者,从谏如流,岂有已行而不改!且敕自陛下出之,自陛下改之,何为不可!"弗听。

上好音乐宴游,殿前供奉乐工常近五百人,每月宴设不减十馀,水陆皆备,听乐观优,不知厌倦,赐与动及千缗。曲江、昆明、灞浐、南宫、北苑、昭应、咸阳,所欲游幸即行，有司常具音乐、饮食、幄帘，诸王立马以备陪从。每行幸，内外诸司扈从者十馀万人，所费不可胜纪。

《通鉴》卷二五〇

一五七　伶官李可及任将军

懿宗以伶官李可及为威卫将军。可及善音律，尤能转喉为新声，音辞曲折，听者忘倦。京师屠沽效之，呼为"拍弹"。同昌公主除丧后，帝与淑妃思念不已。可及乃为《叹百年舞曲》。舞人珠翠盛饰者数百人，画鱼龙地衣，用官绁五千匹。曲终乐阕，珠玑覆地，词语凄恻，闻者涕流，帝故宠之。尝于安国寺作《菩萨蛮舞》，如佛降生，帝益怜之。可及尝为子娶妇，帝赐酒二银樽，启之非酒，乃金翠也。人无敢非之者。僖宗即位，崔彦昭奏逐之，死于岭表。

《旧唐书》卷一七七

一五八　温庭筠善艳词

温庭筠，太原人，字飞卿。宣宗大中初，应进士。苦心砚席，尤长于诗赋。初至京师，人士翕然推重。然士行尘杂，不修边幅，能逐弦吹之音，为侧艳之词，公卿家无赖子弟裴诚、令狐缟之徒，相与蒲饮，酣醉终日，由是累年不第。懿宗咸通中，失意归江东，路由广陵，既至，与新进少年狂游狭邪。

《旧唐书》卷一九〇下

一五九　陕民逐崔荛以溺饮之

陕民逐观察使崔荛。荛以器韵自矜，不亲政事，民诉旱，荛指庭树曰："此尚有叶，何旱之有！"杖之。民怒，故逐之。荛逃于民舍，渴求饮，民以溺饮之。

《通鉴》卷二五一

一六〇　路人以瓦砾送路岩

以路岩同平章事，充西川节度使。岩出城，路人以瓦砾掷之。权京兆尹薛能，岩所擢也，岩谓能曰："临行，烦以瓦砾相饯！"能徐举笏对曰："向来宰相出，府司无例发人防卫。"岩甚惭。

《通鉴》卷二五二

一六一　王仙芝黄巢起义

懿宗卒，子儇即位，是为僖宗。时年十二，政在臣下，南牙、北司互相矛盾。自懿宗以来，奢侈日甚，用兵不息，赋敛愈急。关东连年水、旱，州县不以实闻，上下相蒙，百姓流殍，无所控诉。相聚举事，所在蜂起。州县兵少，加以承平日久，人不习战，官军多败。濮州人王仙芝始聚众数千，起于长垣，攻陷濮州、曹州，众至数万。天平节度使薛崇出兵击之，为仙芝所败。

曹州冤句人黄巢聚众数千人应仙芝。巢少与仙芝皆以贩私盐为事，巢善骑射，喜任侠，粗涉书传，屡举进士不第，遂与仙芝攻剽州县，横行山东。民之困于重敛者争归之，数月之间，众至数万。

《通鉴》卷二五二

一六二　僖宗称可得击球状元

僖宗好骑射、剑槊、法算，至于音律、蒲博，无不精妙，好蹴鞠、斗鸡，与诸王赌鹅，鹅一头至值五十缗。尤善击球，尝谓优人石野猪曰："朕若应击球进士举，须为状元。"对曰："若遇尧、舜作礼部侍郎，恐陛下不免驳放。"上笑而已。

《通鉴》卷二五三

一六三　陆龟蒙多论撰嗜品茶

陆龟蒙，字鲁望，举进士，不中。居松江甫里，多所论撰，虽幽忧疾痛，赀无十日计，不少辍也。文成，窜稿箧中，或历年不省，为好事者盗去。得书熟诵乃录，雠比

唐（下）（公元756年至906年）

勤勤，朱黄不去手，所藏虽少，其精皆可传。借人书，篇帙坏舛，必为辑褫刊正。乐闻人学，讲论不倦。

有田数百亩，屋三十楹，田苦下，雨潦则与江通，故常苦饥。身畚锸，茠刺无休时，或讥其劳，答曰："尧、舜霉瘠，禹胼胝。彼圣人也，吾一褐衣，敢不勤乎？"

嗜茶，置园顾渚山下，岁取租茶，自判品第。张又新为《水说》七种，其二慧山泉，三虎丘井，六松江。人助其好者，虽百里为致之。不喜与流俗交，虽造门不肯见。不乘马，升舟设蓬席，赍束书、茶灶、笔床、钓具往来。时谓江湖散人，或号天随子、甫里先生。后以高士召，不至。

《新唐书》卷一九六

一六四　孔纬不辞危难

孔纬，疾恶若仇，中外闻风，未绳辄肃。三迁吏部侍郎。权要私谒至盈几，一不省，当路不悦，改太常卿。从僖宗西到蜀。诏拜纬御史大夫，令促百官至行在。时群臣露次蓺屋，为盗剽胁，衣囊略尽。纬召御史曰："吾等身被恩，谊不辞难，今诏群臣皆不至，夫与人布衣游，犹缓急相恤，况于君乎？"且泣下。御史辞方寇夺，丐衣食，请办一日费而行。纬曰："吾妻疾，旦暮尽，丈夫岂以家事后国事乎？公善自谋，吾行决矣。"往见李昌符曰："诏书再至，而群臣顾未行。仆，大夫也，不敢后。愿假兵护送天子所。"昌符具资装送之。

昭宗即位，进司空。以太学焚残，乃兼国子祭酒，完治之。病，家人召医视，纬曰："天下方乱，何久求生？"不肯服药，卒。

《新唐书》卷一六三

一六五　张全义治理河南

以张全义为河南尹。全义初至，白骨蔽地，荆棘弥望，居民不满百户，四野俱无耕者。全义乃于麾下选十八人材器可任者，人给一旗一榜，谓之屯将，使诣十八县故墟落中，植旗张榜，招怀流散，劝之树艺。惟杀人者死，馀但笞杖而已，无严刑，无租税，民归之者如市。又选壮者教之战陈，以御寇盗。数年之后，都城坊曲，渐复旧制，诸县户口，率皆归复，桑麻蔚然，野无旷土。全义明察，人不能欺，而为政宽简。出，见田畴美者，辄下马，与僚佐共观之，召田主，劳以酒食；有蚕麦善收者，或亲至其家，悉呼出老幼，赐以茶彩衣物。民间言："张公不喜声伎，见之未尝笑，独见佳麦良茧则笑耳。"有田荒秽者，则集众杖之。或诉以乏人牛，乃召其邻里责之曰："彼诚乏人牛，何不助之！"众皆谢，乃释之。由是邻里有相助，故比户皆有蓄积，凶年不饥，遂成富庶焉。

《通鉴》卷二五七

唐（下）（公元756年至906年）

一六六　黄巢克洛阳长安

黄巢克东都，留守刘允章帅百官迎谒。巢入城，劳问而已，闾里晏然。

黄巢前锋将柴存入长安，金吾大将军张直方帅文武数十人迎巢于霸上。巢乘金装肩舆，其徒皆被发，约以红缯，衣锦绣，执兵以从，甲骑如流，辎重塞途，千里络绎不绝。民夹道聚观，谕之曰："黄王起兵，本为百姓，非如李氏不爱汝曹，汝曹但安居毋恐。"巢馆于田令孜第，其徒见贫者，往往施与之。居数日，各出大掠，焚市肆，杀人满街，巢不能禁。尤憎官吏，得者皆杀之。

黄巢杀唐宗室在长安者无遗类。巢即皇帝位于含元殿，画皂缯为衮衣，击战鼓数百以代金石之乐。登丹凤楼，下赦书。国号大齐。唐官三品以上悉停任，四品以下位如故。

二年后，雁门节度使李克用攻陷长安。又一年后，黄巢被杀。

《通鉴》卷二五四

一六七　奇女子驳斥僖宗

使者献黄巢及家人首并姬妾，僖宗御大玄楼受之。宣问姬妾："汝曹皆勋贵子女，世受国恩，何为从贼？"其居首者对曰："狂贼凶逆，国家以百万之众，失守宗祧，播迁巴、蜀。今陛下以不能拒贼责一女子，置公卿将帅于何地乎！"上不复问，皆戮之于市。人争与之酒，其馀皆悲怖昏醉，居首者独不饮不泣，至于就刑，神色肃然。

《通鉴》卷二五六

一六八　昭宗无奈宦官专政

僖宗卒，其弟敏即位，是为昭宗。昭宗在藩邸，素疾宦官。及即位，杨复恭恃援立功总宿卫兵，专制朝政。诸假子皆为节度使、刺史，又养宦官子六百人，皆为监军。上舅王瓌出入禁中，颇用事，复恭恶之，奏以为黔南节度使。至吉柏津，令山南西道节度使杨守亮覆诸江中，宗族宾客皆死。上知复恭所为，深恨之，出复恭为凤翔监军，复恭愠恚，不肯行，称疾，求致仕。以复恭为上将军致仕，赐以几杖。使者致诏命还，复恭潜遣腹心张绾刺杀之。

《通鉴》卷二五八

一六九　柳玭称门第高可畏不可恃

以渝州刺史柳玭为泸州刺史，柳氏自公绰以来，世以孝悌礼法为士大夫所宗。玭为御史大夫，上欲以为相。宦官恶之，故久谪于外。玭诫其子弟曰："凡门地高，可畏不可恃也。立身行己，一事有失，则得罪重于他人，死无以见先人于地下，此其所以可畏也。门高则骄心易生，族盛则为人所嫉。懿行实才，人未之信，小有玷，众皆指之。此其所以不可恃也。故膏粱子弟，学宜加勤，行宜加励，仅得比他人耳！"

《通鉴》卷二五九

一七〇　歇后郑五作宰相

以右散骑常侍郑綮为礼部侍郎、同平章事。綮好诙谐，多为歇后诗，讥嘲时事。昭宗以为有所蕴，手注班簿，命以为相，闻者大惊。堂吏往告之，綮笑曰："诸君大误，使天下更无人，未至郑綮！"史曰："特出圣意。"綮曰："果如是，奈人笑何！"既而贺客至，綮搔首言曰："歇后郑五作宰相，时事可知矣！"累让不获，乃视事。

《通鉴》卷二五九

一七一　孙偓性通简

昭宗时，孙偓以户部侍郎同中书门下平章事。

偓性通简，不矫饰，尝曰："士苟有行，不必以己长形彼短、己清彰彼浊。"每对客，奴童相诟曳仆诸前，不之责，曰："若持怒心，即自挠矣。"

《新唐书》卷一八三

一七二　司空图著《二十四诗品》

司空图，懿宗咸通十年登进士第，曾任殿中侍御史，旋归隐。昭宗时，屡召图，均以疾辞。图有先人别墅在中条山之王官谷，泉石林亭，颇称幽栖之趣。日与名僧高士游咏其中。晚年为文，尤事放达。图预为寿藏终制。故人来者，引之圹中，赋诗对酌。人或难色，图规之曰："达人大观，幽显一致，非止暂游此中。公何不广哉！"布衣鸠杖，出则以女家人鸾台自随。岁时村社雩祭祠祷，鼓舞会集，图必造之，与野老同席，曾无傲色。唐祚亡之明年，卒，时年七十二。有文集三十卷，名篇有《二十四诗品》等。

《旧唐书》卷一九〇下

一七三　朱全忠杀昭帝

四镇节度使朱全忠破李茂贞，诛宦官，威震天下，遂有篡夺之志。请昭宗迁都洛阳，促百官东行。驱徙士民，号哭满路，老幼襁属，月馀不绝。车驾发长安，全忠以其将张廷范为御营使，毁长安宫室百司及民间庐舍，取其材，浮渭河而下，长安自此遂丘墟矣。

车驾至华州，民夹道呼万岁，上泣谓曰："勿呼万岁，朕不复为汝主矣！"谓侍臣曰："鄙语云：'纥干山头冻杀雀，何不飞去生处乐。'朕今漂泊，不知竟落何所！"因泣下沾襟，左右莫能仰视。

全忠自河中来朝，上延全忠入寝室见何后，后泣曰："自今大家夫妇委身全忠矣！"

全忠杀昭宗，立其子柷。柷时年十三，未及三年，禅位于朱全忠。至此唐亡，计历二十一帝，共二百八十九年。

《通鉴》卷二六四

五　代

（公元907年至959年）

一　朱全忠投清流于浊流

梁帝朱全忠聚朝士及贬官者三十馀人于白马驿，一夕尽杀之，投尸于河。初，李振屡举进士，竟不中第，故深疾缙绅之士，言于全忠曰："此辈常自谓清流，宜投之黄河，使为浊流！"全忠笑而从之。

全忠尝与僚佐及游客坐于大柳之下，全忠独言曰："此木宜为车毂。"众莫应。有游客数人起应曰："宜为车毂。"全忠勃然厉声曰："书生辈好顺口玩人，皆此类也！车毂须用夹榆，柳木岂可为之！"顾左右曰："尚何待！"左右数十人捽言"宜为车毂"者，悉扑杀之。

《通鉴》卷二六五

二　罗隐说钱镠讨梁

朱全忠灭唐后，改国号为梁。镇海节度判官罗隐说吴王钱镠兴兵讨梁，曰："纵无成功，犹可退保杭、越，自为东帝，奈何交臂事贼，为终古之羞乎！"镠始以隐为不遇于唐，必有怨心，及闻其言，虽不能用，心甚义之。

《通鉴》卷二六六

三　王建称帝于蜀

蜀王王建会将佐议称帝，皆曰："大王虽忠于唐，唐已亡矣，此所谓'天与不取'者也。"即皇帝位，国号大蜀。蜀主虽目不知书，好与书生谈论，粗晓其理。是时唐衣冠之族多避乱在蜀，蜀主礼而用之，故其典章文物有唐之遗风。

有僧抉一目以献，蜀主命饭僧万人以报之。翰林学士张格曰："小人无故自残，赦其罪已幸矣，不宜复崇奖以败风俗。"蜀主乃止。

《通鉴》卷二六六

四　王宗弁称廉者知足不忧

蜀州刺史王宗弁称疾，罢归成都，杜门不出。蜀主疑其矜功怨望，加检校太保，固辞不受，谓人曰："廉者足而不忧，贪者忧而不足。吾小人，致位至此，足矣，岂可求进不已乎！"蜀主嘉其志而许之，赐与有加。

《通鉴》卷二六七

五　杨涉拜相以为祸至

唐哀帝即位，杨涉拜中书侍郎、同中书门下平章事。涉，唐名家，世守礼法，而性特谨厚，不幸遭唐之乱，拜相之日，与家人相对泣下，顾谓其子凝式曰："吾不能脱此网罗，祸将至矣，必累尔等。"唐亡事梁，在位三年，俯首无所施为，罢为左仆射，知贡举，后数年卒。

《新五代史》卷三五

六　温韬发掘唐陵

温韬，梁时为节度使。韬在镇七年，唐诸陵在其境内者，悉发掘之，取其所藏金宝。而昭陵最固，韬从埏道下，见宫室制度闳丽，不异人间，中为正寝，东西厢列石床，床上石函中为铁匣，悉藏前世图书，钟、王笔迹，纸墨如新，韬悉取之，遂传人间。惟乾陵风雨不可发。

《新五代史》卷四〇

五代（公元907年至959年）

七　王师范镇定就戮

王师范降梁。梁太祖即位，召为右金吾卫上将军，居于洛阳。太祖心欲诛之，乃遣人就洛阳族灭之。使者至，先掘坑于外，乃入告之。师范设席为具，与诸宗族饮酒，谓使者曰："死，人之所不免，况有罪乎？然惧少长失序，下愧于先人。"酒半，令少长以次起，就戮于坑所，闻者皆哀怜之。

《新五代史》卷四二

八　崔沂弹劾功臣

左金吾大将军寇彦卿入朝，至天津桥，有民不避道，投诸栏外而死。彦卿自首于梁帝。帝以彦卿才干有功，久在左右，命以私财遗死者家以赎罪。御史崔沂劾奏："彦卿杀人阙下，请论如法。"帝命彦卿分析。彦卿对："令从者举置栏外，不意误死。"帝欲以过失论，沂奏："在法，以势使令为首，下手为从，不得归罪从者。不斗而故殴伤人，加伤罪一等，不得为过失。"责授彦卿游击将军、左卫中郎将。彦卿扬言："有得崔沂首者，赏钱万缗。"沂以白帝，帝使人谓彦卿："崔沂有毫发伤，我当族汝！"时功臣骄横，由是稍肃。

《通鉴》卷二六七

九　述律后勇决多权变

初，燕人苦燕主刘守光残虐，军士多归于契丹，契丹日益强大。契丹王阿保机自称皇帝，以妻述律氏为皇后，置百官。述律后勇决多权变，阿保机行兵御众，述律后常预其谋。阿保机尝度碛击党项，留述律后守其帐，黄头、臭泊乘虚合兵掠之。述律后知之，勒兵以待其至，奋击，大破之，由是名震诸夷。述律后有母有姑，皆踞榻受其拜，曰："吾惟拜天，不拜人也。"

《通鉴》卷二六九

一〇　契丹主重用韩延徽

刘守光末年衰困，遣参军韩延徽求援于契丹。契丹主怒其不拜，留之，使牧马于野。延徽，幽州人，有智略，颇知属文。述律后言于契丹主曰："延徽能守节不屈，此今之贤者，奈何辱以牧圉！宜礼而用之。"契丹主召延徽与语，悦之，遂以为谋主，举动访焉。延徽始教契丹建牙开府，筑城郭，立市里，以处汉人，使各有配偶，垦艺荒田。由是汉人各安生业，逃亡者益少。契丹威服诸国，延徽有助焉。

顷之，延徽逃奔晋阳，东归省母，过真定，止于乡人王德明家。德明问所之，延徽曰："今河北皆为晋有，当复诣契丹耳。"德明曰："叛而复往，得无取死乎？"延徽曰："彼自吾来，如丧手目，今往诣之，彼手目复完，安肯害我！"既省母，遂复入契丹。契丹主闻其至，大喜，如自天而下，拊其背曰："向者何往？"延徽曰："思母，欲告归，恐不听，故私归耳。"契丹主待之益厚。及称帝，以延徽为相，累迁至中书令。

《通鉴》卷二六九

一一　述律后谓幽州如无皮之树

吴王遣使遗契丹主以猛火油，曰："攻城，以此油燃火焚楼橹，敌以水沃之，火愈炽。"契丹主大喜，即选骑三万欲攻幽州，述律后哂之曰："岂有试油而攻一国乎！"因指帐前树谓契丹主曰："此树无皮，可以生乎？"契丹主曰："不可。"述律后曰："幽州城亦犹是矣。吾但以三千骑伏其旁，掠其四野，使城中无食，不过数年，城自困矣，何必如此躁动轻举！万一不胜，为中国笑，吾部落亦解体矣。"契丹主乃止。

《通鉴》卷二六九

一二　钱镠二三事

钱镠，杭州临安人也。临安里中有大木，镠幼时与群儿戏木下，镠坐大石指麾群儿为队伍，号令颇有法，群儿皆惮之。及壮，无赖，不喜事生业，以贩盐为盗。后立为吴越王。

钱镠之宠姬郑氏父犯法当死，左右为之请，镠曰："岂可以一妇人乱我法。"出其女而斩之。镠自少在军中，夜未尝寐，倦极则就圆木小枕，或枕大铃，寐熟辄欹而寤，名曰："警枕"。置粉盘于卧内，有所记则书盘中，比老不倦。尝微行，夜叩北城门，吏不肯启关，曰："虽大王来亦不可启。"乃自他门入。明日，召北门吏，厚赐之。

镠在杭州垂四十年，穷奢极贵。钱塘江旧日海潮逼州城，镠大庀工徒，凿石填江，又平江中罗刹石，悉起台榭，广郡郭周三十里，邑屋之繁会，江山之雕丽，实江南之胜概也。

镠学书，好吟咏，尝与罗隐唱和，隐好讥讽，尝戏为诗，言镠微时骑牛操梃事，缪亦怡然不怒。

镠虽季年荒恣，然自唐朝，于梁室，庄宗已来，每来扬帆越海，贡奉无阙，故中朝亦以此善之。

《新五代史》卷六七；《通鉴》卷二七〇；《旧五代史》卷一三三

一三　李存勖称帝

晋王李克用之子存勖称帝，是为庄宗，国号唐。遣李嗣源帅军攻大梁，王瓒开门出降，嗣源入城，抚安军民。是日，庄宗入自梁门，百官迎谒于马首，拜伏请罪，帝慰劳之，使各复其位。李嗣源迎贺，帝喜不自胜，手引嗣源衣，以头触之曰："吾有天下，卿父子之功也，天下与尔共之。"帝命访求梁主，顷之，以其首献。

帝欲发梁太祖墓，斫棺焚其尸，张全义上言："朱温虽国之深仇，然其人已死，刑无可加，屠灭其家，足以为报，乞免焚斫以存圣恩。"帝从之，但铲其阙室，削封树而已。

《通鉴》卷二七二

一四　庄宗与伶人

庄宗幼善音律，故伶人多有宠，常侍左右。帝或时自傅粉墨，与优人共戏于庭，以悦刘夫人，优名谓"李天下"。尝因为优，自呼曰"李天下，李天下"，优人敬新磨遽前批其颊。帝失色，群优亦骇愕，新磨徐曰："理天下者只有一人，尚谁呼邪！"帝悦，厚赐之。

帝尝畋于中牟，践民稼，中牟令当马前谏曰："陛下为民父母，奈何毁其所食，使转死沟壑乎！"帝怒，叱去，将杀之。敬新磨追擒至马前，责之曰："汝为县令，独不知吾天子好猎邪？奈何纵民耕种，以妨吾天子之驰骋乎！汝罪当死！"因请行刑，帝笑而释之。

诸伶出入宫掖，侮弄缙绅，群臣愤嫉，莫敢出气，亦反有相附托以希恩泽者，四方藩镇争以货赂结之。其尤蠹政害人者，景进为之首。进好采闾阎鄙细事闻于上，上亦欲知外间事，遂委进以耳目。进每奏事，常屏左右问之，由是进得施其谗慝，干预政事。自将相大臣皆惮之。

初，伶人周匝为梁所得，庄宗每思之，入汴之日，匝谒见于马前，帝甚喜。匝涕泣言曰："臣所以得生全者，皆梁教坊使陈俊、内园栽接使储德源之力也，愿就陛下乞二州以报之。"帝许之。郭崇韬谏曰："陛下所与共取天下者，皆英豪忠勇之士。今大功始就，封赏未及一人，而先以伶人为刺史，恐失天下心。"以是不行。逾年，伶人屡以为言，帝谓崇韬曰："吾已许周匝矣，使吾惭见此三人。公言虽正，然当为我屈意行之。"以俊为景州刺史，德源为宪州刺史。时亲军有从帝战未得刺史者，莫不愤叹。

《通鉴》卷二七二、卷二七三

一五　高季兴曰唐何能久长

加张全义守尚书令，南平王高季兴守中书令。时季兴入朝，庄宗待之甚厚，从容问曰："朕欲用兵于吴、蜀，二国何先？"季兴对曰："吴地薄民贫，克之无益，不如先伐蜀。蜀土富饶，又主荒民怨，伐之必克。克蜀之后，顺流而下，取吴如反掌耳。"上曰："善！"

高季兴在洛阳，帝左右伶宦求货无厌，季兴忿之。帝欲留季兴，郭崇韬谏曰："陛下新得天下，诸侯不过遣子弟将佐入贡，惟高季兴身自入朝，当褒赏以劝来者。乃羁留不遣，弃信亏义，沮四海之心，非计也。"乃遣之。季兴背道而去，至许州，谓左右曰："此行有二失：来朝一失，纵我去一失。"过襄州，节度使孔勍留宴，中夜，斩关而去。

至江陵，又谓将佐曰："新朝百战方得河南，乃对功臣举手云，'吾于十指上得天下'，矜伐如此，则他人皆无功矣，其谁不解体！又荒于禽色，何能久长！吾无忧矣。"乃缮城积粟，招纳梁旧兵，为战守之备。

《通鉴》卷二七二

一六　庄宗敛财

郭崇韬初至汴、洛，颇受藩镇馈遗，所亲或谏之，崇韬曰："吾位兼将相，禄赐巨万，岂藉外财！但以伪梁之季，贿赂成风，今河南藩镇皆梁之旧臣，主上之仇雠也，若拒，其意能无惧乎！吾特为国家藏之私室耳。"及将祀南郊，崇韬首献劳军钱十万缗。

先是，宦官劝庄宗分天下财赋为内外府，州县上供者入外府，充经费，方镇贡献者入内府，充宴游及给赐左右。于是外府常虚竭无馀而内府山积。及有司办郊祀，乏劳军钱，崇韬言于上曰："臣已倾家所有以助大礼，愿陛下亦出内府之财以赐有司。"上默然久之，曰："吾晋阳自有储积，可令租庸辇取以相助。"于是，军士皆不满望，始怨恨，有离心矣。

庄宗欲以刘夫人为皇后。郭崇韬与宰相帅百官共奏刘夫人宜正位中宫。刘后生于寒微，既贵，专务蓄财，至于薪草果茹皆贩鬻之。及为后，四方贡献皆分为二，一上天子，一上中宫，以是宝货山积，惟用写佛经，施尼师而已。

《通鉴》卷二七三

一七　李严论蜀主王衍

蜀主王建卒，衍立。衍年少荒淫，委其政于宦者宋光嗣等，以韩昭等为狎客。起宣华苑，有重光、太清、延昌、会真之殿，清和、迎仙之宫，降真、蓬莱、丹霞之亭，飞鸾之阁，瑞兽之门。又作怡神亭，与诸狎客、妇人日夜酣饮其中。

蜀人富而喜遨，当王氏晚年，俗竞为小帽，仅覆其顶，俯首即堕，谓之"危脑帽"。衍以为不祥，禁之。而衍好戴大帽，每微服出游民间，民间以大帽识之，因令国中皆戴大帽。又好裹尖巾，其状如锥。而后宫皆戴金莲花冠，衣道士服，酒酣免冠，其髻髽然，更施朱粉，号"醉妆"，国中之人皆效之。尝与太后、太妃游青城山，宫人衣服，皆画云霞，飘然望之若仙。衍自作《甘州曲》，述其仙状，上下山谷，衍常自歌，而使宫人皆和之。

初，庄宗因遣客省使李严入蜀，令以马市宫中珍玩，而蜀法禁锦绮珍奇不得入中国，其粗恶者乃听入中国，谓之"入草物"。严还，以闻，帝怒曰："王衍宁免为入草之人乎！"严因言于帝曰："衍童騃荒纵，不亲政务，斥远故老，昵比小人。其用事之臣王宗弼、宋光嗣等，谄谀专恣，黩货无厌，贤愚易位，刑赏紊乱，君臣上下专以奢淫相尚。以臣观之，大兵一临，瓦解土崩，可翘足而待也。"

《新五代史》卷六三；《通鉴》卷二七三

一八　李存审诫子当知起家之艰

宣武节度使兼中书令、蕃汉马步总管李存审卒于幽州。存审出于寒微，常诫诸子曰："尔父少提一剑去乡里，四十年间，位极将相，其间出万死获一生者非一，破骨出镞者凡百馀。"因授以所出镞，命藏之，曰："尔曹生于膏粱，当知尔父起家如此也。"

《通鉴》卷二七三

一九　王宗弼泄废立之谋

蜀前山南节度使兼中书令王宗俦以蜀主失德，与王宗弼谋废立，宗弼犹豫未决。宗俦忧愤而卒。宗弼谓枢密使宋光嗣、景润澄等曰："宗俦教我杀尔曹，今日无患矣。"光嗣辈俯伏泣谢。宗弼子承班闻之，谓人曰："吾家难乎免矣。"

《通鉴》卷二七三

二〇　庄宗采民间女子

洛阳宫殿宏邃，宦者欲上增广嫔御，诈言宫中夜见鬼物。庄宗欲使符咒者攘之，宦者曰："臣昔逮事咸通、乾符天子，当是时，六宫贵贱不减万人。今掖庭太半空虚，故鬼物游之耳。"上乃命宦者王允平、伶人景进采择民间女子，远至太原、幽等地，以充后庭，不啻三千人，不问所从来。

五台僧诚惠以妖妄惑人，自言能降伏天龙，命风召雨。帝尊信之，亲帅后妃及皇弟、皇子拜之，诚惠安坐不起，群臣莫敢不拜，独郭崇韬不拜。时大旱，帝自邺都迎诚惠至洛阳，使祈雨，士民朝夕瞻仰，数旬不雨。或谓诚惠："官以师祈雨无验，将焚之。"诚惠逃去，惭惧而卒。

庄宗苦溽暑，欲建楼以消暑，然犹虑郭崇韬谏，遣中使语之曰："今岁盛暑异常，朕昔在河上，与梁人相拒，行营卑湿，被甲乘马，亲当矢石，犹无此暑。今居深宫之中而暑不可度，奈何？"对曰："陛下昔在河上，勍敌未灭，深念仇耻，虽有盛暑，不介圣怀。今外患已除，海内宾服，故虽珍台闲馆犹觉郁蒸也。陛下倘不忘艰难之时，则暑气自消矣。"帝默然。帝卒命营楼，日役万人，所费巨万。崇韬谏曰："今两河水旱，军食不充，愿且息役，以俟丰年。"帝不听。

《通鉴》卷二七三

二一　庄宗枉杀罗贯

罗贯为礼部员外郎，性强直，为郭崇韬所知，用为河南令。为政不避权豪，伶宦请托，书积几案，一不报，皆以示崇韬，崇韬奏之，由是伶宦切齿，共毁之，帝含怒未发。会帝自往寿安视坤陵役者，道路泥泞，桥多坏。帝问主者为谁，宦官对属河南。帝怒，下贯狱，狱吏榜掠，体无完肤，明日，传诏杀之。崇韬谏曰："贯坐桥道不修，法不至死。"帝怒曰："太后灵驾将发，天子朝夕往来，桥道不修，卿言无罪，是党也！"崇韬曰："陛下以万乘之尊，怒一县令，使天下谓陛下用法不平，臣之罪也。"帝曰："既公所爱，任公裁之。"拂衣起入宫，崇韬随之，论奏不已，帝自阖殿门，崇韬不得入。贯竟死，暴尸府门，远近冤之。

《通鉴》卷二七三

二二　郭崇韬率军灭蜀

唐灭蜀。蜀主白衣、衔璧、牵羊，草绳萦首。百官舆櫬，号哭俟命。大军入成都。郭崇韬禁军士侵掠，市不改肆。自出师至克蜀，凡七十日。得州六十四，县二百四十九，兵三万，铠仗、钱粮、金银、缯锦共以千万计。后，崇韬被谗害而死。

《通鉴》卷二七四

二三　宋彦筠好货殖修浮屠

庄宗时，宋彦筠入成都，据一甲第，第中资货巨万，妓女数十辈，尽为其所有。一旦，与其主母微忿，遽击杀之，自后常有所睹，彦筠心不自安，乃修浮屠法以禳之，因而溺志于释氏。其后，每岁至金仙入涅之日，常衣斩缞号恸于其像前。家有侍婢数十人，皆令削发披缁，以侍左右，大为当时所诮。又性好货殖，能图什一之利，良田甲第，相望于郡国。将终，以伊、洛之间田庄十数区上进，并籍于官焉。

《旧五代史》卷一二三

二四　唐世将吏罕有廉白者

初，李克用领四镇，拥兵十万，威震天下，关东藩守，皆其将吏，方面补授，由其保荐，四方舆金辇璧，骏奔结辙，纳赂于其庭。如是者十馀年，渐成风俗，藩侯牧守，下逮群吏，罕有廉白者，率皆掊敛剥下，以事权门。克用之甥袁象先恃势，所至藩府，侵刻诛求尤甚，以此家财巨万。庄宗初定河南，象先率先入觐，辇珍币数十万，遍赂权贵及刘皇后、伶官巷伯，居旬日，内外翕然称之。

《旧五代史》卷五九

二五　豆卢革韦说无作为

庄宗时豆卢革、韦说为相。庄宗内畏刘皇后，外惑宦官、伶人，郭崇韬虽尽忠于国，而亦无学术，革、说俯仰默默无所为，唯诺崇韬而已。是岁，大水，四方地连震，流民殍死者数万人，军士妻子皆采稆以食。庄宗日以责三司使孔谦，谦不知所为。枢密小吏段徊曰："臣尝见前朝故事，国有大故，则天子以朱书御札问宰相。水旱，宰相职也。"庄宗乃命学士草诏，手自书之，以问革、说。革、说不能对，第曰："陛下威德著于四海，今西兵破蜀，所得珍宝亿万，可以给军。一水旱，天之常道，不足忧也。"二人各以其子为拾遗，父子同省，人以为非，遽改他官，而革以说子为弘文馆学士，说以革子为集贤院学士，交易市恩，有同市井。革自作相之后，不以进贤劝能为务，唯事修炼，求长生之术，尝服丹砂，呕血数日，垂死而愈。

《新五代史》卷二八；《旧五代史》卷六七

二六　卢程作威福

庄宗以卢程为中书侍郎、同平章事。程奉皇太后册，自魏至太原，上下山险，所至州县，驱役丁夫，官吏迎拜，程坐肩舆自若，少忤其意，必加答辱。人有假驴夫于程者，程帖兴唐府给之，府吏启无例，程怒答吏背。少尹任圜，庄宗姊婿也，诣程诉其不可。程戴华阳巾，衣鹤氅，据几决事，视圜骂曰："尔何虫豸，恃妇家力也！宰相取给州县，何为不可！"圜不对而去，夜驰至博州见庄宗。庄宗大怒，谓郭崇韬曰："朕误相此痴物，敢辱予九卿！"遂降为右庶子。

《新五代史》卷二八

二七　赵光逢致仕不言政事

赵光逢，梁时为中书侍郎、平章事。上章求退，以太子太保致仕。末帝爱其才，征拜司空、平章事。无几以疾辞，授司徒致仕。庄宗时，弟光胤为平章事，时谒问于私第，尝语及政事，他日，光逢署其户曰"请不言中书事"。尝有女冠寄黄金一镒于其室家，时属乱离，女冠委化于他土。后二十年，金无所归，纳于河南尹张全义，请付诸宫观，其旧封尚在。

《旧五代史》卷五八

二八　马郁老死他乡

马郁，其先范阳人。郁少警悟，有俊才智数，言辩纵横，下笔成文。王镕尝聘其于镇州，官妓有转转者，美丽善歌舞，因宴席，郁累挑之。幕客张泽亦以文章名，谓郁曰："子能座上成赋，可以此妓奉酬。"郁抽笔操纸，即时成赋，拥妓而去。

郁在庄宗幕，寄寓他土，年老思乡，每对庄宗欷歔，言家在范阳，乞骸归国，以葬旧山。庄宗谓之曰："自卿去国已来，同舍孰在？刘守光尚不能容父，能容卿乎！孤不惜卿行，但卿不得死尔。"郁既无归路，衷怀呜悒，竟卒于太原。

《旧五代史》卷七一

二九　明宗之新政

伶人郭从谦杀庄宗。李嗣源入洛阳，接皇帝位，是为明宗。量留后宫百人，宦官三十人，教坊百人，鹰坊二十人，御厨五十人，自馀任从所适。诸司使务有名无实者皆废之。分遣诸军就食近畿，以省馈运。刺史以下不得贡奉。

明宗目不知书，四方奏事皆令安重诲读之，重诲亦不尽通，乃以文学之士冯道、赵凤为端明殿学士，以备应对。

《通鉴》卷二七五

三〇　述律后智斩难制之将

契丹主阿保机卒于夫馀城，述律后召诸将及酋长难制者之妻，谓曰："我今寡居，汝不可不效我。"又集其夫泣问曰："汝思先帝乎？"对曰："受先帝恩，岂得不思！"曰："果思之，宜往见之。"遂杀之。

述律后爱中子德光，欲立之，至西楼，命与长子突欲俱乘马立帐前，谓诸酋长曰："二子吾皆爱之，莫知所立，汝曹择可立者执其辔。"酋长知其意，争执德光辔欢跃曰："愿事元帅太子。"后曰："众之所欲，吾安敢违？"遂立之为天皇王。突欲愠，帅数百骑欲奔唐，为逻者所遏。述律后不罪，遣归东丹。天皇王尊述律后为太后，国事皆决焉。天皇王性孝谨，母病不食亦不食，侍于母前应对或不称旨，母扬眉视之，辄惧而趋避，非复召不敢见也。以韩延徽为政事令。

《通鉴》卷二七五

三一　安重诲恃功矜宠威福自出

明宗即位，以安重诲为左领军卫大将军、枢密使，累加侍中兼中书令。重诲处机密之任，事无大小，皆以参决，其势倾动天下。虽其尽忠劳心，时有补益，而恃功矜宠，威福自出。重诲尝出，过御史台门，殿直马延误冲其前导，重诲怒，即台门斩延而后奏。

是时，四方奏事，皆先白重诲然后闻。河南县献嘉禾，一茎五穗，重诲视之曰："伪也。"答其人而遣之。夏州李仁福进白鹰，重诲却之。明日，白曰："陛下诏天下毋得献鹰鹞，而仁福违诏献鹰，臣已却之矣。"重诲出，明宗阴遣人取之以入。他日，按鹰于西郊，诫左右："无使重诲知也！"宿州进白兔，重诲曰："兔阴且狡，虽白何为！"遂却而不白。

马牧军使田令方所牧马，瘠而多毙，坐劾当死，重诲谏曰："使天下闻以马故，杀一军使，是谓贵畜而贱人。"令方因得减死。

后，重诲被明帝所杀。

《新五代史》卷二四

三二　孟知祥讥安重诲

孟知祥将据蜀也，且上表乞搬家属。时枢密使安重诲用事，拒其请，知祥曰："吾知之矣。"因使密以金百两为赂，重诲喜而为敷奏，诏许之。及家属至，知祥对僚吏笑曰："天下闻知枢密，将谓天地间未有此，谁知只销此百金耶，亦不足畏也。"遂守险拒命。

《旧五代史》卷六六

三三　赵凤称不宜重用术士

晋阳相者周玄豹尝言明宗贵不可言，明宗即位，欲召诣阙。赵凤曰："玄豹言陛下当为天子，今已验矣，无所复询。若置之京师，则轻躁狂险之人必辐辏其门，争问吉凶。自古术士妄言，致人族灭者多矣，非所以靖国家也。"帝乃就除光禄卿致仕，厚赐金帛而已。

有僧游西域，得佛牙以献，明宗以示大臣。凤言："世传佛牙水火不能伤，请验其真伪。"因以斧斫之，应手而碎。是时，宫中施物已及数千，因凤碎之乃止。

《通鉴》卷二七六；《新五代史》卷二八

三四　明宗与冯道

明宗曰："宰相重任。吾在河东时见冯书记多才博学，与物无竞，此可相矣。"竟以端明殿学士冯道及崔协并为中书侍郎、同平章事。

明宗与冯道从容语及年谷屡登，上问道："今岁虽丰，百姓赡足否？"道曰："农家岁凶则死于流殍，岁丰则伤于谷贱，丰凶皆病者，惟农家为然。臣记进士聂夷中诗云：'二月卖新丝，五月粜新谷。医得眼下疮，剜却心头肉。'语虽鄙俚，曲尽田家之情状。农于四人之中最为勤苦，人主不可不知也。"上悦，命左右录其诗，常讽诵之。

敕解纵五坊鹰隼，内外无得更进。冯道曰："陛下可谓仁及禽兽。"上曰："不然。朕昔尝从武皇猎，时秋稼方熟，有兽逸入田中，遣骑取之，比及得兽，馀稼无几。以是思之，猎有损无益，故不为耳。"

《通鉴》卷二七五、卷二七六、卷二七七

三五　徐知诰图鸩其弟

吴加徐知诰兼中书令，领宁国节度使。知诰召徐知询饮，以金钟酌酒赐之，曰："愿弟寿千岁。"知询疑有毒，引他器均之，跪献知诰曰："愿与兄各享五百岁。"知诰变色，左右顾，不肯受，知询捧酒不退。左右莫知所为，伶人申渐高径前为诙谐语，掠二酒合饮之，怀金钟趋出，知诰密遣人以良药解之，已脑溃而卒。

《通鉴》卷二七六

三六　钱镠嘱子孙善事中国

钱镠谓将吏曰："吾疾必不起，诸儿皆愚懦，谁可为帅者？"众泣曰："两镇令公仁孝有功，孰不爱戴！"镠乃悉出印钥授传瓘，曰："将吏推尔，宜善守之。"又曰："子孙善事中国，勿以易姓废事大之礼。"卒年八十一。

传瓘既袭位，更名元瓘，兄弟名"传"者皆更为"元"。以遗命去国仪，用藩镇法，除民田荒绝者租税。后瓘子佐、俶相继立。

钱氏兼有两浙几百年，其人比诸国号为怯弱。自镠世常重敛其民以事奢僭，下至鸡鱼卵鷇，必家至而日取。每笞一人以责其负，则诸案史各持其簿列于廷，凡一簿所负，唱其多少，量为笞数，以次唱而笞之，少者犹积数十，多者至笞百馀，人尤不胜其苦。又多掠得岭海商贾宝货。当五代时，常贡奉中国不绝。及宋兴，荆、楚诸国相次归命，俶势益孤，始倾其国以事贡献。宋太祖皇帝时，俶尝来朝，厚礼遣还国，俶喜，益以器服珍奇为献，不可胜数。太祖曰："此吾帑中物尔，何用献为！"太平兴国三年，诏俶来朝，俶举族归于京师，国除。

《通鉴》卷二七七；《新五代史》卷六七

三七　康澄言不足惧者五深可畏者六

明宗时，大理少卿康澄上书曰："国家有不足惧者五，有深可畏者六：阴阳不调不足惧，三辰失行不足惧，小人讹言不足惧，山崩川涸不足惧，螽贼伤稼不足惧；贤人藏匿深可畏，四民迁业深可畏，上下相徇深可畏，廉耻道消深可畏，毁誉乱真深可畏，直言蔑闻深可畏。不足惧者，愿陛下存而勿论；深可畏者，愿陛下修而靡忒。"

《通鉴》卷二七八

三八　高汉筠可称良吏

高汉筠性宽厚，仪容伟如也。虽历戎职，未尝有非法之言出于口吻，多慕士大夫所为，复以清白自负。明宗时，任成德军节度副使，知襄州军事，历曹、亳二州刺史。在襄阳，有孽吏常课外献白金二十镒，汉筠曰："吾有正俸，此何用焉！"因诫其主者不复然，其白金皆以状上进。及莅济阴，部民安之，四邑饭僧凡有万八千人。在亳州三年，岁以己俸百千代纳逋租。

《旧五代史》卷九四

三九　明帝称多养军马无益

明帝于便殿问范延光内外见管马数，对曰："三万五千匹。"帝叹曰："太祖在太原，骑军不过七千，先皇自始至终马才及万。今有铁马如是，而不能使九州混一，是吾养士练将之不至也。吾老矣，马将奈何！"延光奏曰："臣每思之，国家养马太多，试计一骑士之费，可赡步军五人，三万五千骑抵十五万步军，既无所施，虚耗国力，臣恐日久难继。"帝曰："诚如卿言，肥骑士而瘠吾民，何益哉！"

《旧五代史》卷四四

四〇 明宗有意于治

明宗卒。帝登极之年已逾六十，不迩声色，不乐游畋。尝于宫中焚香祝天曰："某胡人，因乱为众所推，愿天早生圣人，为生民主。"广寿殿火灾，有司理之，请加丹臒，喟然叹曰："天以火诫我，岂宜增以侈邪！"岁尝旱，已而雪，暴坐庭中，诏武德司宫中无得扫雪，曰："此天所以赐我也。"吏有犯赃，辄置之死，曰："此民之蠹也！"以诏书褒廉吏孙岳等，盖亦有意于治矣。在位七年，兵革粗息，年屡丰登，生民实赖以休息。

明宗子从厚即位，在位四月，为潞王李从珂所杀。冯道等上书，劝从珂即位，以冯道为司空。在位二年，石敬瑭兵入洛阳，以冯道兼门下侍郎、同平章事。潞王自焚死。

《通鉴》卷二七八、卷二七九；《新五代史》卷六

四一 唐末帝选辅相之法

唐末帝从厚即位，讲求辅相，乃书朝中清望官十馀人

姓名置于瓶中，清夜焚香而挟之，既而得卢文纪与姚顗，遂拜中书侍郎、平章事。

《旧五代史》卷九二

四二　后蜀主孟昶母子

　　唐明宗卒后，孟知祥乃于蜀称帝，史称后蜀。知祥卒后，子昶立。昶好打球走马，又为方士房中之术，多采良家子以充后宫。枢密副使韩保贞切谏，昶大悟，即日出之，赐保贞金数斤。然昶年少不亲政事，而将相大臣皆知祥故人，及其事昶，骄蹇，多逾法度，务广第宅，夺人良田，发其坟墓，而李仁罕尤甚。昶即位数月，执仁罕杀之，并族其家。

　　昶幸晋、汉之际，中国多故，而据险一方，君臣务为奢侈以自娱，至于溺器皆以七宝装之。宋兴，出兵灭蜀。迁昶至京师，封秦国公，七日而卒。其母李氏，为人明辩，甚见优礼，诏书呼为"国母"，尝召见劳之曰："母善自爱，无戚戚思蜀，他日当送母归。"李氏曰："妾家本太原，倘得归老故乡，不胜大愿。"昶之卒也，李氏不哭，以酒酹地祝曰："汝不能死社稷，苟生以取羞。吾所以忍死者，以汝在也。吾今何用生为！"因不食而卒。

《新五代史》卷六四

四三　马胤孙号三不开

马胤孙，唐废帝时拜中书侍郎、同中书门下平章事。胤孙不通世务，临事多不能决，当时号为"三不开"，谓其不开口以论议，不开印以行事，不开门以延士大夫也。晋兵起太原，废帝至河阳，是时势已危迫，胤孙自洛来朝行在，人皆冀其有所建言，胤孙献绫三百匹而已。晋高祖入立，罢归田里。

胤孙既学韩愈为文，故多斥浮屠氏之说，及罢归，乃反学佛，撰《法喜集》《佛国记》行于世。时人诮之曰："佞清泰不彻，乃来佞佛。"清泰，废帝年号也。人有戏胤孙曰："公素慕韩愈为人，而常诵傅奕之论，今反佞佛，是佛佞公邪，公佞佛邪？"胤孙答曰："岂知非佛佞我也？"时人传以为笑。

《新五代史》卷五五

四四　石敬瑭割十六州于契丹

河东节度使、北面总管石敬瑭尽收其货之在洛阳及诸道者归晋阳，托言以助军费，人皆知其有异志。

石敬瑭令桑维翰草表称臣于契丹主，且请以父礼事之，约事捷之日，割卢龙一道及雁门关以北诸州与之。刘知远谏曰："称臣可矣，以父事之太过。厚以金帛赂之，自足致其兵，不必许以土田，恐异日大为中国之患，悔之无及。"敬瑭不从。表至契丹，契丹主大喜，白其母述律太后曰："儿比梦石郎遣使来，今果然，此天意也。"乃为复书，许俟仲秋倾国赴援。

九月，契丹主将五万骑，号三十万，自扬武谷而南，旌旗不绝五十馀里。唐兵大败，死者近万人。

契丹主谓石敬瑭曰："吾三千里赴难，必有成功。观汝气貌识量，真中原之主也。吾欲立汝为天子。"契丹主作册书，命敬瑭为大晋皇帝，自解衣冠授之，筑坛于柳林。是日，即皇帝位。割幽、蓟、瀛、莫、涿、檀、顺、新、妫、儒、武、云、应、寰、朔、蔚十六州以与契丹，仍许岁输帛三十万匹。

《通鉴》卷二八〇

四五　石敬瑭事契丹甚谨

晋石敬瑭上尊号于契丹主及太后，以冯道为太后册礼使，左仆射刘煦为契丹主册礼使，备卤簿、仪仗、车辂，诣契丹行礼，契丹主大悦。事契丹甚谨，奉表称臣，谓契丹主为"父皇帝"，每契丹使至，于别殿拜受诏敕。岁输金帛三十万之外，吉凶庆吊，岁时赠遗，玩好珍异，相继于道。小不如意，辄来责让，帝常卑辞谢之。晋使者至契丹，契丹骄倨，多不逊语。使者还以闻，朝野咸以为耻，而帝事之曾无倦意，以是终帝之世，与契丹无隙。其后契丹主屡止帝上表称臣，但令为书称"儿皇帝"，如家人礼。

《通鉴》卷二八一

四六　冯道受宠群臣无比

以冯道守司徒兼侍中，事无巨细，悉委于道。石敬瑭尝访以军谋，对曰："征伐大事，在圣心独断。臣书生，惟知谨守历代成规而已。"帝以为然。道尝称疾求退，帝使郑王重贵诣第省之，曰："来日不出，朕当亲往。"道乃出视事。当时宠遇，群臣无与为比。

《通鉴》卷二八二

四七　南唐主李昪不忍言兵

南唐主李昪使宦者祭庐山，还，劳之曰："卿此行甚精洁。"宦者曰："臣自奉诏，蔬食至今。"唐主曰："卿某处市鱼为羹，某日市肉为䐣，何为蔬食？"宦者惭服。仓吏岁终献羡馀万馀石，唐主曰："出纳有数，苟非掊民刻军，安得羡馀邪。"

南唐主遣通事舍人欧阳遇求假道以通契丹，石敬瑭不许。自黄巢犯长安以来，天下血战数十年，然后诸国各有分土，兵革稍息。及唐主即位，江、淮比年丰稔，兵食有馀，群臣争言："陛下中兴，今北方多难，宜出兵恢复旧疆。"唐主曰："吾少长军旅，见兵之为民害深矣，不忍复言。使彼民安，则吾民亦安矣，又何求焉！"

吴越国火，焚其宫室、府库，甲兵皆尽，群臣请乘其弊攻之，昪不许，遣使吊问，厚赒其乏。钱氏自吴时素为敌国，昪见天下乱久，常厌用兵，及将篡国，先与钱氏约和，归其所执将士，钱氏亦归吴败将，遂通好不绝。昪客冯延巳好论兵大言，尝诮昪曰："田舍翁安能成大事！"而昪志在守吴旧地而已，无复经营之略也，然吴人亦赖以休息。

南唐主性节俭，常蹑蒲屦，盥颒用铁盎，暑则寝于青葛帷，左右使令惟老丑宫人，服饰粗略。死国事者，虽士卒皆给禄三年。分遣使者按行民田，以肥瘠定其税，民间称其平允。唐主勤于听政，以夜继昼，颇伤躁急。内侍王绍颜上书，以为："今春以来，群臣获罪者众，中外疑惧。"唐主手诏释其所以然，令绍颜告谕中外。

《通鉴》卷二八二；《新五代史》卷六二

四八　安重荣耻臣契丹

晋成德节度使安重荣出于行伍，性粗率，恃勇骄暴，每谓人曰："今世天子，兵强马壮则为之耳。"府廨有幡竿高数十尺，尝挟弓矢谓左右曰："我能中竿上龙首者，必有天命。"一发中之，以是益自负。石敬瑭之遣重荣代秘琼也，诫之曰："琼不受代，当别除汝一镇，勿以力取，恐为患滋深。"重荣由是以帝为怯。

安重荣耻臣契丹，见契丹使者，必箕踞谩骂，使过其境，或潜遣人杀之，契丹以让帝，帝为之逊谢。重荣执契丹使拽剌，遣骑掠幽州南境，军于博野，上表数千言，大抵斥帝父事契丹，竭中国以媚无厌之虏。又以此意为书遗朝贵及移藩镇，云已勒兵，必与契丹决战。帝以重荣方握强兵，不能制，甚患之。

帝以诏谕安重荣曰："尔身为大臣，家有老母，忿不思难，弃君与亲。吾因契丹得天下，尔因吾致富贵，吾不敢忘德，尔乃忘之，何邪？今吾以天下臣之，尔欲以一镇抗之，不亦难乎？"

后，石敬瑭杀安重荣，并漆其首，函送契丹。

《通鉴》卷二八二

四九　赵在礼收拔钉钱

晋时，以赵在礼为北面行营马步都虞候，以击契丹，未尝有战功。在礼在宋州，人尤苦之。已而罢去，宋人喜而相谓曰："眼中拔钉，岂不乐哉！"既而复受诏居职，乃籍管内，口率钱一千，自号"拔钉钱"。晋亡，契丹入汴，在礼自宋驰至洛阳，遇契丹拽剌等，拜于马首，拽剌等兵共侵辱之，诛责货财，在礼不胜其愤。行至郑州，闻晋大臣多为契丹所锁，中夜惶惑，解衣带就马枥自经而卒。

《新五代史》卷四六

五〇　苌从简好食人肉

苌从简降晋后，历镇忠武、武宁，入为左金吾卫上将军。从简好食人肉，所至多潜捕民间小儿以食。许州富人有玉带，欲之而不可得，遣二卒夜入其家，杀而取之。卒夜逾垣，隐木间，见其夫妇相待如宾，二卒叹曰："吾公欲夺其宝，而害斯人，吾必不免。"因跃出而告之，使其速以带献，遂逾垣而去，不知其所之。

《新五代史》卷四七

五一　王傅拯去弊政民便之

晋时，王傅拯任诸卫将军，出为宁州刺史。以前弊政滋章，民甚苦之，傅拯自下车，除去弊政数十件，百姓便之。不数月，移刺虢州。离宁州日，衙门聚数千人，折桥遮道以留之。及赴虢，治理清净，蒸民爱戴如宁州焉。开运中，历武州刺史，受代归洛，遇疾卒。傅拯家本多财，尤好宾客，及历数郡，不事生产，将即世，甚贫匮，物论惜之。

《旧五代史》卷九四

五二　和凝好声誉著《香奁集》

晋时，和凝任端明殿学士，迁中书侍郎平章事。凝性好修整，自释褐至登台辅，车服仆从，必加华楚，进退容止伟如也。又好延纳后进，士无贤不肖，皆虚怀以待之，或致其仕进，故甚有当时之誉。平生为文章，长于短歌艳曲，尤好声誉，有集百卷，自篆于版，模印数百帙，分惠于人焉。艳词一编名《香奁集》，凝后贵，乃嫁其名为韩偓，今世传韩偓《香奁集》，乃凝所为也。

《旧五代史》卷一二七

五三　郑遨隐乱世

郑遨，滑州白马人也。少好学，敏于文辞。唐昭宗时，举进士不中。见天下已乱，有拂衣远去之意，欲携其妻、子与俱隐，其妻不从，遨乃入少室山为道士。其妻数以书劝遨还家，辄投之于火，后闻其妻、子卒，一恸而止。

其后，遨闻华山有五粒松，脂沦入地，千岁化为药，能去三尸，因徙居华阴，欲求之。与道士李道殷、罗隐之友善，世目以为三高士。遨种田，隐之卖药以自给，道殷有钓鱼术，钩而不饵，又能化石为金，遨尝验其信然，而不之求也。节度使刘遂凝数以宝货遗之，遨一不受。

唐明宗时以左拾遗、晋高祖时以谏议大夫召之，皆不起，即赐号为逍遥先生。天福四年卒，年七十四。

遨好饮酒弈棋，时时为诗章落人间，人间多写以缣素，相赠遗以为宝，至或图写其形，玩于屋壁，其迹虽远而其名愈彰。

《新五代史》卷三四

五四　石重贵称孙不称臣

石敬瑭卒，冯道与天平节度使景延广奉齐王重贵为帝。初即位，大臣议奉表称臣告哀于契丹，景延广请致书称孙而不称臣。李崧曰："陛下如此，他日必躬擐甲胄，与契丹战，于时悔无益矣。"延广固争，冯道依违其间。帝卒从延广议。契丹大怒，遣使来责让，且言："何得不先承禀，遽即帝位？"延广复以不逊语答之。

《通鉴》卷二八三

五五　道士王栖霞不受赏赐

南唐主李昇问道士王栖霞："何道可致太平？"对曰："王者治心治身，乃治家国。今陛下尚未能去饥嗔饱喜，何论太平！"宋后自帘中称叹，以为至言。凡唐主所赐予，栖霞皆不受。唐主欲为之筑坛。辞曰："国用方乏，何暇及此！"

李昇卒，子李璟即位。

《通鉴》卷二八三

五六　杨昭俭曰刻石纪功不如颁罪己之文

滑州河决，浸汴、曹、单、濮、郓五州之境，环梁山合于汶。诏大发数道丁夫塞之。既塞，石重贵欲刻碑纪其事。中书舍人杨昭俭谏曰："陛下刻石纪功，不若降哀痛之诏；染翰颂美，不若颁罪己之文。"

《通鉴》卷二八四

五七　述律太后主胡汉相和

契丹连岁入寇，中国疲于奔命，边民涂地，契丹人畜亦多死，国人厌苦之。述律太后谓契丹主曰："使汉人为胡主，可乎？"曰："不可。"太后曰："然则汝何故欲为汉主？"曰："石氏负恩，不可容。"太后曰："汝今虽得汉地，不能居也，万一蹉跌，悔何所及！"又谓其群下曰："汉儿何得一向眠！自古但闻汉和蕃，未闻蕃和汉。汉儿果能回意，我亦何惜与和！"

《通鉴》卷二八四

五八　石重贵骄佚赏赐无度

晋王石重贵于阳城胜契丹后，谓天下无虞，骄佚益甚。四方贡献珍奇，皆归内府。多造器玩，广宫室，崇饰后庭，近朝莫之及。作织锦楼以织地衣，用织工数百，期年乃成。又赏赐优伶无度。桑维翰谏曰："向者陛下亲御胡寇，战士重伤者，赏不过帛数端。今优人一谈一笑称旨，往往赐束帛、万钱、锦袍、银带，彼战士见之，能不觖望，曰：'我曹冒白刃，绝筋折骨，曾不如一谈一笑之功乎！'如此，则士卒解体，陛下谁与卫社稷乎！"

《通鉴》卷二八五

五九　桑维翰被杀

契丹大举入侵，开封尹桑维翰，以国家危在旦夕，求见晋王石重贵言事。晋主方在苑中调鹰，辞不见。又诣执政言之，执政不以为然。退，谓所亲曰："晋氏不血食矣！"

契丹主耶律德光遣晋降将张彦泽取大梁，斩关而入。石重贵坐苑中，与后妃相聚而泣，召翰林学士范质草降表，自称："孙男臣重贵，祸至神惑，运尽天亡。今与太后及妻冯氏，举族于郊野面缚待罪次。"

或劝桑维翰逃去。维翰曰："吾大臣，逃将安之！"坐而俟命。彦泽杀桑维翰，以带加颈，白契丹主，云其自经。契丹主曰："吾无意杀维翰，何为如是！"命厚抚其家。

《通鉴》卷二八五

六〇　契丹主处分晋君臣

契丹主耶律德光怒张彦泽剽掠京城，锁之。以彦泽之罪宣示百官，问："应死否？"皆言："应死。"百姓亦投牒争疏彦泽罪。斩彦泽于北市。市人争破其脑取髓，脔其肉而食之。

契丹以晋主为负义侯，置于黄龙府。契丹主使谓李太后曰："闻重贵不用母命以至于此，可求自便，勿与俱行。"太后曰："重贵事妾甚谨。所失者，违先君之志，绝两国之欢耳。今幸蒙大恩，全生保家，母不随子，欲何所归!"契丹迁晋主及其家人于封禅寺,以兵守之。契丹主数遣使存问,晋主每闻使至,举家忧恐。时雨雪连旬,上下冻馁。太后使人谓寺僧曰:"吾尝于此饭僧数万,今日独无一人相念邪!"僧辞以"虏意难测,不敢献食"。晋主阴祈守者,乃稍得食。

契丹主谓晋群臣曰:"自今不修甲兵,不市战马,轻赋省役,天下太平矣。"废东京,降开封府为汴州。契丹主改服中国衣冠,百官起居皆如旧制。

赵延寿、张砺共荐李崧之才。会威胜节度使冯道自邓州入朝,契丹主素闻二人名,皆礼重之。未几,以崧为太子太师,充枢密使,道守太傅,于枢密院祗候,以备顾问。

晋主之绝契丹也,匡国节度使刘继勋,颇预其谋。契丹主入汴,继勋入朝,契丹主责之。时冯道在殿上,继勋急指道曰:"冯道为首相,与景延广实为此谋。臣位卑,何敢发言!"契丹主曰:"此叟非多事者,勿妄引之!"

《通鉴》卷二八六

六一　契丹骑兵打草谷

契丹主耶律德光广受四方贡献,大纵酒作乐,每谓晋臣曰:"中国事我皆知之,吾国事汝曹弗知也。"

契丹主纵胡骑四出,以牧马为名,分番剽掠,谓之"打草谷"。丁壮毙于锋刃,老弱委以沟壑,自东、西南畿及郑、滑、曹、濮,数百里间,财畜殆尽。

契丹主括借都城士民钱帛，自将相以下皆不免。又分遣使者数十人诣诸州括借，皆迫以严诛，人不聊生。其实无所颁给，皆蓄之内库，欲辇归其国。于是内外怨愤，始患苦契丹，皆思逐之矣。

《通鉴》卷二八六

六二　翟光邺虽贵粗衣粝食

晋时，翟光邺历棣、沂二州刺史、西京副留守。光邺招辑兵民，甚有恩意。周太祖入立，拜宣徽使、枢密副使，出知永兴军。光邺为人沉默多谋，事继母以孝闻。虽贵，不营财产，常假官舍以居，萧然仅蔽风雨。雍睦亲族，粗衣粝食，与均有无，而光邺处之晏然，日与宾客饮酒聚书为乐。其所临政，务以宽静休息为意。病亟，诫其左右："气绝以尸归洛，无久留以烦军府。"

《新五代史》卷四九

六三　白再荣贪而无谋

白再荣，唐、晋之间，为护圣指挥使。契丹犯京师，再荣从契丹北归，至镇州，契丹留麻答守镇州而去，晋人从者多留焉。居未几，李筠、何福进等谋逐麻答，使人召再荣，再荣迟疑不欲往，军士迫之，乃往，共攻之。麻答走，诸将以再荣名次最高，乃推为留后。再荣出于行伍，贪而无谋，悉拘尝事麻答者取其财，镇人谓之"白麻答"。

汉高祖即位，拜再荣为留后，迁义成军节度使。罢还京师。周太祖以兵入京师，军士攻再荣于第，悉取其财。已而前启曰："士卒尝事公隶麾下，一旦无礼如此，亦复何面见公乎！"乃斩之，携其首而去。

《新五代史》卷四八

六四　刘知远称帝

初，晋主与河东节度使、中书令、北平王刘知远相猜忌，虽以为北面行营都统，徒尊以虚名，而诸军进止，实不得预闻。知远因之广募士卒。诸军散卒归之者数千人，又得吐谷浑财畜，由是河东富强冠诸镇，步骑至五万人。

晋主与契丹结怨，知远知其必危，而未尝论谏。契丹屡深入，知远初无邀遮、入援之志。及闻契丹入汴，知远分兵守四境以防侵轶。

刘知远曰："戎狄凭陵，中原无主，藩镇外附，吾为方伯，良可愧也！"于是将佐劝知远称尊号，以号令四方，观诸侯去就。知远不许。声言欲出兵井陉，命武节都指挥使史弘肇集诸军于球场，告以出师之期。军士皆曰："今契丹陷京城，执天子，天下无主。主天下者，非我王而谁！宜先正位号，然后出师。"争呼万岁不已。知远从之，即皇帝位，国号汉，都太原。

《通鉴》卷二八六

六五　苏逢吉贪诈残暴

汉高祖刘知远性素刚严，宾佐稀得请见，苏逢吉独入，终日侍立高祖书阁中。两使文簿盈积，莫敢通，逢吉辄取纳之怀中，伺高祖色可犯时以进之，高祖多以为可，以故甚爱之。然逢吉为人贪诈无行，喜为杀戮。高祖尝以生日遣逢吉疏理狱囚以祈福，谓之"静狱"。逢吉入狱中阅囚，无轻重曲直悉杀之，以报曰："狱静矣。"

高祖建号，拜逢吉中书侍郎、同中书门下平章事。是时，制度草创，朝廷大事皆出逢吉。然素不学问，随事裁决，出其意见，是故汉世尤无法度，而不施德政，民莫有所称焉。

高祖既定京师，逢吉与苏禹珪同在中书，除吏多违旧制。逢吉尤纳货赂，市权鬻官，谤者喧哗。然高祖方倚信二人，故莫敢有告者。凤翔李永吉初朝京师，逢吉以永吉故秦王从曮子，家世王侯，当有奇货，使人告永吉，许以一州，而求其先王玉带。永吉以无为解，逢吉乃使人市一玉带，值数千缗，责永吉偿之。前客省使王筠自晋末使楚，至是还，逢吉意筠得楚王重赂，遣人求之，许以一州，筠怏怏，以其橐装之半献之。而皆不得州。

晋相李崧从契丹以北，高祖入京师，以崧第赐逢吉，而崧别有田宅在西京，逢吉遂皆取之。崧自北还，因以宅券献逢吉，逢吉不悦，而崧子弟数出怨言。其后，逢吉乃诱人告崧与弟屿、义等，下狱，崧款自诬伏："与家僮二十人，谋因高祖山陵为乱。"狱上中书，逢吉改"二十人"

为"五十人",遂族崧家。

是时天下多盗,逢吉自草诏书下州县,凡盗所居本家及邻保皆族诛。或谓逢吉曰:"为盗族诛,已非王法,况邻保乎!"逢吉恃以为是,不得已,但去族诛而已。于是捕贼使者张令柔尽杀平阴县十七村民数百人。卫州刺史叶仁鲁闻部有盗,自帅兵捕之。时村民十数共逐盗,入于山中,盗皆散走。仁鲁从后至,见民捕盗者,以为贼,悉擒之,断其脚筋,暴之山麓,宛转号呼,累日而死。闻者不胜其冤,而逢吉以仁鲁为能,由是天下因盗杀人滋滥。

《新五代史》卷三〇

六六　史弘肇称毛锥子无用

汉时,史弘肇以功拜忠武军节度使、侍卫步军都指挥使。弘肇出兵警察,务行杀戮,罪无大小皆死。市有醉者忤一军卒,诬其讹言,坐弃市。凡民抵罪,吏以白弘肇,但以三指示之,吏即腰斩之。又为断舌、决口、斫筋、折足之刑。李崧坐奴告变族诛,弘肇取其幼女以为婢。于是前资故将失职之家,姑息僮奴,而厮养之辈往往胁制其主。燕人何福进有玉枕,值钱十四万,遣僮卖之淮南以鬻茶。僮隐其钱,福进笞责之,僮乃诬告福进得赵延寿玉枕,以遗吴人。弘肇捕治,福进弃市,帐下分取其妻子,而籍其家财。

弘肇不喜宾客,尝言:"文人难耐,呼我为卒。"弘肇尝曰:"安朝廷,定祸乱,直须长枪大剑,若'毛锥子'

安足用哉？"三司使王章曰："无'毛锥子'，军赋何从集乎？""毛锥子"，盖言笔也。弘肇默然。

《新五代史》卷三〇

六七　王章征利剥下

汉高祖时，王章拜三司使、检校太尉。高祖崩，隐帝即位，加太尉、同中书门下平章事。章供馈军旅，未尝乏绝。然征利剥下，民甚苦之。往时民租一石输二升为"雀鼠耗"，章乃增一石输二斗为"省耗"。尤不喜文士，尝语人曰："此辈与一把算子，未知颠倒，何益于国邪！"百官俸禀，皆取供军之馀不堪者，命有司高估其价，估定又增，谓之"抬估"，章犹意不能满，往往复增之。民有犯盐、矾、酒曲者，无多少皆抵死，吏缘为奸，民莫堪命。已而与史弘肇等同日见杀。

《新五代史》卷三〇

六八　刘铢施行随年合欢杖

刘铢，汉时拜同平章事，又加侍中。铢用法，亦自为刻深。民有过者，问其年几何，对曰若干，即随其数杖之，谓之"随年杖"。每杖一人，必两杖俱下，谓之"合欢杖"。又请增民租，亩出钱三十以为公用，民不堪之。

《新五代史》卷三〇

六九　述律太后不哭德光死

契丹主耶律德光闻河阳乱，叹曰："我有三失，宜天下之叛我也！诸道括钱，一失也；令上国人打草谷，二失也；不早遣诸节度使还镇，三失也。"

契丹主至临城，得疾，及栾城，病甚，苦热，聚冰于胸腹手足，且啖之。至杀胡林而卒。国人剖其腹，实盐数斗，载之北去，晋人谓之"帝羓"。

契丹主丧至国，述律太后不哭，曰："待诸部宁一如故，则葬汝矣。"

《通鉴》卷二八六

七〇　赵延义请汉主读《贞观政要》

高祖刘知远卒，子承佑即位，年十八。籍枢密使郭威，平李守贞、赵思绾等之乱。加威兼侍中。汉主渐骄纵。

会大风雨，发屋拔木，吹郑门扉起，十馀步而落。震死者六七人，水深平地尺馀。汉主召司天监赵延义，问以禳祈之术，对曰："臣之业在天文时日，禳祈非所习也。然王者欲弭灾异，莫如修德。"延义归，汉主遣中使问："如何为修德？"延义对："请读《贞观政要》而法之。"

汉主欲杀郭威，郭威起兵。汉主为乱兵所杀。太师冯道帅百官谒见郭威，威见犹拜之，道受拜如平时，徐曰：

"侍中此行不易！"

郭威称帝，国号周。

《通鉴》卷二八九

七一　郭威碎宝玉求利民

郭威谓王峻曰："朕起于寒微，备尝艰苦，遭时丧乱，一旦为帝王，岂敢厚自奉养以病下民乎！"命峻疏四方贡献珍美食物，下诏悉罢之。其诏略曰："所奉止于朕躬，所损被于亿庶。"又曰："积于有司之中，甚为无用之物。"又诏曰："朕生长军旅，不亲学问，未知治天下之道，文武官有益国利民之术，各具封事以闻，咸宜直书，勿事辞藻。"

帝悉出汉宫中宝玉器数十，碎之于庭，曰："凡为帝王，安用此物！闻汉隐帝日与嬖宠于禁中嬉戏，珍玩不离侧，兹事不远，宜以为鉴！"仍诫左右，自今珍华悦目之物，无得入宫。

以冯道为中书令。

《通鉴》卷二九〇

七二　周初三相

周主郭威以王峻为左仆射兼门下侍郎，范质、李谷为中书侍郎，并同平章事。时国家新造，四方多故，王峻夙夜尽心，知无不为，军旅之谋，多所裨益。范质明敏强记，谨守法度。李谷沉毅有器略，在帝前议论，辞气慷慨，善譬谕以开主意。

《通鉴》卷二九〇

七三　李璟好文学

南唐主李璟好文学，故韩熙载与冯延巳、延鲁、江文蔚、潘佐、徐铉之徒皆至美官。当时唐之文雅于诸国为盛，然未尝设科举，多因上书言事拜官，至是，始命江文蔚知贡举。时执政皆不由科第，相与沮毁，竟罢贡举。

延巳言于唐主曰："陛下躬亲庶务，故宰相不得尽其才，此治道所以未成也。"唐主乃悉以政事委之，奏可而已。既而延巳不能勤事，文书皆仰成胥史，军旅则委之边将。顷之，事益不治，唐主乃复自览之。

《通鉴》卷二九〇

七四　李煜欲以韩熙载为相

李璟子煜，以次为唐王。煜为人仁孝，善属文，工书画，而丰额骈齿，一目重瞳子。煜拜韩熙载中书侍郎、勤政殿学士。煜尝以熙载尽忠，能直言，欲用为相，而熙载后房妓妾数十人，多出外舍私侍宾客，煜以此难之，左授熙载右庶子，分司南都。熙载尽斥诸妓，单车上道，煜喜留之，复其位。已而诸妓稍稍复还，煜曰："吾无如之何矣！"是岁，熙载卒，煜叹曰："吾终不得熙载为相也。"

宋太祖遣使诏煜赴阙，煜称疾不行，遣师南征，煜遣徐铉、周惟简等奉表朝廷求缓师，不答。师克金陵。煜俘至京师，太祖赦之，封煜违命侯。

《新五代史》卷六二

七五　徐铉说宋太祖

宋太祖之出师南征也，李煜遣其臣徐铉朝于京师。铉居江南，以名臣自负，其来也，欲以口舌驰说存其国，其日夜计谋思虑言语应对之际详矣。及其将见也，大臣亦先入请，言铉博学有材辩，宜有以待之。太祖笑曰："第去，非尔所知也。"明日，铉朝于廷，仰而言曰："李煜无罪，陛下师出无名。"太祖徐召之升，使毕其说。铉曰："煜以小事大，如子事父，未有过失，奈何见伐？"其说累数百言。太祖曰："尔谓父子者为两家可乎？"铉无以对而退。

《新五代史》卷六二

七六　李建勋死不立碑

南唐司徒李建勋致仕，且死，诫家人曰："时事如此，吾得良死幸矣！勿封土立碑，听人耕种于其上，免为他日开发之标。"及江南之亡也，诸贵人高大之冢无不发者，惟建勋冢莫知其处。

《通鉴》卷二九〇

七七　郭威蠲免民贷

归德节度使兼侍中常思入朝，徙平卢节度使。将行，奏曰："臣在宋州，举丝四万馀两在民间，谨以上进，请征之。"周主郭威颔之。后，敕榜宋州，凡常思所举丝悉蠲之，已输者复归之，思亦无怍色。

唐大旱，井泉涸，淮水可涉，饥民度淮而北者相继，濠、寿发兵御之，民与兵斗而北来。周主闻之曰："彼我之民一也，听籴米过淮。"唐人遂筑仓，多籴以供军。又诏唐民以人畜负米者听之，以舟车运载者勿予。

《通鉴》卷二九一

七八　郭威临终嘱薄葬

周主郭威病危，屡诫其养子晋王柴荣曰："昔吾西征，见唐十八陵无不发掘者，此无他，惟多藏金玉故也。我死，当衣以纸衣，敛以瓦棺，速营葬，勿久留宫中。圹中无用石，以甓代之。工人役徒皆和雇，勿以烦民。葬毕，募近陵民三十户，蠲其杂徭，使之守视。勿修下宫，勿置守陵宫人，勿作石羊、虎、人、马，惟刻石置陵前云：'周天子平生好俭约，遗令用纸衣、瓦棺，嗣天子不敢违也。'汝或吾违，吾不福汝！"

威卒后，晋王柴荣即位，是为世宗。

《通鉴》卷二九一

七九　周世宗事皆亲决

周世宗违众议破北汉，自是政事无大小皆亲决，百官受成于上而已。河南府推官高锡上书谏，以为："四海之广，万机之众，虽尧舜不能独治，必择人而任之。今陛下一以身亲之，天下不谓陛下聪明睿智足以兼百官之任，皆言陛下褊迫疑忌举不信群臣也。不若选能知人公正者以为宰相，能爱民听讼者以为守令，能丰财足食者使掌金谷，能原情守法者使掌刑狱，陛下但垂拱明堂，视其功过而赏罚之，天下何忧不治！何必降君尊而代臣职，屈贵位而亲贱事，无乃失为政之本乎！"帝不从。

《通鉴》卷二九二

八〇　王朴明敏多才智

周世宗新即位，锐意征伐，慨然有平一天下之志。数顾大臣问治道，选文学之士徐台符等二十人，使作《为君难为臣不易论》及《平边策》，王朴在选中。而当时文士皆不欲上急于用武，以谓平定僭乱，在修文德以为先。惟翰林学士陶谷、窦仪、御史中丞杨昭俭与朴皆言用兵之策，朴谓江淮为可先取。世宗雅已知朴，及见其议论伟然，益以为奇，引与计议天下事，无不合，遂决意用之。拜户部侍郎、枢密副使，迁枢密使。征淮，以朴留守京师。

世宗之时，外事征伐，而内修法度。朴为人明敏多材智，非独当世之务，至于阴阳律历之法，莫不通焉。乃削去近世符天流俗不经之学，步日月五星，为《钦天历》。

又诏朴考正雅乐，朴以谓十二律管互吹，难得其真，乃依京房为律准，以九尺之弦十三，依管长短寸分设柱，用七声为均，乐成而和。

朴性刚果，又见信于世宗，凡其所为，当时无敢难者，然人亦莫能加也。世宗征淮，朴留京师，广新城，通道路，庄伟宏阔，京师之制，多其所规为。其所作乐，至今用之不可变。其陈用兵之略，非特一时之策。至言诸国兴灭次第云："淮南可最先取，并必死之寇，最后亡。"其后宋兴，平定四方，惟并独后服，皆如朴言。卒年五十四，世宗临其丧，大恸者数四。

《新五代史》卷三一

八一　冯道著《长乐老叙》

太师、中书令冯道卒。道少以孝谨知名，唐庄宗世始贵显，自是累朝不离将、相、三公、三师之位，为人清俭宽弘，人莫测其喜愠，滑稽多智，浮沉取容。尝著《长乐老叙》，自述累朝荣遇之状。

欧阳修论此书曰："其可谓无廉耻者矣，则天下国家可从而知也。"司马光曰："道之为相，历五朝八姓，若逆旅之视过客，朝为仇敌，暮为君臣，易面变辞，曾无愧怍，大节如此，虽有小善，庸足称乎！"

《通鉴》卷二九一

八二　扈载有才无命

扈载，少好学，善属文，赋颂碑赞尤其所长，文价为一时之最。载因游相国寺，见庭竹可爱，作《碧鲜赋》题其壁。世宗闻之，遣小黄门就壁录之，览而称善，因拜水部员外郎知制诰，迁翰林学士。载已病，不能谢，居百馀日，乃力疾入直学士院。世宗怜之，赐诰还第，遣太医视疾。年三十有六卒。载始自解褐至终才四年，有才无命，时论惜之。

《旧五代史》卷一三一

八三　李知损轻薄荒诞

李知损，少轻薄，利口无行。周太祖时受命使于江浙。知损既受命，大恣其荒诞之意，遂假资于人，广备行李。及即路，所经州郡，无不强贷，又移书于青州符彦卿，借钱百万。及在邮亭，行止猥杂。王峻闻而奏之，乃责授棣州司马。世宗即位，切于求人，素闻知损狂狷，好上封事，谓有可采，且欲闻外事，即命征还。数月之间，日贡章疏，多斥豢贵近，自谋进取，又上章求为过海使。世宗因发怒，仍以其丑行日彰，故命除名，配沙门岛。知损将行，谓所亲曰："余尝遇善相者，言我三逐之后，当居相位，余自此而三矣，子姑待我。"后岁馀，卒于海中。

《旧五代史》卷一三一

八四　王晏肃清群盗之法

建雄节度使王晏，其乡里在滕县，徙晏为武宁节度使。晏少时尝为群盗，至镇，悉召故党，赠之金帛、鞍马，谓曰："吾乡素名多盗，昔吾与诸君皆尝为之，想后来者无能居诸君之右。诸君幸为我语之，使勿复为，为者吾必族之。"于是一境清肃。徐州人请为之立衣锦碑。许之。

《通鉴》卷二九二

八五　杨凝式善书

杨涉子凝式，历事梁、唐、晋、汉、周，常以心疾致仕，居于洛阳，官至太子太保。凝式长于歌诗，多杂以诙谐。少从张全义辟，故作诗纪全义之德云："洛阳风景实堪哀，昔日曾为瓦子堆。不是我公重葺理，至今犹自一堆灰。"然凝式诗句自佳，其题壁有"院似禅心静，花如觉性圆"，清丽可喜。善于笔札，洛川寺观蓝墙粉壁之上，题纪殆遍。凝式虽仕历五代，以心疾闲居，故时人目以"风子"。其笔迹遒放，宗师欧阳询与颜真卿，而加以纵逸。其所题后，或真或草，不可原诘，而论者谓其书自颜中书后一人而已。

凝式佯狂之迹甚著。卜第于尹京之侧，遇入府，前舆后马，犹以为迟，乃策杖徒行，市人随笑之。尝迫冬，家人未挟纩，会有故人过洛，赠以绵五十两、绢百端，凝式悉留之修行尼舍，俾造袜以施崇德、普明两寺饭僧，其家虽号寒啼饥，而凝式不屑屑也。留守闻其事，乃自制衣给米遗之，凝式笑谓家人曰："我固知留守必见赒也。"

《旧五代史》卷一二八

八六　周世宗精兵强军

左羽林大将军孟汉卿坐纳稿税，场官扰民，多取耗馀，赐死。有司奏汉卿罪不至死。世宗曰："朕知之，欲以惩众耳！"

初，宿卫之士，累朝相承，务求姑息，不欲简阅，恐伤人情，由是羸老者居多。但骄蹇不用命，实不可用，每遇大敌，不走即降。世宗知其弊，谓侍臣曰："凡兵务精不务多，今以农夫百未能养甲士一，奈何浚民之膏泽，养此无用之物乎！且健懦不分，众何所劝！"乃命大简诸军，精锐者升之上军，羸者斥去之。又以骁勇之士多为诸藩镇所蓄，诏募天下壮士，咸遣诣阙，选其尤者为殿前诸班，其骑步诸军，各命将帅选之。由是士卒精强，近代无比，征伐四方，所向皆捷，选练之力也。

《通鉴》卷二九二

八七　周世宗励精图治

世宗谓宰相曰："朕每思致治之方，未得其要，寝食不忘。又自唐、晋以来，吴、蜀、幽、并皆阻声教，未能混一，宜命近臣著《为君难为臣不易论》及《开边策》各一篇，朕将览焉。"世宗敕天下寺院，非敕额者悉废之。禁私度僧尼，凡欲出家者必俟祖父母、父母、伯叔之命。惟两京、大名府、京兆府、青州听设戒坛。禁僧俗舍身、断手足、炼指、挂灯、带钳之类幻惑流俗者。令两京及诸州每岁造僧帐，有死亡、归俗，皆随时开落。是岁，天下寺院存者二千六百九十四，废者三万三百三十六，见僧四万二千四百四十四，尼一万八千七百五十六。

敕始立监采铜铸钱，自非县官法物、军器及寺观钟磬钹铎之类听留外，自馀民间铜器、佛像，五十日内悉令输官，给其值，过期隐匿不输，五斤以上其罪死，不及者论刑有差。上谓侍臣曰："卿辈勿以毁佛为疑。夫佛以善道化人，苟志于善，斯奉佛矣。彼铜像岂所谓佛邪！且吾闻佛志在利人，虽头目犹舍以布施，若朕身可以济民，亦非所惜也。"世宗亲录囚于内苑。有汝州民马遇，父及弟为吏所冤死，屡经覆按，不能自伸，上临问，始得其实，人以为神。由是诸长吏无不亲察狱讼。

上与将相食于万岁殿，因言："两日大寒，朕于宫中食珍膳，深愧无功于民而坐享天禄，既不能躬耕而食，惟当亲冒矢石为民除害，差可自安耳！"

上与侍臣论刑赏，上曰："朕必不因怒刑人，因喜赏人。"先是，大梁城中民侵街衢为舍，通大车者盖寡，上悉命直而广之，广者至三十步。又迁坟墓于标外。上曰："近广京城，于存殁扰动诚多。怨谤之语，朕自当之，他日终为人利。"

淮南饥，上命以米贷之。或曰："民贫，恐不能偿。"上曰："民吾子也，安有子倒悬而父不为之解哉！安在责其必偿也！"

《通鉴》卷二九二、卷二九四

八八　邓夫人诫周行逢

以周行逢为武平节度使。行逢多计数，善发隐伏，将卒有谋乱及叛亡者，行逢必先觉，擒杀之，所部凛然。然性猜忍。夫人邓氏，陋而刚决，善治生，尝谏行逢用法太严，人无亲附者。行逢怒曰："汝妇人何知！"邓氏不悦，因请之村墅视田园，遂不复归府舍。行逢屡遣人迎之，不至。一旦，自帅僮仆来输税，行逢就见之，曰："吾为节度使，夫人何自苦如此！"邓氏曰："税，官物也。公为节度使，不先输税，何以率下！"行逢欲与之归，不可，曰："公诛杀太过，常恐一旦有变，村墅易为逃匿耳。"行逢惭怒，其僚属曰："夫人言直，公宜纳之。"

行逢少时尝坐事黥，隶辰州铜坑，或说行逢："公面有文，恐为朝廷使者所嗤，请以药灭之。"行逢曰："吾闻汉有黥布，不害为英雄，吾何耻焉！"

《通鉴》卷二九三

八九　魏仁浦不由科第为相

周世宗欲相枢密使魏仁浦，议者以仁浦不由科第，不可为相。上曰："自古用文武才略者为辅佐，岂尽由科第邪！"以仁浦为中书侍郎、同平章事，枢密使如故。仁浦虽处权要而能谦谨，上性严急，近职有忤旨者，仁浦多引罪归己以救之，所全活什七八。故虽起刀笔吏，致位宰相，时人不以为忝。

《通鉴》卷二九四

九〇　周世宗卒幼子即位

世宗召华山隐士陈抟，问以飞升、黄白之术。对曰："陛下为天子，当以治天下为务，安用此为！"遣还山，诏州县长吏常存问之。世宗卒，年三十九岁。上在藩，多务韬晦，及即位，人始服其英武。其御军，号令严明，人莫敢犯，攻城对敌，矢石落其左右，人皆失色，而上略不动容。应机决策，出人意表。又勤于为治，百司簿籍，过目无所忘。发奸摘伏，聪察如神。闲暇则召儒者读前史，商榷大义。性不好丝竹珍玩之物。群臣有过则面质责之，服则赦之，有功则厚赏之。文武参用，各尽其能，人无不畏其明而怀其惠，故能破敌广地，所向无前。然用法太严，群臣职事小有不举，往往置之极刑，虽素有才干声名，无所开宥，寻亦悔之，末年渐宽。登遐之日，远迩哀慕焉。

遗诏命梁王宗训即皇帝位，时年方七岁。主少国疑，宿卫将士归心于赵匡胤，翼载成帝，天下为宋。

《通鉴》卷二九四、卷二九三

附

晋至五代纪年表[*]

（一）两晋南朝隋唐五代

国号	帝号	年号	年数	某年号元年当公元年数
西晋	武帝	泰始	10	265 A.D.
		咸宁	5	275 A.D.
		太康	10	280 A.D.
	惠帝	永熙	1	290 A.D.
		元康	9	291 A.D.
		永康	1	300 A.D.
		永宁	1	301 A.D.
		太安	2	202 A.D.
		永兴	2	304 A.D.
		光熙	1	306 A.D.
	怀帝	永嘉	6	307 A.D.
	愍帝	建兴	4	313 A.D.
东晋	元帝	建武	1	317 A.D.
		太兴	4	318 A.D.
		永昌	1	322 A.D.
	明帝	太宁	3	323 A.D.
	成帝	咸和	9	326 A.D.
		咸康	8	335 A.D.
	康帝	建元	2	343 A.D.
	穆帝	永和	12	345 A.D.
		升平	5	357 A.D.
	哀帝	隆和	1	362 A.D.
		兴宁	3	363 A.D.

[*] 转载自《两千年中西历对照表》。

续表

国号	帝号	年号	年数	某年号元年当公元年数
东晋	海西公	太和	5	366 A.D.
	简文帝	咸安	2	371 A.D.
	孝武帝	宁康	3	373 A.D.
		太元	21	376 A.D.
	安帝	隆安	5	397 A.D.
		元兴	3	402 A.D.
		义熙	14	405 A.D.
	恭帝	元熙	1	419 A.D.
南朝宋	武帝	永初	3	420 A.D.
	营阳王	景平	1	423 A.D.
	文帝	元嘉	30	424 A.D.
	孝武帝	孝建	3	454 A.D.
		大明	8	457 A.D.
	明帝	泰始	7	465 A.D.
		泰豫	1	472 A.D.
	苍梧王	元徽	4	473 A.D.
	顺帝	昇明	2	477 A.D.
南朝齐	高帝	建元	4	479 A.D.
	武帝	永明	11	483 A.D.
	明帝	建武	4	494 A.D.
		永泰	1	498 A.D.
	东昏侯	永元	2	499 A.D.
	和帝	中兴	1	501 A.D.
南朝梁	武帝	天监	18	502 A.D.
		普通	7	520 A.D.
		大通	2	527 A.D.
		中大通	6	529 A.D.
		大同	11	535 A.D.
		中大同	1	546 A.D.
		太清	3	547 A.D.
	简文帝	大宝	1	550 A.D.
	豫章王	天正	1	551 A.D.
	元帝	承圣	3	552 A.D.

续表

国号	帝号	年号	年数	某年号元年当公元年数
南朝梁	敬帝	绍泰	1	555 A.D.
		太平	1	556 A.D.
南朝陈	武帝	永定	3	557 A.D.
	文帝	天嘉	6	560 A.D.
		天康	1	566 A.D.
	临海王	光大	2	567 A.D.
	宣帝	太建	14	569 A.D.
	后主	至德	4	583 A.D.
		祯明	3	587 A.D.
隋	文帝	开皇	11	590 A.D.
		仁寿	4	601 A.D.
	炀帝	大业	12	605 A.D.
	恭帝	义宁	1	617 A.D.
唐	高祖	武德	9	618 A.D.
	太宗	贞观	23	627 A.D.
	高宗	永徽	6	650 A.D.
		显庆	5	656 A.D.
		龙朔	3	661 A.D.
		麟德	2	664 A.D.
		乾封	2	666 A.D.
		总章	2	668 A.D.
		咸亨	4	670 A.D.
		上元	2	674 A.D.
		仪凤	3	676 A.D.
		调露	1	679 A.D.
		永隆	1	680 A.D.
		开耀	1	681 A.D.
		永淳	1	682 A.D.
		弘道	1	683 A.D.
	中宗	嗣圣	1	684 A.D.
	武后	垂拱	4	685 A.D.
		载初	1	689 A.D.
		天授	2	690 A.D.
		长寿	2	692 A.D.

续表

国号	帝号	年号	年数	某年号元年当公元年数
唐	武后	延载	1	694 A.D.
		天册万岁	1	695 A.D.
		万岁通天	1	696 A.D.
		神功	1	687 A.D.
		圣历	2	698 A.D.
		久视	1	700 A.D.
		长安	4	701 A.D.
	中宗	神龙	2	705 A.D.
		景龙	3	707 A.D.
	睿宗	景云	2	710 A.D.
	玄宗	先天	1	712 A.D.
		开元	29	713 A.D.
		天宝	14	742 A.D.
	肃宗	至德	2	756 A.D.
		乾元	2	758 A.D.
		上元	2	760 A.D.
		宝应	1	762 A.D.
	代宗	广德	2	763 A.D.
		永泰	1	765 A.D.
		大历	14	766 A.D.
	德宗	建中	4	780 A.D.
		兴元	1	784 A.D.
		贞元	20	785 A.D.
	顺宗	永贞	1	805 A.D.
	宪宗	元和	15	806 A.D.
	穆宗	长庆	4	821 A.D.
	敬宗	宝历	2	825 A.D.
	文宗	太和	9	827 A.D.
		开成	5	836 A.D.
	武宗	会昌	6	841 A.D.
	宣宗	大中	13	847 A.D.
	懿宗	咸通	14	860 A.D.
	僖宗	乾符	6	874 A.D.
		广明	1	880 A.D.

续表

国号	帝号	年号	年数	某年号元年当公元年数
唐	僖宗	中和	4	881 A.D.
		光启	3	885 A.D.
		文德	1	888 A.D.
	昭宗	龙纪	1	889 A.D.
		大顺	2	890 A.D.
		景福	2	892 A.D.
		乾宁	4	894 A.D.
		光化	3	898 A.D.
		天复	3	901 A.D.
	哀帝	天祐	3	904 A.D.
后梁	太祖	开平	4	907 A.D.
	末帝	乾化	4	911 A.D.
		贞明	6	915 A.D.
		龙德	2	921 A.D.
后唐	庄宗	同光	3	923 A.D.
	明宗	天成	4	926 A.D.
		长兴	4	930 A.D.
	废帝	清泰	2	934 A.D.
后晋	高祖	天福	8	936 A.D.
	出帝	开运	3	944 A.D.
后汉	高祖	天福	1	947 A.D.
	隐帝	乾祐	3	948 A.D.
后周	太祖	广顺	3	951 A.D.
	世宗	显德	6	954 A.D.

（二）北朝

国号	帝号	年号	年数	某年号元年当公元年数
北魏	道武帝	登国	10	386 A.D.
		皇始	2	396 A.D.
		天兴	6	398 A.D.
		天赐	5	404 A.D.
	明元帝	永兴	5	409 A.D.
		神瑞	2	414 A.D.
		泰常	8	416 A.D.
	太武帝	始光	4	424 A.D.
		神䴥	4	428 A.D.
		延和	3	432 A.D.
		太延	5	435 A.D.
		太平真君	11	440 A.D.
		正平	1	451 A.D.
	文成帝	兴安	2	452 A.D.
		兴光	1	454 A.D.
		太安	5	455 A.D.
		和平	6	460 A.D.
	献文帝	天安	1	466 A.D.
		皇兴	4	467 A.D.
	孝文帝	延兴	5	471 A.D.
		承明	1	476 A.D.
		太和	23	477 A.D.
	宣武帝	景明	4	500 A.D.
		正始	4	504 A.D.
		永平	4	508 A.D.
		延昌	4	512 A.D.
	孝明帝	熙平	2	516 A.D.
		神龟	2	518 A.D.
		正光	5	520 A.D.
		孝昌	3	525 A.D.
	孝庄帝	永安	2	528 A.D.
	东海王	建明	1	530 A.D.
	安定王	中兴	1	531 A.D.
	孝武帝	永熙	3	532 A.D.

续表

国号	帝号	年号	年数	某年号元年当公元年数
西魏	文帝	大统	17	535 A. D.
	废帝	—	2	552 A. D.
	恭帝	—	3	554 A. D.
东魏	孝静帝	天平	4	534 A. D.
		元象	1	538 A. D.
		兴和	4	539 A. D.
		武定	8	543 A. D.
北齐	文宣帝	天保	10	550 A. D.
	孝昭帝	皇建	1	560 A. D.
	武成帝	太宁	1	561 A. D.
		河清	3	562 A. D.
	后主	天统	5	565 A. D.
		武平	6	570 A. D.
	安德王	德昌	1	576 A. D.
	幼主	承光	1	577 A. D.
北周	明帝	—	2	557 A. D.
		武成	2	559 A. D.
	武帝	保定	5	561 A. D.
		天和	6	566 A. D.
		建德	6	572 A. D.
		宣政	1	578 A. D.
	静帝	大象	2	579 A. D.